高等学校应用型特色规划教材 经管系列

财务管理理论与实务

主　编　刘方乐
副主编　李　旭　张　洪

清华大学出版社
北　京

内 容 简 介

本书以国家最新颁布实施的《企业会计准则》和财务管理法律法规为依据，以企业价值最大化为财务管理目标，以企业资金筹集、投放、使用、收回及分配等一系列财务活动的管理为主线，深入浅出地介绍了财务管理基本理论知识和管理方法。全书共分十二章，各章正文前均有本章导读、知识要点、引入案例，正文后有本章小结和复习思考题。

本书定位于经济学、管理学应用型本科各相关专业的财务管理课程教学。本书内容翔实，案例丰富，实用性强，各要素结构严谨，内容紧密联系实际，可以作为普通高等学校、高职高专经济管理类专业和工商管理专业的教学用书，也适合会计、财务管理有关从业人员或企业管理者阅读。

本书封面贴有清华大学出版社防伪标签，无标签者不得销售。

版权所有，侵权必究。举报：010-62782989，beiqinquan@tup.tsinghua.edu.cn。

图书在版编目(CIP)数据

财务管理理论与实务/刘方乐主编；李旭，张洪副主编. --北京：清华大学出版社，2009.2(2024.3重印)
(高等学校应用型特色规划教材 经管系列)
ISBN 978-7-302-19252-7

Ⅰ.①财… Ⅱ.①刘… ②李… ③张… Ⅲ.①财务管理—高等学校—教材 Ⅳ.①F275

中国版本图书馆 CIP 数据核字(2009)第 006237 号

责任编辑：温　洁
装帧设计：杨玉兰
责任校对：李凤茹
责任印制：沈　露

出版发行：清华大学出版社
网　　址：https://www.tup.com.cn, https://www.wqxuetang.com
地　　址：北京清华大学学研大厦 A 座　　邮　　编：100084
社 总 机：010-83470000　　邮　　购：010-62786544
投稿与读者服务：010-62776969, c-service@tup.tsinghua.edu.cn
质量反馈：010-62772015, zhiliang@tup.tsinghua.edu.cn
课件下载：https://www.tup.com.cn, 010-62791865

印 装 者：三河市君旺印务有限公司
经　　销：全国新华书店
开　　本：185mm×230mm　　印　张：28.75　　字　数：595 千字
版　　次：2009 年 2 月第 1 版　　印　次：2024 年 3 月第 14 次印刷
定　　价：58.00 元

产品编号：029884-02

出版说明

应用型人才是指能够将专业知识和技能应用于所从事的专业岗位的一种专门人才。应用型人才的本质特征是具有专业基本知识和基本技能，即具有明确的职业性、实用性、实践性和高层次性。加强应用型人才的培养，是"十一五"时期我国教育发展与改革的重要目标，也是协调高等教育规模速度与市场人才需求关系的重要途径。

教育部要求今后需要有相当数量的高校应致力于培养应用型人才，以满足市场对应用型人才需求量的不断增加。为了培养高素质应用型人才，必须建立完善的教学计划和高水平的课程体系。在教育部有关精神的指导下，我们组织全国高校的专家教授，努力探求更为合理有效的应用型人才培养方案，并结合我国当前的实际情况，编写了这套《高等学校应用型特色规划教材》丛书。

为使教材的编写真正切合应用型人才的培养目标，我社的策划编辑在全国范围内走访了大量高等学校，拜访了众多院校主管教学的领导，以及教学一线的系主任和教师，掌握了各地区各学校所设专业的培养目标和办学特色，并广泛、深入地与用人单位进行交流，明确了用人单位的真正需求。这些工作为本套丛书的准确定位、合理选材、突出特色奠定了坚实的基础。

◆ 教材定位

- 以就业为导向。在应用型人才培养过程中，应充分考虑市场需求，因此本套丛书充分体现"就业导向"的基本思路。
- 符合本学科的课程设置要求。以高等教育的培养目标为依据，注重教材的科学性、实用性和通用性。
- 定位明确。准确定位教材在人才培养过程中的地位和作用，正确处理教材的读者层次关系，面向就业，突出应用。
- 合理选材、编排得当。妥善处理传统内容与现代内容的关系，大力补充新知识、新技术、新工艺和新成果。根据本学科的教学基本要求和教学大纲的要求，制定编写大纲(编写原则、编写特色、编写内容、编写体例等)，突出重点、难点。
- 建设"立体化"的精品教材体系。提倡教材与电子教案、学习指导、习题解答、课程设计、毕业设计等辅助教学资料配套出版。

✧ 丛书特色

- 围绕应用讲理论，突出实践教学环节及特点，包含丰富的案例，并对案例作详细解析，强调实用性和可操作性。
- 涉猎最新的理论成果和实务案例，充分反映岗位要求，真正体现以就业为导向的培养目标。
- 国际化与中国特色相结合，符合高等教育日趋国际化的发展趋势，部分教材采用双语形式。
- 教材在结构的布局、内容重点的选取、案例习题的设计等方面符合教改目标和教学大纲的要求，把教师的备课、授课、辅导答疑等教学环节有机地结合起来。

✧ 读者定位

本系列教材主要面向普通高等院校和高等职业技术院校，适合应用型人才培养的本科和高职高专的教学需要。

✧ 关于作者

丛书编委特聘请执教多年且有较高学术造诣和实践经验的教授参与各册教材的编写，其中有相当一部分课程的教材主要执笔者是精品课程的负责人，本丛书凝聚了他们多年的教学经验和心血。

✧ 互动交流

本丛书的编写及出版过程，贯穿了清华大学出版社一贯严谨、务实、科学的作风。伴随我国教育改革的不断深入，要编写出满足新形势下教学需求的教材，还需要我们不断地努力、探索和实践。我们真诚希望使用本丛书的教师、学生和读者朋友提出宝贵的意见或建议，使之更臻成熟。

清华大学出版社

前　　言

　　财务管理是基于企业再生产过程中客观存在的财务活动和财务关系而产生的，是企业组织财务活动、处理与各方面财务关系的一项经济管理工作。它通过对资金运动和价值形态的管理，像血液一样渗透贯通到企业的生产、经营等一切管理领域。

　　当今的社会经济变化万千，随着我国对外开放步伐日渐加快，企业竞争日益激烈。社会成员投资理念的转变和资本市场的日益繁荣为经济的发展提供了充足的资金保证，为企业开辟了新的资本增值途径，但同时也造成了负面效应。房地产的兴衰轮回、资源价格的过快上涨、过度投资、不断产生的资产泡沫，造成社会资源的极大浪费，由此形成的经济周期对微观经济产生了重大影响。美国的次贷危机引发的全球金融危机，实际上是西方金融企业过度操控资本、过度透支社会资源的直接后果。我国企业在资金管理方面应从这次金融危机中充分吸取教训。

　　企业价值最大化是每一个企业追求的理想，如何选择最佳的投资项目，如何筹集资金，如何管好、用好资金是摆在每一个企业面前永恒的课题。

　　2007年1月1日实施的新《企业会计准则》显示出我国会计准则体系与国际趋同的步伐在不断加快，对财务管理将产生重要影响。新会计准则中体现了企业科学发展的要求，服务企业创新和价值持续增长，使企业充分披露并真实反映企业价值的会计信息，通过会计手段协调企业、政府、投资者、员工等利益主体之间的关系，合理进行企业价值分配。新《企业会计准则》在财务报告目标方面强调决策有用性，将提高资源配置的效率。资产负债表核心地位的确立，公允价值的合理应用，使得企业财务会计信息更加真实地反映企业价值，提高了会计信息在国际的可比性，更有利于专业机构和人士的估值比较，拓宽了我国企业投资和融资的范围与渠道。企业会计准则的改革对财务管理理论提出了知识更新的要求。

　　本书以现代企业财务活动(资金运动)为主线，全面阐明资金的筹集、运用和分配的管理以及财务预算和财务分析等内容，并对企业组合与跨国公司的财务问题做出专题讨论。同时，注意吸收新《企业会计准则》的最新成果，将财务管理相关内容与会计确认、计量和列报的变化保持一致。本书力求体现以下特色。

　　(1) 重案例。各章节编写时，在导入本章内容时以案例(或者故事)形式导入有关概念及理论，提高学生分析问题、解决问题的能力。

　　(2) 教材建设与教学改革相结合。跟踪学科最新发展动态，充分结合应用型本科教学对象的特点，注意与我国注册会计师考试和会计职称统一考试的内容相衔接，考虑专业内容的更新，关注并体现教育改革的内容变化。

　　(3) 注重学生能力培养。针对应用型人才培养的迫切需要，更多地提供理论与实际应用相结合的实例。

全书共分十二章,由刘方乐担任主编,负责拟定编写大纲,并执笔编写第一章和第十二章以及对全书进行总纂、修改。刘玲编写第二章,李旭编写第三章,董芸编写第四章,屈少晶编写第五章,魏静编写第六章,自立平编写第七章,周晓乔编写第八章,张洪编写第九章及第十一章,张家杰编写第十章。

本书可作为高等院校经济、管理类应用型本科专业教材,也可作为从事企业管理和财务管理工作人员的学习参考用书。为方便学习,电子课件和相关辅导资料可以登录精品课程网页 http://economycw.kmu.edu.cn 下载或阅读。

由于编者水平有限,加之时间仓促,不妥之处,请予指正。

编 者

目 录

第一章 财务管理总论 ... 1

第一节 财务管理概述 ... 2
一、企业财务活动及财务管理的内容 ... 2
二、企业财务关系 ... 6
三、财务管理的环节 ... 7
四、财务管理与会计的联系与区别 ... 9

第二节 财务管理的目标 ... 10
一、企业目标及其对财务管理的要求 ... 10
二、财务管理的目标 ... 11
三、财务管理目标的协调 ... 14

第三节 财务管理的环境 ... 16
一、财务管理环境的含义及其分类 ... 16
二、财务管理环境的变化及其对财务管理的挑战 ... 17
三、影响企业外部财务环境的主要因素 ... 18

第四节 财务管理的原则 ... 26
一、财务管理原则的特征 ... 26
二、财务管理原则的具体内容 ... 26

本章小结 ... 35
复习思考题 ... 36

第二章 价值观念 ... 40

第一节 资金时间价值概述 ... 41
一、资金时间价值的含义 ... 41
二、资金产生时间价值的前提 ... 41
三、资金时间价值的表现形式 ... 41
四、资金时间价值的作用 ... 42

第二节 终值和现值 ... 42
一、单利的计算 ... 43
二、复利的计算 ... 43

第三节 年金 ... 45
一、普通年金的计算 ... 46
二、预付年金的计算 ... 49
三、递延年金的计算 ... 52
四、永续年金的计算 ... 54

第四节 复利期短于一年的货币时间价值 ... 55
一、计息期短于一年的终值的计算 ... 55
二、名义利率和实际利率的计算 ... 56

第五节 风险与报酬 ... 56
一、风险的含义及特征 ... 57
二、风险的种类 ... 57
三、风险报酬 ... 58
四、风险分析 ... 58

本章小结 ... 61
复习思考题 ... 62

第三章 财务分析与业绩评价 ... 66

第一节 财务分析概述 ... 67
一、财务分析的意义 ... 67
二、财务分析的内容 ... 68
三、财务分析的局限性 ... 69

第二节 财务分析的方法 ... 70
一、比较分析法 ... 70

二、趋势分析法 71
三、因素分析法 72
四、比率分析法 73
第三节 财务指标分析 74
一、变现能力比率 76
二、资产管理比率 77
三、负债比率 80
四、赢利能力比率 81
第四节 财务综合分析与评价 83
一、杜邦财务分析体系 83
二、沃尔比重评分法 85
本章小结 86
复习思考题 87

第四章 筹资管理 94

第一节 企业筹资概述 95
一、企业筹资的概念、动机及目的 95
二、企业筹资种类 97
三、企业筹资的渠道与方式 99
第二节 权益资金的筹资策略 102
一、权益资金的特点 102
二、吸收直接投资筹资 102
三、股票筹资管理 104
四、留存收益筹资 113
第三节 负债资金的筹资策略 115
一、长期借款筹资 115
二、企业债券筹资 118
三、租赁筹资 121
四、商业信用筹资 124
五、短期借款筹资 126
本章小结 128
复习思考题 129

第五章 资本成本与资本结构 134

第一节 资本成本分析 136
一、资本成本概述 136
二、个别资本成本的计量 138
三、加权平均资本成本的计量 145
四、边际资本成本的计量 148
第二节 杠杆效应 151
一、与杠杆相关的概念界定 151
二、经营杠杆利益与风险 152
三、财务杠杆利益与风险 155
四、总杠杆利益与风险 158
第三节 资本结构分析与决策 159
一、资本结构的概念和作用 159
二、资本结构理论分析 160
三、资本结构决策 165
本章小结 173
复习思考题 173

第六章 证券投资管理 177

第一节 证券投资的含义与种类 179
一、证券投资的含义 179
二、证券投资的种类 180
第二节 股票投资 181
一、股票投资的目的和种类 181
二、股票估价模型 184
三、股票投资收益率 187
四、股票投资分析方法 188
第三节 债券投资 189
一、债券投资的目的和种类 189
二、债券估价模型 190
三、债券投资收益率 192
第四节 投资基金 194
一、投资基金的概念与特征 194

二、投资基金与股票、债券、
　　银行储蓄存款的差别 197
三、投资基金的种类 198
四、投资基金收益及其评价指标 204
五、投资基金的风险及其防范 207
六、基金投资的四种基本方法 208
第五节　衍生金融资产投资 210
一、衍生金融资产的概念 210
二、衍生金融资产的种类 210
三、衍生金融资产的功能 214
四、衍生金融资产的产生与
　　发展趋势 215
本章小结 217
复习思考题 219

第七章　项目投资管理 223

第一节　项目投资管理概述 224
一、项目投资的概念、类型及
　　主体 224
二、项目计算期的构成和资金
　　投入方式 224
第二节　现金流量 225
一、现金流量的含义 225
二、现金流量的内容 227
三、现金流量的估算 228
第三节　净现金流量 230
一、净现金流量的含义 230
二、净现金流量的计算公式 230
三、净现金流量的计算 231
第四节　投资项目决策评价指标
　　　　及其运用 234
一、投资决策评价指标的概念及
　　分类 234

二、非折现评价指标 235
三、折现评价指标 238
四、项目投资决策评价指标的
　　运用 245
第五节　项目风险分析 248
一、投资项目风险的处置方法 248
二、企业资本成本作为项目折
　　现率的条件 250
三、项目的系统风险 252
本章小结 254
复习思考题 255

第八章　营运资金管理 259

第一节　营运资金管理概述 260
一、营运资金的含义和特点 260
二、营运资金管理的内容 261
三、营运资金管理的要求 262
第二节　现金管理 263
一、现金管理的目标 263
二、现金收支管理 264
三、最佳现金持有量 265
第三节　应收账款管理 269
一、应收账款管理的目标 269
二、信用策略的确定 270
第四节　存货管理 275
一、存货管理的目标 275
二、存货的有关成本 275
三、存货管理策略 277
本章小结 279
复习思考题 279

第九章　收益分配 284

第一节　收益分配概述 285

一、收益分配的基本原则 286
二、确定收益分配政策应考虑的
因素 287
三、利润分配的项目和顺序 289
第二节 股利政策 291
一、股利理论 291
二、股利政策的类型 294
第三节 股利支付的程序和方式 298
一、选择股利政策类型以确定是否
发放股利 298
二、确定股利支付水平 299
三、确定股利支付形式 299
四、确定股利支付的程序 299
五、确定股利支付的方式 301
第四节 股票分割与股票回购 304
一、股票分割 304
二、股票回购 306
本章小结 308
复习思考题 308

第十章 财务预算与控制 313

第一节 财务预算体系 314
一、财务预算的概念与功能 314
二、财务预算在全面预算体系中的
地位 315
三、财务预算的编制方法 315
第二节 财务预算的编制 321
一、现金预算的编制 321
二、预计财务报表 331
第三节 财务控制体系 333
一、财务控制的意义与特征 333
二、财务控制的基本原则 335
三、财务控制的种类 336

第四节 财务控制的要素与方式 338
一、财务控制的要素 338
二、财务控制的方式 339
三、责任中心财务控制 342
第五节 责任预算、责任报告与
业绩考核 351
一、责任预算 351
二、责任报告 353
三、业绩考核 356
第六节 责任结算与核算 357
一、内部转移价格 357
二、内部结算 360
三、责任成本的内部结转 361
本章小结 362
复习思考题 363

第十一章 资本经营 366

第一节 资本经营概述 367
一、资本经营的含义 367
二、资本经营的特征 369
三、资本经营的主要方式 370
第二节 公司并购 372
一、兼并与收购的概念及分类 372
二、企业兼并的动机 376
三、公司兼并的价值评估 377
第三节 公司重组 381
一、公司重组概述 381
二、公司重组的分类 382
三、公司破产 386
本章小结 391
复习思考题 391

第十二章 跨国公司财务管理 395

第一节 跨国公司财务管理概述 396

一、跨国公司财务管理的概念..........396
　二、跨国公司财务管理的特点..........397
　三、跨国公司财务管理的内容..........398
第二节　跨国公司筹资决策....................399
　一、国际筹资渠道........................400
　二、国际筹资方式........................400
　三、要注意的问题........................404
第三节　跨国公司投资管理....................406
　一、国际投资环境........................406
　二、国际投资方式........................407
　三、国际投资风险........................412
第四节　国际企业纳税管理....................414

　一、国际纳税概述........................415
　二、避免双重纳税........................417
　三、国际避税与反避税..................421
第五节　外汇风险管理............................425
　一、外汇与外汇交易....................425
　二、外汇风险的种类....................427
　三、外汇风险的控制....................428
本章小结..431
复习思考题..431

附录..436

参考文献..444

第一章 财务管理总论

【本章导读】

观念是行为的先导,理论是实践的依据。本章主要介绍财务管理的基本理论知识,通过学习本章,应该明确财务管理的内容、财务管理目标的不同观点及其评价;熟悉公司制下股东与经营者、股东与债权人、公司与社会三种委托代理关系;了解财务管理环境变化对财务管理观念和管理实务的影响;掌握财务管理的基本原则;正确处理各方面的财务关系。

【知识要点】

(1) 熟悉财务管理的概念和原则。
(2) 掌握财务管理的基本内容。
(3) 明确财务管理目标的不同观点和环境变化对财务管理的影响。

【引入案例】

扁鹊的医术

扁鹊,是战国时渤海郡郑地人,原名秦越人。"扁鹊"一词原本为古代传说中能为人解除病痛的一种鸟,秦越人医术高超,百姓敬他为神医,便说他是"扁鹊",史书中所载他以神奇医术诊病的故事流传久远。其中《鹖冠子》载,魏文侯问扁鹊:"你们三兄弟中谁的医术最好?"扁鹊说:"大哥医术最好,二哥次之,自己最差。"文侯说:"为什么呢?"扁鹊回答说:"大哥治病,是治于病情发作之前,由于一般人不知道他事先能铲除病因,所以他的名气无法传出去。二哥治病,是治于病情初起之时,一般人以为他只能治轻微的小病,所以他的名气只及于乡里。而我是治于病情严重之时,在经脉上穿针管来放血,在皮肤上敷药,所以都以为我的医术最高明,名气因此响遍天下。"

思考:
(1) 从故事中你体会到了什么?
(2) 在企业中,副总经理与财务总监谁在老板心目中分量更重些?
(3) 在理财工作中应该向谁学习?

第一节　财务管理概述

财务管理学(financial management)是经济学的一个分支。财务管理是现代企业组织协调企业财务关系、实现企业经营目标的一项重要经济管理活动。财务管理学是研究企业如何有效地开展财务活动进而使企业价值最大化的一门学科，其形成与发展，既是企业组织不断发展的产物，更是市场(特别是资本市场)体系日趋完善的产物。随着企业组织的发展以及财务管理环境的不断变迁，财务管理的重心和内容也不断发展和完善。

企业财务管理是组织企业财务活动、处理财务关系的一项经济管理工作。

一、企业财务活动及财务管理的内容

企业财务是企业财务活动及其所体现的经济利益关系(财务关系)的总称，它的基本构成要素是投入和运动于企业的资金。财务管理工作区别于其他经济管理工作主要在于财务管理工作是对企业资金运动的管理。

在市场经济条件下，社会产品是使用价值和价值的统一体，企业生产经营过程也表现为使用价值的生产和交换过程及价值的形成和实现过程的统一。在这个过程中，劳动者将生产中所消耗的生产资料的价值转移到产品或服务中去，并且创造出新的价值，通过实物商品的出售或提供服务，使转移价值和新创造的价值得以实现。企业资金的实质是生产经营过程中运动着的价值。

在企业生产经营过程中，实物商品或服务在不断地变化，其价值形态也不断地发生变化，由一种形态转化为另一种形态，周而复始，不断循环，形成了资金运动。所以，企业的生产经营过程，一方面表现为实物商品或服务的运动过程，另一方面表现为资金的运动过程。资金运动不仅以资金循环的形式而存在，而且伴随生产经营过程不断地进行，因此资金运动也表现为一个周而复始的周转过程。资金运动是以价值形式综合地反映着企业的生产经营过程，它构成企业生产经营活动的一个独立方面，具有自己的运动规律，这就是企业的财务活动。企业的资金运动和财务活动实质上是人与人之间的经济利益关系。

综上所述，企业财务是指企业在生产经营过程中客观存在的资金运动及其所体现的经济利益关系。前者称为财务活动，表明了企业财务的内容和形式特征；后者称为财务关系，揭示了企业财务的实质。企业财务管理是按照国家法律法规和企业经营要求，遵循资本营运规律，对企业财务活动进行组织、预测、决策、计划、控制、分析和监督等一系列管理工作的总称。其基本特征是价值管理，管理的客体是企业的财务活动，管理的核心是企业财务活动所体现的各种财务关系。因此，企业财务管理是利用价值形式对企业财务活动及

其体现的财务关系进行的综合性管理工作。

企业开展财务管理,就是要充分发挥财务管理的运筹作用,力求实现企业内部条件、外部环境和企业目标之间的动态平衡,并从平衡中求发展,促使企业实现发展战略和经营目标。

(一)企业财务活动

企业资金运动过程的各阶段总是与一定的财务活动相对应。或者说,资金运动形式是通过一定的财务活动内容来实现的。所谓财务活动是指资金的筹集、投放、运用、回收及收益分配等活动,也称公司财务活动。

1. **资金筹集引起的财务活动(筹资活动)**

企业无论是新建、扩建,还是组织正常的生产经营活动,都必须以占有和能够支配一定数量的资金为前提。企业可以发行股票、债券、吸收直接投资等各种筹资方式筹集资金,表现为企业资金的收入。企业偿还借款、支付利息、股利以及支付各种筹资费用,则表现为企业资金的支出。这种由资金筹集而产生的资金收支,就是筹资引起的企业最基本的财务活动。企业筹资活动的结果,一方面表现为取得所需要的货币形态和非货币形态的资金;另一方面表现为形成了一定的资金结构。所谓的资金结构一般是指资金总额内部借入资金与自有资金之间的比例关系。

2. **企业投资引起的财务活动(投资活动)**

企业取得资金后,必须将资金投入使用,以谋求取得最大的经济利益;否则,筹资就失去了目的和意义。所谓的投资可分为广义的投资和狭义的投资。广义的投资是指企业将筹集的资金投入使用的过程,包括企业将资金投入到企业内部使用的过程(如购置流动资产、固定资产、无形资产等)和对外投放资金的过程(如投资购买其他企业的股票、债券或与其他企业联营);而狭义的投资仅指对外投资。

无论企业购买内部所需资产,还是购买各种有价证券,都需要支付资金,这表现为企业资金的流出,而当企业变卖其对内投资的各种资产或回收其对外投资时,则会产生企业资金的流入。这种因企业投资活动而产生的资金的收付,便是由投资而引起的财务活动。企业投资活动的结果是形成各种具体形态的资产及一定的资产结构。所谓的资产结构是指资产内部流动资产与长期资产之间的比例关系。企业在投资过程中,必须考虑投资规模,以提高投资效益和降低投资风险为原则,选择合理的投资方向和投资方式。所有这些投资活动的过程和结果都是财务管理的内容。

3. 资金运用引起的财务活动(资金营运活动)

资金营运活动是资金在经营中运用的活动。企业在正常的生产经营过程中，会发生一系列的资金收付。首先，企业要采购材料或商品，以便从事生产和销售活动，同时还要为保证正常的生产经营而支付工资和其他的营业费用；其次，当企业把产品或商品售出后，便可取得收入，收回资金。另外，如果现有资金不能满足企业经营的需要，企业还要采用短期借款、利用商业信用等形式来筹集所需资金。上述各方面都会产生资金的流入流出，这就是因企业经营而产生的财务活动，又称为资金营运活动。

企业的营运资金，主要是企业为满足日常营业活动的需要而垫支的流动资金，营运资金的周转与生产经营周期具有一致性。在一定时期内，资金周转的速度越快，就越能利用相同数量的资金，生产出更多数量的产品，取得更大的收益。

4. 收益分配引起的财务活动(资金分配活动)

企业通过投资活动和资金营运活动会取得一定的收入，并相应实现了资金的增值。由于企业收益分配活动体现了企业、企业职工、债权人和投资者之间的不同利益格局，企业必须依据现行法律和法规对企业取得的各项收入进行分配。

所谓的收益分配，广义地讲，是指对各项收入进行分割和分派的过程，这一分配的过程分为以下四个层次。

第一个层次：企业取得的投资收入(如销售收入)要用以弥补生产经营耗费，缴纳流转税，剩余部分形成企业的营业利润。

第二个层次：营业利润和投资净收益(投资收入弥补投资损失后的余额)、营业外收支净额(营业外收入弥补营业外支出后的净额)等构成企业的利润总额。

第三个层次：利润总额首先要按法律规定缴纳所得税，缴纳所得税后形成了净利润。

第四个层次：净利润首先要提取盈余公积金，然后向投资者分配利润。

狭义地说，收益分配仅指净利润的分派过程，即广义分配的第四个层次。值得说明的是，企业筹集的资金归结为所有者权益和负债资金两大类，在对这两类资金分配报酬时，前者是通过利润分配的形式进行的，属于税后利润分配；后者是通过将利息等计入成本费用的形式进行分配的，属于税前利润的分配。

(二)财务管理的内容

根据以上分析，财务管理是基于企业再生产过程中客观存在的财务活动和财务关系而产生的，是企业组织财务活动、处理与各方面财务关系的一项经济管理工作。企业筹资、投资、资金营运和收益分配构成了完整的企业财务活动，与此对应的，企业筹资管理、投资管理、资金营运管理和收益分配管理便成为企业财务管理的基本内容。

1. 筹资管理

筹资管理是企业财务管理的首要环节,是企业投资活动的基础。筹资管理主要解决的问题是如何取得企业所需要的资金,即指在何时向谁融通多少资金。事实上,在企业发展过程中,筹资及筹资管理是贯穿始终的。无论在企业创立之时,还是在企业成长过程中追求规模扩张,甚至日常经营周转过程中,都可能需要筹措资金。可见筹资是指企业为了满足投资和用资的需要,筹措和集中所需资金的过程。在筹资过程中,企业一方面要确定筹资的总规模,以保证投资所需要的资金;另一方面要选择筹资方式,降低筹资的代价和筹资风险。

企业的资金来源按产权关系可以分为权益资金和负债资金。一般来说,企业完全通过权益资金筹资是不明智的,不能得到负债经营的好处。但负债的比例大则风险也大,企业随时可能陷入财务危机。因此,筹资决策的一个重要内容是确定最佳的资本结构。

企业资金来源按使用的期限,可分为长期资金和短期资金。长期资金和短期资金的筹资速度、筹资成本、筹资风险以及借款时企业所受到的限制不同。因此,筹资决策要解决的另一个重要内容是安排长期资金与短期资金的比例关系。

2. 投资管理

投资是指企业资金的运用,是为了获得收益或避免风险而进行的资金投放活动。在投资过程中,企业必须考虑投资规模;同时,企业还必须通过投资方向和投资方式的选择,确定合理的投资结构,以提高投资效益、降低投资风险。投资是企业财务管理的重要环节。投资决策的失败,对企业未来经营成败具有根本性影响。

投资按其方式可分为直接投资和间接投资。直接投资是指将资金投放在生产经营性资产上,以便获得利润的投资,如购买设备、兴建厂房、开办商店等。间接投资又称证券投资,是指将资金投放在金融商品上,以便获得利息或股利收入的投资,如购买政府债券、企业债券和企业股票等。

按投资其影响的期限长短分为长期投资和短期投资。长期投资是指其影响超过一年以上的投资,如固定资产投资和长期证券投资。长期投资又称资本性投资。短期投资是指其影响和回收期限在一年以内的投资,如应收账款、存货和短期证券投资。短期投资又称流动资产投资或营运资金投资。由于长期投资涉及的时间长、风险大,直接决定着企业的生存和发展,因此,在决策分析时更重视资金时间价值和投资风险价值。

投资按其活动范围分为对内投资和对外投资。对内投资是对企业自身生产经营活动的投资,如购置流动资产、固定资产、无形资产等。对外投资是以企业合法资产对其他企业或对金融资产进行投资,如企业与其他企业联营、购买其他企业的股票、债券等。

3. 营运资金管理

营运资金管理主要是对企业流动资产的管理,包括对现金、应收账款、交易性金融资产和存货的管理。因为,流动资产在企业经营中随着经营过程的进行不断变换其形态,在一定时期内资金周转越快,利用相同数量的资金获得的报酬就越多,流动资产的周转速度和使用效率直接影响企业的经营收益。因此,企业必须对其流动资产周转速度和使用效率进行管理。

4. 收益分配管理

利润是指企业在一定会计期间内实现的收入减去费用后的净额,是企业最终经营成果的反映。企业实现的利润,必须在企业的各利益相关者之间进行合理的分配,这关系到国家、企业所有者、债权人、经理、职工及社会各方面的利益。一方面,企业取得的净利润(税后利润)主要是在所有者和企业之间进行分配,不同的所有者由于投资目的不同,对待分配的利润和企业留存利润的态度也不尽相同,这将直接影响企业的利润分配决策。另一方面,随着利润分配过程的进行,资金退出或者留存企业,必然会影响企业的资金运动,这不仅表现在资金运动的规模上,而且表现在资金运动的结构上,如筹资结构。企业留存利润又是企业的内部筹资活动,对利润分配的管理又直接影响企业的筹资决策。因此,在国家法律、法规允许的范围内,如何合理确定企业税后利润的分配规模和分配方式,以提高企业的潜在收益能力,进而提高企业的总价值,是企业财务管理的又一项重要内容。

二、企业财务关系

企业财务关系是指企业在进行各项财务活动过程中与各种相关利益主体所发生的经济利益关系,主要包括以下五个方面的内容。

1. 企业与投资者和受资者之间的财务关系(投资-受资)

企业与投资者的财务关系主要指企业的投资人向企业投入资金,而企业向其支付投资报酬所形成的经济关系。企业的投资者即所有权人,包括国家、法人和个人等。作为接受投资的企业,对投资者有承担资本保值增值的责任。

企业与受资者的财务关系主要指企业以购买股票或直接投资的形式向其他企业投资而形成的经济关系,并按约定履行出资义务,出资企业以其出资额参与受资企业的经营管理和利润分配。企业与投资者、受资者的关系即投资同分享投资收益的关系,在性质上属于所有权关系。处理这种财务关系必须维护投资、受资各方的合法权益。

2. **企业与债权人、债务人之间的财务关系(债权-债务)**

企业与债权人的财务关系主要指企业向债权人借入资金,并按合同定时支付利息和归还本金,从而形成的经济关系。企业的债权人主要有债券持有人、贷款银行及其他金融机构、商业信用提供者和其他出借资金给企业的单位和个人。企业与债权人的财务关系在性质上属于建立在契约之上的债务与债权关系。企业与债务人的财务关系主要指企业将其资金以购买债券、提供借款或商务信用等形式出借给其他单位而形成的经济关系。企业在这种关系中有权要求其债务人按约定的条件支付利息和归还本金。

3. **企业与政府之间的财务关系(纳税-征税)**

政府作为社会管理者担负着维持社会正常秩序、保卫国家安全、组织和管理社会活动等任务,行使政府职能。政府依据这一身份,无偿参与企业利润的分配。企业必须按税法规定向政府缴纳各种税款,包括所得税、流转税、资源税、财产税和行为税等。这种关系体现一种强制和无偿的经济利益分配关系。

4. **企业内部各单位之间的财务关系(往来结算)**

企业内部的各职能部门和生产单位既分工又合作,共同形成一个企业系统。这主要指企业内部各单位之间在生产经营各环节中相互提供产品或劳务所形成的经济关系。企业供、产、销各个部门以及各个生产部门之间,相互提供劳务费和产品也要计价结算,这种在企业内部形成的资金结算关系体现的就是企业内部各单位之间的财务关系。

5. **企业与职工之间的财务关系(费用-薪酬)**

企业和职工之间的财务关系是企业向职工支付劳动报酬的过程中形成的经济关系。企业职工以自身提供的劳动参加企业的分配,企业根据劳动者的劳动情况,用其收入向职工支付工资、津贴和奖金,并按规定提取公益金等,体现着职工个人和集体在劳动成果上的分配关系。企业与职工的分配关系会直接影响企业利润并由此影响所有者权益。

三、财务管理的环节

财务管理的环节是指财务管理的工作步骤和一般程序。企业财务管理一般包括以下几个环节。

(一)财务预测

财务预测是企业根据财务活动的历史资料(如财务分析),考虑现实条件与要求,运用特定方法对企业未来的财务活动和财务成果作出科学的预计或测算。财务预测是进行财务决策的基础，是编制财务预算的前提。

财务预测所采用的方法主要有两种：一是定性预测，是指企业缺乏完整的历史资料或有关变量之间不存在较为明显的数量关系下，专业人员进行的主观判断与推测；二是定量预测，是指企业根据比较完备的资料，运用数学方法，建立数学模型，对事物的未来进行的预测。实际工作中，通常将两者结合起来进行财务预测。

(二)财务决策

决策即决定。财务决策是企业财务人员按照企业财务管理目标，利用专门方法对各种备选方案进行比较分析，并从中选出最优方案的过程。它不是拍板决定的瞬间行为，而是提出问题、分析问题和解决问题的全过程。正确的决策可使企业起死回生，错误的决策可导致企业毁于一旦，所以财务决策是企业财务管理的核心，其成功与否直接关系到企业的兴衰成败。

(三)财务预算

财务预算是指企业运用科学的技术手段和数量方法，对未来财务活动的内容及指标进行综合平衡与协调的具体规划。财务预算是以财务决策确立的方案和财务预测提供的信息为基础编制的，是财务预测和财务决策的具体化，是财务控制和财务分析的依据，贯穿企业财务活动的全过程。

(四)财务控制

财务控制是在财务管理过程中，利用有关信息和特定手段，对企业财务活动所施加的影响和进行的调节。实行财务控制是落实财务预算、保证预算实现的有效措施，也是责任绩效考评与奖惩的重要依据。

(五)财务分析

财务分析是根据企业核算资料，运用特定方法，对企业财务活动过程及其结果进行分析和评价的一项工作。财务分析既是本期财务活动的总结，也是下期财务预测的前提，具有承上启下的作用。通过财务分析，可以掌握企业财务预算的完成情况，评价财务状况，研究和掌握企业财务活动的规律，改善财务预测、财务决策、财务预算和财务控制，提高企业财务管理水平。

(六)业绩评价

业绩评价是通过运用一定手段和方法对企业一定经营期间的获利能力、资产质量、债务风险以及经营增长和努力程度的各方面进行的综合评判。科学地评价企业业绩,可以为出资人行使经营者的选择权提供重要依据;可以有效地加强对企业经营者的监督和约束;可以为有效地激励企业经营者提供可靠依据;还可以为政府有关部门、债权人、企业职工等利益相关方提供有效的信息支持。

四、财务管理与会计的联系与区别

财务管理是企业管理的重要组成部分,它与会计工作无论是在理论上,还是实践中,既有联系,又有区别。

(一)财务管理与会计的联系

1. 财务管理与会计具有价值共性

财务管理与会计均具有明显的价值属性,两者都是通过或利用"价值"发挥作用,主要对价值形态进行管理。会计对经济活动的确认、计量和披露是按照价值反映的要求进行的,事实上,会计信息就是对企业价值或财务活动的再现。而财务管理本身是一种价值管理,是一种追求价值最大化的综合性的管理工作。

2. 两者在企业管理过程中相辅相成

会计是反映企业价值运动过程中的数与量,并以会计信息的形式向信息使用者输出。如果没有会计提供的信息作依据,财务管理的计划、预测、决策、控制与分析等功能必然是无源之水。

换言之,财务管理者只有利用会计提供的高质量信息才能准确把握企业的财务状况,作出科学决策;另一方面,会计所提供的信息必须尽可能满足包括财务管理在内的信息使用者的决策需要,否则就失去了其存在的价值。

(二)财务管理与会计的区别

1. 两者的对象不同

财务管理的对象是资金运动,是对企业资金运动所进行的直接管理。也就是说,财务管理主要管理企业的各项资产,以及由此产生的相关融资、投资、收益分配等事项。会计的对象并不是资金运动本身,而是资金运动所形成的信息,即对企业资金运动过程的信息揭示。

2. 两者的职能不同

会计的职能主要表现为反映,而财务管理的职能主要是计划、预测、决策、控制和分析等。反映职能是会计所特有的内在职能。会计人员作为信息揭示人员，对企业生产经营管理各方面并不具有直接的决策职能，他们的主要作用是通过提供会计信息，对相关决策施加影响。而企业相关的计划、决策等职能则由财务管理来实施。

3. 两者的目标不同

会计的中心内容是提供决策所需信息，它通过对企业经济活动的揭示，为管理当局、投资者和债权人等不同信息使用者提供真实可靠的会计信息，以满足相关利益主体的决策需要。财务管理的目标，则是企业经营目标在财务管理中的集中与概括，主要是通过计划、预测、决策、控制和分析等工作，确保企业价值最大化目标的实现。

4. 两者对人员素质的要求不同

会计人员要求熟练掌握会计业务核算的知识技能，熟悉会计法规和有关财经纪律，有良好的职业道德等。而作为一项专业化的职能管理活动，现代财务管理具有开放性、动态性和综合性的特点，并要求其人员不仅要有会计方面的专业技能，更重要的是要有一定的管理能力和决策能力，面对瞬息万变的市场态势，要有敏锐的洞察力和准确的判别力，善于抓住机遇，大胆、适时决策，在激烈的市场竞争中掌握主动权。

总之，无论从理论上分析，还是从实践上看，财务管理与会计都是两回事。财务管理重在对财务行为的前期决策和过程约束，会计核算重在对财务行为的过程核算和结果反映。但是，财务管理需要利用会计信息，而会计核算又为财务管理提供基础，两者互为补充，相辅相成。

第二节 财务管理的目标

财务管理目标是企业理财活动所要达到的要求和最终结果，是评价企业理财活动是否合理的基本标准。明确财务管理目标，对优化企业理财行为，实现财务管理的良性循环，具有重要意义。

一、企业目标及其对财务管理的要求

财务管理是企业管理的一部分，是有关资金的获得和有效使用的管理工作。财务管理的目标，取决于企业的总目标，并且受特定的社会经济环境所制约。企业是以营利为目的的组织，其出发点和归宿是赢利。企业一旦成立，就会面临竞争，并始终处于生存和倒闭、发展和萎缩的矛盾之中。企业必须生存下去才能获利，只有不断发展才能生存。因此，概括地说，企业的目标有三个层次：首先是生存，其次是发展，然后才是获利。

1. 生存目标及其对财务管理的要求

生存是企业的首要目标。企业生存的条件主要有两个：第一，以收抵支。企业只有在经营过程中做到收入大于支出，企业的生产经营活动才能够不断地重复进行，否则，企业的再生产活动将会因收不抵支而难以为继，将迫使投资者退出生产经营活动。第二，到期偿债。企业如果负债经营，则必须保证债务的按期付息、到期还本，或定期按照合约的安排偿还债务，否则，企业将由于不能偿还到期的债务，导致债权人申请企业破产。

企业生存的危机主要来自两个方面，一是长期亏损(根本原因)，另一个是不能偿还到期的债务(直接原因)。为此，力求保持以收抵支和偿还到期债务的能力，减少破产的风险，使企业可以长期稳定地生存下去是对财务管理的第一个要求。

2. 发展目标及其对财务管理的要求

企业不仅要生存，还要不断地发展，增强竞争能力。在市场经济中竞争是社会发展的基础，在竞争激烈的市场上，各个企业此消彼长、优胜劣汰。一个企业如不能发展，不能提高产品和服务的质量，不能扩大自己的市场份额，就会被其他企业挤出市场。企业发展目标的实现主要是再投资，不断地更新设备和工艺或投资新项目，扩大销售的数量和收入，提高竞争力，提高人员的素质，改进技术和管理。任何一项措施都离不开资金的投入。因此，筹集企业发展所需的资金是对财务管理的第二个要求。

3. 获利目标及其对财务管理的要求

赢利是企业的出发点和归宿。赢利目标对财务管理提出的要求：认识到资金是具有成本的，要求对企业正常经营产生的和从外部获得的资金加以有效利用，提高资金的利用效益，最终提高企业的收益。这是对财务管理的第三个要求。

二、财务管理的目标

财务管理的目标是一切财务活动的出发点和归宿。财务管理的目标是指企业进行财务活动所要达到的根本目的，又称理财目标，它决定着企业财务管理的基本方向。明确财务管理的目标，是搞好财务工作的前提，随着社会经济的不断发展，在不同时期人们对财务目标的认识存在一定差异。目前财务管理的目标主要有以下4种观点。

(一)利润最大化

利润最大化一般指税后利润总额的最大化。在市场经济中，企业的成败最终取决于市场，只有在市场竞争中获胜，才能得到利润，并且职工的经济利益直接同企业利润直接挂钩，从而使利润成为企业财务的主要目标。

1. 利润最大化目标的优点

第一，利润额是企业在一定期间经营收入和经营费用的差额，是按照收入费用配比原则加以计算的，它在一定程度上体现了企业经济效益的高低。

第二，利润是增加投资者投资收益、提高职工劳动报酬的来源，也是企业补充资本积累、扩大经营规模的源泉。

第三，自由竞争的资本市场中，资本的使用权最终属于获利最多的企业。

第四，只有每个企业都最大限度获利，整个社会的财富才能实现最大化。

2. 利润最大化目标的缺点

第一，这里的利润是指企业一定时期实现的利润总额，没有考虑资金的时间价值。

第二，这里的利润没有反映创造的利润与投入的资本之间的关系，因而不利于不同资本规模的企业或同一企业不同期间之间的比较。

第三，在市场风险逐渐增加的情况下，盲目追求利润最大化导致资本规模的无度扩张，会给企业带来财务风险。

第四，片面追求利润最大化，可能导致企业短期行为，如忽视产品开发、人才开发、生产安全、技术装备水平、生活福利设施和履行社会责任等。

(二)资本利润率最大化或每股利润最大化

资本利润率是利润额与资本额的比率。每股利润是利润额与普通股股数的比值。这里的利润额指税后净利润。

1. 资本利润率最大化或每股利润最大化目标的优点

把企业实现的利润额同投入的资本或股本数进行对比，能够说明企业的赢利水平，可以在不同资本规模的企业或同一企业不同期间之间进行比较，揭示其赢利水平的差异。

2. 资本利润率最大化或每股利润最大化目标的缺点

(1) 仍然没有考虑资金的时间价值。
(2) 没有考虑风险因素。

(三)股东财富最大化

现代企业的日常财务管理工作由受委托的经营者负责处理，经营者应最大限度地谋求股东或委托人的利益，而股东或委托人的利益目标则是提高资本报酬，增加股东财富，实现权益资本的保值增值。因此，股东财富最大化这一理财目标受到人们的普遍关注。在股份制企业中，投资者持有公司的股票并成为公司的股东。许多人认为，股票市场价格的高低体现着投资大众对公司价值所作的客观评价。它可以每股市价表示，反映着资本和利润之间的关系；它受预期每股盈余的影响，反映着每股盈余的大小和取得的时间；它受企业风险大小的影响，可以反映每股盈余的风险。所以，人们往往用股票市场价格来代表股东财富。股东财富最大化的目标在一定条件下也就演变成股票市场价格最大化这一目标。

1. 股东财富最大化目标的优点

第一，股东财富最大化目标考虑了风险因素，因为风险的高低会对股票价格产生重要影响。

第二，股东财富最大化在一定程度上能够克服企业在追求利润上的短期行为，因为不仅目前的利润会影响股票价格，未来的利润预期对企业股票价格也会产生重要影响。

第三，股东财富最大化目标比较容易量化，便于考核和奖惩。

2. 股东财富最大化目标的缺点

第一，它只适用于上市公司，对非上市公司则很难适用。

第二，它只强调股东的利益，而对企业其他关系人的利益重视不够。

第三，股票价格受多种因素影响，并非都是公司所能控制的，把不可控因素引入理财目标是不合理的。

尽管股东财富最大化存在上述缺点，但如果一个国家的证券市场高度发达，市场效率极高，则上市公司可以把股东财富最大化作为财务管理的目标。

(四)企业价值最大化

企业价值，即企业的市场公允价值，是指企业未来收益的现值，其大小取决于企业未来的获利能力及风险的大小。企业价值是该企业预期自由现金流量以其加权平均资本成本为贴现率折现的现值，它与企业的财务决策密切相关，体现了企业资金的时间价值、风险以及持续发展能力。扩大到管理学领域，企业价值可定义为企业遵循价值规律，通过以价值为核心的管理，使所有与企业利益相关者(包括股东、债权人、管理者、普通员工、政府等)均能获得满意回报的能力。显然，企业的价值越高，企业给予其利益相关者回报的能力就越高。而这个价值是可以通过其经济定义加以计量的。

现代企业是多边契约关系的集合，不能只考虑股东的利益，应以企业价值最大化作为理财目标。企业价值不是账面资产的总价值，而是企业全部财产的市场公允价值，它反映了企业潜在或预期获利能力。用公式表示：

企业价值=权益价值+债务价值

企业价值由公司未来的收益和风险决定，即由公司未来现金流量的大小及其时间分布、未来现金流量的风险大小来决定。

投资者在评价企业价值时，是以投资者预期投资时间为起点的，并将未来收入按预期投资时间的同一口径进行折现，未来收入的多少按可能实现的概率进行计算。可见，这种计算办法考虑了资金的时间价值和风险问题。企业所得的收益越多，实现收益的时间越近，应得的报酬越是确定，则企业的价值或股东财富越大。

企业应将长期稳定发展摆在首位，强调在企业价值增长中满足与企业相关各利益主体的利益，企业只有通过维护与企业相关者的利益，承担起应有的社会责任(如保护消费者利益、保护环境、支持社会公众活动等)，才能更好地实现企业价值最大化这一财务管理目标。

1. 企业价值最大化目标的优点

第一，该目标考虑了资金的时间价值和投资的风险价值，有利于统筹安排长短期规划、合理选择投资方案、有效筹措资金、合理制订股利政策等。

第二，该目标反映了对企业资产保值增值的要求，企业市场价值越大，越会促使企业资产保值或增值。

第三，该目标有利于克服管理上的片面性和短期行为。

第四，该目标有利于社会资源合理配置。社会资金通常流向企业价值最大化的企业或行业，有利于实现社会效益最大化。

2. 企业价值最大化目标的缺点

第一，对于股票上市企业，虽可通过股票价格的变动揭示企业价值，但是股价受多种因素影响，特别在即期市场上的股价不一定能够直接揭示企业的获利能力，只有长期趋势才能做到这一点。

第二，为了控股或稳定购销关系，现代企业不少采用环形持股的方式，相互持股。法人股东对股票市价的敏感程度远不及个人股东，对股价最大化目标没有足够的兴趣。

第三，对于非股票上市企业，只有对企业进行专门的评估才能真正确定其价值。而在评估企业的资产时，由于受评估标准和评估方式的影响，这种估价不易做到客观和准确，这也导致企业价值确定的困难。

三、财务管理目标的协调

企业财务管理目标是企业价值的最大化，在这一目标上，财务活动所涉及的利益主体如何进行协调是财务管理必须解决的问题。代理关系的存在使各方利益不尽一致并且有所冲突。研究这些冲突以及如何协调这种冲突的理论可以称为代理理论(agency cost)，其具体内容有以下两个方面。

(一)所有者与经营者的矛盾与协调

企业价值的最大化直接反映了企业所有者的利益,而作为企业的经营者只得到薪金(工资),与企业的长远收益没有直接的关系。经营者与所有者的主要矛盾就是经营者希望在提高企业价值和股东财富的同时,能更多地增加享受成本,而所有者和股东则希望以最低的成本支出带来最高的企业价值和股东财富。

为了解决所有者与经营者在实现理财目标上存在的矛盾,应当建立激励和制约这两种机制。

1. 建立激励机制

通常可采用以下激励方式。

(1) 适当延长经营者任期。对称职的经营者应按公司章程规定用满每届聘任期,优秀者可以连任,有的还可成为终生员工,促使经营者为企业的长远利益而奋斗。

(2) 实行年薪制。使国有企业、集体企业经理人员的年薪逐步与私营企业、外资企业靠近,把经营者的报酬同企业一定期间的绩效直接挂起钩来。

(3) 实行绩效股。在股份制企业中,可用权益资本利润率、每股利润等指标来评价经营业绩,视业绩大小给予适当数量的股票作为报酬。如果公司的绩效未能达到规定的目标,经营者就要部分甚至全部丧失原先持有的绩效股。

2. 建立约束机制

经营者背离所有者的财务管理目标,其条件是双方的信息不一致,经营者了解的信息比所有者多且早,因而容易出现"内部人控制"的现象。为了解决这一矛盾,就要加强对经营者的监督,并采取必要的制约措施。

(1) 实行经营状况公开制度。利用财务报告、厂报、快报等多种形式及时向所有者和劳动者通报企业经营情况,使企业的重大经济活动置于所有者和劳动者监督之下。

(2) 实行对经理、厂长定期审计制度。由股东会(股东大会)委托监事会对经理、厂长进行审计,揭示企业投资方案、筹资方案、经营计划、财务预算的执行情况,利润分配情况,管理费用开支情况,会计信息提供的真实性等。如发现经营者行为损害企业的利益,要立即予以纠正。

(3) 实行严格的奖惩制度。当发现经理人员不认真履行职责,以至给企业造成损失时,股东大会和监事会应采取制裁措施,比如降低年薪标准、处以罚款、降级甚至解聘。

(二)所有者与债权人的矛盾与协调

所有者与债权人的矛盾主要表现在两个方面:首先,所有者可能未经债权人同意,要求经营者投资于比债权人预计风险更高的项目，增大了偿债的风险，债权人的负债价值也必然会实际降低，项目成功，额外的利润会被所有者独享，若失败，则债权人要与所有者一起承担由此而造成的损失；其次，所有者与股东未征得现有债权人的同意，要求经营者发行新债券或举借新债，致使旧债券或老债券的价值降低。

为协调所有者与债权人的上述矛盾，通常采用以下方法。

(1) 限制性借债，即在债权人借款给企业时，在合同中加入某些限定性条件，如规定借款的用途、借款的担保条件和借款的信用条件等。

(2) 收回借款或不再借款。当债权人发现公司有侵蚀其债权价值的意图时，采取收回借款和不给予公司重新放款，从而来保护自身利益。

第三节 财务管理的环境

财务管理环境是指对企业财务活动和财务管理产生影响作用的企业各种内部和外部条件，外部环境主要包括经济环境、法律环境和金融环境等。

一、财务管理环境的含义及其分类

从系统论的观点来看，所谓环境，就是指存在于研究系统之外的、对研究系统有影响作用的一切系统的总和。那么，财务管理以外的、对财务管理系统有影响作用的一切系统的总和，便构成财务管理的环境。如国家的政治经济形势，国家经济法规的完善程度，企业面临的市场状况，经济全球化的浪潮，信息技术、通信技术、电子商务的蓬勃发展，虚拟公司的兴起等，都会对财务管理产生重要影响，因此，都属于财务管理环境的组成内容。通过财务管理环境的概念可得知，财务管理环境是一个多层次、多方位的复杂系统，它纵横交错，相互制约，对企业财务管理有着重要影响。为了能对财务管理的环境作更深入细致的研究，下面对企业财务管理环境进行简单分类。

(1) 财务管理环境按其包括的范围，可分为宏观理财环境和微观理财环境。宏观理财环境是对财务管理有重要影响的宏观方面的各种因素，其内容十分广阔，包括经济、政治、社会、自然条件等各种因素。从经济角度来看，主要包括国家经济发展的水平、产业政策、金融市场状况等。宏观理财环境的变化，一般对各类企业的财务管理均产生影响。微观理财环境是对财务管理有重要影响的微观方面的各种因素，如企业的组织结构、生产经营活动、产品的市场销售状况等。微观环境的变化一般只对特定企业的财务管理产生影响。

(2) 财务管理环境按其与企业的关系划分，可分为内部财务管理环境和外部财务管理环境。企业内部财务管理环境是指企业内部的影响财务管理的各种因素，如企业的生产状况、技术状况、经营规模、资产结构、生产经营周期等。内部环境较简单，具有能比较容易把握和加以利用等特点。企业外部财务管理环境是指企业外部的影响财务管理的各种因素，如国家政治、经济形势、法律制度、企业所面临的市场状况以及国际财务管理环境等。外部环境构成比较复杂，需要认真调查，搜集资料，以便分析研究，全面认识。

（3）财务管理环境按其变化的情况分，可分为静态财务管理环境和动态财务管理环境。静态财务管理环境是指那些处于相对稳定状态的影响财务管理的各种因素，它对财务管理的影响程度相对平衡，起伏不大。财务管理环境中的地理环境、法律制度等，属于静态财务管理环境。动态财务管理环境是指那些处于不断变化状态的、影响财务管理的各种因素。例如，在市场经济体制下，商品市场上的销售量及销售价格，资金市场的资金供求状况及利息率的高低，都是不断变化的，属于动态财务管理环境。在财务管理中，应重点研究、分析动态财务管理环境，并及时采取相应对策，提高对财务管理环境的适应能力和应变能力。

二、财务管理环境的变化及其对财务管理的挑战

21世纪财务管理的环境发生了巨大的变化。从宏观环境看，主要表现在：经济全球化浪潮势不可挡，知识经济方兴未艾，信息技术、通信技术与电子商务的蓬勃发展等等。从微观环境看主要表现为：公司内部机构重组，公司之间的购并与重组，虚拟公司的兴起等方面。而每一方面的变化对财务管理都提出了挑战。

1. 经济的全球化浪潮

近20年来，在技术进步与各国开放政策的推动下，经济全球化进程逐步加快，成为世界经济发展的主流。以国际互联网为代表的信息技术在生产、流通、消费等领域得到广泛应用。这主要表现为：一是网络经济的发展带动电信、银行、保险、运输等全球服务业市场迅速扩张，形成时间上相互连续、价格上联动的国际金融交易网络；二是跨国公司的规模和市场份额的不断扩大使生产、营销、消费日益具有全球性；三是WTO等多边组织，国际政策协调集团，非政府组织的国际网络和区域性经济组织，通过全球范围或区域内贸易和投资自由化安排，将在推动经济全球化进程中发挥越来越重要的作用。

在经济全球化浪潮中，对财务管理有直接影响的是金融全球化。金融市场的开放，使得越来越多的外资金融机构进入我国市场。金融市场规模的扩大、金融工具的创新给我国企业提供了多种投资组合的方式，但同时也派生出更多的金融风险；产品市场的开放，使得许多外国先进且廉价的产品进入我国市场，在丰富我国国民物质生活的同时也给我国企业的产品结构带来了新的挑战，如何寻求机遇、规避风险，是财务管理当前和今后一段时间所面临的最重要课题。

2. 知识经济的兴起

知识经济是以科技、信息、知识、智慧为基础的经济，知识经济时代是一个以人为本的时代，知识将超越物质资源而成为企业不可或缺的首要经济资源，成为经济增长的决定性因素。传统的财务管理目标看重的只是所有者的权益，管理的重心是物质资源，没有认识到人力资源是企业财富增长的决定性因素，没有对所有者以外的其他相关者进行有效的激励。对财务管理来说，知识经济改变了企业资源配置结构，使传统的以厂房、机器、资本为主要内容的资源配置结构转变为以知识为基础的、知识资本为主的资源配置结构。

3. 电子商务蓬勃发展

电子商务是计算机技术和通信技术两者结合的成果。随着电子商务的发展，传统的财务管理也演化到网络财务时代。其显著的特点是实时报告，企业可以进行在线管理。网络财务的前景是诱人的，但它引起的安全问题同样让人担心。

4. 公司治理结构理论的发展

公司治理结构是确保企业长期战略目标和计划得以确立，确保整个管理机构能按部就班地实现这些目标和计划的一种企业组织制度安排。它通过一定的治理手段合理配置剩余索取权和控制权，以使企业不同利益主体形成有效的自我约束和相互制衡机制。

传统主流经济学认为，有效的公司治理结构应是"股东至上"的公司治理模式，股东作为物质资本所有者，其地位是至高无上的，经营者只能按照股东的利益行使控制权。从产权分离的角度来看，财务主体可以划分为出资者财务主体和经营者财务主体，二者的财务管理目标不同，前者追求股东财富最大化，后者追求经理效用最大化。由于委托代理关系的存在，两者的利益冲突不断发生。委托代理双方的关系如果得不到有效的协调将降低公司运作效率，而现行治理结构对此却无能为力。为了解决委托代理问题，共同治理结构应运而生。共同治理的核心就是通过企业内的正式制度安排来确保每个产权主体具有平等参与企业所有权分配的机会，同时又依靠相互监督的机制来制衡各产权主体的行为。这种多元化的公司治理结构，符合契约主体利益平等的基本思想和现代产权理论的基本内涵，成为各国公司治理结构的现实选择。

三、影响企业外部财务环境的主要因素

由于内部财务环境存在于企业内部，是企业可以从总体上采取一定的措施施加控制和改变的因素。而外部财务环境，由于存在于企业外部，它们对企业财务行为的影响无论是有形的硬环境，还是无形的软环境，企业都难以控制和改变，更多的是适应和因势利导。因此本小节主要介绍外部财务环境。影响企业外部财务环境有各种因素，包括政治、经济、

金融、法律、文化等许多方面，其中最主要的有经济环境、法律环境和金融环境等因素。

(一)经济环境

企业的财务管理活动必须融于宏观经济运行中，微观理财主体的投入产出效益和宏观经济环境是密切相连的，因此，才有所谓"股市是宏观经济的晴雨表"之说。宏观经济环境也是一个十分宽泛的概念，大的方面包括世界经济环境、洲际经济环境、国家或地区的经济环境，小的方面包括行业经济环境、产品的市场经济环境等方面。无论是哪一方面，对其作出正确地分析、评估是企业采取适应性财务行为、规避风险的基本条件。

1. 经济周期

经济周期(business cycle)是指经济运行中周期性出现的经济扩张与经济紧缩交替更迭、循环往复的一种现象，是国民总产出、总收入和总就业的波动。每一个经济周期都可以分为上升和下降两个阶段。经济从一个顶峰到另一个顶峰，或者从一个谷底到另一个谷底，就是一次完整的经济周期。现代经济学关于经济周期的定义，建立在经济增长率变化的基础上，指的是增长率上升和下降的交替过程。经济周期的各个阶段都具有一些典型特征，大致包括如下几个方面。

(1) 繁荣阶段：该阶段的经济活动水平高于趋势水平，经济活动较为活跃，需求不断增加，产品销售通畅，投资持续增加，产量不断上升，就业不断扩大，产出水平逐渐达到高水平，经济持续扩张。不过，繁荣阶段一般持续时间不长，当需求扩张开始减速时会诱发投资减速，经济就会从峰顶开始滑落。通常当国内生产总值连续两个季度下降时，可以认为经济已经走向衰退。

(2) 衰退阶段：指实际 GDP 至少连续两个季度下降。该阶段经济活动水平开始下降，消费需求也开始萎缩，闲置生产能力开始增加，企业投资开始以更大的幅度下滑，产出增长势头受到抑制，国民收入水平和需求水平进一步下降，最终将使经济走向萧条阶段。

(3) 萧条阶段：指范围广且持续时间长的经济衰退。这个时期经济收缩较为严重，逐渐降低到低水平就业减少，失业水平提高，企业投资降至低谷，一般物价水平也在持续下跌。当萧条持续一段时间后，闲置生产能力因投资在前些阶段减少逐渐耗尽，投资开始出现缓慢回升，需求水平开始出现增长，经济逐渐走向复苏阶段。

(4) 复苏阶段：这时经济活动走向上升通道，经济活动开始趋于活跃，投资开始加速增长，需求水平也开始逐渐高涨，就业水平提高，失业水平下降，产出水平不断增加。随着经济活动不断恢复，整个经济走向下一个周期的繁荣阶段。

在市场经济条件下，企业家们越来越多地关心经济形势，以顺应"天时"。一个企业生产经营状况的好坏，既受其内部条件的影响，又受其外部宏观经济环境和市场环境的影响。

一个企业，无力决定它的外部环境，但可以通过内部条件的改善，来积极适应外部环境的变化，充分利用外部环境，并在一定范围内，改变自己的小环境，以增强自身活力，扩大市场占有率。因此，作为财务管理人员对经济周期波动必须了解、把握，并能制订相应的对策来适应周期的波动，否则将在波动中丧失生机。

经济周期波动的扩张阶段，是宏观经济环境和市场环境日益活跃的季节。这时，市场需求旺盛，订货饱满，商品畅销，生产趋升，资金周转灵便。企业的供、产、销和人、财、物都比较好安排。企业处于较为宽松有利的外部环境中。

经济周期波动的收缩阶段，是宏观经济环境和市场环境日趋紧缩的季节。这时，市场需求疲软，订货不足，商品滞销，生产下降，资金周转不畅。企业在供、产、销和人、财、物方面都会遇到很多困难。企业处于较恶劣的外部环境中。经济的衰退既有破坏作用，又有"自动调节"作用。在经济衰退中，一些企业破产，退出商海；一些企业亏损，陷入困境，寻求新的出路；一些企业顶住恶劣的气候，在逆境中站稳了脚跟，并求得新的生存和发展。这就是市场经济下"优胜劣汰"的企业生存法则。

对于企业来说，对经济运行周期阶段的识别与评判是评价经济发展现状、预测经济发展趋势的重要前提，也是企业正确规划财务发展战略、选择财务政策的基本前提。

2. 经济发展状况

经济发展状况是指宏观经济的短期运行特征。国家统计部门会定期公布经济发展状况的各种经济指标，如经济增长速度、失业率、物价指数、进出口贸易额增长率、税收收入以及各个行业的经济发展状况指标等。对各种经济发展状况指标的跟踪观察有利于企业正确把握宏观经济运行的态势，及时调整财务管理策略。当经济发展处于繁荣时期，经济发展速度较快，市场需求旺盛，销售额大幅度上升。企业为了扩大生产，需要增加投资，与此相适应则需筹集大量的资金以满足投资扩张的需要。当经济发展处于衰退时期，经济发展速度缓慢，甚至出现负增长，企业的产量和销售量下降，投资锐减，资金时而紧缺、时而闲置，财务运作出现较大困难。另外，经济发展中的通货膨胀也会给企业财务管理带来较大的不利影响，主要表现在：资金占用额迅速增加；利率上升，企业筹资成本加大；证券价格下跌，筹资难度增加；利润虚增、资金流失。

3. 通货膨胀

经济发展中的通货膨胀也会给企业财务管理带来较大的不利影响，主要表现在：资金占用额迅速增加；利率上升，企业筹资成本加大；证券价格下跌，筹资难度增加；利润虚增、资金流失。通货膨胀不仅对消费者不利，给企业理财也带来很大困难。企业对通货膨胀本身无能为力，只有政府才能控制通货膨胀的速度。

4. 宏观调控政策

国家对某些地区、某些行业、某些经济行为的优惠、鼓励和有利倾斜构成了政府政策的主要内容。宏观调控政策是政府对宏观经济进行干预的重要手段，主要包括产业政策、金融政策和财政政策等。

政府通过宏观经济政策的调整引导微观财务主体的经济行为，达到调控宏观经济的目的。这些宏观经济调控政策对企业财务管理的影响是直接的，企业必须按国家政策办事，否则将寸步难行。例如，国家采取收缩的调控政策时，会导致企业的现金流入减少，现金流出增加、资金紧张、投资压缩。反之，当国家采取扩张的调控政策时，企业财务管理则会出现与之相反的情形。所以，作为微观的市场竞争主体，企业必须关注宏观经济政策的取向及其对企业经济行为的影响；并根据宏观经济政策的变化及时调整自身的行为，以规避政策性风险对企业财务运行的影响。

5. 竞争

竞争广泛存在于市场经济之中，任何企业都不能回避。竞争是"商业战争"，综合了企业的全部实力和智慧，经济增长、通货膨胀、利率波动带来的财务问题，以及企业的对策，都在竞争中体现出来。譬如，依据核心竞争力来提高企业的竞争优势，实现财务资源的优化配置等就是竞争思维下财务管理的典型体现。为了突出"竞争"，企业在制定管理科学的财务战略，谋求竞争优势时，往往需要结合外部市场经济的竞争特性去认识和把握。换言之，市场经济作为竞争型经济，其竞争具有广泛性、长期性、公平性和合作性等基本特征。在竞争主体多元化、竞争对象不断变化的市场经济环境下，企业财务管理必须培育竞争意识和树立核心竞争力的观念。

(二)法律环境

财务管理的法律环境是指企业和外部发生经济关系时所应遵守的各种法律、法规和规章。企业在其经营活动中，要和国家、其他企业或社会组织、企业职工或其他公民、国外的经济组织或个人发生经济关系。国家管理这些经济活动和经济关系的手段包括行政手段、经济手段和法律手段三种。在市场经济条件下，行政手段逐步减少，而经济手段，特别是法律手段日益增多，越来越多的经济关系和经济活动的准则用法律的形式固定下来。同时，众多的经济手段和必要的行政手段的使用，也必须逐步做到有法可依，从而转化为法律手段的具体形式，真正实现国民经济管理的法制化。一方面，法律提出了企业从事一切经济业务所必须遵守的规范，从而对企业的经济行为进行约束；另一方面，法律也为企业合法从事各项经济活动提供了保护。

1. 企业组织法律规范

企业组织必须依法成立。组建不同的企业，要依照不同的法律规范。它们包括《中华人民共和国公司法》(以下简称《公司法》)、《中华人民共和国全民所有制工业企业法》、《中华人民共和国外资企业法》、《中华人民共和国中外合资经营企业法》、《中华人民共和国中外合作经营企业法》、《中华人民共和国个人独资企业法》、《中华人民共和国合伙企业法》等。这些法律规范既是企业的组织法，又是企业的行为法。

例如，《公司法》对公司企业的设立条件、设立程序、组织机构、组织变更和终止的条件和程序等都做了规定，包括股东人数、法定资本的最低限额、资本的筹集方式等。只有按其规定的条件和程序建立的企业，才能称为"公司"。《公司法》还对公司生产经营的主要方面作出了规定，包括股票的发行和交易、债券的发行和转让、利润的分配等。公司一旦成立，其主要的活动，包括财务管理活动，都要按照《公司法》的规定来进行。因此，《公司法》是公司企业财务管理最重要的强制性规范，公司的财务管理活动不能违反该法律，公司的自主权不能超出该法律的限制。

2. 税务法律规范

任何企业都有法定的纳税义务。有关税收的立法分为三类：所得税的法规、流转税的法规、其他地方税的法规。税负是企业的一种费用，会增加企业的现金流出，对企业财务管理有重要影响。企业无不希望在不违反税法的前提下减少税务负担。税负的减少，只能靠精心安排和筹划投资、筹资和利润分配等财务决策，而不允许在纳税行为已经发生时去偷税漏税。精通税法，对财务主管人员有重要意义。

3. 财务法律规范

财务法律规范主要是是指企业和广大财务工作者应该遵循的基本原则和行为规范。目前，我国的财务法律规范主要是《会计法》、《小企业会计制度》和2006年财政部颁发的涵盖各类企业(中小企业除外)各项经济业务、独立实施的会计准则体系，这套以公允价值体系建立的新会计准则体系是由一个基本准则、38项具体准则和应用指南构成。

(三)金融环境

企业总是需要资金从事投资和经营活动。而资金的取得，除了自有资金外，主要从金融机构和金融市场取得。金融政策的变化必然影响企业的筹资、投资和资金运营活动。所以，金融环境是企业最主要的环境因素之一。

1. 金融市场

金融市场是指资金筹集的场所。广义的金融市场，是指一切资本流动(包括实物资本和货币资本)的场所,其交易对象为货币借贷、票据承兑和贴现、有价证券的买卖、黄金和外汇买卖、办理国内外保险、生产资料的产权交换等。狭义的金融市场一般是指有价证券市场,即股票和债券的发行和买卖市场。

1) 金融市场的分类

(1) 金融市场按交易的期限分为短期资金市场和长期资金市场。短期资金市场是指期限不超过一年的资金交易市场,因为短期有价证券易于变成货币或作为货币使用,所以也叫货币市场。长期资金市场,是指期限在一年以上的股票和债券交易市场,因为发行股票和债券主要用于固定资产等资本货物的购置,所以也叫资本市场。

(2) 金融市场按交易的性质分为发行市场和流通市场。发行市场是指从事新证券和票据等金融工具买卖的转让市场,也叫初级市场或一级市场。流通市场是指从事已上市的旧证券或票据等金融工具买卖的转让市场,也叫次级市场或二级市场。

(3) 金融市场按交易的直接对象分为同业拆借市场、国债市场、企业债券市场、股票市场和金融期货市场等。

(4) 金融市场按交割的时间分为现货市场和期货市场。现货市场是指买卖双方成交后,当场或几天之内买方付款、卖方交出证券的交易市场。期货市场是指买卖双方成交后,在双方约定的未来某一特定的时日才交割的交易市场。

2) 金融市场对财务管理的影响

(1) 金融市场为企业提供了良好的投资和筹资的场所。金融市场能够为资本所有者提供多种投资渠道,为资本筹集者提供多种可供选择的筹资方式。企业需要资金时,可以到金融市场选择适合自己需要的方式筹资。企业有了剩余的资金,也可以在市场上选择合适的投资方式,为其资金寻找出路。

(2) 促进企业资本灵活转换。企业可通过金融市场将长期资金(如股票、债券)变现转为短期资金;也可以通过金融市场将短期资金转化为长期资金,如购进股票、债券等。金融市场为企业的长短期资金相互转化提供了方便。

(3) 金融市场为企业财务管理提供有意义的信息。金融市场的利率变动反映资金的供求状况,有价证券市场的行情反映投资人对企业经营状况和赢利水平的评价,这些都是企业生产经营和财务管理的重要依据。

2. 金融机构

金融机构包括银行业金融机构和其他金融机构。社会资金从资金供应者手中转移到资金需求者手中,大多要通过金融机构。

1) 中国人民银行

中国人民银行是我国的中央银行,它代表政府管理全国的金融机构和金融活动,经理国库。其主要职责是制定和实施货币政策,保持货币币值稳定;依法对金融机构进行监督管理，维持金融业的合法、稳健运行；维护支付和清算系统的正常运行；持有、管理、经营国家外汇储备和黄金储备；代理国库和其他与政府有关的金融业务；代表政府从事有关的国际金融活动。

2) 政策性银行

政策性银行，是指由政府设立，以贯彻国家产业政策、区域发展政策为目的，不以营利为目的的金融机构。政策性银行与商业银行相比，其特点在于：不面向公众吸收存款，而以财政拨款和发行政策性金融债券为主要资金来源；其资本主要由政府拨付；不以营利为目的，经营时主要考虑国家的整体利益和社会效益；其服务领域主要是对国民经济发展和社会稳定有重要意义，而商业银行出于营利目的不愿借贷的领域；一般不普遍设立分支机构，其业务由商业银行代理。但是，政策性银行的资金并非财政资金，也必须有偿使用，对贷款也要进行严格审查，并要求还本付息、周转使用。我国目前有两家政策性银行：中国进出口银行、国家开发银行。

3) 商业银行

商业银行是以经营存款、放款、办理转账结算为主要业务，以营利为主要经营目标的金融企业。商业银行的建立和运行，受《中华人民共和国商业银行法》规范。我国的商业银行可以分成三类：一类是国有独资商业银行，是由国家专业银行演变而来的，包括中国工商银行、中国农业银行、中国银行、中国建设银行，它们过去分别在工商业、农业、外汇业务和固定资产贷款领域中提供服务，近些年来其业务交叉进行，传统分工已经淡化；另一类是股份制商业银行，是 1987 年以后发展起来的，包括交通银行、深圳发展银行、中信实业银行、中国光大银行、华夏银行、招商银行、兴业银行、上海浦东发展银行、中国民生银行以及各地方的商业银行、城市信用合作社等；最后一类是外资银行，按照中国与世界贸易组织签订的协议，中国金融市场要逐渐对外开放，外资银行可以在中国境内设立分支机构或营业网点，可以经营人民币业务。

4) 非银行金融机构

目前，我国主要的非银行金融机构有金融资产管理公司、保险公司、信托投资公司、证券机构、财务公司、金融租赁公司。

金融资产管理公司的主要使命是收购、管理、处置商业银行剥离的不良资产。1999 年 4 月 20 日，中国信达资产管理公司在北京成立，这是经中国人民银行批准，中国第一家经营、管理、处置国有银行不良资产的公司。随后不久，我国又先后成立了长城、东方、华融三家金融资产管理公司。与国外相比，我国 4 家金融资产管理公司除了上述使命外，还同时肩负着推动国有企业改革的使命，即运用债权转股权、资产证券化、资产置换、转让和销售等市场化债权重组手段，实现对负债企业的重组，推动国有大中型企业优化资本结构、转变经营机制，最终建立现代企业制度，达到脱困的目标。

保险公司，主要经营保险业务，包括财产保险、责任保险、保证保险和人身保险。目前，我国保险公司的资金运用被严格限制在银行存款、政府债券、金融债券和投资基金范围内。

信托投资公司，主要是以受托人的身份代人理财。其主要业务有经营资金、财产委托、代理资产保管、金融租赁、经济咨询以及投资等。

证券机构，是指从事证券业务的机构，包括：①证券公司，其主要业务是推销政府债券、企业债券和股票，代理买卖和自营买卖已上市流通的各类有价证券，参与企业收购、兼并，充当企业财务顾问等；②证券交易所，提供证券交易的场所和设施，制定证券交易的业务规则，接受公司上市申请并安排上市，组织、监督证券交易，对会员和上市公司进行监管等；③登记结算公司，主要是办理股票交易中所有权转移时的过户和资金的结算。

财务公司，通常类似于投资银行。我国的财务公司是由企业集团内部各成员单位入股，向社会募集中长期资金，为企业技术进步服务的金融股份有限公司。它的业务被限定在本集团内，不得从企业集团之外吸收存款，也不得对非集团单位和个人贷款。自1987年我国第一家企业集团财务公司——东风汽车工业财务公司成立之日起，经过21年的发展，财务公司资产质量逐渐提高，呈现出良好的发展势头，已经成为我国资本市场上一支重要而特殊的生力军。统计显示，目前在银行间债券市场上开立托管账户的财务公司达60家，占财务公司机构总数的75%。银行间债券市场的众多品种已经成为其吞吐债券资产、进行流动性管理的重要工具。

金融租赁公司，是指经办筹资租赁业务的公司组织。金融租赁公司实际是一家金融机构，与银行不同之处在于，银行贷款给企业，企业用于购买设备，以先付息后归还本金。金融租赁公司是先购买设备，再将设备租赁给企业，企业付租赁费，如支付五年的租赁费，五年租赁费的总和等于本金加利息。这样做的好处是，在企业未付清全部租赁费前，该设备的所有权归金融租赁公司，企业倒闭了，在清偿时，其先于其他债权人。其主要业务有动产和不动产的租赁、转租赁、回租租赁。金融租赁这种融资与融物相结合的资本设备投资方式，运作起来灵活多变，既能满足企业的资金需求并为企业拓宽融资空间，又能帮助企业加快技术改造，实现资产的合理配置和运营。

3. **金融市场利率**

在金融市场上，利率是资金使用权的价格，其计算公式为：

利率=纯利率+通货膨胀附加率+到期风险附加率+变现力附加率

纯利率是指没有风险和通货膨胀情况下的平均利率。在没有通货膨胀时，国库券的利率可以视为纯利率。

通货膨胀附加率是由于通货膨胀会降低货币的实际购买力，为弥补其购买力损失而在纯利率的基础上加上通货膨胀附加率。

到期风险附加率，是对投资者承担利率变动风险的一种补偿。一般而言，因受到期风险的影响，长期利率会高于短期利率，但有时也会出现相反的情况。这是因为短期投资有另一种风险，即购买短期债券的投资人在债券到期时，由于市场利率下降，找不到获利较高的投资机会，还不如当初投资于长期债券。这种风险叫再投资风险。当再投资风险大于利率风险时，即预期市场利率将持续下降，人们都在热衷寻求长期投资机会时，可能出现短期利率高于长期利率的现象。

变现力附加率是指无法在短期内以合理价格来卖掉资产的风险。各种有价证券的变现力是不同的。政府债券和大公司的股票容易被人接受，投资人随时可以出售以收回投资，变现力很强，与此相反，一些小公司的债券鲜为人知，不易变现，投资人要求变现力附加率(提高利率1%～2%)作为补偿。

第四节 财务管理的原则

财务管理原则是从企业财务管理实践经验中总结出来，用以指导财务活动、处理财务关系的行为准则。

一、财务管理原则的特征

(1) 财务管理原则是财务假设、概念和原理的推论。它们是经过论证的、合乎逻辑的结论，具有理性认识的特征。

(2) 财务管理原则必须符合大量观察和事实，被多数人所接受。

(3) 财务管理原则是财务交易和财务决策的基础。

(4) 财务管理原则为解决新的问题提供指引。

(5) 财务管理原则不一定在任何情况下都绝对正确。原则的正确性与应用环境有关，在一般情况下它是正确的，而在特殊情况下不一定正确。

二、财务管理原则的具体内容

目前较为权威的是美国教授 Douglas R.Emery 和 Jone D.Finnerty 的观点，他们将财务管理的原则概括的三类十二条。如图 1-1 所示。我国注册会计师考试，也采纳了这一观点。

(一)第一类是有关竞争环境的原则

它们是对资本市场中人的行为规律的基本认识。

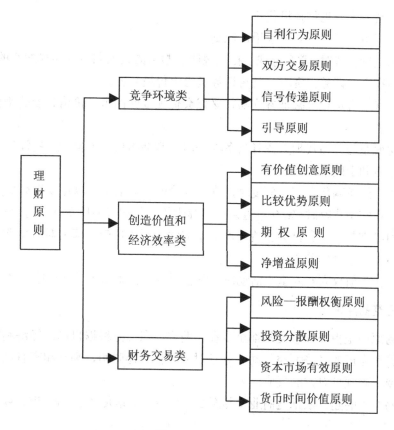

图 1-1 理财原则

1. 自利行为原则

自利行为原则是指人们在进行决策时按照自己的财务利益行事，在其他条件相同的条件下人们会选择对自己经济利益最大的行动。

自利原则的依据是理性的经纪人假设。自利原则有以下两个重要应用。

自利行为原则的一个重要应用是委托-代理理论。根据该理论，应当把企业看成是各种自利的人的集合，如果企业只有业主一个人，他的行为将十分明确和统一。如果企业是一个大型公司，情况就变得非常复杂，因为这些关系人之间存在利益冲突。一个公司涉及的利益关系人包括普通股东、优先股股东、债券持有者、供应商、社区等。这些人或集团，都是按自利原则行事的。企业和各种利益关系人之间的关系，大部分属于委托代理关系。

自利行为原则的另一个应用是机会成本和机会损失的概念。当一个人采取某个行动时，就等于取消了其他可能的行动，因此他必然要用这个行动与其他的可能行动相比，看该行动是否对自己最有利。采用一个方案而放弃另一个方案时，被放弃方案的最大净收益是被采用方案的机会成本,也称择机代价。

通常,公司可在下列行为中运用该原则。

(1) 公司进行投资时,常会寻找能提供风险调整后的最大期望真实报酬率的投资项目。

(2) 公司在金融证券投资时,常将证券卖给出价最高者。

(3) 市场参与者进行金融证券交易,必然会促使证券的市场价格趋于公平价格,否则便会存在套利者。

(4) 公司股东与公司代理人签订财务合约时,常会给代理人提供一些激励措施,以使代理人的决策有利于股东。

(5) 公司在给予购货方信用额度时,常会评价顾客的信用,以免发生坏账。

(6) 公司在购买货物时,常会检查供应商提供的产品和劳务质量是否符合自己的要求。

(7) 公司经常寻找获利机会租赁资产而不借款购买该资产,即使对希望购买的资产,也要安排项目筹资或合作筹资。

(8) 公司作为债权人卷入重组活动时,常会寻找机会来增大其所能收回的价值。

2. 双方交易原则

双方交易原则是指每一项交易都至少存在两方,在一方根据自己的经济利益决策时,另一方也会按照自己的经济利益行动,并且对方和你一样聪明、勤奋和富有创造力,因此你在决策时要正确预见对方的反应。

双方交易原则的建立依据是商业交易至少有两方,交易是"零和博弈",以及各方都是自利的。

双方交易原则要求在理解财务交易时不能"以我为中心",在谋求自身利益的同时要注意对方的存在,以及对方也在遵循自利原则行事。双方交易原则还要求在理解财务交易时要注意税收的影响。由于税收的存在,主要是利息的税前扣除,使得一些交易表现为"非零和博弈"。政府是交易第三方,从更大范围看并没有改变"零和博弈"的性质。

通常,公司可在下列行为中运用该原则。

(1) 公司进行金融证券投资时,常使用金融证券的公平价格计算其报酬率。

(2) 公司股东与代理人订立财务合约时,既要从委托人角度又要从代理人角度来考虑每一种环境。

(3) 公司进行筹资时,必须考虑在自己的筹资条件下交易另一方是否愿意参加,或者在对方给定的条件下公司是否愿意继续筹资。

(4) 公司利用商业信用进行短期筹资,不应牺牲供应商利益的不道德行为来获取短期利益,否则只能损害甚至毁掉长期有利的合作关系。

(5) 公司可以利用衍生证券将财务风险转移给他人,但也可能会牺牲一部分额外报酬。

(6) 公司作为债权人被卷入破产时，所收回的价值的每一点增加，都会以其他方所收回的价值减少为代价。

(7) 拟收购一家公司时，通常要溢价支付，否则目标公司的股东不会出卖他们的股票。

3. 信号传递原则

信号传递原则，是指行动可以传递信息，并且比公司的声明更有说服力。信号传递原则还要求公司在决策时不仅要考虑行动方案本身，还要考虑该行动可能给人们传达的信息。例如，2008年2月起，A股市场上市公司三花股份、新和成、德豪润达、科华生物、山河智能、海翔药业等中小板公司就有不少高管纷纷辞职，抛售手中股票套现。股指就从6 000多点跌到2008年8月份的2 200点，不少投资者损失惨重。事实说明，行动通常比语言更有说服力。

通常，公司可在下列行为中运用该原则。

(1) 公司股东与代理人签订财务合约时，应认识到建立和维持良好声誉所具有的激励价值，这将给外部传递一个对公司有正效用的信息；在金融市场中，公司可以利用他人的信息来计量所投资证券的现行市场价值或期望带来的价值。

(2) 筹资时，公司应分析任何与资本结构和股利政策有关的可能变化，因为任何变化会将信息传递到外部使用者，并可能引起他们的误会。公司应认识到，宣布一种普通股即将公开销售，常会导致股票市场的消极反应，因为这种行为暗示着公司认为其股票已被高估。因此，短期筹资比长期筹资效果要好，长期负债比普通股筹资效果要好。

4. 引导原则

引导原则是指当所有办法都失败时，寻找一个可以信赖的榜样作为自己的引导。不要把引导原则混同于"盲目模仿"。它只在两种情况下适用：一是理解存在局限性，认识能力有限，找不到最优的解决办法；二是寻找最优方案的成本过高。引导原则的一个重要应用，是行业标准概念。引导原则的另一个重要应用就是"自由跟庄"概念。

(二)第二类是有关创造价值和经济效益的原则

它们是对增加企业财富基本规律的认识。

1. 有价值的创意原则

有价值的创意原则，是指新创意能获得额外报酬。

竞争理论认为，企业的竞争优势可以分为经营奇异和成本领先两方面。经营奇异，是指产品本身、销售交货、营销渠道等客户广泛重视的方面在产业内独树一帜。任何独树一帜都来源于新的创意。创造和保持经营奇异性的企业，如果其产品溢价超过了为产品的独特性而附加的成本，它就能获得高于平均水平的利润。正是许多新产品的发明，使得发明人和生产企业变得非常富有。

有价值的创意原则主要应用于直接投资项目。一个项目依靠什么取得正的净现值？它必须是一个有创意的投资项目。重复过去的投资项目或者别人的已有做法，最多只能取得平均的报酬率，维持而不是增加股东财富。新的创意迟早要被别人效仿，失去原有的优势，因此创新的优势都是暂时的。企业长期的竞争优势，只有通过一系列的短期优势才能维持。只有不断创新，才能维持经营的奇异性并不断增加股东财富。该项原则还应用于经营和销售活动。例如，连锁经营方式的创意使得麦当劳的投资人变得非常富有。

通常，公司可在下列行为中运用该原则。

(1) 公司涉足金融证券投资时，应寻找富于创造性的管理或信息服务。

(2) 公司在与员工签订具有独创性的财务合约时，应提防"免费乘客"，他们会非法抄袭你在此方面的有价值的创意，而降低该创意的效用。

(3) 公司在进行项目投资时，应运用自下而上或自上而下的程序来增加揭示有价值创意的项目组合。

(4) 在面对收购决策时，公司应寻找机会重新设计证券及收购交易活动以期增值。

(5) 在国际投资时，公司应发展新的衍生证券或作出合理安排，以使公司能在国外经营中更好地应付其面对的风险，同时公司还应发展能产生净现值的国际融资机制。

2. 比较优势原则

比较优势原则是指专长能创造价值。在市场上要想赚钱，必须发挥你的专长。没有比较优势的人，很难取得超出平均水平的收入；没有比较优势的企业，很难增加股东财富。比较优势理论的核心内容是"两利取其重，两害取其轻"。

比较优势原则的依据是分工理论，即让每一个人去做最适合他做的工作，让每一个企业生产最适合它生产的产品，社会的经济效益才会提高。其具体一个应用是"人尽其才、物尽其用"。在有效的市场中，不必要求自己什么都能做得最好，但要知道谁能做得最好。对于某一件事情，如果有人比你自己做得更好，就支付报酬让他代你去做。同时，你去做比别人做得更好的事情，让别人给你支付报酬。

比较优势原则的另一个应用是优势互补。比较优势原则要求企业把主要精力放在自己的比较优势上，而不是日常的运行上。建立和维持自己的比较优势，是企业长期获利的根本。

通常，公司可在下列行为中运用该原则。

(1) 寻找能利用公司的比较优势的资本预算项目而不是靠日常筹资来增加公司价值。

(2) 在进行存货等是自行生产还是从外部购买等决策时，如果外部的供应商能提供更廉价、更适当的产品和服务，公司应考虑将此业务转包给外部的供应商。

(3) 在发行证券时，如果证券承销商能以较低价格承担新发行证券的定价风险，公司应与他们签订合同。

(4) 在进行衍生证券决策时，公司应考虑如果其他团体能以更便宜的价格承担这些风险，那么向它们转移风险对自身将十分有利。

(5) 在进行收购决策时，公司应考虑到具有不同比较优势的公司之间的兼并可能会产生净现值。

3. **期权原则**

期权是指不附带义务的权利，它是有经济价值的。期权原则是指在估价时要考虑期权的价值。在财务上，一个明确的期权合约经常是指按照预选约定的价格买卖一项资产的权利，许多资产都存在隐含的期权。期权概念最初产生于金融期权交易，它是指所有者(期权购买人)能够要求出票人(期权出售者)履行期权合同上载明的交易，而出票人不能要求所有者去做任何事情。在财务上，一个明确的期权合约经常是指按照预先约定的价格买卖一项资产的权利。

广义的期权不限于财务合约，任何不附带义务的权利都属于期权。许多资产都存在隐含的期权。例如，一个企业可以决定某个资产出售或者不出售，如果价格不令人满意就什么事也不做，如果价格令人满意就出售。这种选择权是广泛存在的。一个投资项目，本来预期有正的净现值，因此被采纳并实施了，上马以后发现它并没有原来设想的那么好。此时，决策人不会让事情按原计划一直发展下去，而会决定方案下马或者修改方案，使损失减少到最低。这种后续的选择权是有价值的，它增加了项目的净现值。在评价项目时就应考虑到后续选择权是否存在以及它的价值有多大。有时一项资产附带的期权比该资产本身更有价值。

通常，公司可在下列行为中运用该原则。

(1) 公司与员工签订财务合约时，应考虑或有事件及其对激励因素和价值的影响。

(2) 在进行项目投资时，公司应考虑确认扩充、延迟或放弃该项目所拥有的选择权的价值，有可能将期权价值考虑后会产生与原来未考虑前时截然相反的决策。

(3) 在进行股利政策决策时，公司应考虑用可转让卖出认股权作为股票购回的替代方法。

(4) 公司在进行营运资金和基金管理时，应认识到某一情况下潜在的选择权的价值。

(5) 公司应清楚地意识到，在以认股权方式发行股票时，认股权的价值、债券的提前偿债选择权所具有的价值，以及租约中的取消权对承租人的价值、包含在衍生金融工具中期权的价值。

(6) 当公司准备拖欠有关款项时，只有在拖欠支付对公司更有益时，才应选择拖欠支付。

4. 净增效益原则

净增效益原则是指财务决策建立在净增效益的基础上，一项决策的价值取决于它和替代方案相比所增加的净收益。

一项决策的优劣，是与其他可替代方案(包括维持现状而不采取行动)相比较而言的。如果一个方案的净收益大于替代方案，我们就认为它是一个比替代方案好的决策，其价值是增加的净收益。在财务决策中净收益通常用现金流量计量。一个方案的净收益是指该方案现金流入减去现金流出的差额，也称为现金流量净额。一个方案的现金流入是指该方案引起的现金流入量的增加额，一个方案的现金流出是指该方案引起的现金流出量的增加额。"方案引起的增加额"，是指某些现金流量依存于特定方案，如果不采纳该方案就不会发生这些现金流入和流出。

净增效益原则的应用领域之一是差额分析法。在分析投资方案时只分析它们有区别的部分，而省略其相同的部分。净增效益原则初看似乎很容易理解，但实际贯彻起来需要非常清醒的头脑，需要周密地考察方案对企业现金流量总额的直接和间接影响。例如，一项新产品投产的决策引起的现金流量，不仅包括新设备投资，还包括动用企业现有非货币资源对现金流量的影响；不仅包括固定资产投资，还包括需要追加的营运资金；不仅包括新产品的销售收入，还包括对现有产品销售积极或消极的影响；不仅包括产品直接引起的现金流入和流出，还包括对公司税务负担的影响等。

净增效益原则的另一个应用是沉没成本的概念。沉没成本是指已经发生、不会被以后的决策改变的成本。沉没成本与将要采纳的决策无关，因此在分析决策方案时应将其排除。

通常，公司可在下列行为中运用该原则。

(1) 公司进行项目投资决策时，应计算项目的净增效益。

(2) 公司在进行金融证券投资时，应计量持有金融证券的净增效益，也就是它的未来期望净现金流量。

(3) 公司在与员工签订财务合约时，应根据净增效益来衡量激励因素。

(4) 公司在进行资本结构决策时，应寻找所有的可能途径以最大限度减少由于资本市场缺陷(如不对称税负、不对称信息和交易成本)而招致的价值损失，同时在进行融资交易时，应考虑所有的交易成本。

(5) 公司在进行营运资金管理时，应计算和决策相关的净增税后现金流量，在考虑长期负债的替续时，应计算替换的净增税后现金流量。

(6) 公司在进行收购决策时，应计算收购所带来的收购净利益。

(三) 第三类是有关财务交易的原则

它们是人们对于财务交易基本规律的认识。

1. 风险-报酬权衡原则

风险-报酬权衡原则是指风险和报酬之间存在一个对等关系，两者形影相随，投资者要想取得较高的报酬，就必然要冒较大的风险，而如果投资者不愿承担较大的风险，就只能取得较低的报酬。风险-报酬均衡原则是指决策者在进行财务决策时，必须对风险和报酬作出科学的权衡，使所冒的风险与所取得的报酬相匹配，达到趋利避害的目的。投资人必须对报酬和风险作出权衡，为追求较高报酬而承担较大风险，或者为减少风险而接受较低的报酬。所谓"对等关系"，是指高收益的投资机会必然伴随巨大风险，风险小的投资机会必然只有较低的收益。

在筹资决策中，负债资本成本低，财务风险大，权益资本成本高，财务风险小。企业在确定资本结构时，应在资本成本与财务风险之间进行权衡。任何投资项目都有一定的风险，在进行投资决策时必须认真分析影响投资决策的各种可能因素，科学地进行投资项目的可行性分析，在考虑投资报酬的同时考虑投资的风险。在具体进行风险与报酬的权衡时，由于不同的财务决策者对风险的态度不同，有的人偏好高风险、高报酬，有的人偏好低风险、低报酬，但每一个人都会要求风险和报酬相对等，不会去冒没有价值的无谓风险。

2. 投资分散化原则

投资分散化原则，是指不要把全部财富都投资于一个公司，而要分散投资。

投资分散化原则的理论依据是投资组合理论。美国经济学家马考维茨(Markowitz)的投资组合理论认为，若干种股票组成的投资组合，其收益是这些股票收益的加权平均数，但其风险要小于这些股票的加权平均风险，所以投资组合能降低风险。分散化原则具有普遍意义，不仅仅适用于证券投资，公司各项决策都应注意分散化原则。凡是有风险的事项，都要贯彻分散化原则，以降低风险。

通常，公司可在下列行为中运用该原则。

(1) 进行金融证券投资时，应投资于多种证券的组合，以在不降低预期报酬的情况下减少风险。

(2) 在与员工签订财务合约时，应对高度专业化的人力资本支付更高的报酬。

(3) 可以通过混合兼并实现经营多样化，但是这一方式只有在股东自身无法取得经营多样化效果时才对股东有利。

(4) 在进行国际投资时，当国外投资项目的报酬率不与其任何国内报酬率组合完全相关时，在国际范围内投资就显得非常有价值了。

3. 资本市场有效原则

资本市场有效原则，是指在资本市场上频繁交易的金融资产的市场价格反映了所有可获得的信息，而且面对新信息完全能迅速地作出调整。

资本市场有效原则有两个重要应用，具体如下。

(1) 一个重要的应用是"无套利"。套利，在金融学中定义为期货市场上无风险利润机会不断消除的过程。而这里的"无套利"就是指市场中不存在无风险的收益机会。资本市场上没有稳赚不赔的机会，它提供的收益和风险是等价的，高收益意味着高风险，低风险也就对应着低收益。的确，企业可以在资本市场上利用金融工具规避风险，但此时它也是自动放弃了收益的机会。所以，在本质上，用来套期保值的金融工具并没有逃出资本市场"无套利"这个定律。市场有效性原则要求理财时慎重使用金融工具。

如果资本市场是有效的，购买或出售金融工具的交易的净现值就为零。在理财具体应用上就是企业不应该试图在资本市场上频繁交易来增加股东财富。金融工具的使用与企业发展息息相关。企业利用股票、期货、期权等金融工具来帮助自己融资或规避风险本是一件无可厚非的事，但如果企业贪婪地利用金融工具作为营利的手段，甚至敛财工具，"安然"的典型案例就证明了必将难逃法律的制裁。

(2) 资本市场有效的另一个应用是资产定价。例如，一个作出发行股票决策的公司，在为它的股票定价的过程中，要以资本市场有效为前提。股价应以本公司自身的价值为基准，从本公司的实际利润率出发来制定。任何弄虚作假都是逃不出有效市场检验的，即资本市场有效原则要求理财时重视市场对企业的估价。资本市场是一面镜子，股价可以综合反映公司的业绩，当股价下降时，企业绝不能试图欺骗市场，把弄虚作假、人为改变会计方法来增加利润的手段当作了救世主。世通就是一个很好的证明。1999 年，当世通公司股价跌落了近 60%时，它为了继续维持在华尔街的形象，试图使用"创造性会计原则"改变财务报表给人们制造幻觉。"创造性会计原则"的确减慢了世通股价的下降速度，却最终无法阻止价格下跌的必然趋势。不从公司的内部寻找原因来解决困境，最终令世通公司迎来它惨淡的葬礼。与此形成鲜明对比的是 Intel 公司。因连续几个季度的利润下滑导致 2006 年公司股价下跌了 22%后，Intel 随即公布了企业的财务削减计划，准备减少开支，调整内部架构，加速新品投放。据称这项计划有助于 Intel 减少 10 亿美元的运营预算，以及 3 亿美元的成本支出。2005 年惠普和 IBM 公司面对股价的波动，也都以市场为导向，通过切合实际的"裁员瘦身"方案受惠，赢得了市场的正面评价，从而提升了企业价值。

上面的例子还从另一个侧面告诉我们，企业应提高对信息披露的认识。司法中的"坦白从宽，抗拒从严"，放在这里也很适合。当企业陷入困境，如出现财务危机时，不要试图掩饰，在面对公众的时候，最好的对策就是公开，让一切透明，让公众能够了解到最真实的信息。如果企业不相信市场是有效的，企图用谎言欺瞒公众，那么，等到市场说话时，企业就会陷入真正的困境，严重时甚至导致破产。保持对股市的敏感性，仅仅是企业重视市场对自身估计的第一步，只有企业以诚信为基，采取精细的成本收益分析、积极的经营改善，从根本上校正企业的行为，才能使企业发展迈出坚定有力的步伐。

4. 货币时间价值原则

货币时间价值原则，是指在进行财务计量时要考虑货币时间价值因素。货币的时间价值是指货币在经过一定时间的投资和再投资所增加的价值。从经济学的角度看，即使在没有风险和通货膨胀的情况下，一定数量的货币资金在不同时点上也具有不同的价值。因此在数量上货币的时间价值相当于没有风险和通货膨胀条件下的社会平均资本利润率。货币时间价值原则的首要应用是现值概念。当前的一元钱要大于将来的一元钱，不同时间的货币价值不能直接加减运算，需要进行折算。通常，要把不同时间的货币价值折算到"现在"时点，然后进行运算或比较。把不同时点的货币折算为"现在"时点的过程，称为"折现"，折现使用的百分率称为"折现率"，折现后的价值称为"现值"。财务估价中，广泛使用现值计量资产的价值。货币时间价值的另一个重要应用是"早收晚付"观念。对于不附带利息的货币收支，与其晚收不如早收，与其早付不如晚付。货币在自己手上，可以立即用于消费而不必等待将来消费，可以投资获利而无损于原来的价值，可以用于预料不到的支付，因此早收、晚付在经济上是有利的。

货币时间价值原则在财务管理实践中得到广泛的运用。长期投资决策中的净现值法、现值指数法和内含报酬率法，都要运用到货币时间价值原则；筹资决策中比较各种筹资方案的资本成本、分配决策中利润分配方案的制定和股利政策的选择，都充分体现了货币时间价值原则在财务管理中的具体运用。

本 章 小 结

企业财务是指企业在生产经营过程中客观存在的资金运动及其所体现的经济利益关系，前者称为财务活动，表明了企业财务的内容和形式特征；后者称为财务关系，揭示了企业财务的实质。

企业财务管理是按照国家法律法规和企业经营要求，遵循资本营运规律，对企业财务活动进行组织、预测、决策、计划、控制、分析和监督等一系列管理工作的总称，是利用价值形式对企业财务活动及其体现的财务关系进行的综合性管理工作。其基本内容包括筹资管理、投资管理、营运资金管理和收益分配管理。

财务活动是指资金的筹集、运用、耗资、收回及分配等一系列行为。其中资金的运用、耗资、收回又称为投资，所以筹资活动、投资活动和分配活动构成财务活动的基本内容。

财务关系是指企业组织财务活动所发生的企业与各方面的经济利益关系。

财务管理工作环节是指财务管理的工作步骤和一般程序，其内容包括财务预测、财务决策、财务预算、财务控制、财务分析和业绩评价等。

财务管理的基础是企业组织形式，企业组织性质和特点决定企业目标及其相应的财务目标。不同类型的企业，其资本来源结构不同，企业所适用的法律方面有所不同，财务管理活动开展的空间范围也不同。

财务管理目标是企业财务管理工作(尤其是财务决策)所依据的最高准则，是企业财务活动所要达到的最终目标。财务管理目标主要有三种观点，即利润最大化、每股收益最大化和企业价值最大化。财务管理环境是指对企业财务活动和财务管理产生影响作用的企业内外部的各种条件，包括内部财务管理环境和外部财务管理环境。了解财务环境的目的在于使得企业在规划财务行为时更加合理、有效，以提高企业财务活动对环境的适应能力、应变能力和利用能力。因此，企业财务管理环境一般是指外部财务环境。影响企业外部财务环境的因素主要包括经济环境、法律环境和金融市场环境等。

财务管理的原则，也称财务管理原则，是指人们对财务活动的共同的、理性的认识。它是联系理论与实务的纽带。财务管理理论是从科学角度对财务管理进行研究的成果，通常包括假设、概念、原理和原则等。财务管理实务是指人们在财务管理工作中使用的原则、程序和方法。财务管理原则是财务管理理论和实务的结合部分。

复习思考题

一、思考题

1. 财务管理包括哪些主要内容？
2. 企业的主要财务关系有哪些？企业应该如何处理与各方的财务关系？
3. 阐述财务管理目标的观点有哪些？各有何优点和不足。
4. 财务管理的基本环节有哪些？
5. 什么是财务管理原则？具体有哪些？

二、单项选择题

1. 财务关系是指企业在组织财务活动中与有关方面所发生的(　　)。
   A. 结算关系　　　　　　　　B. 货币关系
   C. 经济利益关系　　　　　　D. 往来关系
2. 反映企业价值最大化目标实现程度的指标是(　　)。

A. 利润额　　　B. 总资产报酬率　　C. 每股市价　　D. 市场占有率

3. 按利率与市场资金供求情况的关系，将利率分为(　　)。
   A. 市场利率和法定利率　　　　B. 固定利率和浮动利率
   C. 不变利率和可变利率　　　　D. 实际利率和名义利率

4. 财务管理的基本环节是指(　　)。
   A. 筹资、投资与用资
   B. 预测、决策、预算、控制与分析
   C. 资产、负债与所有者权益
   D. 筹资活动、投资活动、资金营运活动和分配活动

5. 下列不属于有关竞争环境的原则的是(　　)。
   A. 自利行为原则　　　　　　　B. 双方交易原则
   C. 净增效益原则　　　　　　　D. 引导原则

6. 下列说法不正确的是(　　)。
   A. 高收益的投资机会必然伴随巨大的风险
   B. 风险小的投资机会必然只有较低的收益
   C. 如果资本市场是有效的，购买或出售金融工具的交易的净现值为零
   D. "货币时间价值"是指货币在经过一定时间的投资和再投资之后的价值

7. 下列说法不正确的是(　　)。
   A. 金融性资产的流动性是指金融资产能够在短期内不受损失地变为现金的属性，股票的流动性很高
   B. 对于金融性资产而言，现金的流动性最高，但持有现金不能获得收益
   C. 按交易的性质，金融市场分为发行市场和流通市场
   D. 金融性资产的特点包括流动性、收益性和风险性

8. 在对一个企业进行评价时，企业价值为(　　)。
   A. 企业的利润总额　　　　　　B. 企业账面资产的总价值
   C. 企业每股利润水平　　　　　D. 企业全部财产的市场价值

9. 在下列各项财务指标中,最能够反映上市公司财务管理目标实现程度的是(　　)。
   A. 扣除非经常性损益后的每股收益　　B. 每股净资产
   C. 每股市价　　　　　　　　　　　　D. 每股股利

10. 名义利率与实际利率之间的关系可以表述为(　　)。
    A. 名义利率=实际利率－预计通货膨胀率
    B. 名义利率=实际利率＋预计通货膨胀率
    C. 名义利率=实际利率÷预计通货膨胀率

D. 名义利率=实际利率×预计通货膨胀率

三、多项选择题

1. 企业财务活动包括( )。
   A. 筹资活动　　　　　　　　　　B. 投资活动
   C. 资金营运活动　　　　　　　　D. 分配活动

2. 作为财务管理的目标,与企业价值最大化相比,每股盈余最大化的缺点包括( )。
   A. 没有考虑货币的时间价值
   B. 没有考虑投入与产出之间的关系
   C. 没有考虑风险
   D. 计量比较困难

3. 企业价值最大化目标的优点有( )。
   A. 考虑了资金的时间价值　　　　B. 考虑了投资的风险价值
   C. 反映了对企业资产保值增值的要求　　D. 直接揭示了企业的获利能力

4. 在不存在通货膨胀的情况下,利率的组成因素包括( )。
   A. 通货膨胀补偿率　　　　　　　B. 违约风险报酬率
   C. 期限风险报酬率　　　　　　　D. 流动性风险报酬率

5. 下列有关信号传递原则正确的是( )。
   A. 信号传递原则是引导原则的延伸
   B. 信号传递原则要求公司在决策时不仅要考虑行动方案本身,还要考虑该项行动可能给人们传达的信息
   C. 信号传递原则要求根据公司的行为判断它未来的收益状况
   D. 引导原则是行动传递信号原则的一种运用

6. 有关企业总价值与报酬率、风险的相互关系的正确表述是( )。
   A. 企业总价值与预期的报酬成正比
   B. 企业总价值与预期的风险成反向变化
   C. 在风险不变时,报酬越高,企业总价值越大
   D. 在报酬不变时,风险越高,企业总价值越大

7. 财务管理的环节是指财务管理的工作步骤与一般程序。一般来说,企业财务管理包括的环节有( )。
   A. 财务预算　　　　　　　　　　B. 财务决策
   C. 财务分析　　　　　　　　　　D. 财务预测

8. 财务管理的发展历史，可以粗略地概括为（　　）。
   A. 以筹资为重心阶段　　　　　　　B. 以投资为重心阶段
   C. 以资本营运为重心阶段　　　　　D. 以资本运作管理为重心阶段
9. 企业与其他企业之间的关系是(　　)。
   A. 货币结算关系　　　　　　　　　B. 债权债务关系
   C. 经营权和所有权的关系　　　　　D. 法人义务与国家权力的关系
   E. 劳动成果上的分配关系
10. 企业管理目标对财务管理的主要要求是(　　)。
    A. 以收抵支，到期偿债，减少破产风险
    B. 筹集企业发展所需资金
    C. 合理、有效地使用资金，使企业获利
    D. 充分利用人力物力，获取更多的收益

第二章

价 值 观 念

【本章导读】

本章通过对财务管理的两个价值观念——时间价值和风险价值的阐述，让读者熟悉和理解货币时间价值的含义；掌握复利现值和终值的计算；掌握普通年金、预付年金、递延年金终值和现值的计算；掌握永续年金现值的计算；掌握复利期短于一年的货币时间价值；了解风险的概念及种类；掌握风险价值的衡量。

【知识要点】

(1) 资金时间价值概述：熟悉和理解货币时间价值的含义。

(2) 终值和现值：掌握复利现值和终值的计算。

(3) 年金：掌握普通年金、预付年金、递延年金终值和现值的计算。

(4) 复利期短于一年的货币时间价值：掌握复利期短于一年的货币时间价值，了解风险的概念及分类。

5. 风险与报酬：掌握风险价值的衡量。

【引入案例】

艺林公司资金时间价值的计算

艺林公司在建行云南昆明支行设立一个临时账户，2006年6月1日存入15万元，银行存款年利率为3.6%。因资金比较宽松，该笔存款一直未予动用。2008年6月1日艺林公司拟撤销该临时户，与银行办理销户时，银行共付给艺林公司16.08万元。

阅读上述资料，分析讨论以下问题。

(1) 如何理解资金时间价值，写出得出16.08万元的计算过程。

(2) 如果艺林公司将15万元放在单位保险柜里，存放至2008年6月1日，会取出多少钱？由此分析资金产生时间价值的根本原因。

(3) 资金时间价值为什么通常用"无风险无通货膨胀情况下的社会平均利润率"来表示？

第一节 资金时间价值概述

货币的时间价值是现代财务管理的基础观念之一。时间价值原理揭示了不同时点上货币资金之间的换算关系,几乎涉及企业所有的财务管理活动,是企业财务决策的基本依据。

一、资金时间价值的含义

资金的时间价值也称为货币的时间价值,是指货币经历一定时间的投资和再投资所增加的价值。

资金时间价值是指一定量资金在不同时点上价值量的差额,也仅指价值的差额。例如,将现在的1元钱存入银行,如果银行存款年利率是10%,那么一年后可得到1.10元,这1元钱经过一年的投资增加了0.10元,其价值量的差额即0.10元,说明现在的1元钱和1年后的1元钱其经济价值不相等。一般情况下,我们将银行利率作为衡量货币时间价值的尺度,计算在某一时刻一定数量货币的价值。货币在不同的时点上具有不同的时间价值。货币在当前的价值,被称为现值(present value, PV);货币在未来的价值,被称为终值(final value, FV)。

二、资金产生时间价值的前提

资金产生时间价值的前提是将其投入到生产经营之中,若将1元钱存放起来不使用,是不会增值的,因此,讨论资金时间价值必须是在使用的前提下,脱离使用的前提就无所谓资金时间价值了。资金投入生产经营过程后,其数额随着时间的持续不断增长,这是一种客观的经济现象。企业资金循环和周转的起点是投入货币资金;企业用它来购买所需的资源,然后生产出新的产品,产品出售时得到的资金量大于最初投入的资金量。资金的循环和周转以及因此实现的货币增值需要时间,每完成一次循环,资金就增加一定数额,周转的次数越多,增值额也越大。因此,随着时间的延续,资金总量在循环和周转中按几何级数增长,使得资金具有时间价值。

三、资金时间价值的表现形式

资金时间价值有两种表现形式:一种是相对数,即时间价值率,指扣除风险报酬和通货膨胀补偿后的平均资金利润率或最低的必要收益率;一种是绝对额,指时间价值额,表现为货币资金在生产经营过程中带来的真实增值额,其大小等于一定数额的货币资金与时间价值率的乘积,即利息,也就是使用货币的机会成本。在实务中,通常以相对量(利率或贴现率)代表货币的时间价值,人们常常将政府债券利率视为资金时间价值。

四、资金时间价值的作用

从量的规定性来看,资金的时间价值是没有风险和没有通货膨胀条件下的社会平均资金利润率。由于竞争,市场经济中各部门投资的利润率趋于平均化。每个企业在投资某项目时,至少要取得社会平均的利润率,否则不如投资于另外的项目或另外的行业。例如,某企业有一个项目,其投资方案有如下两种:第一种,如果现在上马可以获利 1 000 万元;第二种,如果 5 年之后上马则能获利 1 600 万元。如果不考虑资金的时间价值,由于 1 600 万元大于 1 000 万元,可以认为 5 年之后再上马该项目有利;如果考虑到资金的时间价值,现在获得的 1 000 万元可以用于其他的投资机会,平均每年得到社会平均的利润率 15%,则 5 年之后将会有资金 1 000(1+15%)^5=2 000 万元。这样看来,现在马上就上马该项目会更加有利。显然,考虑到资金时间价值的方式是更加符合经济实际的。因此,资金的时间价值成为评价投资方案的基本标准,是评价企业收益的基本尺度。

从上例可知,在理解资金时间价值时,我们要注意两点:第一,资金时间价值是在没有风险和没有通货膨胀条件下的社会平均资金利润率,如果社会上存在风险和通货膨胀,我们还需将它们考虑进去;第二,不同时点单位资金的价值不等,不同时点的资金收支需换算到相同的时点上,才能进行比较和有关计算。因此,我们不能简单地将不同时点的资金进行直接比较,而应将它们换算到同一时点后再进行比较。

第二节 终值和现值

在计算资金时间价值之前,要先掌握现值和终值两个基本概念。终值,是指现在一定量的资金在将来某个时点上的价值,也称为本利和。现值,是指未来某一时点上一定量资金折合成现在时点的价值。现值和终值之间的关系一般可以表示为:

终值=本金(现值)+利息(资金的时间价值)=本金+本金×利率

我们可以先看一个例子。如果将 100 元资金存入银行,存入期限为一年,假定银行一年的定期存款利率为 4.14%,一年后该项资金的本利和为 104.14 元。例子中,原存入的 100 元资金,是一年后收到的本利和 104.14 元的现值,而一年后收到的本利和 104.14 元则是原 100 元资金的终值。现值和终值之间的关系可以表示为:

104.14=100+100×4.14%=100+4.14

由于资金时间价值的计算涉及利息计算方式的选择。因此,本节将详细介绍两种利息计算方式:单利计息和复利计息。

一、单利的计算

单利(simple interest)计息方式下,每期都按初始本金计算利息,当期利息即使不取出也不计入下期的计息基础,每期的计息基础不变。即只对本金计提利息,计息基础就是本金,每期利息相同。现行的银行存款计息方法采用的就是单利计息法。其公式为:

利息=本金×利率×时期

以符号 I 代表利息,P 代表本金,n 代表时期,i 代表利率,F 代表本利和,则有:

$I=P\times i\times n$

(一)单利终值的计算

单利终值是指现在收入或支出的一笔资金按单利计算的未来价值。单利终值的计算公式为:

$F=P+I=P+P\times i\times n=P\times(1+i\times n)$

【例2-1】若存款10 000元,年利率为5.4%,若以单利计算,经过3年后,账户中的总金额为多少?

$F=P+I=P\times(1+i\times n)=10\ 000\times(1+5.4\%\times 3)=10\ 000+10\ 000\times 5.4\%\times 3=11\ 620(元)$

(二)单利现值的计算

单利现值是指未来收入或支出的一笔资金按单利折算的现在价值。单利现值的计算与单利终值的计算是互逆的,其计算公式为:

$P=F-I=F/(1+i\times n)$

【例2-2】甲某拟存入一笔资金以备三年后使用。假定银行三年期存款年利率为5%,甲某三年后需用的资金总额为34 500元,则在单利计息情况下,则目前需存入的资金数额的为多少元?

$P=F-I=F/(1+i\times n)=34\ 500/(1+3\times 5\%)=30\ 000(元)$

二、复利的计算

复利(compound interest)计息方式下,每期都按上期期末的本利和作为当期的计息基础,即通常说的"利上加利",不仅要对初始本金计息,还要对上期已经产生的利息再计息,每期的计息基础都在变化,每期利息不相等。在不特别说明的情况下,通常是以复利方式计息。

(一)复利终值的计算

复利终值是指现在的一定量资金按复利计算的未来价值。仍依据例 2-1 的资料，如按复利计算，则各年的利息及本利和计算如表 2-1 所示。

表 2-1 例 2-1 的复利终值计算　　　　　　　　　　　　　　　单位：元

项　目	利　息	本　利　和
第一年末	10 000×5.4%=540	10 000+10 000×5.4%=10 540
第二年末	(10 000+10 000×5.4%)×5.4% =569.16	(10 000+10 000×5.4%)+(10 000+10 000×5.4%)×5.4% =10 540+569.16=11 109.16
第三年末	[(10 000+10 000×5.4%)+(10 000+10 000×5.4%)×5.4%]×5.4% =599.89	[(10 000+10 000×5.4%)+(10 000+10 000×5.4%)×5.4%]+[(10 000+10 000×5.4%)+(10 000+10 000×5.4%)×5.4%]×5.4%=11 709.05

表 2-1 的计算过程用符号表示，如表 2-2 所示

表 2-2 用符号表示表 2-1 的计算过程

项　目	利　息	本　利　和
第一年末	$P \times i$	$P + P \times i - P(1+i)$
第二年末	$(P + P \times i) \times i$	$(P + P \times i) + (P + P \times i) \times i = P(1+i)(1+i)$
第三年末	$[(P + P \times i) + (P + P \times i) \times i] \times i$	$[(P + P \times i) + (P + P \times i) \times i] + [(P + P \times i) + (P + P \times i) \times i] \times i$ $= P(1+i)(1+i)(1+i)$

由表 2-2 推理，第 n 年的期终金额为：

$$F = P(1+i)^n$$

上式中的 $(1+i)^n$ 称为复利终值系数或 1 元的复利终值，用符号 $(F/P, i, n)$ 表示，复利终值的计算公式也可写为：

$$F = P(F/P, i, n)$$

依据该公式，若存款 10 000 元，年利率为 5.4%，以复利计算账户中经过 3 年后的总金额则简化为：

$$F = P(1+i)^3 = 10\ 000 \times (1+0.054)^3 = 10\ 000 \times 1.170\ 905 = 11\ 709.05(元)$$

【例 2-3】某企业于年初存入银行 10 000 元，假定年利息率为 12%，每年复利两次，则第 5 年末的本利和为多少元？

第 5 年末的本利和：

$$F = P(1+i)^n = P(F/P,i,n)$$
$$= 10\,000 \times (1+6\%)^{10} = 10\,000 \times (F/P, 6\%, 10)$$
$$= 17\,908(元)$$

【例2-4】某旅行社将10 000元投资于一项目，期限为4年，年报酬率即年利率为10%，4年后的终值是多少？

$$F = 10\,000(1+10\%)^4 = 10\,000 \times 1.4641 = 14\,641(元)$$

(二)复利现值的计算

复利现值是复利终值的逆运算，即已知本利和求本金。复利现值是复利终值的对称概念，因此可以利用复利终值公式求本金。由终值求现值叫做贴现，在贴现时所用的利率叫贴现率。复利现值的计算公式如下：

$$P = F/(1+i)^n = F \times (1+i)^{-n}$$

上式中的$(1+i)^{-n}$称为复利现值系数或1元的复利现值，用符号$(P/F,i,n)$表示。所以复利现值的计算公式也可写为：

$$P = F(P/F,i,n)$$

【例2-5】某人拟在5年后获得本利和10 000元，假设投资报酬率为10%，他现在应投入多少元？

$$P = F \times (1+i)^{-n} = F(P/F,i,n) = 10\,000 \times (P/F, 10\%, 5) = 10\,000 \times 0.621 = 6\,210(元)$$

第三节　年　　金

年金(annuity)是指等额、定期的系列收支，通常记作A。例如，分期付款赊购、分期偿还贷款、发放养老金、每年相同的销售收入、每年相同的净现金流量。年金按其每次收付款项发生的时点不同，可以分为普通年金、即付年金、递延年金、永续年金等几种。它们的差异如表2-3所示。

表2-3　四种年金类型的差异

类　型	收付时点
普通年金	每期期末
即付年金	每期期初
递延年金	一定间隔期后的每期期末
永续年金	无限期

一、普通年金的计算

所谓的普通年金(Ordinary Annuity),又称"后付年金",是指每期期末有等额收付款项的年金。

(一)普通年金终值

普通年金终值是指一定时期内每期期末收付款项的复利终值之和,如图2-1所示。

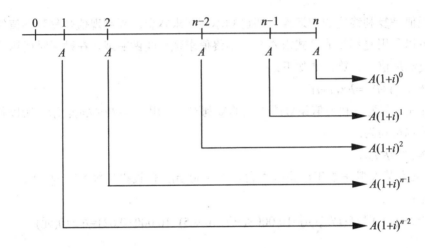

图 2-1 普通年金终值

普通年金终值的计算公式为:

$$F = A(1+i)^0 + A(1+i)^1 + A(1+i)^2 + \cdots + A(1+i)^{n-2} + A(1+i)^{n-1}$$

或:

$$F = A[(1+i)^0 + (1+i)^1 + (1+i)^2 + \cdots + (1+i)^{n-2} + (1+i)^{n-1}] \tag{1}$$

式(1)两边同乘$(1+i)$得式(2),

$$F(1+i) = A(1+i)^1 + A(1+i)^2 + \cdots + A(1+i)^{n-2} + A(1+i)^{n-1} + A(1+i)^n \tag{2}$$

式(2)减(1)式得:

$$F(1+i) - F = A(1+i)^n - A \Rightarrow F = A[(1+i)^n - 1]/i \tag{3}$$

式(3)中,$[(1+i)^n - 1]/i$称作"年金终值系数",表示为$(F/A, i, n)$,因此,上式也可表示为:

$$F = A(F/A, i, n)$$

【例 2-6】某人在 5 年间每年年末存入银行 100 元,存款利率为 8%,则第 5 年末上述存款的本息总额为多少元?

$F=100\times(F/A,8\%,5)=100\times5.8666=586.7(元)$

【例 2-7】A 每年末向银行存入 800 元，年利率为 6%，问 5 年后可得到多少钱？

$F=800\times(F/A,6\%,5)=800\times5.637\ 1=4\ 509.68(元)$

从例 2-7 可知，普通年金相当于日常生活中的"零存整取"。

(二)普通年金现值

普通年金现值(Ordinary Annuity)是指一定时期内把每期期末发生的年金都统一地折合成的现值之和，如图 2-2 所示。

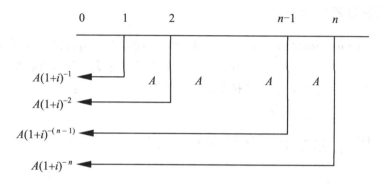

图 2-2 普通年金现值

普通年金现值的计算公式推导如下：

$$P = A(1+i)^{-1} + A(1+i)^{-2} + \cdots + A(1+i)^{-(n-1)} + A(1+i)^{-n} \tag{4}$$

式(3)两边同乘(1+i)得式(4)，见下式：

$$P(1+i) = A + A(1+i)^{-1} + \cdots + A(1+i)^{-(n-2)} + A(1+i)^{-(n-1)} \tag{5}$$

式(5)减式(4)得：

$$P(1+i) - P = A - A(1+i)^{-n} = A[1-(1+i)^{-n}]/i \tag{6}$$

式(6)中，$[1-(1+i)^{-n}]/i$ 称作"年金现值系数"，表示为$(P/A, i, n)$，因此，上式也可表示为：

$P=A(P/A,i,n)$

【例 2-8】某人出国 3 年，请你代付房租，每年租金 100 元，设银行存款利率 10%，他应当现在给你在银行存入多少钱？

$P = 100\times(1+i)^{-1} + 100\times(1+i)^{-2} + 100\times(1+i)^{-3}$

$=100\times0.909\ 1+ 100\times0.826\ 4+100\times0.751\ 3=100\times 2.486\ 8=248.68(元)$

或： $P = A[1-(1+i)^{-n}]/i = 100\times[1-(1+i)^{-3}]/10\%$

$= 100\times 2.4868 = 248.68(元)$

【例 2-9】 若以 8%的利率借款 20 000 元，投资于某个寿命期为 10 年的项目，每年至少要收回多少钱才是有利的？

因为 $P = A\dfrac{1-(1+i)^{-n}}{i}$

所以 $A = P\dfrac{i}{1-(1+i)^{-n}} = 20\,000 \times \dfrac{8\%}{1-(1-8\%)^{-10}} = 20\,000 \times \dfrac{1}{6.7101} = 2980(元)$

(三) 偿债基金的计算

偿债基金(sinking fund)是为了在未来的某一时点清偿债务而分次等额提取的存款准备金。计算偿债基金年金的方法实际上是将年金终值折算成年金，即年金终值的逆运算。即已知终值和年金终值系数求年金，偿债基金的计算公式推导如下：

因为 $F = [A(1+i)^n - 1]/i$

所示 $A = \dfrac{F}{[(1+i)^n - 1]/i} = F(A/F, i, n)$

或

$A = F \times \dfrac{i}{(1+i)^n - 1} = F[1/(F/A, i, n)]$

即

偿债基金(年金)=终值/年金终值系数=终值×偿债基金系数

【例 2-10】 假设某企业有一笔 4 年后到期的借款，金额为 1 000 万元，如果存款的年复利率是 10%，求建立的偿债基金是多少。

$F = A \times (F/A, i, n)$

$1\,000 = A \times (F/A, 10\%, 4)$

$A = 1\,000/(F/A, 10\%, 4) = 1\,000/4.6410 = 215.47(万元)$

所以，每年末要存入 215.47 万元的偿债基金。

(四) 年资本回收额的计算

资本回收是指在规定年限内等额回收或清偿初始投入的资本或所欠债务。这是年金现值的逆运算，如图 2-3 所示。

这是已知年金现值 P，求年金 A。其公式为：

$P = A[1-(1+i)^{-n}]/i$

$$A = \frac{P}{[1-(1+i)^{-n}]/i} = P/(P/A,i,n) = 现值/年金现值系数$$

或

$$A = P \times \frac{i}{1-(1+i)^{-n}} = 现值 \times 资本回收系数$$

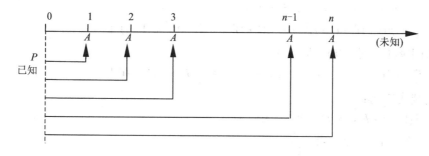

图 2-3 资本回收

【例 2-11】某公司准备向银行贷款 2 000 万元，在 10 年内每年平均偿还，若利率为 6%，公司每年应付的金额为多少？

$A=P/(P/A,6\%,10)=271.74(万元)$

【例 2-12】若要贷款购房，房款计 60 万元，如果首付 20%，其余由银行提供贷款。如果还款期为 20 年等额偿还，年利率为 7%，则每年需还贷多少？如果年内各月不计复利，每月需还款多少？

贷款总额=60×(1-20%)=48(万元)

每年还贷额=48/(P/A, 7%, 20)=48/10.594 0=4.530 9(万元)

每月需还贷=4.530 9/12=0.377 6(万元)

二、预付年金的计算

所谓的预付年金(Annuity Due)，又称先付年金，是指发生在每期期初等额收付款项的年金，如图 2-4 所示。

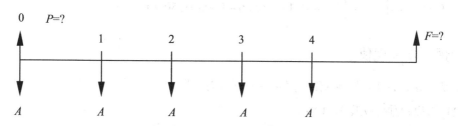

图 2-4 预付年金

(一)预付年金终值

普通年金的年金收付发生在每期的期末,与此相反,预付年金的年金收付发生在每期时期初。预付年金终值比相同的普通年金终值多计一期利息。因此,只要在普通年金终值公式上乘上$(1+i)$,便是预付年金的终值公式。

$$F = A \cdot (1+i)^1 + A(1+i)^2 + \cdots + A(1+i)^{n-1} + A(1+i)^n$$
$$= A[(1+i)^1 + (1+i)^2 + \cdots + (1+i)^{n-2} + (1+i)^{n-1} + (1+i)^n] \tag{7}$$

式(7)两边同乘$(1+i)$得式(8),见下式:

$$F(1+i) = A(1+i)^2 + \cdots + A(1+i)^{n-1} + A(1+i)^n + A(1+i)^{n+1} \tag{8}$$

式(8)减式(7)得:

$$F(1+i) - F = A \cdot (1+i)^{n+1} - A(1+i)^1$$

$$F = A \cdot \left[\frac{(1+i)^{n+1} - 1}{i} - 1\right] \tag{9}$$

$$= A \cdot \left[\frac{(1+i)^n - 1}{i}\right] \times (1+i) \tag{10}$$

式(9)中, $\left[\frac{(1+i)^{n+1} - 1}{i} - 1\right]$ 称作预付年金终值系数,它与普通年金终值系数相比:期数加1,系数减1,记作$[(F/A, i, n+1)-1]$。

【例2-13】假定某公司有一基建项目,分5次投资,每年年初投入1 000 000元,预计第5年末建成。若该公司贷款投资,贷款的年利率为12%,该项目5年后的投资总额为多少?

$$F = A \cdot \left[\frac{(1+i)^{n+1} - 1}{i} - 1\right] = A \cdot [(F/A, i, n+1) - 1]$$

$=1\,000\,000\times[(F/A, 12\%, 5+1) - 1] = 1\,000\,000 \times(8.115\,2-1)= 7\,115\,200(元)$

【例2-14】小张在3年内每年年初将1 000元钱存入银行,零存整取的年利率是8%,那么,3年后这些存款的终值为多少呢?

$$F = 1\,000 \cdot \left(\frac{(1+8\%)^{3+1} - 1}{8\%} - 1\right) = 4\,506 - 1\,000 = 3506(元)$$

(二)预付年金现值

$$P = A + A \cdot (1+i)^{-1} + A(1+i)^{-2} + \cdots + A(1+i)^{-(n-1)} \tag{11}$$

式(11)两边同乘$(1+i)$得式(12):

$$P(1+i) = A(1+i) + A + A \cdot (1+i)^{-1} + \cdots + A \cdot (1+i)^{-(n-2)} \tag{12}$$

式(12)减式(11)得：

$$P(1+i)-P= A(1+i) - A\cdot(1+i)^{-(n-1)}$$

$$P= A\times \frac{1+i-(1+i)^{-(n-1)}}{i} \tag{13}$$

$$= A\times \frac{1-(1+i)^{-n}}{i}\times (1+i) \tag{14}$$

$$= A\times (P/A, i, n)\times (1+i) \tag{15}$$

$$= A\times \left[\frac{1-(1+i)^{-(n-1)}}{i}+1\right] \tag{16}$$

式(16)中，$\left[\dfrac{1-(1+i)^{-(n-1)}}{i}+1\right]$ 称作"即付年金现值系数"，表示为$[(P/A, i, n-1)+1]$，它是在普通年金现值系数的基础上，期数减 1、系数值加 1 所得的结果。这时，可用如下公式计算即付年金的现值：

$$P=A\,[(P/A,i,n-1)+1]$$

【例 2-15】 某公司分 6 年期付款购物，每年初支付 80 000 元，若银行利率为 8%，问该项分期付款相当于一次现金支付的购买价是多少？

$P=A[(P/A, i, n-1)+1]$ =80 000×[(P/A, 8%, 5)+1] =80 000×(3.992 7+1)=399 416(元)

【例 2-16】 某人向银行存入 5 000 元，在利率为多少时，才能保证在未来 10 年中每年末收到 750 元？

因为 $P = A\times \left[\dfrac{1-(1+i)^{-(n-1)}}{i}+1\right]$

$5\,000 =750\times [(P/A, i, n-1)+1]$

所以 $[(P/A, i, n-1)+1] = 5\,000/750= 6.6667$

从以上计算结果可知，年金现值系数为 6.6667，通过查找附录 A 中的附表 4 可知，6.6667 介于横列年份数 10 年所对应的竖行值介于 6.7101(i=8%)与 6.4177(i=9%)之间。因此，本题的利率值也应介于 8%与 9%之间。数据列示如表 2-4。

表 2-4 年金现值系数表

利率 i	系 数 值
8%	6.7101
x%	6.6667
9%	6.4177

根据比例关系建立一个方程，然后，解方程计算得出所要求的数据，方程如下：

(x%-8%)/(9%-8%)=(6.6667-6.7101)/(6.4177-6.7101)

计算得出 $X=8.147$，另外，此种方法称为"内插法"。如图2-5所示。

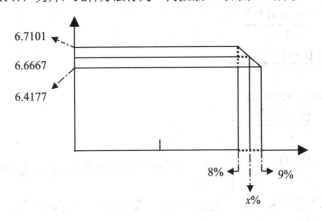

图 2-5 年金现值系数图

期间推算的插值法：

(1) 算出系数 a 值

(2) 查系数表：$=a$ 以及对应的期数 n

(3) 查出最接近的上下两个系数值 s_1、s_2，以及分别对应的 n_1、n_2

$n_1-s_1 \qquad n-a \qquad n_2-s_2$

代入计算公式：

$$\frac{n_1-a}{n_1-n_2}=\frac{s_1-a}{s_1-s_2}$$

∴ $n=[(s_1-a)/(s_1-s_2)]\times(n_2-n_1)+n_1$

如果知道已知 $P=6\,000$，$A=1\,000$，$i=8\%$，求：期数 $n=?$

$P=A\times(P/A,8\%,n)$

【例 2-17】$6\,000=1\,000\times(P/A,8\%,n)$ $(P/A,8\%,n)=6$ 查年金现值表

查得 $s_1=5.7466$ 对应 $n_1=8$

$s_2=6.2469$ 对应 $n_2=9$ 代入算得

$n=[(5.7466-6)/(5.7466-6.2469)]\times(9-8)+8\approx 8.5$

三、递延年金的计算

递延年金(Perpetual Annuity)是指在最初若干期没有收付款项的情况下，后面若干期等额的系列收付款项。递延年金收付形式中，最初若干期没有发生收付，一般用 m 表示递延期数，后面若干期连续收付的期数用 n 表示，如图2-6所示。

图 2-6 递延年金

(一)递延年金终值的计算

递延年金终值的计算方法与普通年金终值的算法类似,因终值往后计算,不考虑递延期的影响,按 n 期计算即可。

$$F=A\times(F/A, i, n)$$

【例 2-18】某投资者拟购买一处房产,开发商提出若前 5 年不支付,第 6 年起到第 15 年每年末支付 18 万元可获得房产,假设按银行贷款利率 10%复利计息,则第 15 年末所支付房款的终值是多少?

$$F=A\times(F/A, i, n)=18\times(F/A, 10\%, 10)=18\times15.937=286.87(万元)$$

(二)递延年金现值的计算

递延年金现值的计算有以下两种方法。

第一种方法:把递延年金视为 n 期普通年金,先求出递延期末的现值,然后再将此现值调整到第一期期初。

$$P=A\times(P/A, i, n)\times(P/F, i, m)$$

第二种方法:先计算出第 $m+n$ 年的普通年金现值,然后扣除实际并未支付的递延期(m)的年金现值,即可得出结果。

$$P_n = P_{m+n} - P_m$$

【例 2-19】王明拟在年初存入一笔资金,以便能在第 6 年年末起每年取出 1 000 元,至第 10 年末取完。在银行利率为 10%的情况下,他在最初一次存入银行多少钱?

从题目中可知递延期 m 为 5, n 为 5。

方法一:

$$P=A\times(P/A, i, n)\times(P/F, i, m)=1\,000\times(P/A, 10\%, 5)\times(P/F, 10\%, 5)$$
$$=1\,000\times3.790\,8\times(1+10\%)^{-5}=3\,790.8\times0.620\,9\approx 2\,354(元)$$

方法二:

$$P_n = P_{m+n} - P_m =1\,000\times(P/A, 10\%, 5+5)-1\,000\times(P/A, 10\%, 5)$$

=1 000×6.144 6 – 1 000×3.790 8=6 144.6 – 3 790.8 ≈ 2 354(元)

因此，他在最初应一次存入银行 2 354 元。

四、永续年金的计算

永续年金(Deferred Annuity)是指无限期等额收付的特种年金，可视为普通年金的特殊形式，即期限趋于无穷的普通年金。永续年金因为没有终止期，所以只有现值没有终值，如图 2-7 所示。

永续年金现值计算可依据普通年金现值的公式推导。

$$P = A \times \frac{1-(1+i)^{-n}}{i}$$

当 $n \to \infty$ 时，$(1+i)^{-n} \to 0$，则：

$$P = A \times \frac{1-(1+i)^{-\infty}}{i} = A \times \frac{1}{i}$$

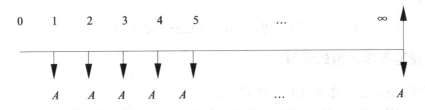

图 2-7 永续年金

【例 2-20】某学校拟建立一项永久性的奖学金，每年计划颁发 50 000 元奖学金，如果银行利率为 10%，则该学校现在应存入银行的金额为多少？

$$P = A \times \frac{1-(1+i)^{-\infty}}{i} = A \times \frac{1}{i} = 50\ 000 \times \frac{1}{10\%} = 500\ 000(元)$$

【例 2-21】某公司想使用一座办公楼，现有两种方案可供选择。

方案一，永久租用办公楼一栋，每年年初支付租金 10 万元，一直到无穷；

方案二，一次性购买，支付 120 万元。

目前存款利率为 10%，问从年金角度考虑，哪一种方案更优？

$P_1 = 10 \times (1+10\%)/10\% = 110$ (万元)

$P_2 = 120$ (万元)

因为 $P_1 < P_2$，所示应选择方案一。

关于货币时间价值与现值、终值之间的相互关系可以通过图 2-8 看出。

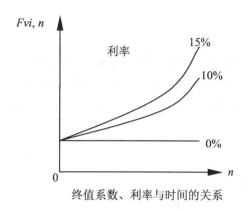
终值系数、利率与时间的关系

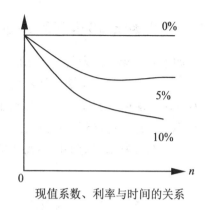
现值系数、利率与时间的关系

图 2-8　货币时间价值的关系

第四节　复利期短于一年的货币时间价值

终值和现值通常是按年来计算，但有时候，也会遇到计息期短于一年的情况。例如，债券利息一般每半年支付一次，股利有时每季支付一次，这就出现了以半年、一个季度、一个月甚至以天为期间的计算期。

一、计息期短于一年的终值的计算

前面我们探讨的都是以年为单位的计息期，当计息期短于一年，而使用的利率又是年利率时，计息期数和计息率均应按下式进行换算。

$$r=i/m$$

$$t=m \cdot n$$

式中：r 为期利率；i 为年利率；m 为每年的计息次数；n 为年数；t 为换算后的计息期数。

【例 2-22】本金 1000 元，投资 5 年，年利率 8%，每季复利一次，求 5 年后的本利和。

每季度利率=8%/4=2%

复利次数=5×4=20(次)

$F=1\,000 \times (1+2\%)^{20} = 1\,486$(元)

【例 2-23】如果年利率为 12%，存款额 1 000 元，期限为一年，试按一年一次复利计息、按季度 3%(12%÷4=)利率计息、按月利率 1%(12%÷12=)计息，求各自的本利和。

$F=1\,000 \times (1+12\%) = 1\,120$ (元)

$F=1\,000 \times (1+3\%)^4 = 1\,125.51$ (元)

$F=1\,000\times(1+1\%)^{12}=1\,126.83(元)$

二、名义利率和实际利率的计算

如果以"年"作为基本计息期,每年计算一次复利,此时的年利率为名义利率(r),如果按照短于一年的计息期计算复利,并将全利息额除以年初的本金,此时得到的利率为实际利率(i)。从例 2-23 可知,12%对于一年多次计息来说,就是名义利率,3%和1%称为周期利率。于是,可得到下列公式:

名义利率=周期利率×每年的复利周期数

$$实际利率(i)=\frac{实际利息}{本金}=\frac{本金\times\left(1+\frac{r}{m}\right)^m-本金}{本金}=\left(1+\frac{r}{m}\right)^m-1$$

仍以例 2-23 为例,一年计息 4 次时,实际利率为:

$$i=\left(1+\frac{r}{m}\right)^m-1=\left(1+\frac{12\%}{4}\right)^4-1=12.55\%$$

或

$$i=\frac{1125.51}{1\,000}=12.55\%$$

【例 2-24】某人退休时有现金 10 万元,拟选择一项回报比较稳定的投资,希望每个季度能收入 2000 元补贴生活。那么,该项投资的实际报酬率应为多少?

季度报酬率=2 000/100 000×100%=2%

名义报酬率=2%×4=8%

$$实际报酬率=\left(1+\frac{r}{m}\right)^m-1=\left(1+\frac{8\%}{4}\right)^4-1=8.24\%$$

第五节 风险与报酬

在市场经济条件下,财务风险是客观存在的,要完全消除风险及其影响是不现实的。承担风险,就要求得到相应的额外收益,否则就不值得去冒险。投资者由于承担风险进行投资而获得的超过资金时间价值的额外收益,就称为投资的风险价值,或风险收益、风险报酬。企业财务管理时,必须研究风险,计量风险并设法控制风险,以求最大限度地扩大企业财富。

一、风险的含义及特征

风险是指在一定条件下和一定时期内可能发生的各种结果的变动程度,从财务的角度来说,风险主要指无法达到预期报酬的可能性。风险不仅包括负面效应的不确定性,而且包括正面效应的不确定性。

风险是指事前可以知道所有可能的结果,以及每种结果的概率。不确定性是指事前不知道所有可能结果,或者虽然知道可能结果但不知道它们出现的概率。但是,在面对实际问题时,两者很难区分,风险问题的概率往往不能准确知道,不确定性问题也可以估计一个概率,因此在实务领域对风险和不确定性不作严格区分,都视为"风险"问题对待,把风险理解为可测定概率的不确定性。

从以上分析可知,风险是对未来事项而言的,是可以计量的。一般来说,未来事件的持续时间越长,涉及的未知因素越多或人们对其把握越小,则风险程度就越大。投资者冒风险进行投资,需要有相应的超过资金时间价值的报酬作为补偿。风险越大,额外报酬也就越高。

二、风险的种类

(一)按投资主体的不同划分

按投资主体的不同划分,风险可分为市场风险和特有风险两类。市场风险又称系统风险或不可分散风险,是指那些影响所有公司的因素引起的风险,如通货膨胀、经济衰退、高利率等。这类风险涉及所有的投资对象,不能通过多元化投资来分散。特有风险又称非系统风险或可分散风险,是指发生于个别公司的特有事件造成的风险,如新产品开发失败、法律诉讼和营销计划的失败等。这类事件是随机发生的,可以通过组合投资来分散风险,即发生于一家公司的不利事件可以被其他公司的有利事件所抵消。

(二)按风险内容的不同划分

按风险内容的不同划分,风险可分为财务风险和经营风险等。

财务风险(financial risk)又名筹资风险或破产风险,是指由于企业采用不同方式筹措资金而形成的风险,特别是企业负债所面临的风险。当债务资本比率较高时,投资者将负担较多的债务成本,经受较多的负债作用所引起的收益变动的冲击,从而加大财务风险;反之,当债务资本比率较低时,财务风险就小。经营风险(operating risk)是指在企业生产经营活动过程中遇到的各种不确定情况,给企业赢利带来的影响。影响企业经营风险的因素很多,主要有产品需求、产品售价、产品成本、调整价格的能力等。比如,开发自然资源时能否找到矿藏？开发新产品能否成功？原材料供应情况如何？

三、风险报酬

风险报酬是投资者因承担风险而要求得到的额外收益。风险报酬有两种表示方式：风险报酬额和风险报酬率。风险报酬额是指投资者因冒风险进行投资而获得的超过时间价值的额外报酬。风险报酬率是风险报酬额与原投资额的比率。通常用风险报酬率来表示风险报酬。前述的资金时间价值是投资者在无风险条件下进行投资所要求的报酬(这里先暂不考虑通货膨胀因素)。如果不考虑通货膨胀，投资者进行风险投资所要求或期望的投资报酬率便是资金的时间价值(无风险报酬率)与风险报酬率之和，即

期望投资报酬率=资金时间价值(或无风险报酬率)+风险报酬率

四、风险分析

风险衡量采用的是概率和统计方法。

(一)概率

在经济活动中，某一事件在相同的条件下可能发生也可能不发生，这类事件称为随机事件。概率就是用来表示随机事件发生可能性大小的数值。所有的概率都在 0 与 1 之间，即 $0 \leqslant P \leqslant 1$，且所有概率之和应等于 1。通常，把必然发生的事件的概率定为 1，把不可能发生的事件的概率定为 0，概率越大表示该事件发生的可能性越大。

(二)期望值

期望值是一概率分布中的所有可能结果，以各自相对应的概率为权数计算的加权平均值。它是反映随机变量取值的平均化。其计算公式如下：

$$\overline{E} = \sum_{i=1}^{n} X_i P_i$$

式中：P_i 表示第 i 种结果出现的概率；X_i 表示第 i 种结果出现的预期报酬额；n 表示所有可能结果的数目。

【例 2-25】求出表 2-5 中两个方案各自的期望值。

表 2-5　例 2-25 资料

A 方案		B 方案	
收益值/元	概　率	收益值/元	概　率
-84 000	0.1	-67 500	0.2

续表

A 方案		B 方案	
收益值/元	概 率	收益值/元	概 率
10 000	0.2	15 000	0.1
60 000	0.4	70 000	0.3
100 000	0.2	120 000	0.3
140 000	0.1	150 000	0.1

A 方案：

$-84\,000 \times 0.1 + 10\,000 \times 0.2 + 60\,000 \times 0.4 + 100\,000 \times 0.2 + 140\,000 \times 0.1 = 51\,600 (元)$

B 方案：

$-67\,500 \times 0.2 + 15\,000 \times 0.1 + 70\,000 \times 0.3 + 120\,000 \times 0.3 + 150\,000 \times 0.1 = 60\,000 (元)$

【例 2-26】某企业有 A、B 两个投资项目，计划投资额均为 1 000 万元，其收益(净现值)的概率分布如表 2-6 所示。

表 2-6　例 2-26 资料

市场状况	概率	A 项目净现值/万元	B 项目净现值/万元
好	0.2	200	300
一般	0.6	100	100
差	0.2	50	-50

要求：分别计算 A、B 两项目净现值的期望值。

A 项目：200×0.2+100×0.6+50×0.2=110(万元)

B 项目：300×0.2+100×0.6+(-50)×0.2=110(万元)

(三)标准差

标准差(standard deviation)也叫均标准离差，是反映概率分布中各种可能结果对期望值的概率程度。通常用符号 δ 表示，其计算公式为：

$$\delta = \sqrt{\sum_{i=1}^{n}(X_i - \overline{E_i})^2 \cdot P_i}$$

式中：δ 表示期望报酬的标准差，其他符号同前。

从公式可知，标准差的大小，受每个观测值的影响，如观测值间变异大，求得的标准差也大，反之则小。标准差是反映不同概率下报酬或报酬率偏离期望报酬的程度。标准差越大，表明离散程度越大，风险越大；标准差越小，表明离散程度越小，风险也就越小。

标准差作为反映随机变量离散程度的绝对指标,只能用于期望值相同时不同方案的决策;如果各方案期望值不同,则需要计算标准离差率。

仍以例 2-26 为例,A 项目与 B 项目的期望值相同,在这种情况下,可通过比较标准差进行选择。

A 项目:
$$\delta=\sqrt{(200-110)^2 \times 0.2+(100-110)^2 \times 0.6+(50-10)^2 \times 0.2}$$
$$=48.99(万元)$$

B 项目:
$$\delta=\sqrt{(300-110)^2 \times 0.2+(100-110)^2 \times 0.6+(-50-110)^2 \times 0.2}$$
$$=111.36(万元)$$

由于 A、B 两个项目投资额相同,期望收益(净现值)也相同,而 A 项目风险相对较小(其标准离差小于 B 项目),故 A 项目优于 B 项目。

(四)标准离差率

标准差作为绝对数,只适用于期望值相同的决策方案风险程度的评价和比较;对于期望值不同的决策方案,只能借助于标准离差率这一相对值评价和比较各自的风险程度。

标准离差率是标准差与期望报酬的比值,是反映不同概率下报酬或报酬率与期望报酬离散程度的一个相对指标,可用来比较期望报酬不同的各投资项目。标准离差率越大,表明离散程度越大,风险越大;标准离差率越小,表明离散程度越小,风险也就越小;其计算公式如下:

$$q = \delta / E$$

式中:q 表示标准离差率,其他符号同上。

仍以例 2-26 为例,依据期望值法,B 方案为优选方案;依据期望值-标准差法,A 方案为优选方案。出现互斥,需要采用标准差系数进一步分析决策,可以反映出单位期望值所分摊到的标准差的数额,它反映了投资项目的风险程度相对于期望值的大小。通过计算 A 方案和 B 方案的标准差系数分别如下:

$$\delta_A = 58\ 847/51\ 600 = 1.1404$$
$$\delta_B = 73\ 428/60\ 000 = 1.2238$$

计算结果表明,A 方案相对期望值的风险程度较小,公司应选择 A 方案。

(五)风险报酬率

标准离差率虽然能正确说明投资风险程度的大小,但这还不是风险报酬率。要计算风险报酬率，还必须借助一个系数——风险报酬系数。风险报酬率、风险报酬系数和标准离差率之间的关系，可用公式表示如下：

$$R_R = b \cdot q$$

因为，期望投资报酬率=资金时间价值(或无风险报酬率)+风险报酬率，即 $K = R_F + b \cdot q$，所示有

$$b = \frac{K - R_F}{q}$$

通过上式可知，风险报酬系数的确定可以参照以往同类项目的有关数据来完成，另外，还可以由企业领导(专家)、国家权威机构或组织确定。

本 章 小 结

货币的时间价值也称为资金的时间价值，是指货币经历一定时间的投资和再投资所增加的价值。

现值和终值是计算资金时间价值的两个基本概念，单利和复利是两种利息的不同计算方式，根据不同的计息方式，需掌握单利现值与终值及复利现值与终值的计算。

年金(annuity)是指等额、定期的系列收支，年金按其每次收付款项发生的时点不同，可以分为普通年金、即付年金、递延年金和永续年金。普通年金，又称"后付年金"，是指每期期末有等额收付款项的年金。预付年金，又称先付年金，是指发生在每期期初等额收付款项的年金。递延年金是指在最初若干期没有收付款项的情况下，后面若干期等额的系列收付款项。永续年金是指无限期等额收付的特种年金，可视为普通年金的特殊形式，即期限趋于无穷的普通年金。

终值和现值通常是按年来计算，但有时候，也会遇到计息期短于一年的情况。当计息期短于一年，而使用的利率又是年利率时，需要先对计息期数和计息率进行换算再计算。

在市场经济条件下，财务风险是客观存在的，承担风险，就要求得到相应的额外收益，投资者由于承担风险进行投资而获得的超过资金时间价值的额外收益，就称为投资的风险价值，或风险收益、风险报酬。关于风险的衡量采用的主要是概率和统计方法，需要掌握概率、期望值、标准差、标准差系数和风险报酬率等指标的计算。

复习思考题

一、简答题

1. 什么是货币的时间价值？
2. 什么是单利？什么是复利？
3. 年金根据每年收入或支出的具体情况不同可分为哪几种？
4. 什么是利率？名义利率和实际利率的区别是什么？
5. 简述风险和风险报酬。
6. 简述风险的分类。
7. 风险价值的衡量通常采用的方法有哪些？

二、单项选择题

1. 已知甲方案投资收益率的期望值为 15%，乙方案投资收益率的期望值为 12%，两个方案都存在投资风险。比较甲、乙两方案风险大小应采用的指标是(　　)。

    A. 方差　　　　B. 净现值　　　　C. 标准离差　　D. 标准离差率

2. 已知$(F/A, 10\%, 9)=13.579$，$(F/A, 10\%, 11)=18.531$。则 10 年、10%的即付年金终值系数为(　　)。

    A. 17.531　　　B. 15.937　　　　C. 14.579　　　D. 12.579

3. 下列各项中，代表即付年金现值系数的是(　　)。

    A. $[(P/A, i, n+1)+1]$　　　　　　B. $[(P/A, i, n+1)-1]$
    C. $[(P/A, i, n-1)-1]$　　　　　　D. $[(P/A, i, n-1)+1]$

4. 某企业拟进行一项存在一定风险的完整工业项目投资，有甲、乙两个方案可供选择：已知甲方案净现值的期望值为 1 000 万元，标准离差为 300 万元；乙方案净现值的期望值为 1 200 万元，标准离差为 330 万元。下列结论中正确的是(　　)。

    A. 甲方案优于乙方案　　　　　　　B. 甲方案的风险大于乙方案
    C. 甲方案的风险小于乙方案　　　　D. 无法评价甲乙方案的风险大小

5. 下列各项中，代表即付年金现值系数的是(　　)。

    A. $[(P/A, i, n+1)+1]$　　　　　　B. $[(P/A, i, n+1)+1]$
    C. $[(P/A, i, n-1)-1]$　　　　　　D. $[(P/A, i, n-1)+1]$

6. 根据资金时间价值理论，在普通年金现值系数的基础上，期数减 1、系数加 1 的计算结果，应当等于(　　)。

    A. 递延年金现值系数　　　　　　　B. 后付年金现值系数

C. 即付年金现值系数 D. 永续年金现值系数

7. 在下列各期资金时间价值系数中，与资本回收系数互为倒数关系的是(　　)。

A. $(P/F,i,n)$　　B. $(P/A,i,n)$　　C. $(F/P,i,n)$　　D. $(F/A,i,n)$

8. 某种股票的期望收益率为10%，其标准离差为0.04，风险价值系数为30%，则该股票的风险收益率为(　　)。

A. 40%　　B. 12%　　C. 6%　　D. 3%

9. 某企业于年初存入银行10 000元，假定年利息率为12%，每年复利两次。已知$(F/P, 6\%, 5)$=1.338 2，$(F/P, 6\%, 10)$=1.790 8，$(F/P, 12\%, 5)$=1.762 3，$(F/P, 12\%, 10)$=3.105 8，则第5年末的本利和为(　　)元。

A. 13 382　　B. 17 623　　C. 17 908　　D. 31 058

三、多项选择题

1. 下列各项中，属于普通年金形式的项目有(　　)。
   A. 零存整取储蓄存款的整取额　　B. 定期定额支付的养老金
   C. 年资本回收额　　D. 偿债基金

2. 在下列各种情况下，会给企业带来经营风险的有(　　)。
   A. 企业举债过度　　B. 原材料价格发生变动
   C. 企业产品更新换代周期过长　　D. 企业产品的生产质量不稳定

3. 下列各项中，属于年金形式的项目有(　　)。
   A. 零存整取储蓄存款的整取额　　B. 定期定额支付的养老金
   C. 年资本回收额　　D. 偿债基金

4. 有一项年金，前3年无流入，后5年每年年初流入1 000元，年利率为10%，则下列说法不正确的是(　　)。
   A. 第一次现金流入发生在第4年初　　B. 递延期为3
   C. 递延期为2　　D. 属于即付年金

5. 某人年初存入银行10 000元，假设银行按每年5%的复利计息，每年末取出1 000元，能够足额(1 000元)提款的时间包括第(　　)年末。

A. 10　　B. 12　　C. 14　　D. 16

6. 在下列各项中，可以直接或间接利用普通年金终值系数计算出确切结果的项目有(　　)。
   A. 偿债基金　　B. 先付年金终值
   C. 永续年金现值　　D. 永续年金终值

7. 年利率为r，则一年复利m次的n年复利终值的计算式为(　　)。

A. $F = P \times [F/P, (1+r/m)^m - 1, n]$

B. $F = P \times [F/P, (1+r/m)^2 - 1, n]$

C. $F = P \times (1+r/m)^{mn}$

D. $F = P \times (1+r/m)^m$

四、计算分析题

1. 某人决定分别在 2006 年、2007 年、2008 年和 2009 年各年的 1 月 1 日分别存入 5 000 元，按 10%利率，每年复利一次，计算 2009 年 12 月 31 日的余额是多少？

2. 某企业拟采用融资租赁方式于 2009 年 1 月 1 日从租赁公司租入一台设备，设备款为 50 000 元，租期为 5 年，到期后设备归企业所有。双方商定，如果采取后付等额租金方式付款，则折现率为 16%；如果采取先付等额租金方式付款，则折现率为 14%。企业的资金成本率为 10%。

部分资金时间价值系数如表 2-6 所示。

表 2-6 资金时间价值系数

t	10%	14%	16%
$(P/A,i,4)$	4.641 0	4.921 1	5.066 5
$(P/A,i,4)$	3.169 9	2.913 7	2.798 2
$(P/A,i,5)$	6.105 1	6.610 1	6.877 1
$(P/A,i,5)$	3.790 8	3.433 1	3.274 3
$(P/A,i,6)$	7.715 6	8.535 5	8.977 5
$(P/A,i,6)$	4.353 3	3.888 7	3.684 7

要求：

(1) 计算后付等额租金方式下的每年等额租金额。

(2) 计算后付等额租金方式下的 5 年租金终值。

(3) 计算先付等额租金方式下的每年等额租金额。

(4) 计算先付等额租金方式下的 5 年租金终值。

(5) 比较上述两种租金支付方式下的终值大小，说明哪种租金支付方式对企业更为有利(以上计算结果均保留整数)。

3. 某公司拟购置一处房产，房主提出三种付款方案。

(1) 从现在起，每年年初支付 20 万，连续支付 10 次，共 200 万元。

(2) 从第 5 年开始，每年末支付 25 万元，连续支付 10 次，共 250 万元。

(3) 从第 5 年开始，每年初支付 24 万元，连续支付 10 次，共 240 万元。

假设该公司的资金成本率(即最低报酬率)为10%,你认为该公司应选择哪个方案?

4. 某人准备第1年存1万元,第2年存3万元,第3年至第5年存4万元,存款利率5%,试计算5年存款的现值合计(每期存款于每年年末存入)。

5. 某企业有A、B两个投资项目,两个投资项目的收益率及其概率分布情况如表2-7所示,试计算两个项目的期望收益率。

表2-7　A项目和B项目投资收益率的概率分布

项目实施情况	该种情况出现的概率		投资收益率	
	A项目	B项目	A项目	B项目
好	0.20	0.30	15%	20%
一般	0.60	0.40	10%	15%
差	0.20	0.30	0	−10%

第三章

财务分析与业绩评价

【本章导读】

会计报表能全面、综合、系统地反映企业的财务状况、经营成果和现金流量，会计报表是财务会计的"最终产品"，是最受重视的会计信息资料。财务分析是以企业的财务报告等会计资料为基础，对企业的财务状况和经营成果进行分析和评价的一种方法。通过财务分析，可以了解企业的优势、劣势和问题，从而为解决问题打好基础。财务分析是财务管理的重要方法之一，它是对企业一定期间的财务活动的总结，为企业进行下一步的财务预测和财务决策提供依据。

【知识要点】

(1) 财务分析的意义与内容。通过财务分析，可以评价企业一定时期的财务状况，揭示企业生产经营活动中存在的问题，为企业生产经营决策和财务决策提供重要依据；为投资者、债权人等作出经济决策提供依据；为考核各部门和单位的工作业绩，提高管理水平提供依据。

(2) 财务分析的方法。进行企业财务报表分析，必须采用一定的方法，才能达到分析的目的。

(3) 财务指标分析。通过财务指标分析，可以从各个方面评价企业的偿债能力、企业的资产管理水平、企业的获利能力和企业的发展趋势，为报表使用者作出经济决策提供依据。

(4) 财务综合分析与评价。只有对各种财务指标进行系统的、综合的分析，才能对企业的财务状况和经营效果作出全面的、合理的评价。

【引入案例】

财务分析是通过计算并借助于财务比率，分析企业经营及财务状况的方法。

企业经营总是需要一定数量的资金，钱从哪里来？即资金来源有哪些渠道？通常情况下，企业的资金主要有两条渠道，一是投资者投入，二是金融机构借入。企业的资金全部靠投资者投入是不现实的，事实上对投资者不一定有利。实际上，负债经营是企业的一个经营策略,基本道理就是人们通常所说的"借鸡生蛋",把"鸡"还掉,剩下属于自己的"蛋",何乐而不为呢!但一个问题要引起注意,那就是借来的"鸡"要会下"蛋",什么意思呢?

举例:假设企业资本有 100 万元,其中投资者出资 50 万元,借款 50 万元,投资报酬率为 15%,那么该企业的不同投资情况如表 3-1 所示。

表 3-1　企业投资收益

单位:万元

项　目	利息率 10%	利息率 18%	利息率 15%	不借款
扣除利息前的收益	15	15	15	7.5
利息	5	9	7.5	0
利润	10	6	7.5	7.5

在例中,第一种情况是投资报酬率 15%大于借款利息率 10%,对投资者最有利;第二种情况是投资报酬率 15%小于借款利息率 18%,对投资者不利;第三种情况是投资报酬率 15%等于借款利息率 15%,与第四种情况(不借款)一样。由此可知,当投资报酬率大于借款利息率时,借钱越多对投资者越有利,这就是财务管理中财务杠杆的基本原理,同时也反映了企业资本结构的合理与否,直接关系着企业的财务状况,这需要运用财务管理的知识,通过企业提供报表的资料进行财务分析,借以判断企业的经营状况,了解企业的基本情况,以便作出经济决策。

企业作为一个独立自主、自负盈亏的经济实体,在追求自身目标的过程中,努力使付出代价最低,利润最大。要做到这一点,财务管理是关键,而财务管理的关键一环就是依托财务报表,并利用专门的分析方法,对企业的经济活动过程和结果从量的方面进行研究,据以判断和评价其财务状况和经营成果,预测未来财务变动趋势,并提出有关改进措施。

第一节　财务分析概述

财务分析无论对于管理者或投资者等报表使用者都至关重要。管理者要实现企业价值最大化的财务管理目标,就必须清楚如何行动以增加企业未来的收益和现金流量。投资者等报表使用者要作出正确的决策分析和评价,就需要对企业的财务报表进行分析研究。

一、财务分析的意义

财务分析,是利用企业提供的财务报表资料,运用一定的财务比率和方法,对企业的财务状况、经营成果和发展潜力进行评价和判断,以期揭示企业经营及财务活动过程中存在的优势及劣势,从而为企业改进管理工作、寻找企业增值的途径和优化经济决策提供重要的财务信息。通过财务分析可以解决企业经营过程中的常见问题，可以加强企业财务管理，它是相关决策者决策的工具。

财务分析的目的是进行财务分析的最终目标，财务分析的最终目标是为财务报表使用者作出相关决策提供可靠的依据。财务分析的目的受财务分析主体的制约，不同的财务分析主体进行财务分析的目的是不同的。

财务分析的一般目的可以概括为：评价过去的经营业绩、衡量现在的财务状况、预测未来的发展趋势。根据分析的具体目的，财务分析可以分为流动性分析、赢利性分析、财务风险分析、专题分析(如破产分析、审计人员的分析性检查程序)。

二、财务分析的内容

财务分析信息的需求者主要包括企业所有者、企业债权人、企业经营决策者和政府等。不同主体出于不同的利益考虑，对财务分析信息有着各自不同的要求。

企业所有者作为投资人，关心其资本的保值和增值状况，因此较为重视企业获利能力指标。

企业债权人因不能参与企业剩余收益分享，首先关注的是其投资的安全性，因此更重视企业偿债能力指标。

企业经营决策者必须对企业经营财务管理的各个方面，包括运营能力、偿债能力、获利能力及发展能力的全部信息予以详尽地了解和掌握。

政府兼具多重身份，既是宏观经济管理者，又是国有企业的所有者和重要的市场参与者，因此政府对企业财务分析的关注点因所具身份不同而异，具体如下。

(1) 企业资产变现能力分析。资产变现能力分析，是分析企业资产转化为现金，满足企业偿债及其他方面支付能力，借以评价企业财务状况。

(2) 企业负债管理分析。负债管理分析，是通过对企业长期债务偿还能力的评价，分析企业负债利用政策的合理性，并揭示财务杠杆的利用状况及风险状况。

(3) 企业成长性分析。影响企业生存与发展的因素很多，财务管理的经验与技能是影响企业发展的重要因素。在企业的成长过程中，资金的缺乏和缺乏对资金的有效筹划，是导致企业经营失败的主要原因。因此，企业在发展过程中，必须强化企业财务管理。企业的成长性分析，是从企业资金规划的角度，利用会计报告所反映的企业生产经营效率和财务状况，采用一定的方法，对企业发展所需要的资金进行规划，以支持企业健康、稳定发展。

(4) 企业经营效率分析。经营效率分析，主要研究对企业生产经营效率的评价，包括企业赢利能力及赢利贡献分析、资金周转效率分析。企业赢利能力主要研究企业运用经济资源获取利润的能力，进而判断企业的竞争能力、发展前景及投资价值；赢利贡献分析主要研究企业生产经营过程中各经营部门对企业整体赢利的贡献程度,以评价企业各经营管理部门的经营绩效,寻求利润变动的原因,针对不利因素采取相应的措施加以改进;资金周转效率分析主要研究企业资产运营效率的评价,寻找进一步加快企业资产周转速度的途径,促使企业各主要经营管理部门管理效率的提高。

上述四个方面是相互联系的。一个企业偿债能力很差,收益能力也不会好;收益能力很差,偿债能力也不会好。提高资产运用效率有利于改善偿债能力和收益能力。偿债能力和收益能力下降,必然表现为现金流动状况恶化。

三、财务分析的局限性

财务分析与评价是企业财务管理中不可缺少的组成部分。但是,应该看到财务分析也存在一点的不足,财务分析的局限性主要表现为资料来源的局限性、分析方法的局限性和分析指标的局限性。

(一)财务报表本身的局限性

财务报表是会计的产物。会计有特定的假设前提,并要执行统一的规范。我们只能在规定意义上使用报表数据,不能认为报表揭示了企业全部实际情况。

(1) 以历史成本报告资产,以币值不变为前提,它忽视了技术水平、供求关系等因素对持有资产价值的影响。

(2) 稳健原则要求预计损失而不预计收益,有可能夸大费用,少计收益和资产,不能反映利润的真实水平。

(3) 按年度的分期报告,是短期的报告,不能充分反映长期投资决策信息。

(4) 无法体现出非货币形态的能力、信誉、资源的价值,不够全面。

(二)报表的真实性问题

只有根据真实的财务报表,才能得出正确的分析结论。财务分析通常是假定报表是真实的。报表的真实性问题,要靠审计来验证。财务分析不能解决报表的真实性问题,但是财务分析人员通常注意以下有关的问题。

(1) 要注意财务报告是否规范。不规范的报告,其真实性也受到怀疑。

(2) 要注意财务报告是否有遗漏。遗漏是违背充分披露原则的。

(3) 要注意分析数据的反常现象。如无合理的原因,则要考虑数据的真实性和一贯性是否有问题。

(4) 要注意审计报告的意见和审计师的信誉。

(三)会计政策的不同选择影响可比性

会计准则允许对同一会计事项的处理使用几种不同规则和程序。例如，折旧方法、所得税费用的确认方法、存货计价方法等，使不同企业间，财务分析的依据产生了差异。

(四)比较基础方面的局限性

在比较分析时，必须要选择比较的基础，作为评价本企业当期实际数据的参考标准，包括本企业历史数据、同业数据和计划预算数据。

(1) 趋势分析以本企业历史数据作为比较基础。历史数据代表过去，并不能说明合理。社会是在发展变化的，今年比过去效益提高了，不一定说明已达到了应该达到的水平，甚至不一定说明管理有了进步。

(2) 横向进行比较时使用同行业标准。同行业的平均数，是起到一般性的指导作用，不一定有代表性，同行业的劳动密集型与资本密集型放在一起就是不合理的。如果选一组有代表性的企业求其平均数，作为同业标准，会比整个行业平均数更好。近年来，更重视以竞争对手的数据作为分析基础。有的企业实行多种经营，没有明确的行业归属，同业对比就更困难。

(3) 实际与计划的差异分析，以预算作为比较基础。实际和预算的差异，有时是预算不合理造成的，而不是在执行过程中有什么问题。

第二节 财务分析的方法

对企业经营财务进行分析的技术方法，通常采用比较分析法、趋势分析法、因素分析法、比率分析法等几种。

一、比较分析法

比较分析法即指将某项实际指标同某些选定的基准数进行比较，确定其差异，并分析产生差异的原因。例如，与计划数相比，考核完成计划的情况；同历史指标相比，观察是否达到或超过历史最好水平；与同行业平均水平或先进水平相比，评估自己在本行业中所处的地位，领先或落后的程度等。在使用比较分析法时，要注意指标的可比性，要求进行比较的指标间的口径相同。在有些情况下，如计划制定得不合理，技术上有重大革新，企业间的会计计量方法差异较大，以及发生了严重的通货膨胀等，运用比较分析法时，应注意比较是否有意义，是否应作某些调查。

二、趋势分析法

趋势分析法是现代财务分析中较为常见的一种方法，它是比较分析法的延伸，其分析的基本原理就是将数年(一般为三年以上)的财务报表以第一年或另选择某一年份为基期，计算每一期各项对基期同一项目的趋势百分比，使之成为一系列具有比较性的百分比，借以显示其在各期间上升或下降的变动趋势，从而，判定企业经营成果和财务状况的好坏，判明企业是处于上升期还是衰退期。在计算各期间的趋势百分比时，首先要选择基期。在进行具体分析时，首先要以基期为计算的基准，所以对基期的选择必须具有代表性。在实务中，一般选择第一年为基期，若第一年不适宜也可选择其他年份。在选择基期后，可按下列公式计算。

$$某期趋势百分比 = \frac{当期金额}{基期数额} \times 100\%$$

趋势分析法的具体运用主要有重要财务指标的比较、会计报表的比较和会计报表项目构成的比较三种方式。

(一)重要财务指标的比较

这种方法是指将不同时期财务报告中的相同指标或比率进行比较，直接观察其增减变动情况及变动幅度，考察其发展趋势，预测其发展前景。不同时期财务指标的比较主要有以下两种方法。

1. **定基动态比率**

定基动态比率，是以某一时期的数额为固定的基期数额而计算出来的动态比率。其计算公式为：

$$定基动态比率 = \frac{分析期数额}{固定基期数额} \times 100\%$$

2. **环比动态比率**

环比动态比率，是以每一分析期的前期数额为基期数额而计算出来的动态比率。其计算公式为：

$$环比动态比率 = \frac{分析期数额}{前期数额} \times 100\%$$

(二)会计报表的比较

这是指将连续数期的会计报表的金额并列起来，比较其相同指标的增减变动金额和幅度，据以判断企业财务状况和经营成果发展变化的一种方法。

会计报表的比较，具体包括资产负债表比较、利润表比较和现金流量表比较等。

(三)会计报表项目构成的比较

这种方法是在会计报表比较的基础上发展而来的，是以会计报表中的某个总体指标作为100%，再计算出其各组成项目占该总体指标的百分比，从而比较各个项目百分比的增减变动，以此来判断有关财务活动的变化趋势。

采用趋势分析法时，应当注意以下问题：第一，所对比指标的计算口径必须一致；第二，应剔除偶发性项目的影响；第三，应运用例外原则对某项有显著变动的指标做重点分析。

三、因素分析法

因素分析，是依据分析指标和有影响因素的关系，从数量上确定各因素对指标的影响程度。因素分析法有连环替代法和差额分析法两种。

(1) 连环替代法。连环替代法是从数量上确定一个经济指标所包含的各个因素的变动对该指标影响程度的一种分析方法。因素分析法的主要分析程序是：第一步，确定影响某项经济指标变动的因素，即哪几个因素对这项经济指标产生影响；第二步，对影响这项经济指标的各项因素进行分析，决定每一因素的排列顺序；第三步，以计划指标为基础，用各个因素的实际数逐次顺序地替代计划数，每次替代后，就保留实际数，直到影响该项指标的所有因素都变成实际数为止(进行替代时，每一次替代的结果与前一次结果相比较，两者的差额即为该项因素变化对该项经济指标总差异的影响数)；最后，将每次替换的结果相加即为该项经济指标实际脱离计划的总差异。

(2) 差额分析法。差额分析法的基本原理等同于连环替代法，可以看做是连环替代法的简化形式。这种方法的程序是：首先，计算出各因素实际数与计划数的差异；然后，按照一定的替换程序，依次计算出各因素变动对计划完成的影响程度，据以对企业财务状况作出评价。

在实际的分析中，因素分解法的运用大多使用差额分析法这种简化的形式。连环替代法的特性同样也适应于差额分析法。应该注意，在不同的关系式的基础上，其方法是有所不同的，如果各影响因素之间不是连乘关系，运用差额分析法的分析方法则也会有所变化，在分解关系式存在加减乘除关系时，使用必须慎重。

因素分析法具有以下几个特点。

(1) 假定性：每次顺序替代一个因素，也就是在测定某一个因素变动的影响程度，是假定以前各个因素已变动，而以后各因素不变为条件的；而且在确定各影响因素的关系时，其排序也是人们主观的一种认识假定。

(2) 连环性：每一个中间环节都是连续重复地比较两次的，形成了一系列比较中的连环性。在测定各因素的影响程度时，都是将某个因素替代后的结果与该因素替代前的结果相比较，一环连着一环。这样，在分析中连续紧密地对分析对象进行分析，其结果科学合理，也便于检验分析结果的准确性。

(3) 顺序性：在连环替代法使用中，不仅因素分解要求确定准确，而且排列顺序也反映了客观事物的内在关系。因此，在连环、环比计算方法下，就确定了必须按一定的顺序替代，一旦替代顺序发生改变，就会改变各因素的影响程度，影响到分析的结果。

总的来说，因素分析法在实际的分析中，大多并不是单独使用，而是与比较法结合使用的。比较之后需要分解，以深入了解差异的原因；另外，分解之后还需要比较，以进一步认识其特征。不断的比较和分解构成了财务分析的主要过程。

四、比率分析法

比率分析法是指用比率形式来表达相关财务项目之间的关系，并据以分析评价企业的财务状况和经营效率的一种方法。

比率指标的类型主要有构成比率、效率比率、相关比率三类。

(一)构成比率

构成比率又称结构比率，是某项财务指标的各组成部分数值占总体数值的百分比，反映部分与总体的关系。利用构成比率，可以考察总体中某个部分的形成和安排是否合理，以便协调各项财务活动。其计算公式为：

$$构成比率 = \frac{某个组成部分数值}{总体数值} \times 100\%$$

(二)效率比率

效率比率，是某项财务活动中所费与所得的比率，反映投入与产出的关系。常见的效率比率指标有销售收入利润率、成本利润率、资本收益率、资产报酬率、资金利润率等。其公式为：

效率比率=利润类指标金额/各类成本、费用、收入、资金指标金额

利用效率比率指标，可以进行得失比较，考察经营成果，评价经济效益，为投资者和管理者提供比较投入产出情况的依据，了解企业获利能力的高低及其增减变化情况。

(三)相关比率

相关比率，是以某个项目和与其有关但又不同的项目加以对比所得的比率，反映有关经济活动的相互关系。利用相关比率指标，可以考察企业相互关联的业务安排得是否合理，

以保障经营活动顺畅进行。

采用比率分析法时,应当注意:第一,对比项目的相关性;第二,对比口径的一致性;第三,衡量标准的科学性。

一项财务比率必须与适当的标准比较才能判断其优劣,但比较应在可比的基础上进行才有意义,可供选择的标准有以下几个。

(1) 企业以往业绩的平均比率。
(2) 同行企业间的平均比率。
(3) 主管部门要求的财务比率指标和标准。
(4) 企业内部设定预算标准比率。
(5) 竞争对手的财务比率指标。
(6) 经营情况欠佳企业的财务比率指标。

此外,使用比率分析法时应注意结合使用比较分析法。具体来说,应做到以下两点。

(1) 将企业现在的财务比率与其过去同期比率或未来预计比率相比较。例如,将企业本年末的流动比率同去年末的流动比率相比较,分析企业的资金流动状况是否得到改善,抑或有所恶化,从而促使管理人员采取相应措施,加速资金的流转。

(2) 将企业的财务比率与同行业的其他企业的比率或行业平均数相比较,更深入地了解企业较之所在行业平均水平的财务状况和经营成果。这就要求各企业的财务资料应该尽可能地加以标准化,使财务比率具有可比性和可比依据。

第三节 财务指标分析

财务指标分析可以分为四类:变现能力比率、资产管理比率、负债比率和赢利能力比率。

本章所有的财务比率均依据于甲公司的会计资料作为实例计算得出。甲公司的资产负债表、利润表资料如表 3-2 和表 3-3 所示。

表 3-2 资产负债表

编制单位:甲公司　　　　　　　　　2008 年 12 月 31 日　　　　　　　　　单位:元

资　产	年初数	期末数	负债及所有者权益	年初数	期末数
流动资产:			流动负债:		
货币资金	1 406 300	795 435	短期借款	300 000	50 000
交易性金融资产	15 000	0	交易性金融负债	0	0
应收票据	246 000	66 000	应付票据	200 000	100 000
应收账款	299 100	598 200	应付账款	953 800	953 800

续表

资　产	年初数	期末数	负债及所有者权益	年初数	期末数
预付款款	100 000	100 000	预收款项	0	0
应收利息	0	0	应付职工薪酬	110 000	180 000
应收股利	0	0	应交税费	36 600	226 731
其他应收款	5 000	5 000	应付利息	1 000	0
存货	2 580 000	2 484 700	应付股利	0	32 215.85
一年内到期的非流动资产	0	0	其他应付款	50 000	50 000
其他流动资产	100 000	90 000	一年内到期的非流动负债	1000 000	0
流动资产合计	4 751 400	4 139 335	其他流动负债	0	0
非流动资产：			流动负债合计	2 651 400	1 592 746.85
可供出售金融资产	0	0	非流动负债：		
持有至到期投资	0	0	长期借款	600 000	1 160 000
长期应收款	0	0	应付债券	0	0
长期股权投资	250 000	250 000	长期应付款	0	0
投资性房地产	0	0	专项应付款	0	0
固定资产	1 100 000	2 201 000	预计负债	0	0
在建工程	1 500 000	578 000	递延所得税负债	0	0
工程物资	0	150 000	其他非流动负债	0	0
固定资产清理	0	0	非流动负债合计	600 000	1 160 000
生产性生物资产	0	0	负债合计	3 251 400	2 752 746.85
油气资产	0	0	股东权益：		
无形资产	600 000	540 000	股本	5 000 000	5 000 000
开发支出	0	0	资本公积	0	0
商誉	0	0	减：库存股	0	0
长期待摊费用	0	0	盈余公积	100 000	124 770.40
递延所得税资产	0	9900	未分配利润	50 000	190 717.75
其他非流动资产	200 000	200 000	股东权益合计	5 150 000	5 315 488.15
非流动资产合计	3 650 000	3 928 900			
资产总计	8 401 400	8 068 235	负债及所有者权益总计	8 401 400	8 068 235

表 3-3 利润表

编制单位：甲公司　　　　　　　　2008 年　　　　　　　　　　　　　　单位：元

项 目	本期金额	上期金额
一、营业收入	1 250 000	(略)
减：营业成本	750 000	(略)
营业税金及附加	2 000	(略)
销售费用	20 000	(略)
管理费用	157 100	(略)
财务费用	41 500	(略)
资产减值损失	30 900	(略)
加：公允价值变动损益(损失以"-"号填列)	0	(略)
投资收益(损失以"-"号填列)	31 500	(略)
其中：对联营企业和合营企业的投资收益	0	(略)
二、营业利润(亏损以"-"号填列)	280 000	(略)
加：营业外收入	50 000	(略)
减：营业外支出	19 700	(略)
其中：非流动资产处置损失	(略)	(略)
三、利润总额(亏损以"-"号填列)	310 300	(略)
减：所得税费用	112 596	(略)
四、净利润(净亏损以"-"号填列)	197 704	(略)
五、每股收益：	(略)	(略)
(一)基本每股收益	(略)	(略)
(二)稀释每股收益	(略)	(略)

一、变现能力比率

变现能力是企业产生现金的能力，它取决于可以在近期转变现金的流动资产的多少。反映变现能力的财务比率主要有流动比率和速动比率。

(一)流动比率

流动比率是流动资产除以流动负债的比值，其计算公式为：

流动比率=流动资产/流动负债

根据表 3-2 中甲公司的流动资产和流动负债的期末数，该公司 2008 年末流动比率为：

流动比率=4 139 335/1 592 746.85=2.60

根据西方经验，流动比率在 2：1 左右比较合适，甲公司的流动比率为 2.60，应属于正常范围。

该指标表明每一元年内到期的债务有多少流动资产作偿还的保障。流动比率是衡量企业短期偿债能力的一个重要财务指标，这个比率越高，说明企业偿还流动负债的能力越强，流动负债得到偿还的保障越大，但是，过高的流动比率也并非好现象，因为流动比率过高，可能是企业滞留在流动资产上的资金过多，未能有效地加以利用，可能会影响企业的获利能力。

实际上，对流动比率的分析应该结合不同的行业特点、企业流动资产结构及各项流动资产的实际变现能力等因素。有的行业流动比率较高，有的行业较低，不能一概而论。

(二)速动比率

速动比率是从流动资产中扣除存货部分，再除以流动负债的比值。其计算公式为：

速动比率=(流动资产-存货)/流动负债

根据表 3-2 中甲公司的有关资料，该公司 2008 年末速动比率为：

速动比率=(4 139 335-2 484 700)/1 592 746.85=1.04

根据西方经验，速动比率在 1：1 左右比较合适，甲公司的速动比率为 1.04，应属于正常范围。

该指标表明每一元年内到期的债务有多少速动资产作偿还的保障。通过速动比率来判断企业短期偿债能力比用流动比率更进一步，因为它扣除了变现能力较差的存货项目。一般来说，速动比率越高，说明企业短期偿债能力越强。但在实际分析时，应该根据企业性质和其他因素来综合判断，不可一概而论。通常影响速动比率可信度的重要因素是应收账款的变现能力，如果企业的应收账款中，有较大部分不易收回，可能会成为坏账，那么速动比率就不能真实地反映企业的偿债能力。

二、资产管理比率

资产管理比率是用来衡量企业在资产管理方面的效率的财务比率。资产管理比率包括：营业周期、存货周转率、应收账款周转率、流动资产周转率和总资产周转率。资产管理比率又称运营效率比率。

(一)营业周期

营业周期是指从取得存货开始到销售存货并收回现金为止的期间。营业周期的长短取决于存货周转天数和应收账款周转天数。营业周期的计算公式为：

营业周期=存货周转天数+应收账款周转天数

把存货周转天数和应收账款周转天数加在一起计算出来的营业周期,指的是取得的存货需要多长时间能变为现金。一般情况下,营业周期短,说明资金周转速度快;营业周期长,说明资金周转速度慢。

(二)存货周转率

在流动资产中,存货所占的比重较大。存货的流动性,将直接影响企业的流动比率,因此,必须特别重视对存货的分析。存货的流动性,一般用存货的周转速度指标来反映,即存货周转率或存货周转天数。

存货周转率是衡量和评价企业购入存货、投入生产、销售收回等各环节管理状况的综合性指标。它是销售成本被平均存货所除而得到的比率,亦称作存货的周转次数。用时间表示的存货周转率就是存货周转天数。计算公式为:

存货周转率=销售成本/平均存货

存货周转天数=360/存货周转率

=360/(销售成本/平均存货)

=(平均存货×360)/销售成本

根据表3-2、表3-3中甲公司的有关资料,该公司2008年的存货周转率为:

平均存货=(2 580 000+2 484 700)/2=2 532 350

存货周转率=750 000/2 532 350=0.30

存货周转天数=360/0.30=1 200(天)

一般来讲,存货周转速度越快,存货的占用水平越低,流动性越强,存货转换为现金、应收账款等速度越快。提高存货周转率可以提高企业的变现能力,而存货周转速度越慢则变现能力越差。

存货周转率(存货周转天数)指标的好坏反映存货管理水平,它不仅影响企业的短期偿债能力,也是整个企业管理的重要内容。企业管理者和有条件的外部报表使用者,除了分析批量因素、季节性生产的变化等情况外,还应对存货的结构以及影响存货周转速度的重要项目进行分析,如分别计算原材料周转率、在产品周转率或某种存货的周转率。其计算公式为:

原材料周转率=耗用原材料成本/平均原材料存货

在产品周转率=制造成本/平均在产品存货

存货周转分析的目的是从不同的角度和环节找出存货管理中的问题,使存货管理在保证生产经营连续性的同时,尽可能少占用经营资金,提高资金的使用效率,增强企业短期偿债能力,促进企业管理水平的提高。

(三)应收账款周转率

应收账款和存货一样,在流动资产中有着举足轻重的地位。及时收回应收账款,不仅可以增强企业的短期偿债能力,也反映出企业管理应收账款方面的效率。

反映应收账款周转速度的指标是应收账款周转率,也就是年度内应收账款转为现金的平均次数,它说明应收账款流动的速度。用时间表示的应收账款周转速度是应收账款周转天数,也叫平均应收账款回收期或平均收现期,它表示企业从取得应收账款的权利到收回款项、转换为现金所需要的时间。其计算公式为:

应收账款周转率=销售收入/平均应收账款

应收账款周转天数=360/应收账款周转率
　　　　　　　　=(平均应收账款×360)/销售收入

根据表 3-2、表 3-3 中甲公司的有关资料,该公司 2008 年的应收账款周转率为:

平均应收账款=(299 100 + 598 200)/2=448 650

应收账款周转率=1 250 000/448 650=2.79

应收账款周转天数=360/2.79=129.03(天)

公式中的销售收入是指扣除折扣和折让后的销售净额。一般来说,应收账款周转率越高,平均收现期越短,说明应收账款的收回越快。否则,企业的营运资金会过多地呆滞在应收账款上,影响资金的正常周转。

(四)流动资产周转率

流动资产周转率是销售收入与全部流动资产的平均余额的比值。其计算公式为:

流动资产周转率=销售收入/平均流动资产

平均流动资产=(年初流动资产+年末流动资产)/2

根据表 3-2、表 3-3 中甲公司的有关资料,该公司 2008 年的流动资产周转率为:

平均流动资产=(4 751 400 + 4 139 335)/2=4 445 367.5

流动资产周转率=1 250 000/4 445 367.5=0.28

流动资产周转率反映流动资产的周转速度。周转速度快,会相对节约流动资产,等于相对扩大资产投入,增强企业赢利能力;而周转速度变慢,则需要补充流动资产参加周转,形成资金浪费,降低企业赢利能力。

(五)总资产周转率

总资产周转率是销售收入与平均资产总额的比值。其计算公式为:

总资产周转率=销售收入/平均资产总额

平均资产总额=(年初资产总额+年末资产总额)/2

根据表 3-2、表 3-3 中甲公司的有关资料，该公司 2008 年的总资产周转率为：

平均资产总额=(8 401 400 + 8 068 235)/2=8 234 817.5

总资产周转率=1 250 000/8 234 817.5=0.15

该项指标反映资产总额的周转速度。周转速度越快，说明销售能力越强。企业可以通过薄利多销的办法，加速资产的周转，带来利润绝对额的增加。

三、负债比率

负债比率是指债务和资产、净资产的关系。它反映企业偿付到期长期债务的能力。

(一)资产负债率

资产负债率是负债总额除以资产总额的百分比，也就是负债总额与资产总额的比例关系。资产负债率反映在总资产中有多大比例是通过借债来筹资的，也可以衡量企业在清算时保护债权人利益的程度。其计算公式为：

资产负债率=(负债总额/资产总额)×100%

根据表 3-2 中甲公司的有关资料，该公司 2008 年的资产负债率为：

资产负债率=(2 752 746.85/8 068 235)×100%=34.12%

该指标从债权人的角度分析，他们希望债务比例越低越好，企业偿债有保证，贷款不会有太大的风险。

该指标从股东的角度分析，在全部资本利润率高于借款利息率时，负债比例越大越好，表明股东所得到的利润会加大，否则反之。

该指标从经营者的角度分析，企业应当审时度势，全面考虑，在利用资产负债率制定借入资本决策时，必须充分估计预期的利润和增加的风险，在二者之间权衡利弊，作出正确决策。

(二)产权比率

产权比率也是衡量长期偿债能力的指标之一。这个指标是负债总额与股东权益总额之比率，也叫做债务股权比率。其计算公式为：

产权比率=(负债总额/股东权益)×100%

根据表 3-2 中甲公司的有关资料，该公司 2008 年的产权比率为：

产权比率=(2 752 746.85/5 315 488.15)×100%=51.79%

该指标反映由债权人提供的资本与股东提供的资本的相对关系，反映企业基本财务结构是否稳定。一般来说，股东资本大于借入资本较好，但也不能一概而论。从股东角度来看,在通货膨胀加剧时期,企业多借债可以把损失和风险转嫁给债权人;在经济繁荣时期,多借债可以获得额外的利润;在经济萎缩时期,少借债可以减少利息负担和财务风险。产权比率高,是高风险、高报酬的财务结构;产权比率低,是低风险、低报酬的财务结构。该指标同时也表明债权人投入的资本受到股东权益保障的程度,或者说是企业清算时对债权人利益的保障程度。国家规定债权人的索偿权在股东之前。

资产负债率与产权比率具有共同的经济意义,两个指标可以相互补充。因此,对产权比率的分析可以参见对资产负债率指标的分析。

(三)已获利息倍数

从债权人的立场出发,他们向企业投资时,除了计算上述资产负债率即审查企业借入资本占全部资本的比例以外,还要计算已获利息倍数。利用这一比率,也可以测试债权人投入资本的风险。

已获利息倍数指标是指企业息税前利润与利息费用的比率,用以衡量企业偿付借款利息的能力,也叫利息保障倍数。其计算公式为:

已获利息倍数=息税前利润/利息费用

公式中的"息税前利润"是指利润表中未扣除利息费用和所得税之前的利润。它可以用税后利润加所得税再加利息费用计算得出。

根据表 3-3 中甲公司的有关资料,该公司 2008 年的已获利息倍数为:

已获利息倍数=(310 300 + 41 500)/41 500=8.48

该指标反映企业息税前利润为所需支付的债务利息的多少倍。只要已获利息倍数足够大,企业就有充足的能力偿付利息,否则相反。

结合这一指标,企业可以测算一下长期债务与营运资金的比率,它是用企业的长期负债与营运资金相除计算的。其计算公式为:

长期债务与营运资金比率=长期负债/(流动资产-流动负债)

根据表 3-2 中甲公司的有关资料,该公司 2008 年的长期债务与营运资金比率为:

长期债务与营运资金比率=1 160 000 /(4 139 335-1 592 746.85)= 0.46

一般情况下,长期债务不应超过营运资金。长期债务会随时间延续不断转化为流动负债,并需动用流动资产来偿还。保持长期债务不超过营运资金,就不会因这种转化而造成流动资产小于流动负债,从而使长期债权人和短期债权人感到贷款有安全保障。

四、赢利能力比率

赢利能力就是企业赚取利润的能力。不论是投资人、债权人还是企业经理人员,都日益重视和关心企业的赢利能力。

反映企业赢利能力的指标很多,通常使用的主要有销售净利率、销售毛利率、资产净利率、净值报酬率。

(一)销售净利率

销售净利率是指净利润与销售收入的百分比。其计算公式为:

销售净利率=(净利润/销售收入)×100%

根据表 3-3 中甲公司的有关资料,该公司 2008 年的销售净利率为:

销售净利率=(197 704/1 250 000)×100%=15.82%

该指标反映每一元销售收入带来多少净利润,表示销售收入的收益水平。净利润额与销售净利率成正比关系,而销售收入额与销售净利率成反比关系。企业在增加销售收入额的同时,必须相应地获得更多的净利润,才能使销售净利率保持不变或有所提高。通过分析销售净利率的升降变动,可以促使企业在扩大销售的同时,注意改进经营管理,提高赢利水平。

(二)销售毛利率

销售毛利率是毛利占销售收入的百分比,其中毛利是销售收入与销售成本的差。其计算公式为:

销售毛利率=[(销售收入-销售成本)/销售收入]×100%

根据表 3-3 中甲公司的有关资料,该公司 2008 年的销售毛利率为:

销售毛利率=[(1 250 000－750 000)/1 250 000]×100%=40%

该指标表示每一元销售收入扣除销售成本后,有多少钱可以用于各项期间费用和形成赢利。销售毛利率是企业销售净利率的最初基础,没有足够大的毛利率便不能赢利。

(三)资产净利率

资产净利率是企业净利润与平均资产总额的百分比。其计算公式为:

资产净利率=(净利润/平均资产总额)×100%

平均资产总额=(期初资产总额+期末资产总额)/2

根据表 3-2、表 3-3 中甲公司的有关资料,该公司 2008 年的资产净利率为:

平均资产总额=(8 401 400 + 8 068 235)/2=8 234 817.5(元)

资产净利率=(197 704/8 234 817.5)×100%=2.4%

把企业一定期间的净利与企业的资产相比较,可反映企业资产利用的综合效果。该指标越高,表明资产的利用效率越高,说明企业在增加收入和节约资金使用等方面取得了良好的效果。

资产净利率是一个综合指标,企业的资产是由投资人投入或举债形成的。净利润的多少与企业资产的多少、资产的结构、经营管理水平有着密切的关系。为了正确评价企业经济效益的高低、挖掘提高利润水平的潜力,可以用该项指标与本企业前期、与计划、与本行业平均水平和本行业内先进企业进行对比,分析形成差异的原因。影响资产净利率高低的因素主要有:产品的价格、单位成本的高低、产品的产量和销售的数量、资金占用量的大小等。企业可以利用资产净利率来分析经营中存在的问题,提高销售利润率,加速资金周转。

(四)净资产收益率

净资产收益率是净利润与平均净资产的百分比,也叫净值报酬率或权益报酬率。其计算公式为:

净资产收益率=(净利润/平均净资产)×100%

平均净资产=(年初净资产+年末净资产)/2

该公式的分母是"平均净资产",也可以使用"年末净资产"。

根据表3-2、表3-3中甲公司的有关资料,该公司2008年的净资产收益率为:

平均净资产=(5 150 000 + 5 315 488.15)/2=5 232 744.075(元)

净资产收益率=(197 704/523 2744.075)×100%=3.8%

净资产收益率反映企业所有者权益的投资报酬率,具有很强的综合性。

第四节 财务综合分析与评价

财务综合分析,是指所有反映经营效率与财务政策的财务比率连接在一起进行分析的方法,主要有杜邦财务分析体系和沃尔比重评分法。

一、杜邦财务分析体系

杜邦财务分析系统是由美国杜邦公司的经理人员创造的对企业进行经营与财务综合分析的技术。在杜邦财务分析体系中,将企业净资产的收益率看做是企业经营效率与财务政策综合作用的结果,进而检查企业在经营过程中所存在的问题和评价企业的财务管理政策。

杜邦财务分析体系法是利用各财务比率指标之间的内在联系,对企业综合经营财务管理及经济效益进行体系评价的方法。杜邦财务分析体系也称为杜邦财务分析法,这种财务分析方法从评价企业绩效最具综合性和代表性的指标——净资产收益率和总资产报酬率出发,层层分解至企业最基本生产要素的使用,成本与费用的构成,从而满足经营者通过财务分析进行绩效监控需要,在经营目标发生异动时能及时查明原因并加以修正。在体系中自有资金利润率指标是一个综合性最强的财务指标是杜邦体系的核心,它等于总资产报酬率与权益乘数的乘积。

甲公司的杜邦财务分析体系的数据构成如图 3-1 所示。

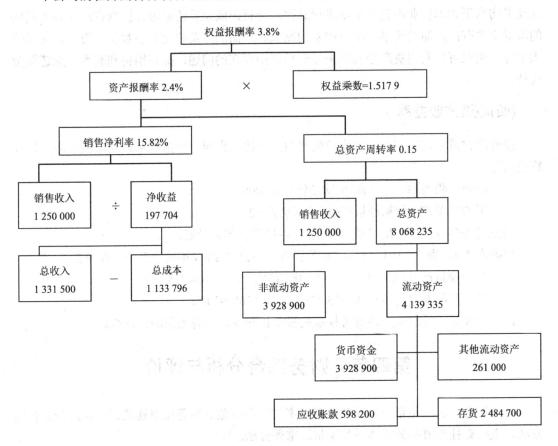

图 3-1 甲公司杜邦财务分析体系的数据构成(单位:元)

杜邦财务分析系统主要反映了以下几种主要的财务比率关系。
(1) 股东权益报酬率与资产报酬率及权益乘数之间的关系。
   股东权益报酬率=资产报酬率×权益乘数
(2) 资产报酬率与销售净利率及总资产周转率之间的关系。
   资产报酬率=销售净利率×总资产周转率
(3) 销售净利率与净利润及销售收入之间的关系。
   销售净利率=净利润/销售收入
(4) 总资产周转率与销售收入及资产总额之间的关系。
   总资产周转率=销售收入/资产平均总额

在上述公式中,"资产报酬率=销售净利率×总资产周转率"这一等式被称为杜邦等式。由杜邦财务分析体系可以看出,企业的净资产收益率,取决于下列因素。

(1) 销售净利率。提高企业销售净利率是提高净资产收益率的途径之一。销售净利率的高低主要受产品销售价格及成本费用水平的影响。企业不断增强产品的竞争实力,维持较高的产品销售价格和降低成本费用,是企业在增长销售的同时,提高销售净利率进而提高净资产收益率的有效途径。

(2) 总资产周转率。加速总资产的周转速度是提高净资产收益率的途径之一。总资产的周转速度主要受相对于资产占用水平销售收入实现程度、相对于既定销售规模占用的资产规模的影响。对资产周转率的分析,需对影响资产周转的各因素进行分析。其中,应收账款和存货的周转速度是影响企业资产周转速度的主要因素,因此,企业应结合这些因素的变动分析总资产周转率的变动对净资产收益率的影响。在一定的资产占用规模下,努力增加销售收入,或努力优化资产的配置结构,减少无效资产的占用,是加速企业资产周转速度的基本途径。

(3) 权益乘数。权益乘数反映企业负债程度。在企业资产净利率(销售净利率与总资产周转率的乘积)一定的情况下,资产负债率越高,权益乘数越大,企业的财务杠杆作用就越大,净资产收益率就越高,与此同时,企业财务风险就越大。权益乘数反映了企业融资政策,是企业资本结构决策的结果。

应当指出,杜邦财务分析体系是一种分解财务比率的方法,而不是另外建立新的财务指标,它可以用于各种财务比率的分解。杜邦财务分析体系和其他财务分析方法一样,关键不在于指标的计算而在于对指标的理解和运用。

二、沃尔比重评分法

沃尔比重评分法,是亚历山大·沃尔最先提出的总括评价企业信用水平的方法。为总括评价企业信用水平,沃尔选择了7种财务比率,分别确定了每个指标在总评价中的比重,总和为100分。然后确定标准比率,并与实际比率相比较,评出每项指标的得分,最后求出总评分。下面我们用沃尔比重评分法,给甲公司的财务状况评分的结果如表3-4所示。

表3-4 沃尔比重评分法

财务比率	比重 ①	标准比率 ②	实际比率 ③	相对比率 ④=③/②	评分 ①×④
流动比率	25	2.00	2.60	1.30	32.5
净资产/负债	25	1.50	1.93	1.29	32.25
资产/固定资产	15	2.50	3.67	1.47	22.05

续表

财务比率	比重 ①	标准比率 ②	实际比率 ③	相对比率 ④=③/②	评分 ①×④
销售成本/存货	10	8	0.30	0.04	0.4
销售额/应收账款	10	6	2.09	0.35	3.5
销售额/固定资产	10	4	0.57	0.14	1.4
销售额/净资产	5	3	0.24	0.08	0.4
合 计	100	—	—	—	92.50

沃尔比重评分法的优点是简便实用，但缺点也是很明显的。在理论上，沃尔比重法不能证明为什么要选择这样 7 项指标而不是其他指标；在技术上，某一指标严重异常时，会对总评分产生不合逻辑的重大影响。沃尔比重评分法在技术上的缺陷，是由相对比率与比重相乘引起的。财务比率提高 1 倍，其评分增加 100%，而缩小 1 倍，其评分只减少 50%。

尽管沃尔比重评分法在理论和技术上都存在着缺陷，但其分析的原理在实践中却有广泛的应用。企业在对营销、生产、采购等经营部门的绩效进行考核时，可以应用沃尔比重评分法的基本原理，但需要正确制定权数比重和选择考核指标，同时为避免指标畸形所造成的不利营销，须规定指标的上下限。

本 章 小 结

财务分析是以财务报告等会计资料为基础，对公司的财务状况、经营成果和现金流量进行分析和评价的一种方法。

学习财务分析的方法，能运用对比分析法和因素分析法进行分析，知道财务分析的基础是三大基本财务报表，学会财务比率的分析，通过变现能力比率、资产管理比率、负债比率和赢利能力比率四类指标，能从偿债能力、资产管理能力、赢利能力、现金流量和市场价值方面对公司进行分析。

变现能力是企业产生现金的能力，它取决于可以在近期转变现金的流动资产的多少。反映变现能力的财务比率主要有流动比率和速动比率。一定程度上反映了企业的偿债能力。

资产管理比率，又称运营效率比率，是用来衡量企业在资产管理效率的财务比率。资产管理比率包括：营业周期、存货周转率、应收账款周转率、流动资产周转率和总资产周转率。

负债比率是指债务和资产、净资产的关系。它反映企业偿付到期长期债务的能力。通过分析，可以使债权人了解债务安全性，投资者了解企业的生产经营资金是否充足，管理者了解企业的债务负担和偿付能力。

赢利能力就是企业赚取利润的能力。不论是投资人、债权人还是企业经理人员，都日益重视和关心企业的赢利能力。反映企业赢利能力的指标很多，通常使用的主要有销售净利率、销售毛利率、资产：净利率、净资产收益率。

此外，要学会运用杜邦分析法对公司进行综合分析，全面了解公司的财务状况。

复习思考题

一、简答题

1. 什么是财务报告？财务分析的目的是什么？
2. 如何解读企业财务报表？
3. 什么是因素分析法？在使用因素分析法时应注意一些什么问题？
4. 什么是比率分析法？反映企业竞争能力的指标应该如何看？
5. 什么是权益乘数？其反映了企业哪些方面的情况？
6. 财务报表分析有哪些优点和不足？

二、单项选择题

1. 财务报表分析的对象是企业的基本活动，不是指(   )。
   A. 筹资活动　　　B. 投资活动　　　C. 经营活动　　　D. 全部活动
2. 当法定盈余公积达到注册资本的(   )时，可以不再计提。
   A. 5%　　　　　B. 10%　　　　　C. 25%　　　　　D. 50%
3. 在财务报表分析中，投资人是指(   )。
   A. 社会公众　　　B. 金融机构　　　C. 优先股东　　　D. 普通股东
4. 流动资产和流动负债的比值被称为(   )。
   A. 流动比率　　　B. 速动比率　　　C. 营运比率　　　D. 资产负债率
5. 资产负债表的附表是(   )。
   A. 利润分配表　　　　　　　　　　B. 分部报表
   C. 财务报表附注　　　　　　　　　D. 应交增值税明细表
6. 诚然公司报表显示：2000 年无形资产净值为 160 000 元，负债总额为 12 780 000 元，所有者权益总额为 22 900 000 元，计算有形净值债务率为(   )。

A. 55.8%　　　B. 55.4%　　　C. 56%　　　D. 178%

7. 理想的有形净值债务率应维持在( )的比例。

A. 3∶1　　　B. 2∶1　　　C. 1∶1　　　D. 0.5∶1

8. 资本结构具体是指企业的( )的构成和比例关系。

A. 长期资本与长期负债
B. 长期债权投资与流动负债
C. 长期应付款与固定资产
D. 递延资产与应付账款

9. 下列说法不正确的是( )。

A. 营运资本的合理性主要通过流动性存量比率来评价
B. 流动比率是对短期偿债能力的粗略估计
C. 速动比率低于1不一定意味着不正常
D. 现金比率 = 货币资金/流动负债

10. 成龙公司2000年的主营业务收入为60 111万元,其年初资产总额为6 810万元,年末资产总额为8 600万元,该公司总资产周转率及周转天数分别为( )。

A. 8.83次,40.77天
B. 6.99次,51.5天
C. 8.83次,51.5天
D. 7.8次,46.15天

三、多项选择题

1. 下列项目属于资本公积核算范围的是( )。

A. 接受捐赠　　　B. 法定资产重估增值　　　C. 提取公积金
D. 对外投资　　　E. 股本溢价

2. 财务报表分析具有广泛的用途,一般包括( )。

A. 寻找投资对象和兼并对象
B. 预测企业未来的财务状况
C. 预测企业未来的经营成果
D. 评价公司管理业绩和企业决策
E. 判断投资、筹资和经营活动的成效

3. 以下( )属于企业在报表附注中进行披露的或有负债。

A. 已贴现商业承兑汇票
B. 预收账款
C. 为其他单位提供债务担保
D. 应付账款
E. 未决诉讼

4. ( )指标可用来分析长期偿债能力。

A. 产权比率
B. 资产负债率
C. 有形净值债务率
D. 流动比率
E. 速动比率

5. 企业的长期债务包括( )。

A. 应付债券
B. 摊销期长的待摊费用

C. 长期应付款　　　　　　D. 长期债券投资　　E. 长期借款

6. 在计算速动比率时要把存货从流动资产中剔除，这是因为(　　)。

A. 存货估价成本与合理市价相差悬殊

B. 存货中可能含有已损失报废但还没作处理的不能变现的存货

C. 存货种类繁多，难以综合计算其价值

D. 存货的变现速度最慢

E. 部分存货可能已抵押给某债权人

7. 导致企业的市盈率发生变动的因素是(　　)。

A. 企业财务状况的变动　　　B. 同期银行存款利率

C. 上市公司的规模　　　　　D. 行业发展

E. 股票市场的价格波动

8. 在分析获取现金能力的情况时，可以选用的指标主要有(　　)。

A. 现金流量适合率　　　　　B. 全部资产现金回收率

C. 每1元销售现金净流入　　 D. 每股经营现金流量

E. 现金满足投资比率

9. 企业的收入包括(　　)等多种类别。

A. 投资收入　　　　B. 其他业务收入　　C. 补贴收入

D. 营业外收入　　　E. 主营业务收入

10. 影响应收账款周转率下降的原因主要是(　　)。

A. 赊销的比率　　　B. 客户故意拖延　　C. 企业的收账政策

D. 客户财务困难　　E. 企业的信用政策

四、综合计算题

1. 海外旅行社2008年12月31日的资产负债表摘录如表3-5所示。

表3-5　海外旅行社资产负债表　　　　　　　　　　　　　　　　单位：万元

资　产	金　额	负债及所有者权益	金　额
货币资金	34	应付账款	
应收账款净额		应交税金	36
存　货		长期负债	
固定资产净额	364	实收资本	320
无形资产净值	26	未分配利润	
总　计	568	总　计	568

补充资料：①年末流动比率为 2.8；②产权比率为 0.6；③以销售额和年末存货计算的存货周转率为 12 次；④以销售成本和年末存货计算的存货周转率为 10 次；⑤本年毛利为 116 000 元。

要求：

(1) 计算表中空缺项目的金额。

(2) 计算有形净值债务率。

2. 某企业连续三年的资产负债表中相关资产项目的数额如表 3-6 所示。

表 3-6 某企业连续三年的资产负债表　　　　　　　　　　　单位：万元

项　目	2006 年末	2007 年末	2008 年末
流动资产	2 200	2 680	2 680
其中：应收账款	944	1 028	1 140
存货	1 060	928	1 070
固定资产	3 800	3 340	3 500
资产总额	8 800	8 060	8 920

已知 2008 年主营业务收入额为 20 900 万元，比 2007 年增长了 15%，其主营业务成本为 8 176 万元，比 2007 年增长了 12%。

要求：

(1) 该企业 2007 年和 2008 年的应收账款周转率、存货周转率、流动资产周转率、固定资产周转率、总资产周转率。

(2) 对该企业的资产运用效率进行评价。

3. 资料：已知某企业 2007 年、2008 年有关资料如表 3-7 所示。

表 3-7 某企业有关资料　　　　　　　　　　　　　　　　　单位：万元

项　目	2007 年	2008 年
销售收入	280	350
其中：赊销收入	76	80
全部成本	235	288
其中：销售成本	108	120
管理费用	87	98
财务费用	29	55
销售费用	11	15

续表

项 目	2007年	2008年
利润总额	45	62
所得税	15	21
税后净利	30	41
资产总额	128	198
其中：固定资产	59	78
现金	21	39
应收账款(平均)	8	14
存货	40	67
负债总额	55	88

要求：运用杜邦分析法对该企业的净资产收益率及其增减变动原因进行分析。

4. 某股份有限公司2007年营业收入为10亿元，营业成本为8亿元，2008年简化的资产负债表、利润表和现金流量表如表3-8～3-10所示

表3-8 资产负债表

2008年12月31日　　　　　　　　　　　　　　　　　　　　　　单位：千元

资产	年初数	年末数	负债和股东权益	年初数	年末数
货币资金	1 406 300	815 435	流动负债	2 651 400	1 572 650
交易性金融资产	15 000	15 000	非流动负债	600 000	1 160 000
应收票据	246 000	46 000	负债合计	3 251 400	2 732 650
应收账款	299 100	598 200	股本资本	1 000 000	1 000 000
其他应收款	5 000	5 000	资本公积	4 000 000	4 000 000
预付账款	100 000	85 000	盈余公积	100 000	131 185
存货	2 580 000	2 484 700	未分配利润	50 000	194 500
待摊费用	100 000	90 000	减：库存股	0	0
流动资产合计	4 751 400	4 139 335	股东权益合计	5 150 000	5 325 685
资产总计	8 401 400	8 058 335	负债和股东权益总计	8 401 400	8 058 335

表 3-9 利润表

2008 年度 单位：千元

项目	本年累计数
一、营业收入	1 250 000
减：营业成本	750 000
营业税费	2 000
减：销售费用	20 000
管理费用	158 000
财务费用	41 500
加：投资收益	31 500
二、营业利润	310 000
加：营业外收入	50 000
减：营业外支出	49 700
四、利润总额	310 300
减：所得税费用（税率33%）	102 399
五、净利润	207 901

表 3-10 现金流量表

2008 年度 单位：千元

项目	金额
经营活动产生的现金流量净额	375 835
投资活动产生的现金流量净额	-104 200
筹资活动产生的现金流量净额	-862 500
现金及现金等价物净增加额	-590 865

要求：

(1) 计算 2008 年末营运资本、流动比率、速动比率、现金比率以及长期资本；

(2) 按照期末数计算 2007 年和 2008 年营运资本的配置比率，据此分析短期偿债能力的变化；

(3) 计算 2008 年末资产负债率、产权比率和长期资本负债率；

(4) 计算利息保障倍数和现金流量利息保障倍数；

(5) 根据年末数计算 2007 和 2008 年的流动资产周转天数、存货周转天数、货币资金周转天数、非流动资产周转天数和总资产周转天数，并分析总资产周转天数变化的主要原

因(计算结果保留整数);

(6) 按照平均数计算现金流量比率、现金流量债务比;

(7) 假设 2007 年的销售净利率为 10%,按照传统的财务分析体系,用差额分析法依次分析销售净利率、资产周转率和权益乘数变动对 2008 年的权益净利率的影响程度,并分析得出结论。

第四章

筹 资 管 理

【本章导读】

本章阐述企业筹资管理的理论、方法和策略。学习本章,要求掌握筹资概念、种类和原则。了解筹资的目的、动机。掌握权益资金和负债资金的各种筹资形式的特点、筹资策略及筹资风险,以便合理地降低成本、规避风险;以较低的筹资成本付出和较小的筹资风险,获取合理的资金需要量。

【知识要点】

(1) 筹资的概念及目的。
(2) 企业筹资种类和渠道。
(3) 权益资金的特点、筹资。
(4) 长期借款筹资。
(5) 企业债券筹资。
(6) 商业信用筹资。

【引入案例】

永盛光学仪器厂是国家光学仪器主要生产厂之一。现有职工 800 余人,固定资产 1 500 万元,自有流动资金 320 万元。近几年该厂工业总产值、实现利润、上缴税利、企业留存都有很大增长。该厂生产的 E 型仪器 2006 年被评为部优产品。现考虑利用国家配套贷款,引进德国 Y2 制造技术及设备。

2008 年下半年以来,国家紧缩银根,控制信贷资金投放,企业间往来款项出现相互拖欠,该厂面对引进设备需要大量付款的局面,资金紧张。具体情况有以下几个方面。

(1) 流动资金于 2008 年下半年开始紧张。2008 年初,银行核对该厂的周转贷款为 90 万元。1~6 月份贷款 75 万元,由于紧缩贷款,从 7 月份起一次性地扣还 15 万元,实际生产周转贷款受到影响。

(2) 1~6 月份该厂购进材料月平均 30 万元,从 7 月份起月平均为 38 万元,最高达 40 万元。因为外协单位资金紧张,就将外购件大量交货,一交货即催该厂汇款,至 2008 年年底，已欠外协单位货款约28万元。

(3) 物价上涨，计划内电力不足，不得不使用议价电，材料费、运输费提价，职工工资增加等更加剧资金的紧张程度。

(4) 与德国Y2制造技术及设备的协议已于2007年10月份生效，随之将发生出国考察培训费、技术转让费共需支付约40万美元。

面对企业资金紧张局面，生产计划部门认为：国家紧缩银根，解决资金紧张的局面，要采取预收货款，占用他人资金来解决。技术部门认为：厂里流动资金紧张的根源是由引进项目支付软件费用造成的，要缓和资金紧张，就必须停止引进项目。销售部门认为：目前市场产品升级换代很快，企业很难预测今后的销售量及销售收入，资金回笼是个问题。

对该厂资金紧张的现状，你作为一个财务人员有什么看法，你的意见和建议是什么？

任何企业正常运营，都离不开资金。筹措资金不仅是财务管理的重要方法，也是企业面临的最大难题。面对如何解决资金筹措的难题，有必要弄清筹资及筹资管理的理论、方法和策略。

第一节 企业筹资概述

企业财务活动是以筹集企业必需的资金为前提的，企业财务管理就是企业生产经营过程中的资金运动，具体包括资金的筹集、投放、使用、收回和分配等一系列活动。筹集资金是这一系列财务管理活动的起点，也是企业生存与发展的必要前提。

一、企业筹资的概念、动机及目的

(一)企业筹资的概念

企业在经济发展的初期，由于原始积累有限，资金不足使企业的发展受到影响；企业持续的生产经营活动，对资金总有不断增加的需求，而资金的供应量由于种种条件的限制又常常会处于"饥渴"状态，也即资金供应和需求的矛盾总是不时地困扰着企业，为了保证企业再生产顺利进行，产生了筹资行为。企业筹资就是指企业根据生产经营、对外投资及调整资本结构等活动的需要，通过筹资各种渠道和资本(资金)市场，运用筹资方式，经济、有效地筹集企业所需资本的行为。

企业进行资金筹集，主要解决企业为什么筹资、企业筹资有哪些要求和种类、从何种渠道以什么方式筹资、如何安排筹资方案和作出筹资决策等一系列问题，以便作出正确的筹资决策。

(二) 企业筹资的动机

筹资动机是企业进行筹资活动的基本出发点。它要求在筹资前确定合理的资金需要量和合理的投资方向。企业具体的筹资活动通常受特定的动机所驱使。由于企业经营对资金需求的复杂性，企业筹资的具体动机是多种多样的。

1. 生产经营筹资动机

企业新建时，要按照经营方针所确定的生产经营规模核定长期资金需要量和流动资金需要量，需筹措短期或长期负债资金来满足生产经营活动的需要。

2. 经营扩大筹资动机

企业因扩大生产经营规模或追加对外投资的需要而产生的筹资动机。随着企业的生产经营活动日趋活跃，为应付激烈竞争的需要，扩大生产经营规模的现实需要，原有规模下的资金量就难以满足需要，唯一的办法就是尽快重新筹措资金。例如企业生产经营的产品供不应求，需要增加市场供应；开发生产适销对路的新产品；追加有利的对外投资规模；开拓有发展前途的对外投资领域等。这种扩张性筹资会使企业资产规模有所扩大，从而给企业带来收益增长的机会。

3. 到期偿债筹资动机

企业为了偿还某些债务而产生的筹资动机。偿债性筹资可分为两种情况：一是调整性偿债筹资，即企业虽有足够的能力支付到期旧债，但如果企业原有债务结构不合理，或者某种债务成本过高，而又有新的较低债务成本的债务来源出现时，企业就可能出于调整债务结构使之更加合理的需要而增加举债筹资；二是恶化性偿债筹资，即企业现有的支付能力已不足以偿付到期旧债，而不得不借新债还旧债。调整性偿债筹资是一种积极、主动的筹资策略。

4. 财务困境筹资动机

企业为了缓解临时财务困境而产生的筹资动机。企业在生产经营中总是会面临各种各样临时性的财务困境，如市场物价上涨时需要大量储备存货，以消除涨价风险；临时季节性采购导致库存的大量增加；发放工资或需支付股利等。这些都会使资金需求骤然增加，这时就必然驱使企业想方设法去筹措资金，以解燃眉之急。

(三) 企业筹资的目的

1. 满足企业创建对资金的需要

资本金是企业设立的前提条件，根据我国有关法规的规定，开设企业必须拥有法定的、不低于规定限额的资本金。企业筹集资金的主要目的是为了扩大生产经营规模,提高经济效益,投资项目若不能达到预期效益,就会影响企业获利水平和偿债能力的风险。如果企业决策正确、管理有效,就可以实现其经营目标。在筹资过程中,企业管理者拓展投资渠道,必须谨慎,应着重进行对外投资决策控制与分析,对重大投资项目进行可行性研究。盲目投资,没有进行事前周密的财务分析和市场调研是造成失误的原因,从企业经济利益出发,对经济活动的正确性、合理性、合法性和有效性进行全面的监督,并分析不同渠道资金的成本以及对公司经营的影响,尽量以最低的成本获得充足的资金供应。

2. 满足企业发展对资金的需要

企业只有不断地通过扩大生产,才能保证社会化大生产的持续经营,才能在激烈的市场竞争中生存下去,这需要资金的不断投入。企业在进行融资决策时,要根据企业对资金的需要、企业自身的实际条件以及融资的难易程度和成本情况,量力而行来确定企业合理的融资规模。

3. 保证日常经营活动顺利进行

为保证企业资金的正常需要,对资金循环过程要进行事前、事中、事后控制,将资金循环过程的资金状况和市场信息及时反馈至相关部门,以便及时采取措施。对形成的积压资金,要及时盘活。建立健全的资金内部控制制度并严格执行,确保资金安全。依据企业实际情况,实行资金有偿使用、收支统一管理、统一结算制度。

4. 调整资本(金)结构

资本(金)结构是指企业各种资金的来源构成及其比例关系。当企业的资本结构不合理时,企业可以通过不同筹资渠道筹集资金,人为地调整资本结构。在资本结构中,若负债的比例过大,即过度负债经营,那么依赖于外界的因素过多,也就加大了企业的经营风险和财务风险,生产经营环节稍有脱节,资金回收不及时,资本成本大幅度增加,势必降低企业经营利润,削弱了企业活力,因此,应把握好负债经营的"度"。要合理确定债务资金与自有资金、短期资金与长期资金的比例关系,并随着企业生产的变化而变化,使企业始终处于一种动态的管理过程中。合理确定企业一定时期所需筹集资金的数额是企业筹资管理的重要内容。企业一方面要筹集到足够的资金以满足企业生存和发展的需要,另一方面还要注意筹集的资金又不能过多,防止产生资金的配置风险,出现资金的闲置,增加企业的债务负担。

二、企业筹资种类

认识筹资种类,了解不同种类的筹资对企业筹资成本和筹资风险的影响,有利于保证企业作出正确的筹资决策。从不同的角度看,企业筹资通常有以下几类。

(一)按照资金的属性及其偿还性质分为权益资金与负债资金

权益性资金,是通过增加企业的所有者权益来获取的,是企业依法筹集并长期拥有、自主支配的资金。我国企业的权益资金,包括实收资本、资本公积金、盈余公积金和未分配利润,在会计中称"所有者权益"。权益资金筹资方式主要有吸收直接投资、发行普通股票、发行优先股票和利用留存收益。

负债资金,又称借入资金或债务资本,是企业依法筹措并依约使用、按期偿还的资金,是通过增加企业的负债来获取的,例如向银行贷款、发行债券、向供货商借款等。债务性资金必须到期偿还,一般还需支付利息。

从出资者的角度看,企业的权益资金是出资者投入企业的资产及其权益准备。一般认为,作为投资者总是期望其投资能够保值并在一定程度上增值,由于预期经营风险不同,从而投资者期望得到的必要报酬并不相同,这种观念对出资者同样是适用的;再者,出资者作为企业法人财产责任的最后承担者,其出资风险更大,因而站在出资者立场,权益资金又是出资者的一项高风险资产。负债资金以还本付息为条件。作为资金的出借方,由于有到期还本付息作保障,其出借资金的风险较低,从而其相应的回报也较低;作为筹资的企业则相反,利用负债资金所形成的还本付息压力大,其相应的筹资成本较低,从而可以借助于债务筹资来提高收益及企业价值。

权益资金与负债资金的主要差异如表 4-1 所示。

表 4-1 权益资金与负债资金的主要差异

负债资金	权益资金
固定索取权	剩余索取权
可抵免税收	不可抵免税收
在财务困境或破产时具有优先清偿权	在财务困境或破产时只有最后清偿权
固定期限	无期限
无管理控制权	有管理控制权
主要表现为:银行借款、公司债券、商业票据等	主要表现为:所有者股权、风险资本、普通股、认股权证等

(二)按所筹资金的期限分为长期资本和短期资金

长期资本是指使用期限在一年以上的资金,它是企业长期、持续、稳定地进行生产经营的前提和保证。长期资本主要通过吸收直接投资、发行股票、发行长期债券、长期银行借款、融资租赁等形式来筹集。短期资金是指使用期限在一年以内的资金,它是因企业在生产经营过程中短期性的资金周转需要而引起的。短期资金主要通过短期借款、商业信用、发行融资券等方式来筹集。

(1) 长期资本。从资金的供应方看，由于期限越长，未来的不可知性越大，因而其风险也增大，成本相对较高。企业借入长期资本，是因为这类资金能够被企业长期而稳定地占用，能够降低经营风险与短期财务风险。

(2) 短期资金。短期资金的还本付息压力大，因为企业使用这类资金的时间较短。但另一方面，这类资金的成本相对较低，有些则是免费资金(如应付账款等)。

筹资的目的就是以较低的筹资成本和较小的筹资风险，获取较多的资金。因此，如何扬长避短，借助于长短期资金的组合与搭配，使得企业所占用的资金其时间相对较长、风险较小，而又保持较低的综合成本，就成为筹资策略的一个重要课题。

(三)按资金的取得方式分为内部筹资和外部筹资

内部筹资是指从企业内部所筹集的资本，是在企业内部自然形成的。如内部留存和折旧；外部筹资则是指从企业外部市场取得的资本，如发行股票、债券、银行借款、租赁、票据贴现、应收账款售让等。

企业内部自有资金是企业最为稳妥也最有保障的筹资来源。由于它是企业内部自己掌握的资金，因而使用起来最灵活，也最具优越性。利用自有资金这条渠道筹措资金，其最大的好处就是资金可以完全由自己安排支配，而且企业的筹资成本最低，投资时不需支付利息，因此投资代价较低。

外部筹资考虑的顺序应当是：充分利用内部资金在先，外部筹资措施在后。同时对于外部筹资要权衡各项筹资方式的资金成本，以便有效地防范财务风险。

(四)按筹资活动是否通过金融机构分为直接筹资与间接筹资

直接筹资是指企业不经过银行等金融机构，直接与资本所有者协商融通资本的一种筹资活动。在直接筹资过程中，资金的供需双方借助于融资手段直接实现资金的转移，无须通过银行等金融机构。间接筹资是指企业借助于银行等金融机构进行的筹资，其主要形式为银行借款、非银行金融机构借款、融资租赁等间接筹资，间接筹资是目前我国企业最为重要的筹资方式。从社会交易成本角度看，间接筹资被证明是相对节约的筹资方式。

三、企业筹资的渠道与方式

企业的筹资活动需要通过一定的渠道并采用一定的方式来完成。不同筹资渠道和筹资方式各有其特点和适应性，筹资渠道与筹资方式既有联系，又有区别。同一筹资渠道的资本往往可以采用不同的筹资方式取得，而同一筹资方式又往往可以筹集不同筹资渠道的资本。利用多种筹资渠道，选择合理筹资方式来筹集企业最佳规模的资金是企业筹资管理的关键所在。

(一)筹资渠道

筹资渠道是指客观存在的筹措资金的来源方向与通道。我国企业目前筹资渠道主要包括以下几个。

1. 国家财政资金

国家对企业的直接投资是国有企业最主要的资金来源渠道。现有国有企业的资金来源中，其资本大多是由国家财政以直接拨款的方式形成的，除此之外，还有些是国家对企业"税前还贷"或减免各种税款而形成的。不管是何种形式形成的，从产权关系上看，它们都属于国家投入的资金，产权归国家所有。

2. 银行信贷资金

银行对企业的各种贷款，是我国目前各类企业最为重要的资金来源。我国银行分为商业银行和政策性银行两类。商业银行是以赢利为目的、从事信贷资金投放的金融机构，它主要为企业提供各种商业贷款。政策性银行是为特定企业提供政策性贷款。

3. 非银行金融机构资金

非银行金融机构主要指信托投资公司、保险公司、租赁公司、证券公司、财务公司等。它们所提供的各种金融服务，既包括信贷资金投入，也包括物资的融通，还包括为企业承销证券等金融服务。

4. 其他企业资金

企业在生产经营过程中，往往形成部分暂时闲置的资金，并为一定的目的而相互投资；另外，企业间的购销业务可以通过商业信用方式来完成，从而形成企业间的债权债务关系，形成债务人对债权人的短期信用资金占用。

5. 居民个人资金

企业职工和居民个人的结余货币，作为"游离"于银行及非银行金融机构之外的个人资金，可用于对企业进行投资，形成民间资金来源渠道，从而为企业所用。

6. 企业自留资金

它是指企业内部形成的资金，也称企业内部资金，主要包括提取公积金和未分配利润等。这些资金无须企业通过一定的方式去筹集。

(二)筹资方式

筹资方式是指可供企业在筹措资金时选用的具体筹资形式。我国企业筹资方式主要有以下几种。

1. **吸收直接投资**

吸收直接投资是企业按照"共同投资、共同经营、共担风险、共享利润"的原则直接吸收国家、法人、个人投入资金的一种融资方式。

2. **发行股票**

发行股票是股份公司通过发行股票筹措权益性资本的一种融资方式。

3. **利用留存收益**

留存收益是指企业按规定从税后利润中提取的盈余公积、根据投资人意愿和企业具体情况留存的应分配给投资者的利润。利用留存收益是企业将留存收益转化为投资的过程，它是构成企业权益性资本的重要内容。

4. **向银行借款**

银行借款是企业根据借款合同从有关银行或非银行金融机构借入的需要还本付息的款项。银行借款又有短期借款与长期借款之分，前者筹集的是短期债务资金，后者筹集的是长期债务资金。

5. **利用商业信用**

商业信用是指企业与企业之间因商品交易中的延期付款或延期交货所形成的借贷关系。利用商业信用是企业筹措短期资金的重要方式。

6. **发行公司债券**

这是企业通过发行债券筹措债务性资金的一种融资方式。

7. **融资租赁**

融资租赁是出租人根据承租人对租赁物和供货人的选择或认可，将其从供货人处取得的租赁物，按融资租赁合同的约定出租给承租人占有、使用，并向承租人收取租金的交易活动，租赁期一般为一年以上，也称资本租赁或财务租赁。融资租赁是企业筹措长期债务性资金的一种方式。

第二节　权益资金的筹资策略

在这一节里,我们主要讨论权益资金筹资及其管理。权益资金筹资在不同的企业有不同的形式,它可以分为:吸收直接投资,股票筹资(仅限于股份有限公司)、留用收益等几种基本方式。

一、权益资金的特点

权益资金具有以下特点。

(1) 权益资金的所有权归属于所有者,所有者可以此参与企业经营管理决策、取得收益,并对企业的经营承担有限责任。

(2) 权益资金属于企业长期占用的"永久性资本",形成法人财产权,在企业经营期内,投资者除依法转让外,不得以任何方式抽回资本,企业依法拥有财产支配权。

(3) 权益资金没有还本付息的压力,它的筹资风险低。

二、吸收直接投资筹资

(一)吸收直接投资

吸收直接投资是指企业以协议合同等形式吸收国家、其他企业、个人和外商等直接投入资金,形成企业资本金的一种筹资方式。

1. 吸收国家投资

国家投资是指有权代表国家投资的政府部门或者机构以国有资产投入企业,这种情况下形成的资本叫国有资本。国有资本的产权归属国家,企业对其拥有经营权。吸收国家投资是国有企业筹集所有权资本的主要方式。根据《企业国有资本与财务管理暂行办法》的规定,国家对企业注册的国有资本实行保全原则。企业在持续经营期间,注册的国有资本除依法转让外,不得抽回。吸收国家投资产权归属国家,资金的运用和处置受国家约束较大。

2. 吸收现金投资

吸收现金投资是企业吸收直接投资最主要的形式之一。因为现金比其他出资方式所筹资本,在使用上有更大的灵活性,既可用于购置资产,也可用于费用支付。因此,企业在筹建时吸收一定量的现金投资,对其正常生产经营十分有利。为此,各国法律法规对现金在出资总额中的比例均有一定的规定。

3. 吸收非现金投资

它分为两类：一是吸收实物资产投资，即出资者以建筑物、设备等固定资产以及材料、商品等流动资产作价出资；二是吸收无形资产投资，即出资者以专利权、商标权、非专有技术、土地使用权等无形资产投资。

(二)吸收直接投资的管理

为达到最佳的筹资效果，吸收直接投资方式应主要从以下几方面进行管理。

1. 合理确定吸收直接投资的总量

企业资本筹集规模与生产经营相适应，而吸收直接投资能直接形成生产经营能力。因此，企业在创建时必须注意其资本筹集规模与投资规模的关系，以避免因吸收直接投资规模过大而造成资产闲置，或者因规模不足而影响生产经营效益。

2. 选择正确出资形式及出资结构

由于吸收直接投资形式下各种不同出资方式形成的资产的周转能力与变现能力不同，对企业正常生产经营能力的影响也不相同。因此，为保证各种出资方式下的资产的合理搭配，提高资产的运营能力，对不同出资方式下的资产，应在吸收投资时确定现金出资与非现金出资的结构关系、实物资产与无形资产间的结构关系、流动资产与长期资产间的结构关系等。

3. 明晰投资过程中的产权关系

由于不同出资者投资数额不同，企业在吸收投资时必须明确各出资者间的产权关系，包括企业与出资者间的产权关系以及各出资者间的产权关系。

(三)吸收直接投资的评价

1. 吸收直接投资的优点

吸收直接投资不以股票为媒介，是非股份制企业筹集自有资本的一种基本方式，具有以下主要优点。

(1) 有利于增强企业信誉。吸收直接投资所筹集的资本属于企业的权益资本，是企业从事生产经营活动的"本钱"。与负债融资相比，吸收直接投资能够提高企业的资信度和借款能力。

(2) 有利于尽快形成生产能力。吸收直接投资不仅可以取得一部分货币资金，而且通常能够直接获得企业所需的先进设备和技术。与各种证券融资方式相比，吸收直接投资便于尽快形成生产经营能力。

(3) 财务风险较低。吸收直接投资可以根据企业的经营状况向投资者支付报酬，企业经营情况好，可以向投资者多支付一些报酬，企业经营状况不好，则可以不向投资者支付报酬或少支付报酬，比较灵活。所以，相对于负债融资方式而言，吸收直接投资的财务风险较小。

2. 吸收直接投资的缺点

吸收直接投资方式只适用于非股份制企业。与其他融资方式相比，主要有以下缺点。

(1) 吸收直接投资的成本较高。采用吸收直接投资方式融资需担负的资本成本较高，特别是企业经营状况好和赢利较多时，更是如此。这是因为向投资者支付的报酬是根据其出资的数额和企业实现利润的多少来计算的，使得其资本成本通常高于债务资本。

(2) 产权关系比较模糊。由于吸收直接投资这一融资方式没有以证券为媒介，所形成的产权关系有时不够明晰，也不便于产权交易。

(3) 企业控制权受到影响。吸收直接投资方式融资，投资者一般都要求获得与投资数量相适应的经营管理权。如果外部投资者的投资较多，则外部投资者对企业会拥有相当大的控制权，这是吸收直接投资的不利因素。

三、股票筹资管理

(一)股票的概念及特征

1. 股票的概念

股票是股份公司为筹集股权资本而发行的，表示其股东按其持有的股份享有权益和承担义务的可转让的书面凭证。股票持有人即为公司的股东。股东作为出资人按投入公司的资本额享有资产收益、公司重大决策和选择管理者等权利，并以其所持股份为限对公司承担责任。股票筹资是股份公司筹集权益资金最常见的方式。

2. 股票的特征

股票作为一种所有权凭证，体现着股东对发行公司净资产的所有权。作为股份主要表现形式的股票，具有如下特征。

(1) 长期性。长期性是指发行股票所筹集的资金属于权益资本，没有期限，不需归还。投资者一旦购买公司的股票，在一般情况下，不能在中途随意向公司要求退股抽回资金；对发行公司而言，所筹集的资金则属于公司长期占用的"永久性资本"。

(2) 风险性。股东购买股票存在一定的风险。由于股票的永久性，因此股东成为企业风险的主要承担者。风险的主要表现有：股票价格的波动性、股利的不确定性、破产清算时股东处于剩余财产分配的最后顺序等。对投资者而言，股票存在着较大的投资风险，因而股东也要求获得较大的投资收益；而对发行公司而言，其财务风险较低，但其资本成本较高。

(3) 流通性。股票作为一种有价证券，在资本市场上可以自由转让、买卖和流通，也可以继承、赠送或作为抵押品。股票特别是上市公司发行的股票具有很强的变现能力，流动性很强。

(4) 参与性。股票作为一种权益凭证，其持有者具有参与股份公司股利分配的权利和承担有限责任的义务。持有的数量越大，其权利和义务越大。股票的转让就是权利和义务的转移。

3. 股票的种类

1) 按照股东享有的权利和承担的义务不同，股票可分为普通股股票和优先股股票

(1) 普通股股票简称普通股，是指股份公司发行的代表股东享有平等的权利和义务，不加特别限制、股利不固定的股票。普通股具备股票的最一般特征，是股份公司股权资本的最基本部分。通常情况下，股份有限公司只发行普通股。

(2) 优先股股票是一种特别权股票，简称优先股，它是股份公司发行的在分配股利和剩余财产时比普通股具有优先权的股票。多数国家的公司法规定，优先股可以在公司设立时发行，也可以在公司增发新股时发行。

2) 按照股票票面是否记名，股票可分为记名股票和无记名股票

(1) 记名股票，是指在股票票面上记载股东的姓名或者名称，并将股东的姓名和名称记入公司股东名册的股票。记名股票的股权只限于股东本人使用，转让时必须按规定办理过户手续。

(2) 无记名股票，是指在股票票面上不记载股东的姓名或者名称，股东的姓名和名称也不记入公司股东名册的股票。公司只记载股票的数量、编号和发行日期。无记名股票的转让和继承无须办理过户手续。

3) 按照股票票面有无金额，股票可分为面值股票和无面值股票

(1) 面值股票，是指股份公司发行的票面上标有金额的股票。票面金额代表股东对公司所投入的股本金额。持有该种股票的股东，其在公司中享有的权利和承担的义务，按其所拥有的全部股票的票面金额之和占公司发行在外的股票总面额的比例大小来确定。我国《公司法》规定，股票应当标明票面金额。

(2) 无面值股票，是指不标明票面金额，只在股票上记载所占公司股本总额的比例或份数，又称为"分权股份"或"比例股"。无面值股票价值随公司财产的增减而变动。发行无面值股票，有利于促使投资者在购买股票时注意计算股票的实际价值。

在股东权益上，无面值股票与面值股票的内容是一致的。但是，无面值股票可能使公司的资本变得不易确定，容易产生欺诈行为。目前，除美国、日本等国家以外，大多数国家都禁止公司发行无面值股票。

4) 按照发行对象和上市地区不同，股票可分为A股、B股、H股和N股等

A股是由我国公司在中国内地发行的以人民币标明票面价值，并以人民币认购与交易的普通股股票。A股在我国上海证券交易所或深圳证券交易所上市交易，专供我国个人或法人买卖。B股、H股和N股是由我国公司在境外发行的，以人民币标明面值但以外币认购与交易的普通股股票。其中，B股在中国境内证券交易所(上海和深圳)上市交易，H股在香港上市交易，N股在纽约上市交易。

(二)优先股筹资

1. 优先股的概念

优先股是介于普通股与债券之间的一种有价证券。优先股股息分配先于普通股红利分配；优先股股东对公司剩余财产的求偿权虽在债权人之后，但先于普通股股东，其求偿额为优先股的票面价值加累计未支付的股利。优先股股息率是固定的，优先股的股息率在发行股票之前就已确定下来，这与债券债息率的确定相同，但债券债息须无条件支付，而优先股股息的支付具有很大的灵活性。当公司无利润或利润不足时，可不支付，以后也不一定补偿，这与债券有着根本性的区别。

2. 优先股分类

与普通股不同，优先股按发行条款和股息分配条款的不同，可进行以下分类。如图4-1。

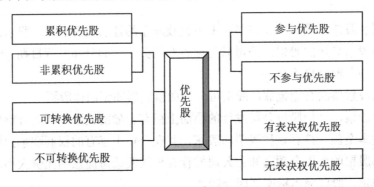

图4-1 优先股的种类图示

1) 累积优先股与非累积优先股

累积优先股是指公司在任何营业年度内未支付的股利能累积起来，递延到以后年度支

付,也就是说,公司经营状况不佳时欠发的优先股股息,可在公司经营状况好转时补发。通常公司只有在发放完所欠的全部优先股股息后,方可支付普通股股利。非累积优先股是指对以前年度欠付的股利不予累积计算,也不再由以后年度补发的优先股。显然,非累积优先股无法保障投资人应得的利益。

【例 4-1】某集团公司 2006 年因经营不善,经营利润不足以发放面值为 2 000 元、股利率为 10%的优先股股利,计每股 200 元。2007 年公司经营情况好转,赢利增加,有能力支付优先股股利和普通股股利,则公司首先要支付优先股股利每股 400 元(即前一年积欠的 200 元和当年的 200 元,共计 400 元),然后才能发放普通股股利。

2) 参与优先股与非参与优先股

参与优先股是指公司在按规定的股利率支付完优先股股息和发放完预计的普通股股利后,尚有剩余的可供分配的利润时,能与普通股一起参与剩余利润分配的优先股。它包括全部参与优先股和部分参与优先股。非参与优先股是指只能分得规定的股利,而不能与普通股一起参与分配剩余利润的优先股。

3) 可转换优先股与不可转换优先股

可转换优先股是指股票发行时就规定股东具有在股票发行后的某一时期按一定比例将其转换成普通股的优先股。在规定的期限内,如果普通股股价上涨,优先股发生这种转换将使优先股股东受益;如果普通股股价下跌,转换则会使优先股股东利益受损,优先股股东自行决定是否转换。不可转换优先股则指不具备这种择情转换权利的优先股。可见,不可转换优先股不能使持股人获取固定股利之外的收益。

4) 有表决权优先股与无表决权优先股

有表决权优先股是指股东有权参与公司经营管理,能参加股东大会并选举董事。有表决权优先股依据股东拥有表决权的时间长短和程度又分为永久表决权优先股、临时表决权优先股和特别表决权优先股。永久表决权优先股的股东与普通股股东一样,能永久参加股东大会,选举董事人选。临时表决权优先股的股东只在特定情况下才有一股一票的表决权。特别表决权优先股的股东只有在个别事件上才有一定的表决权。无表决权优先股是指不参与公司经营管理,也不拥有表决权的优先股。

3. 优先股筹资评价

1) 优先股筹资的优点

优先股筹资的优点主要表现在以下几个方面。①优先股是公司的长期性资本。发行优先股筹资,公司不必考虑偿还本金,大大减轻了公司的财务负担;②优先股的发行不会改变普通股股东对公司的控制权。通常公司只要按时发放优先股股息,优先股股东就不能参与公司经营管理,这保证了普通股股东对公司的控制权;③优先股的股利标准是固定的,但支付却有一定的灵活性。在公司赢利逐年增长时,支付给优先股的股利是不变的;当公司经营状况不佳时,公司又可暂不支付或不支付优先股股息,这极大地保护了普通股股东的权益;④发行优先股能提高公司的举债能力。优先股与普通股、留存收益一起构成了股东在公司中的全部资产,即股东权益,这是公司举借债务的保证。

2) 优先股筹资的缺点

优先股筹资的缺点主要表现在以下几个方面。①优先股筹资的成本较高。优先股的资本成本一般较长期债券成本要高,因为优先股股息在税后支付,且优先股投资风险也较大,公司发行优先股筹资,需承担较高的股息支付额;②由于优先股在股利分配、资产清算等方面具有优先权,所以会使普通股股东在公司经营不稳定时的收益受到影响。

(三)普通股筹资

1. 普通股的相关概念

普通股是公司股票的主要存在形式,其持有人(股东)是公司的最终所有者。他们享有投票权、分享利润权与剩余财产分配权,同时也是公司经营亏损的承担者,是企业经营风险的最终承担者。

普通股的发行价格通常与面值会有一定的差异,这个差异就构成"股本溢价"。当股票在证券市场上公开买卖以后,其市场上的实际价格就由市场决定,与其面值及其发行价都可能有较大的差异。从理论上说,股票面值几乎没有实质性的经济意义,但我国对普通股有明文规定,股票必须标明面值,且股票发行价格不得低于其面值。股价高于面值部分,作为"资本公积"记入有关会计账户。

公司也可以通过证券交易市场购回已发行的股票,这称为库藏股。库藏股由公司保存,以后可能根据需要重新出售或是进行注销。如果公司注销了持有的库藏股,实际就是缩减了公司的资本额。公司章程规定的可发行股票的最大限额称为授权股,实际售出的股票为发行股。如果拟发行的股票数超过授权股的限额时,必须得到公司股东的同意,重新修订授权股的限额。因此,公司章程规定的授权股一般都高于发行股数额。具体过程如图 4-2 所示。

2. 普通股的特征

1) 期限的永久性

普通股是公司最基本的资本来源,只要公司不解散,不破产清理,作为公司股权资本的普通股一般不能返还给投资者。股东对这笔资本的所有权只能体现在公司按股本赋予股东的相应的权益上。股东无权向公司索回投入的资本。

2) 责任的有限性

公司对外的所有负债都应视为股东的负债。一旦公司破产倒闭,股东应承担偿还公司债务的责任，但其偿还只限于股东的出资额，对超过股本部分的债务股东不负责偿还。

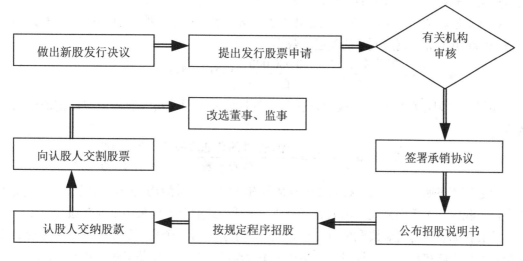

图 4-2　普通股票筹资发行程序图示

3) 收益的剩余性

公司在经营过程中创造的收益应首先支付到期债务本息、各种税款、优先股股息以及提取各种公积金，在此之后，根据公司的股利政策分配剩余收益。相对来说，剩余收益越多，股东得到的收益就越多。

4) 清偿的附属性

股份有限公司宣布清偿时，首先偿还除普通股股东以外的所有公司债权人的债务，如债务利息、政府税款、未支付的工资等。只有在债权人的债务分别清偿完毕，法律才允许公司将剩下的资产偿还普通股股东的股本金。

3. 股票的发行与定价

1) 股票发行类型

针对特定的阶段、特定的目的，股票发行有新股公开发行、配股发行、私募发行三种类型。

公司通过公开发行增资扩股有两种方法：现金发行和附权发行。公开发行的股票可以在承销商的帮助下直接发售给公众，这称为现金发行。附权发行又称认股权发行，通常公司章程中要求新发行的普通股或可转换成普通股的证券首先由现有股东认购，即现有股东享有优先认股权，以保持其原有股权的比例。当公司通过认股权方式募集资本时，一般会规定认购一股新股所需要的认股权数量、每股认购价格、发行截止日期。

【例 4-2】假设某公司现有普通股股数为 800 000 股，股票现行市场价格为每股 80 元。

公司最近宣布通过认股权筹资1 000万元用于新的投资项目,并决定新股票以每股62.5元的价格向股东出售。认股权的价值该如何确定呢?

计算认股权数,即购买一份新股票需要的认股权数。公司计划以每股62.5元发行新股,筹资10 000 000元,则应发行的新股票数为:

$$\text{新股票数}=\frac{\text{筹集资本数}}{\text{每股认购价格}}=\frac{10\ 000\ 000}{62.5}=160\ 000(\text{股})$$

如果公司规定每持有一股股票可获得一份认股权,则购买一股新股票所需的认股权数为:

$$\text{购买每股新股所需认购权数}=\frac{\text{流通在外的普通股股数}}{\text{新股票数}}=\frac{800\ 000}{160\ 000}=5(\text{份})$$

上述计算表明,每个股东拥有5份认股权和62.5元,就能购买一股新股票。需要说明的是,在我国,由于国家股、法人股不流通,上述公式的分子应采用全部普通股股数。

认股权的发放与现金股利的分配很相似。董事会宣告一个登记日期,登记日之前的第四个营业日为除权日。在除权日之前购买公司股票的投资者可以获得购买新股的认股权。

私募发行是指公司向特定少数投资者(如包括本公司职工在内的个人投资者、银行、保险公司、财务公司等金融机构以及与公司有关的其他公司)募集资本的一种发行方式。在私募资本市场中,风险资本市场是其主要组成部分。在国外,大部分私募资本的投资人是大机构投资者如共同基金和退休基金等职业的私募资本管理者。这些机构投资者大体上可以分为三类,即合伙制(主要是有限合伙制)、信托基金制和公司制。在私募市场中,通常要有一定的中介机构,这些中介机构的组织形式通常都是有限合伙公司。

2) 股票的定价

股票发行定价决策是公司上市发行所面临的最重要的财务决策。从规范的市场运作看,股票定价首先需要测定股票的内在投资价值及价格底线,其次才是根据供求关系来决定其发行价格。反映股票内在投资价值的方法通常有市盈率法、清算价值法、每股净资产法和未来收益现值法。发行定价所涉及的另一个问题是如何在综合各种定价的基础上,通过市场反映股票内在投资价值,它主要包括三种定价方法,即固定价格定价法、市场询价法、竞价法。

股票价格是指公司发行股票时或将股票出售给投资者时所采用的价格,也是投资者认购股票时所必须支付的价格。股票价格定价的基础主要有以下几种。

(1) 市盈率法。市盈率法是根据拟发行上市公司的每股净收益和所确定的发行市盈率来决定发行价格的一种新股定价方法。其计算公式为:

股票价值=每股净收益×参考市盈率

式中:每股净收益可以按发行当时的每股税后收益计算,也可以根据发行之前若干年的每股税后收益,采用一定的方法加以计算。市盈率可以根据同行业已上市公司的市盈率和本身的各种财务指标加以估计。

这是2000年3月以前我国发行定价采用的模式。参考市盈率和每股净收益,这两个变量在预测及质量保证上都存在一定的难度。

(2) 每股净资产法。每股净资产是所有资产按准确的账面价值,在支付了全部债务(含优先股)后,每股公司所有权的价值,由于这一价值假定资产是按账面价值确定的,可作为新股发行价格确定的基本依据。

$$每股所有权价值 = \frac{账面总资产 - 账面负债额度}{发行在外平均股数}$$

(3) 清算价值法。

每股清算价值与每股净资产不同,它是公司资产被出售以清偿公司债务,在支付了债权人和优先股东之后,每一普通股东期望得到的实际价值额,每股清算价值是每股股票的最低价值,是公司股票发行的底价。用公式表示为:

$$股票价值 = \frac{总资产的实际清算价值 - 全部债务}{发行在外平均股数}$$

(4) 议价法。议价法是指由股票发行人与主承销商协商确定发行价格。发行人和主承销商在议定发行价格时,主要考虑二级市场股票价格的高低(通常用平均市盈率等指标来衡量)、市场利率水平、发行公司的未来发展前景、发行公司的风险水平和市场对新股的需求状况等因素。一般有固定价格和市场询价两种方式。

固定价格方式。其基本做法是由发行人和主承销商在新股公开发行前商定一个固定价格,然后根据这个价格进行公开发售。在我国台湾地区,新股发行价格是根据影响新股价格的因素进行加权平均得出的。在美国,当采用代销方式时,新股发行价格的确定也采用固定价格方式。发行人和投资银行在新股发行前商定一个发行价格和最小及最大发行量,股票销售期开始,投资银行尽力向投资者推销股票。如果在规定的时间(一般为90天)和给定的价格下,股票销售额低于最低发行量,股票发行将被终止。已筹集的资本返还给投资者。

市场询价方式。这种定价方式使用普遍。当新股销售采用包销方式时,一般采用市场询价方式,这种方式确定新股发行价格一般包括两个步骤:第一,根据新股的价值(一般用现金流量折现等方法确定)、股票发行时的大盘走势、流通盘大小、公司所处行业股票的市场表现等因素确定新股发行的价格区间。第二,主承销商协同上市公司的管理层进行推广,向投资者介绍和推介该股票,并向投资者发送预定邀请文件,征集在各个价位上的需求量,通过对反馈回来的投资者的预订单进行统计,主承销商和发行人对最初的发行价格进行修正,最后确定发行价格。

(5) 竞价法。竞价法是指由各股票承销商或者投资者以投标方式相互竞争确定股票发行价格。在具体实施过程中，又有以下三种形式：①网上竞价；它是指通过证券交易所电脑交易系统按集中竞赛价原则确定新股发行价格。新股竞价发行申报时，主承销商作为唯一的"卖方"，其卖出数为新股实际发行数，卖出价格为发行公司宣布的发行底价；投资者作为买方，以不低于发行底价的价格进行申报。②机构投资者(法人)竞价。新股发行时，采取对法人配售和对一般投资者上网发行相结合的方式，通过法人投资者竞价来确定股票发行价格。一般由主承销商确定发行底价，法人投资者根据自己的意愿申报申购价格和申购股数，申购结束后，由发行人和主承销商对法人投资者的有效预约申购数按照申购价格由高到低进行排序，根据事先确定的累计申购数量与申购价格的关系确定新股发行价格。③券商竞价。在新股发行时，发行人事先通知股票承销商，说明新股发行计划、发行条件和对新股承销的要求，各股票承销商根据自己的情况拟定各自的标书，以投标方式相互竞争股票承销业务，中标标书中的价格就是股票发行价格。

在国际股票市场上，在确定一种新股票的发行价格时，一般要考虑以下四个方面的数据资料：①参考上市公司上市前最近三年平均每股税后利润乘以已上市的其他类似股票最近三年的平均利润率，这方面的数据占确定最终股票发行价格的如40%；②参考上市公司上市前最近三年平均每股股利除以已上市的其他类似股票最近三年平均股利率，这方面的数据占确定最终股票发行价格的20%；③参考上市公司上市前最近期的每股资产净值，这方面的数据占确定最终股票发行价格的20%；④参考上市公司当年预计的股利除以银行一年期的定期储蓄存款利率，这方面的数据占确定最终股票发行价格的20%。

《中华人民共和国公司法》(以下简称《公司法》)规定，股票发行价格可以按票面金额，也可以超过票面金额，但不得低于票面金额。

4. 普通股融资的优缺点

1) 普通股融资的优点

与其他筹资方式相比，普通股筹措资本具有如下优点：①发行普通股筹措资本具有永久性，无到期日，不需归还。这对保证公司对资本的最低需要、维持公司长期稳定发展极为有益。②发行普通股筹资没有固定的股利负担，股利的支付与否和支付多少，视公司有无赢利和经营需要而定，由于普通股筹资没有固定的到期还本付息的压力，所以筹资风险较小。③发行普通股筹集的资本是公司最基本的资金来源，它反映了公司的实力，可作为其他方式筹资的基础，尤其可为债权人提供保障，增强公司举债能力。④由于普通股的预期收益较高并可一定程度地抵消通货膨胀的影响，在通货膨胀期间，不动产升值时普通股也随之升值。因此发行普通股易吸收社会闲散资金。

2) 普通股融资的缺点

①普通股的资本成本较高。从投资者的角度讲，投资于普通股风险较高；发行费用也高于其他证券，并且要求股利从税后利润中支付，而不像债券利息那样作为费用从税前支付，因而不具抵税作用。②以普通股筹资会增加新股东，这可能会分散公司的控制权。同时，新股东分享公司未发行新股前积累的盈余，会降低普通股的每股净收益，从而引发股价的下跌。③有可能导致股价的下跌。公司如果过度依赖普通股投资，会被投资者认为是消极信号，从而引起股票价格下跌。

四、留存收益筹资

美国财务学者范霍恩和瓦霍维奇所著的《现代企业财务管理》(第 10 版)写道："公司的股利政策也必须看成是融资决策的一个组成部分，留存收益是权益资本筹集的一种方法，它是发放股利的机会成本"。有的财务学家甚至将收益留用筹资看成最佳融资方式，在筹资时相比债务、发行股票要优先考虑。

(一)收益分配与留存收益

留存收益主要包括法定盈余公积金、任意盈余公积金和未分配利润等留存收益构成企业权益资本的一部分，是企业筹集自有资本的重要方式，它可以满足企业的资金需要，促进企业的可持续发展。

按照我国《公司法》等法律、法规的规定，企业当年实现的利润，应按照国家有关规定作相应调整后，依法缴纳所得税，然后按下列顺序分配。

1. 弥补以前年度亏损

用净利润弥补的以前年度亏损是指超过用税前利润抵补亏损的法定期限后仍未补足的亏损。

2. 提取法定盈余公积金

法定盈余公积金按照净利润扣除弥补以前年度亏损后的 10%比例提取盈余公积金用于弥补企业亏损、扩大企业生产经营或转增企业资本。当法定盈余公积金累计额达到企业注册资本的 50%时，可不再提取。

3. 提取任意盈余公积金

任意盈余公积金按照企业章程或股东会议决议提取，其目的是为了控制向投资者分配利润的水平以及调整各年利润分配的波动。

4. 向投资者分配利润

企业实现的净利润扣除上述项目后，再加上以前年度的未分配利润，即为本年度可供分配的利润。向投资者分配利润的具体比例和数额，应根据企业章程议决来确定，它体现着企业的收益分配政策。可供分配的利润扣除向投资者分配利润后的数额，即为年末未分配利润。

在上述企业收益分配程序中，只有向投资者分配利润一项是企业资金的流出，其他几项资金并不流出企业，而是形成企业所有者权益的一部分。企业的税后净利润部分用于向投资者支付(以股利、分红等形式)，一部分则留下来供企业支配使用，被称为留存收益或保留盈余。

(二)留存收益筹资的优点

(1) 留存收益筹资基本不发生融资费用。企业从外界筹集长期资本，无论采用发行股票、发行债券、资本租赁还是银行贷款方式，都需要支付大量的融资费用，而通过留存收益实现的融资基本无须发生这种开支。

(2) 留存收益融资可使企业的所有者获得税收上的利益。在西方发达国家，资本利得税利相对较低，股东往往愿意将收益留存于企业而通过股票价格的上涨获得资本利得，如果将盈余全部分给股东，股东收到股利往往要缴纳较高的个人所得税，较为富裕的股东不偏好现金股利。目前我国只对现金股利征收利得税，因此，留存收益高，股价上涨，资本利得实际上具有合理避税的作用。

(3) 留存收益融资性质上属于权益资本融资，为债权人提供了保障，相应增强了企业获取信用的能力。

(三)留存收益筹资的缺点

(1) 留存收益的数量常常会受到某些股东的限制。有些股东依靠股利维持生活，希望多发股利；有些股东对风险很反感，而且认为风险将随时间的推移而增大，宁愿目前收到较少的股利，也不愿等到将来，再收到不确定的较多股利或以较高的价格出售股票的价款。所以，有些企业的所有者总是要求股利支付比率维持在一定的水平，以消除风险。

(2) 留存收益过多，股利支付过少，可能会影响今后的外部融资。过多地利用内部筹资，限制现金股利的发放，对于企业今后的外部融资——权益资金和负债资金都有不利的影响。其原因在于，股利支付率较高的企业的普通股要比支付股利较少的公司股票要容易出售。同样，考虑购买优先股和债券的投资者也会对企业历史上的股利支付情况进行分析。

(3) 留存收益过多，股利支付过少，可能不利于股票价格的上涨，企业在证券市场上的形象受到影响。

第三节 负债资金的筹资策略

不同的风险意识和文化传统，体现为不同的理财风格，就像中国人愿意储蓄而美国人喜欢信贷消费，国内部分企业依靠自身求发展而国外企业喜欢借款但强调风险控制与防范一样。因为负债也是企业一项重要的资金来源，几乎没有一家企业是只靠权益资金而不再运用负债资金就能够把企业做强做大的。

负债资金的特点表现为：筹集的资金具有使用上的时间性，需到期偿还；不论企业经营好坏，需固定支付债务利息，从而形成企业固定的负担，其资本成本一般比普通股筹资成本低，不会分散投资者对企业控制权。

按照所筹资金可使用时间的长短，负债资金筹资可分为长期债务筹资和短期债务筹资两类。我国企业长期债务筹资主要有长期借款筹资和债券筹资两种方式。

一、长期借款筹资

(一)长期借款的概念和种类

长期借款是指企业向银行或其他金融机构借入的使用期限在一年以上的借款，主要用于购建固定资产和满足长期流动资本占用的需要。目前，按照借款的用途，我国金融机构提供的长期借款主要有固定资产投资借款、更新改造借款、科技开发和新产品试制借款等；按照借款公司是否提供担保，分为信用借款和抵押借款；按发放借款的金融机构，分为政策性银行贷款和商业银行贷款；此外，企业还可从信托投资公司获得实物或货币形式的信托投资贷款等。

(二)取得长期借款的条件

企业申请贷款一般应具备的条件可归纳为：①独立核算、自负盈亏、有法人资格；②经营方向和业务范围符合国家产业政策，借款用途属于银行贷款办法规定的范围；③借款企业具有一定的物资和财产保证，担保单位具有相应的经济实力，具有偿还贷款的能力；④财务管理和经济核算制度健全，资金使用效益及企业经济效益良好；⑤在银行设有账户，办理结算。

具备上述条件的企业欲取得贷款，先要向银行提出申请，陈述借款原因与金额、用款时间与计划、还款时间与计划。银行对借款公司的财务状况、信用情况、赢利水平、发展前景、投资项目的可行性等进行审查。银行审查符合贷款条件后，再与借款公司进一步协商贷款的具体条件,确定贷款的种类、用途、期限、金额、利率、还款的资金来源及方式、保护性条件、违约责任等,并以借款合同的形式将其法制化。借款合同生效后,公司即可取得借款。具体过程如图 4-3 所示。

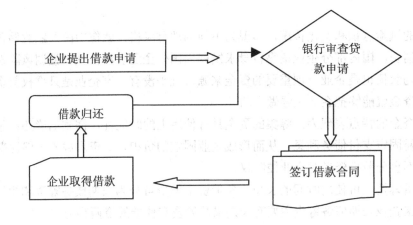

图 4-3　银行借款筹资程序

(三)长期借款协议的保护性条款

假如你为了帮助你的朋友渡过难关,愿意借给他 10 万元,为了防止他经济状况好以后仍不还钱给你,你可能会与他签订一份协定,得到你所希望的许诺,这样做的目的是什么?当然是为了保护你的利益。

鉴于长期借款的期限长、风险高、金额大,按国际惯例,银行通常对借款公司提出一些旨在保障贷款安全性的条款。这些条款主要有一般性保护条款、例行性保护条款和特殊性保护条款三类。

1.　一般性保护条款

大多数借款合同都包含一般性保护条款,其内容有:①对借款公司流动资本持有量的规定,如要求借款公司保持最低的营运资本和流动比率,以保证借款公司持有资本的流动性和偿付能力;②对借款公司股利支出、工资支出和回购股票的限制,以防止借款期间现金外流;③资本支出规模的限制,以防止投资收益不确定给银行带来过多的风险;④对其他债务的限制,如未经银行同意,不得借入新的长期借款,不得以资产抵押举债等,其目的是防止其他债权人取得对公司资产的优先求偿权。

2.　例行性保护条款

大多数借款合同都包括例行性保护条款,其内容有:①借款企业必须定期向银行提交财务报表;②不准在正常情况下出售较多资产,以保持公司正常的生产经营能力;(3)如期清偿应缴的税金和到期债务,以防止罚款造成现金流失;④限制租赁固定资产的规模,防止公司高额的成本费用支出,降低偿债能力;⑤禁止应收账款的保理;⑥及时清偿到期债务(特别是短期债务)。

3. **特殊性保护条款**

这些条款主要是针对某些特殊情况而提出的保护性措施,具体包括:①贷款的专款专用;②不准企业过多的对外投资;③限制高级职员的薪水和奖金总额;④公司某些关键人物在贷款期内须留在企业;⑤要求企业主要领导人购买人身保险等。

(四)长期借款偿还的管理

影响长期借款利率的主要因素是借款期限与借款企业的信用。一般认为,借款期限越长,银行承担的风险也越大,从而要求的借款利率也越高。在期限一定的条件下,借款利率的高低则取决于借款企业的信用状况。

长期贷款利率制度有固定利率制与浮动利率制两种,其中浮动利率通常有高、低限额,并在借款合同中明确其浮动幅度。为节约借款成本,企业必须进行有效的利率预期,并在此基础上灵活采用不同的利率制度,如果预期市场利率上升,则应采用固定利率制;如果预期利率下降则相应选择浮动利率制。

长期借款的偿还方式主要有四种:①到期一次偿还本息;②定期付息、到期一次偿还本金;③每期偿还小额本金及利息,到期偿还大额本金;④定期定额偿还本利和。不同的偿还方式对公司财务状况影响不同。

(五)长期借款的优劣分析

1. **长期借款筹资的优点**

(1) 筹资迅速。长期借款所要办理的手续相对于股票债券等方式较为简便、迅速快捷。

(2) 借款成本低。由于利息在税前开支,且间接筹资费用低,因此,其债务成本相对较低。

(3) 借款弹性较大。公司在借入款项时,可与银行商定借款的数额、期限、利率、偿还方式等;借款后,如公司财务状况发生变化,也可与银行协商,变更借款数额、期限、偿还方式等。

(4) 宜于企业保守财务秘密。向银行办理借款,可以避免向公众提供公务信息,因而宜于减少财务信息的披露面,有利于保守财务秘密。

2. 长期借款筹资的缺点

(1) 筹资风险大。尽管借款具有某种程序的弹性，但还本付息的固定义务仍然存在，企业偿付的压力大，筹资风险较高。

(2) 筹资数量有限。长期借款与股票、债券等直接筹资方式相比，筹资数量相对有限。

(3) 使用限制多。银行为保证贷款的安全性，对借款的使用附加了很多条款，这些条款在一定意义上限制了企业自主调配与运用资金的功能，降低了借款的使用效果。

二、企业债券筹资

(一)债券的概念及种类

债券是筹资者为筹集资本而发行的，约期还本付息的具有借贷关系的有价证券。在我国，由于有资格发行债券的企业多数是公司(包括股份有限公司与有限责任公司)，因此，狭义上的企业债券即指公司债券，简称公司债。本书所述债券一般指公司债。债券可进行如下分类。

1. 按是否记名，分为记名债券与不记名债券

记名债券是指在债券的票面上记录债券持有人姓名或名称，并在发行单位或代理机构进行登记的债券。此种债券，发行者只对票面上注明并在公司登记簿中登记的持有人支付本息，所以债券转让时，必须办理相应的过户手续。此种债券较为安全，故发行价格较无记名债券要高。

无记名债券是指不需在债券的票面上记录持有人姓名或名称，也不需在发行单位或代理机构登记造册的债券。此种债券可随意转让，不需办理过户手续。持券人即为领取债券利息和本金的权利人。故此种债券安全性较差，但其转让方便，且节省费用。

2. 按有无特定的财产担保，分为抵押债券和信用债券

抵押债券也称为有担保债券，是指发行公司以其特定财产作为担保品而发行的一种债券。当发行公司无力支付到期债务时，债权人可根据合同对抵押的财产进行处理，以抵押财产的变现价值偿还债务本息。抵押财产可以是公司的动产、不动产和金融资产，即公司持有的有价证券。

信用债券又称无担保债券，指发行单位没有抵押品作担保，完全凭自身良好的信誉而发行的债券。因为没有财产抵押，债券发行公司凭借的是公司的经营状况、收益能力、资产性质、信誉状况，因此只有那些具有一定经济实力、信誉较高的公司才能发行，同时信用债券的利息率也比同期的抵押债券利息率要高。

3. 按能否转换为公司股票，分为可转换债券与不可转换债券

可转换债券是指根据发行时的约定，允许债券持有人在约定的时间按规定的价格或转换比例，转换成普通股股票的债券。按公司法的规定，只有上市公司经股东大会决议后方可发行可转换债券，债券持有人对是否进行债券的转让有选择权。可转换债券一旦转化为普通股，就不能再转回公司债券。

不可转换债券是指发行时没有约定可在一定条件下转换成普通股的债券。

4. 按能否提前收兑，分为可提前偿还债券与不可提前偿还债券

可提前偿还债券是指发行时约定发行单位可在债券到期前的某一时间以某一价格提前偿付本息的债券。发行可提前偿还债券，使发行单位在筹资时有很大的灵活性。当市场利率下降时，公司可发行新债券，收回原先的旧债券，以降低筹资成本，改善资本结构，但对债券持有人来说，债券投资未能按预期收益率获取收益，所以要求提前偿还债券的收购价格必须高于发行价格，以补偿债券持有人的收益。

不可提前偿还债券是指不能依条款从债权人手中提前收回的债券。它只能在证券市场上按市场价格买回或等到债券到期后收回。

5. 按照债券的期限，分为短期债券、中期债券与长期债券

通常短期债券是指期限在 1 年以内的债券，中期债券是指期限在 1 年以上、10 年以内的债券，长期债券是指期限在 10 年以上的债券。

发行短期和中长期债券是由具体的投资项目决定的。通常中长期债券筹集的资本主要用于解决建设期较长、投资额巨大、回收期较长的投资项目的需要。

(二)债券筹资管理

随着我国市场经济，特别是证券市场的不断完善，债券筹资备受企业重视，用债券方式进行筹资成为企业筹资的重要途径。

1. 债券发行资格

在我国，公开发行公司债券应当符合以下条件：①股份有限公司的净资产不低于人民币 3 000 万元，有限责任公司的净资产不低于人民币 6 000 万元；②累计债券余额不超过公司净资产的 40%；③最近三年平均可分配利润足以支付公司债券一年的利息；④筹资的资金投向符合国家产业政策；⑤债券的利率不超过国务院限定的利率；⑥国务院规定的其他条件。

2. 债券发行价格

债券的发行价格是指发行公司(或其承销机构)发行债券时所使用的价格,也即投资者向发行公司认购债券时实际支付的价格。发行价格的高低,取决于债券面额、债券息票率、市场利率、债券期限等。其中,债券期限决定投资风险,期限越长,投资风险越大,从而要求的投资报酬率也越高,债券发行价格就可能越低;反之,期限越短,投资风险越小,从而要求的投资报酬率也相应越低,债券发行价格就可能越高。

3. 债券发行价格确定方法

债券发行价格的形成受诸多因素的影响,从理论上讲,债券的投资价值由债券到期还本面额按市场利率折现的现值与债券各期债息的现值两部分组成。发行价格的计算公式为:

$$债券发行价格 = \frac{债券面额}{(1+市场利率)^n} + \sum_{t=1}^{n} \frac{债券面额 \times 票面利率}{(1+市场利率)^t}$$

式中: n 为债券的期限; t 为付息期数; 市场利率通常指债券发行时的市场利率。

由于票面利率与市场利率的差异,从而债券的发行价格可能有三种情况,即等价、溢价与折价。当票面利率高于市场利率时,债券的发行价格高于面额,即溢价发行;当票面利率等于市场利率时,债券的发行价格等于面额,即等价发行;当票面利率低于市场利率时,债券的发行价格低于面额,即折价发行。

【例 4-3】某公司拟发行面值 1 000 元、票面利率 12%、期限 3 年的债券,针对不同的市场利率,某发行价格也各不相同,具体如下。

(1) 若发行时市场利率为 10%

$$债券发行价格 = \frac{1000}{(1+10\%)^3} + \sum_{t=1}^{n} \frac{1000 \times 12\%}{(1+10\%)^t}$$

$$= 1\,000 \times 0.7513 + 120 \times 2.487 = 1\,048.9 (元)$$

(2) 当市场利率为 12%

$$债券发行价格 = \frac{1000}{(1+12\%)^{3n}} + \sum_{t=1}^{n} \frac{1000 \times 12\%}{(1+12\%)^t}$$

$$= 1\,000 \times 0.7118 + 120 \times 2.4018$$
$$= 1\,000 (元)$$

(3) 当市场利率为 15%

$$债券发行价格 = \frac{1000}{(1+15\%)^{3n}} + \sum_{t=1}^{n} \frac{1000 \times 12\%}{(1+15\%)^t}$$

$$= 1\,000 \times 0.6575 + 120 \times 2.2832 = 931.48 (元)$$

(三)债券筹资的评价

1. 债券筹资的优点

(1) 债券成本低。与股票筹资相比,债息在所得税前支付,从而具有节税功能,成本也相对较低。

(2) 可利用财务杠杆作用。由于债券的利息固定,不会因企业利润增加而增加持券人的收益额,能为股东带来杠杆效应,增加股东和公司的财富。

(3) 有利于保障股东对公司的控制权。债券持有者无权参与企业经营管理决策,因此,通过债券筹资,既不会稀释股东对公司的控制权,又能扩大公司投资规模。

(4) 有利于调整资本结构。公司在发行种类决策时,如果适时选择了可转换债券或可提前收兑债券,则对企业主动调整其资本结构十分有利。

2. 债券筹资的缺点

(1) 偿债压力大。债券本息偿付义务的固定性,易导致公司在收益锐减时,无法履行其义务而濒于破产,增加破产成本和风险。

(2) 不利于现金流量安排。由于债券还本付息的数额及期限较固定,而企业经营产生的现金流量则是变动的,因此在某些情况下,这种固定与变动的矛盾不利于企业现金流量的安排。

三、租赁筹资

租赁是出租人以收取租金为条件,在契约或合同规定的期限内,将资产租让给承租人使用的一种经济行为。它涉及四个基本要素:租赁当事人、租赁期限、租赁费用、租赁资产。租赁按业务性质可分为经营租赁和融资租赁两种。

(一)经营租赁

经营租赁也称服务租赁,它是与租赁资产所有权相关的风险与收益在租赁期内不发生转移的一种租赁方式。经营租赁的当事人一般包括出租方和承租方。期限一般短于租赁资产的使用寿命,资产的租赁费不能全部补偿租赁资产的购置成本。租赁期限内租赁资产的相关费用,如维修费、保养费、折旧费等,一般由出租方承担。它又称营业租赁或服务租赁,不属于借贷关系的范畴。

融资租赁又称资本租赁,它是与租赁资产所有权相关的风险与收益在租赁业务发生时,由出租方转移至承租方的一种租赁方式。融资租赁作为公司筹资的重要方式,主要特点有以下几个方面。

(1) 融资租赁的当事人除出租方、承租方，还包括租赁资产的供应商。

(2) 融资租赁的期限一般较长，大多为租赁资产使用寿命的大部分。租赁资产的购置成本必须在租赁期内全部计入各期租赁费中。同时出租方的租赁投资收益也要计入租金总额，由承租方承担。

(3) 与租赁资产相关的折旧费、维修费、保养费等全部由出租方承担，租赁资产的管理也由承租方负责。

(4) 融资租赁契约一经履行，不允许中途解约；只有在租赁资产损坏或被证明丧失使用功能的情况下，方可终止合同。

(5) 设备租赁期长。按国际惯例，租赁期一般接近资产经济使用年限的 70%～80%。我国有关制度规定，其租赁期不低于经济使用寿命的 50%。

融资租赁按其业务的特点，可分为三种类型：①直接租赁；②售后回租；③杠杆租赁。

(二)融资租赁的租金确定及管理

租金是资产的承租方在租赁合同期内向出租方支付的全部款项。租金的确定，需考虑以下因素。

(1) 租赁资产的购置成本，包括资产的买价、运费、途中保险费等。

(2) 租赁资产的预计残值。

(3) 贷款利息，指出租方为承租方购置资产筹集资本而发生的贷款利息。

(4) 租赁手续费，指租赁方为承办租赁业务而发生的运营费用和预期收益。

(5) 租赁期限，指租赁合同约定的租赁时间。

(6) 租赁费用的支付方式，指租赁费用是按年还是按季支付以及租赁费用在期初还是期末支付。

我国租赁实务中，租金一般采用平均分摊法与等额年金法来确定。

1. 平均分摊法

它是指按事先确定的利息率和手续费率计算租赁期间的手续费总额，然后连同设备成本按支付次数进行平均。这种方法不考虑时间价值因素，计算较为简单。其公式表示为：

$$P = \frac{(A-S)+I+F}{N}$$

式中：P 为每年支付租金；A 为租赁设备购置成本；S 为租赁设备的预计残值；I 为租赁期利息；F 为租赁手续费；N 为租期。

【例4-4】某企业 2005 年 1 月向租赁公司租入乙设备一套，价值为 200 万，租期为 5 年，预计残值为 5 万元(归出租方所有)，租期年利率为 10%，手续费率为设备价值的 3%。租金为每年末支付一次，计算该设备每年支付的租金。

租期内利息=200×(1+10%)⁵−200=122.1(万元)

租期内手续费=200×3%=6(万元)

$$每年支付租金 = \frac{200-5+122.1+6}{5} = 64.62(万元)$$

2. 等额年金法

它是将利息率与手续费率综合成贴现率，运用年金现值计算确定的每年应付租金。租金的支付分为每期租金在年初支付，即采用先付年金(即付年金)方式；另一种是每年末支付租金，即采用后付年金(或普通年金)方式。其计算公式为：

$$每年支付租金 = \frac{等额租金现值总额}{等额租金的现值系数}$$

承上例，租赁费率综合率为12%，如果不考虑残值。采用年末支付租金方式，则租金计算为：

$$每年末支付的租金 = \frac{200}{3.605} = 55.48(万元)$$

式中3.605为 $t=5$，$r=12\%$ 的年金现值系数。

如果采用即付年金，则每年年初支付的租金额为：

$$每年初支付的租金 = \frac{55.48}{1+12\%} = 49.54(万元)$$

两种计算方法的比较可以看出，平均分摊法没有考虑资金时间价值因素，因此每年支付的租金比等额年金法要多。采用年金法对企业有利。从等额年金法的先付与后付两种方式看，名义支付的租金额度也有出入。

(三)融资租赁的优缺点

与其他筹资方式相比，租赁融资有以下优点。

(1) 获得资产迅速。租赁融资集"融资"与"融物"于一身，一般要比先筹措现金来购置设备来得更快，可使企业尽快形成生产经营能力。

(2) 筹资限制较少。企业运用股票、债券、长期借款等筹资方式，都受到相当多的限制，相比之下，租赁筹资的限制条件较少。

(3) 全部租金通常在整个租期内分期支付，可适当降低不能偿付的风险。

(4) 节约资金，提高资金的使用效益，租金产生的费用可在所得税前扣除，承租企业能享受税收方面的利益。

(5) 减少设备陈旧过时的风险。随着科学技术的不断进步，设备陈旧过时的风险租赁协议规定由出租人承担，承租企业可免遭这种风险。

当然融资租赁也有租金高、成本大的不足，租金总额通常要高于设备价值的 30%；承租如果支付能力不佳，支付固定的租金也将构成一项沉重的负担。

四、商业信用筹资

(一)商业信用的概念及类型

商业信用是企业在商品购销活动过程中因延期付款或预收货款而形成的借贷关系，它是由商品交易中，货与钱在时间与空间上的分离而形成的企业间的直接信用行为。它产生于商品交换。大多数情况下，商业信用筹资属于"免费"资金，因此，西方国家又称为自然筹资方式。商业信用是企业短期资金的重要来源。从筹资角度看，商业信用的偿还压力大，但成本低(有时是无成本的)。其主要形式有应付账款、应付票据、预收货款等。

(二)商业信用筹资管理

1. 应付账款

应付账款即赊购商品，是一种典型的商业信用形式。在这种方式下，买卖双方发生商品交易，买方收到商品后不立即支付货款，也不出具借据，先"欠账"，延迟一定时期后才付款。这种关系完全由买方的信用来维持。对于卖方来说，可以利用这种方式促销；而对于买方来说，延期付款则等于向卖方借用资本购进商品，以满足短期资本需要。在这种形式下，买方通过商业信用筹资的金额大小与是否享有折扣有关，分为以下三种情形。

(1) 享有现金折扣，从而在现金折扣期内付款。买方占用卖方货款的时间短，信用筹资数量相对较少。

(2) 不享有现金折扣，而在信用期内付款。买方筹资量大小取决于对方提供的信用期长短。

(3) 超过信用期的逾期付款(即拖欠)。在这种情形下，买方筹资量最大，对企业信用的副作用也最大，成本也最高，企业一般不宜以拖欠货款来筹资。

【例 4-5】假定某企业按"2/10，$n/30$"的条件购进一批商品，商品价款为 10 000 元。如果公司在 10 天内付款，则可获得最长为 10 天的免费筹资，并可获得现金折扣 200 元(100 00×2%)，免费筹资额为 9 800 元(10 000-200)。如果公司放弃这笔折扣，在第 30 天付款，付款总额为 10 000 元。公司放弃现金折扣的实际利率是多少？

公司为推迟付款 20 天，需多支付 200 元。这种情况可以看作一笔为期 20 天，金额为 9 800 元的借款，利息为 200 元，其借款的实际利率为：

$$20 \text{ 天的实际利率} = \frac{200}{9\ 800} \times 100\% = 2.04\%$$

利息通常以年表示，因此，必须把 20 天的利率折算为 360 天利率。按单利计算，则实际年利率为：

$$实际年利率=\frac{360}{20}\times 2.04\%=36.72\%$$

公司放弃现金折扣的实际利率(或机会成本)可按下式计算：

$$放弃现金折扣实际利率=\frac{折扣率}{1-折扣率}\times\frac{360}{信用期限-折扣期限}$$

$$放弃现金折扣实际利率=\frac{2\%}{1-2\%}\times\frac{360}{30-10}=36.73\%$$

计算结果表明，如果企业放弃现金折扣，取得这笔为期 20 天的资金所有权，是以承担 36.73%的年利率为代价的，或者说放弃 2%的现金折扣意味着该企业可向商品供应商融通 9 800 元的资金，使用 20 天。

2. 应付票据

应付票据是购销双方按购销合同进行商品交易，延期付款而签发的、反映债权债务关系的一种信用凭证。根据承兑人的不同，应付票据分为商业承兑汇票和银行承兑汇票两种，支付期一般为 1~6 个月，最长不超过 9 个月。应付票据可以带息，也可以不带息。利率一般比银行借款的利率低，且不用保持相应的补偿余额和支付协议费，所以应付票据的筹资成本低于银行的借款成本。

采用应付票据结算方式，收款人需要资金时，可持未到期的商业承兑汇票或银行承兑汇票向其开户银行申请贴现。贴现和转贴现的期限从其贴现之日起到汇票到期日止。贴现银行实际支付的贴现金额按票面金额扣除贴现息后计算。

票据贴现实际上是持票人把未到期的汇票转让给银行，贴付一定利息以取得银行借款的行为。因此，它实为一种银行信用。应付票据贴现息及应付贴现票款的计算方法如下：

贴现息=汇票金额×贴现天数×(月贴现率/30 天)

贴现票款=汇票金额-贴现息

【例 4-6】甲公司向乙公司购进材料一批，价款 1 000 000 元，双方商定 6 个月后付款，采用商业承兑汇票结算。乙公司于 3 月 5 日开出汇票，并经甲公司承兑。汇票到期日为 9 月 5 日。现乙公司急需资本，于 4 月 5 日办理贴现，其月贴现率为 0.65%。那么，计算该公司收到的贴现票款：

贴现息=1 000 000×150× 0.65%/30=32 500(元)

贴现票款=1 000 000-32 500=967 500(元)

上述计算结果表明，采用商业承兑汇票结算，应付票据成为一种灵活的短期筹资方式。

银行承兑汇票，由于有银行参与，信用程度比商业承兑汇票高，它通常是对外贸易公司经常采取的一种筹资来源。与商业承兑汇票一样，银行承兑汇票也可以转让、贴现等，是公司一种灵活的筹资方式。

3. 预收货款

预收货款是指卖方按合同或协议规定，在交付商品之前向买主预收部分或全部货款的信用方式。通常买方对于紧俏商品乐意采用这种结算方式办理货款结算。对于卖方来说，预收账款相当于向买方借用资本后用货物抵偿。预收账款一般用于生产周期长，资本需要量大的货物的销售。

企业在生产经营活动中往往还形成一些应付费用，如应付水电费、应付职工薪酬、应交税费、应付利息等。这些项目的发生受益在先，支付在后，支付期晚于发生期，为企业形成一种"自然性筹资"。

(三)商业信用筹资的优劣分析

1. **商业信用筹资的优点**

(1) 成本低。大多数商业信用都是由卖方免费提供的，因此与其他筹资方式相比，成本较低。

(2) 限制条件少。商业信用比其他筹资方式条件宽松，无须担保或抵押。

(3) 筹资方便。商业信用的使用权由买方自行掌握，买方何时需要、需要多少等，在限定的额度内由其自行决定。多数企业的应付账款是一种连续性贷款，无须作特殊的筹资安排，也不需要事先计划，随购销行为的产生即可得到该项资金。

2. **商业信用筹资的缺点**

(1) 期限短。属于短期筹资方式，不能用于长期资产占用。

(2) 风险较大。由于各种应付款项目发生次数频繁，因此需要企业随时安排现金的调度。

五、短期借款筹资

(一)短期借款的概念及种类

短期借款指企业向银行和其他非银行金融机构借入的期限在一年以内的借款。在我国，短期银行借款是绝大多数企业短期资本来源中最重要的组成部分。短期借款可以随企业的需要安排，便于灵活使用，且取得亦较简便。但它突出的缺点是短期内要归还，且带有诸多附加条件，会使企业财务风险加剧。

我国目前的短期借款按照用途分为生产周转借款、临时借款、结算借款等等。按照国际通行做法，短期借款还可按照偿还方式的不同，分为一次性偿还借款和分期偿还借款；按照有无担保，分为抵押借款和信用借款等等。

按照国际通行做法，银行发放短期借款往往带有一些信用条件，主要有以下几个方面。

1. **信贷限额**

信贷限额是银行对借款人规定的无担保贷款的最高额。银行贷限额的有效期限通常为一年，但根据情况也可延期一年。一般来讲，企业短期贷款在批准的信贷限额内，可随时使用银行借款。

2. **周转信贷协议**

周转信贷协议是银行具有法律义务地承诺提供不超过某一最高限额的贷款协定。在协定的有效期内，只要企业的借款总额未超过借款抵押最高限额，银行必须满足企业任何时候提出的借款要求。企业享用周转信贷协定，通常要就贷款限额的未使用部分付给银行一笔承诺费。如果周转信贷额为 100 万元，承诺费率为 0.5%，借款企业年度内使用了 60 万元，余额 40 万元，借款企业该年度就要向银行支付承诺费 2000 元(40 万元×0.5%=2 000 元)。这是企业在某年度内享有周转信贷协议的代价。周转信贷协议的有效通常超过一年，但实际上贷款每几个月发放一次，所以这种信贷具有短期和长期借款的双重特点。

3. **补偿性余额**

补偿性余额是银行要求借款企业在银行中保持按贷款限额或实际借用额一定百分比(一般为 10%～20%)的最低存款余额。从银行角度讲，补偿性余额可降低贷款风险，补偿遭受的贷款损失。对于借款企业来讲，补偿性余额则提高了借款的实际利率。

4. **借款抵押**

银行向财务风险较大的企业或对其信誉不甚有把握的企业发放贷款，有时需要有抵押品担保，以减少蒙受损失的风险。短期借款的抵押品经常是借款企业的应收账款、存货、股票、债券等。银行接受抵押品后，将根据抵押品面值决定贷款金额，一般为抵押品面值的 30%～90%。这一比例的高低，取决于抵押品的变现能力和银行的风险偏好。

(二)短期借款成本

短期银行借款成本的高低主要取决于银行贷款利率，与国库券、银行承兑汇票、商业票据等利率不同的是，大多数商业贷款的利率都通过借贷双方协商决定。在某种程度上，银行根据借款人的信用程度调整利率，信用越差，利率越高。

除借款人的信用优劣外，其他因素也会影响银行贷款利率。这些因素包括所保持存款余额以及借款人与银行的其他业务关系。另外,提供贷款服务成本也是决定利率大小的因素。由于信用调查与贷款处理过程中存在着固定成本,因此,小额贷款比大额贷款的利率更高。

短期借款的利率多种多样,利息支付方法亦不同,借款利率有以下几种。

(1) 优惠利率。优惠利率是银行向财力雄厚、经营状况好的企业贷款时的名义利率,为贷款利率的最低限。

(2) 浮动优惠利率。这是一种根据市场条件变化而随时调整变化的优惠利率。

(3) 非优惠利率。银行贷款给一般企业贷款时收取的高于优惠利率的利率,非优惠利率与优惠利率之间的差距,取决于借款企业的信誉、与银行的往来关系及当时的信贷状况。至于银行利息支付方法,借款人可采用一次支付法、贴现法和加息法三种方法支付。

本 章 小 结

筹集资金是企业生存与发展的必要前提。筹资管理就是为了满足企业生产经营和投资活动的需要,对资金的筹集进行科学、有效的计划、分析、预测、决策。合理地安排筹资、融资的数量、方式及其结构。有效地降低筹资、融资成本,规避财务风险,提高企业整体效益。

企业可以从各种渠道取得生产所需资金,其中主要是权益资金的筹资和负债资金的筹资两种方式。

权益性资金,是通过增加企业的所有者权益来获取的,是企业依法筹集并长期拥有、自主支配的资金。权益资金筹资方式主要有吸收直接投资、发行普通股票、发行优先股票和利用留存收益。负债资金,又称借入资金或债务资本,是企业依法筹措并依约使用、按期偿还的资金,是通过增加企业的负债来获取的,例如向银行贷款、发行债券、向供货商借款等。债务性资金必须到期偿还,一般还需支付利息。

企业融资按所筹资金使用期限的长短分为长期资金和短期资金;按照资金的属性及其偿还性质,分为权益资金与负债资金;按所筹资金的来源分为外部筹资和内部筹资;按是否通过金融机构分为直接筹资和间接筹资。我国企业目前融资渠道主要包括:国家财政资金、银行信贷资金、非银行金融机构资金、其他企业资金、居民个人资金、企业自留资金等。我国企业目前筹资方式主要有:吸收直接投资、发行股票、利用留存收益、向银行借款、利用商业信用、发行公司债券、融资租赁等。企业融资必须遵循合理性、及时性、安全性、合法性等原则。权益资金和负债资金均有自身的筹资方式。必须掌握企业各种筹资、融资方式的具体种类、实施条件、基本程序和优缺点等问题,以便在实践中作出正确筹资决策的选择和应用。

复习思考题

一、简答题

1. 简述权益资金与债务资金的主要差异。
2. 简述企业筹资的目的。
3. 简述吸收直接投资的优缺点。
4. 普通股股东有哪些权利?
5. 简述股份有限公司股票发行有哪几种方式?
6. 简述融资租赁的优缺点。
7. 商业信用筹资的优劣体现在哪些方面?

二、单项选择题

1. 从公司财务管理的角度看,与长期借款筹资相比较,债券筹资的优点是( )。
   A. 筹资速度快　　　　　　　　B. 筹资风险小
   C. 筹资成本小　　　　　　　　D. 筹资弹性大
2. 长期借款筹资与债券筹资相比,其特点是( )。
   A. 筹资费用大　　　　　　　　B. 利息支出具有节税效应
   C. 筹资弹性大　　　　　　　　D. 债务利息高
3. 与购买设备相比,融资租赁设备的优点是( )。
   A. 节约资金　　　　　　　　　B. 设备无须管理
   C. 当期无须付出全部设备款　　D. 使用期限长
4. 下列权利中,不属于普通股股东权利的是( )。
   A. 公司管理权　　　　　　　　B. 分享盈余权
   C. 优先认股权　　　　　　　　D. 优先分享剩余财产权
5. 某公司发行面值为1 000元,利率为12%,期限为2年的债券,当市场利率为10%,发行价格为( )元。
   A. 11 508　　　B. 1 000　　　C. 1 030　　　D. 985
6. 某企业按"2/10、n/30"的条件购入货物20万元,如果企业延至第30天付款,其现金折扣的机会成本是( )。
   A. 36.7%　　　B. 18.4%　　　C. 2%　　　D. 14.7%
7. 某企业按年利率12%从银行借入款项100万元,银行要求企业按贷款额的15%保持补偿性余额,则该项贷款的实际利率为( )。

A. 12% B. 14.12% C. 10.43% D. 13.80%

8. 企业在制定信用标准时不予考虑的因素是(　　)。
   A. 同行业竞争对手的情况 B. 企业自身的资信程度
   C. 客户的资信程度 D. 企业承担违约风险的能力

9. 下列各项中不属于商业信用的是(　　)。
   A. 应付工资 B. 应付账款
   C. 应付票据 D. 预提费用

10. 企业向银行借入长期款项，如若预测市场利率将上升，企业应与银行签订(　　)。
    A. 有补偿余额合同 B. 固定利率合同
    C. 浮动利率合同 D. 周转信贷协定

11. 某债券面值100元，票面利率为10%，期限3年，当市场利率为10%时，该债券的价格为(　　)。
    A. 80元 B. 90元 C. 100元 D. 110元

12. 某公司有尚未行使的认股权证在外，认股权证规定允许持有者以每股25元的价格购买公司的普通股，假设普通股现行市场价格为30元，则每份认股权证的最低限额价值为(　　)。
    A. 5元 B. 25元 C. 30元 D. 10元

13. 相对于借款购置设备而言，融资租赁设备的主要缺点是(　　)。
    A. 筹资速度较慢 B. 融资成本较高
    C. 到期还本负担重 D. 设备淘汰风险较大

14. 影响债券发行价格的主要因素是(　　)。
    A. 票面利率与市场利率的一致程度 B. 票面利率水平高低
    C. 到期还本负担重 D. 债券的面值与债券期限

15. 出租人既出租某项资产，又以该项资产为担保借入资本的租赁方式是(　　)。
    A. 直接租赁 B. 杠杆租赁租赁 C. 经营租赁 D. 售后回租

三、多项选择题

1. 对企业而言，发行股票筹资的缺点有(　　)。
   A. 筹资成本较高 B. 加大了公司被收购的风险
   C. 股利负担沉重 D. 增发新股会稀释原股东的控制权
   E. 公司的经营决策受到外部影响

2. 下列做法中，符合股份有限公司发行股票条件的有(　　)。
   A. 对社会公众发行记名股票

B. 股票发行价格高于股票面值

C. 增发A股，与前次发行股份间隔至少半年

D. 增发新股，其预期利润率应可达到同期银行存款利率

E. 原国有企业改组设立股份有限公司，采用募集设立方式发行股票，发行前一年末净资产在总资产中所占比例一般不低于30%

3. 企业在负债筹资决策时，除了考虑资本成本因素外，还需要考虑的因素有(   )。

   A. 限制条件   B. 偿还期限

   C. 财务风险   D. 偿还方式

   E. 经营风险

4. 企业为发行抵押债券而用以抵押的财产可以是(   )。

   A. 企业持有的有价证券等金融资产   B. 企业拥有的存货

   C. 机器设备   D. 应收账款、应收票据

   E. 房屋、建筑物等不动产

5. 下列关于租赁的说法中正确的有(   )。

   A. 在经营租赁方式下，与租赁资产有关的折旧费、维修费等一般由出租人负担

   B. 经营租赁契约一般包含解约条款

   C. 融资租赁期满时，承租人对租赁资产有廉价购买选择权

   D. 融资租赁的筹资成本较低，有利于减轻所得税负担

   E. 租赁筹资降低了设备被淘汰的风险

6. 一般认为，普通股与优先股的共同特征主要有(   )。

   A. 同属公司股本   B. 股息从净利润中支付

   C. 需支付固定股息   D. 均可参与公司重大决策

   E. 参与分配公司剩余财产的顺序相同

7. 股东权益的净资产股权资本包括(   )。

   A. 实收资本   B. 盈余公积

   C. 长期债券   D. 未分配利润

   E. 应付利润

8. 吸收直接投资的优点有(   )。

   A. 有利于降低企业资本成本   B. 有利于产权明晰

   C. 有利于迅速形成企业的经营能力 D. 有利于降低企业财务风险

   E. 有利于企业分散经营风险

9. 影响债券发行价格的因素有(   )。

   A. 债券面额   B. 市场利率

C. 票面利率 D. 债券期限
E. 通货膨胀率

10. 下列选项中,用于长期资本筹措的方式主要包括( )。
A. 预收账款 B. 吸收直接投资
C. 发行股票 D. 发行长期债券
E. 应付票据

四、综合业务题

1. 某企业融资租入设备一台,价款为 200 万元,租期为 4 年,到期后设备归企业租赁期间贴现率为 15%,采用普通年金方式支付租金。

要求:计算每年应支付租金的数额。

2. 某公司发行面值为 1 000 元的债券,票面利率为 8%,债券发行期限为 5 年。假设发行时的实际市场利率为 10%。

要求:试分别计算市场利率为 6%、8%和 10%时的债券发行价格。若某投资者购买该债券后保持至到期日,则到期收益率分别为多少?

3. 某企业购入一批设备,对方开出的信用条件是"2/10,n/30"。

要求:确定公司是否应该争取享受这个现金折扣,并说明原因。

4. 某企业拟采购一批商品,供应商报价如下:30 天内付款,价格为 9 750 元;31 天至 60 天内付款,价格为 9 870 元;61 天至 90 天内付款,价格为 10 000 元。

假设企业资金不足,可向银行借入短期借款,银行短期借款利率为 10%,每年按 360 天计算。

要求:计算放弃现金折扣的成本,并作出对该公司最有利的决策。

5. 某公司需要筹集 990 万元资本,使用期为 5 年,有以下两种筹资方案。

甲方案:委托某证券公司公开发行债券,债券面值 1 000 元,承销差价(留给证券公司的发行费用)每张票据是 51.6 元,票面利率为 14%,每年末付息一次,5 年到期一次还本。发行价格根据当时的预期市场利率确定。

乙方案:向某商业银行借款,名义利率是 10%,补偿性余额为 10%,5 年后到期时一次还本并付息(单利计息)。

假设当时的预期市场利率为 10%,不考虑所得税的影响。

要求:
(1) 甲方案的债券发行价格应该是多少?
(2) 根据得出的价格发行债券,假设不考虑货币时间价值,哪个筹资方案的成本(指总的现金流出)较低?

(3) 如果考虑货币时间价值，哪个筹资方案的成本较低？

6. 某企业采用融资租赁方式于 2008 年 1 月 1 日从一租赁公司租入一台机器设备，设备价款为 40 000 元，租期为 6 年，期满后设备归企业所有，租赁费率(贴现率)为 20%。

要求：

(1) 假设租金于每年年末等额支付，计算每年年末应支付的租金。

(2) 假设于每年年初等额支付租金，计算租金额。

(3) 讨论上述两种情况的关系。

7. 某公司正与某银行协商一笔价值为 150 000 元的一年期贷款。银行提供了下列各种贷款条件供公司选择。

(1) 年利率等于 12% 的贷款，没有补偿性余额规定，利息年底支付。

(2) 年利率等于 10% 的贷款，补偿性余额为贷款额的 15%，利息费用在年底支付。

(3) 年利率为 8% 的贷款，利息费用在年底支付，但借款本金要每月平均偿还。

(4) 年利率等于 9% 的贴现利率贷款，补偿性余额为贷款额的 10%。

要求：比较哪种贷款条件下具有最低实际利率。

第五章

资本成本与资本结构

【本章导读】

融资管理的核心是融资决策，融资决策的目的是优化资本结构，降低融资成本，规避融资风险，以达到企业财务管理的目标，实现企业价值的最大化。因此在企业的融资决策中，资本成本、杠杆利益与风险、资本结构是研究的重点。本章主要阐述融资管理中所要涉及的三个问题。第一个问题，融资决策中的相关资本成本。这主要涉及第一节中资本成本的概念、内容、种类及相关资本的计量。第二个问题，融资决策中企业该如何权衡利益与风险的关系，如何规避风险。在本章的第二节中将向读者阐述经营杠杆、财务杠杆、复合杠杆的相关概念及计算方法，以帮助企业来测算风险。第三个问题，如何确定各融资来源的比例问题。这主要涉及本章的第三节资本结构分析及决策，主要论述企业资本结构的相关概念及进行资本结构决策的相关方法。因此，本章的内容主要是承接上一章筹资管理的内容来阐述的。

【知识要点】

(1) 资本成本的概念与内容。
(2) 个别资本成本、加权资本成本、边际资本成本的计量。
(3) 杠杆利益与风险。
(4) 经营杠杆、财务杠杆与复合杠杆。
(5) 资本结构理论。
(6) 资本结构决策。

【引入案例】

万科A(000002)2008年8月27日公告称，公司收到中国证监会对其公开发行公司债的核准批复。万科将向社会公开发行面值不超过59亿元的公司债券。本次公司债所筹资金，万科计划用15亿元优化负债结构，其余部分将用于补充公司流动资金。此举有利于公司优化负债结构，缓解资金紧张压力，保障在建项目按进度顺利进行，为未来持续发展积淀资金实力。此前，万科在2006年末和2007年中分别进行了两次增发，共筹资142亿元。

公司背景介绍

万科企业股份有限公司成立于1984年5月，是目前中国最大的专业住宅开发企业。以理念奠基、视道德伦理重于商业利益，是万科的最大特色。万科认为，坚守价值底线、拒绝利益诱惑，坚持以专业能力从市场获取公平回报，是万科获得成功的基石。公司致力于通过规范、透明的企业文化和稳健、专注的发展模式，成为最受客户、最受投资者、最受员工欢迎，最受社会尊重的企业。凭借公司治理和道德准则上的表现，公司连续五年入选"中国最受尊敬企业"，连续第四年获得"中国最佳企业公民"称号。

2007年是万科公司高速发展的时期，由于2007年房价飞涨，万科在2007年完成新开工面积776.7万平方米，竣工面积445.3万平方米，实现销售金额523.6亿元，结算收入351.8亿元，净利润48.4亿元，纳税53.2亿元。

受信贷紧缩和销售低迷的影响，2008年以来，大多数房地产公司资金链持续绷紧。上半年万科采取率先降价、新老客户促销等等一系列营销措施，主攻自主需求的购房群体，在上半年万科销售的产品中，刚性需求占比86%，自主需求占比超过90%。中小套型比例不断提升，90平方米以下销售占比46%。从万科2008年中期财务报表中可以看到，上半年实现销售面积265.8万平方米，销售金额241.3亿元，同比分别增长15%和38.1%；实现营业收入172.6亿元，净利润20.6亿元，同比分别增长55.5%和23.6%。市场份额则由2007年上半年的1.9%增长到今年上半年的2.7%。在上半年的营业收入来源中，约38%的比例集中在万科去年底率先降价的上海及华南地区。鉴于对房地产市场宏观趋势的把握和研判，万科对下半年的开竣工计划进行适度调整，预计全年开工面积将为683万平方米，较年初计划减少165万平方米，竣工面积将为586万平方米，较年初计划减少103万平方米。其中长三角及环渡海的缩减比例均为24.5%。

在2008年已公布半年报的房地产上市公司显示的资料来看，多数经营性现金流不容乐观。2008年上半年万科的短期借款达到近53.51亿元，比年初增加近42.5亿元，而2007年同期这一数据仅为18.4亿元，2006年这一数据仅为19.74亿元。此外，半年报显示万科一年内到期的长期负债也近96.12亿元，这即表明万科在一年内需偿还的债务几近150亿元。与此同时，万科的速动比率也从2007年全年和一季度末的0.5938和0.5559一路下滑至中期的0.4161。虽然半年报显示其期末持有的现金达到153.7亿元，但与上述150亿的债务相比较，万科的资金链也存在一定的压力。

不过，该公司秉持现金为王的经营原则，财务状况较为稳健。从资产负债情况来看，虽然万科的资产负债率高达67.76%，不过截至2008年6月底，万科的预收账款高达265亿元，占负债总额的35%，该等预收账款将随着项目的竣工结算转为主营业务收入。万科的经营活动产生现金流一直是负数。2008年6月底经营活动产生的现金流为-14.88亿元，比起 2007 年同期的 -29.78 亿元已经大为改善。

此次万科公司债券获准发行，有利于其优化负债结构，缓解资金紧张压力，保障在建项目按进度顺利进行，为未来持续发展加固资金实力基础。

总结

从万科增发此次债券来看，较高的资产负债率会阻碍企业的发展，对于上市公司来说，可供选择的融资方式有很多，其中通过资本市场发行股票或债券就是多数上市公司选择的解决资金紧缺、降低资产负债率的方式之一。企业融资决策的选择要考虑多种因素，包括融资成本的高低、手续的复杂程度以及各种选择方案为企业所带来的收益等，企业只有在成本与收益、风险与报酬之间进行衡量，才能作出最优的决策。

第一节　资本成本分析

资本成本是企业筹资管理的主要依据，同时也是企业进行投资的主要衡量标准。本节着重阐述资本成本的概念和计量方法。

一、资本成本概述

(一)资本成本的概念和内容

1. 资本成本的概念

资本成本是筹集和使用资金而付出的代价，体现为融资来源所要求的报酬率，同时从投资者的角度来看，它也是投资者要求的必要报酬率或最低报酬率。广义上讲，它是企业不论筹集和使用长期资金还是短期资金都要付出的代价。狭义的资本成本仅指筹集和使用长期资金(包括自有资本和借入长期资金)的成本。

2. 资本成本的内容

资本从绝对量的构成来看，包括用资费用和筹资费用。

(1) 筹资费用。筹资费用是指企业在资本筹资过程中需支付的各项费用，如发行股票、债券等证券的评估费、公证费、宣传费、承销费等。筹资费通常在筹资过程中一次全部支付，在筹得资金以后不再发生，因此，它一般属于固定性的资本成本。

(2) 用资费用。用资费用是指在企业在使用所筹集到的资本过程中向资本提供者所支付的报酬。例如，向银行和债权人所支付的利息，向股东分配的股利等。长期资本的用资费用是经常发生的，并随使用资本数量的多少和时期的长短而变动，因此，它一般属于变动性的资本成本。

(二)资本成本的种类和作用

1. 资本成本的种类

一般而言,企业的资本成本主要包括以下几种。

(1) 个别资本成本。个别资本成本是指企业各种长期资本来源的成本,包括债务成本、留存收益成本、普通股成本、优先股成本等。企业在比较各种筹资方案时,需要使用个别资本成本。

(2) 加权平均资本成本。加权平均资本成本是企业全部长期资本的总成本。一般是以各种资本占全部资本的比重为权数,对个别资金成本进行加权平均确定的。企业在进行长期资本结构决策时,可以使用加权平均资本成本。

(3) 边际资本成本。边际资本成本是指企业追加长期资本的成本。企业在追加筹资方案的选择中,需要运用边际资本成本。

2. 资本成本的作用

资本成本是企业财务管理中的重要概念,它对企业的筹资管理、投资管理乃至整个企业的财务管理活动和经营管理活动都具有重要的作用。

(1) 资本成本是选择筹资方式,进行资本结构决策和选择追加筹资方案的依据。

首先,个别资本成本是企业选择筹资方式的重要依据。在现在的金融市场中企业可以选择的筹资方式有很多种,选择筹资方式的标准也是多种多样,其中一个很重要的标准就是资本成本最低,企业应该在其他条件基本一样或相同的情况下,选择个别资本成本最低的筹资方式。

其次,加权平均资本成本是企业进行资本结构决策的依据。加权资本成本是以各种资本占全部资本的比重为权数,对个别资金成本进行加权平均确定的。企业筹资组合的方式不同就决定了企业的资本结构的不同,根据西方财务理论的观点,企业的加权平均资本成本最低时的资本结构才是企业最佳的资本结构,在这时企业价值才达到最大。由此可以看出,加权平均资本成本有助于企业进行资本结构的决策。

最后,边际资本成本是企业选择追加筹资方案的依据。在企业的生产经营过程中,不可能只在最初投入一次资金就可以了,需要不断地注入新的资金,企业资金的投入是循序渐进的,因此,每投入一定单位的资金就会产生一定的成本。企业在选择不同的追加筹资方案时,就需要比较各个方案的边际资本成本的高低,以帮助企业作出筹资方案的决策。

(2) 资本成本是评价投资项目,比较投资方案和进行投资决策的重要标准。首先,资本成本是企业的投资者(包括股东和债权人)对投入企业的资本所要求的收益率,只有当企业使用投资所赚取的报酬率高于它的资本成本时,才能补偿给投资者。其次,资本成本是投资本项目的机会成本,一旦将资金投资到本项目中(或本企业)中,就失去了获取其他投资报酬的机会,因此,它是评价投资项目的标准。同时企业在分析各个投资方案时,可以将资本成本率作为折现率,用于测算各个投资方案的净现值和现值指数,以比较各个方案,从而作出决策。

(3) 资本成本可以用作衡量企业经营成果的尺度。资本成本是企业使用资本应获得收益的最低界限,如果企业经营利润率高于资本成本,则可以认为企业经营有利,否则表明企业经营业绩欠佳,需要改善经营管理,提高资本利润率或降低资本成本率。

(三)决定资本成本高低的因素

在市场经济环境中,多方面因素的综合作用决定着企业资本成本的高低,其中主要有:总体经济环境、证券市场条件、企业内部的经营和融资状况、项目融资规模。

1. 总体经济环境

总体经济环境决定了整个经济中资本的供给和需求以及预期通货膨胀的水平,如果这个社会经济中资金需求和供给发生变化,或者通货膨胀的水平发生变化,投资者也会相应改变所要求的收益率,从而影响资本成本。

2. 证券市场条件

证券市场条件包括证券的市场流通难易程度和价格波动程度。如果流动性不好,投资者向买进或卖出证券相当困难,变现风险大,要求的收益率就会提高,或者虽然存在对某证券的需求,但其价格波动较大,投资的风险大,要求的收益率也会提高。

3. 企业内部的经营和融资状况

企业内部的经营和融资状况,是指经营和财务风险的大小。经营风险是企业投资决策的结果,表现在资产收益率的变动上;财务风险是企业融资决策的结果,表现在普通股收益率的变动上。如果经营和财务风险大,投资者便会要求有较高的收益率。

4. 项目融资规模

企业的融资规模大,资本成本较高。比如,发行的证券金额很大,资金筹集费和资金占用费都会上升,而且发行规模增大还会降低其发行价格,由此增加企业的发行成本。

二、个别资本成本的计量

个别资本成本是指使用各种长期资金的成本,在财务管理中又可以将其分为长期借款资本成本、资本债券成本、普通股资本成本、优先股资本成本和保留盈余资本成本。前两种称为债务资本成本，后三种称为权益资本成本。在企业财务管理中，为了便于决策，一般用资本成本的相对数即资本成本率来表示资本成本，因此在实际工作中，一般将资本成本率简称为资本成本。

(一)个别资本成本的计量原理

个别资本成本一般表示为企业用资费用与有效筹资额的比率，即：

$$资本成本 = \frac{用资费用额}{筹资额 - 筹资费用额} \times 100\%$$

由以上公式可以看出，资本成本主要取决于用资费用额、筹资额和筹资费用额。用资费用额和筹资费用额的含义，我们在前面第一节资本成本的内容中就已经讲过，这里不再重复。筹资额主要是指企业采用某种方式筹集到的资金总额，比如，采用借款方式筹集到的借款额，采用发行股票方式所发行的股票总额等。实际上，上式可以理解为用资费用额与有效筹资额之间的比率。在筹资费用和筹资额两个因素不变的情况下，某种资本的用资费用大，其资本成本就高；反之，用资费用小，则其资本成本就低。筹资费用越大，资本成本越高；筹资费用越小，资本成本越低。在用资费用和筹资费用两个因素不变的情况下，某种资本的筹资额越大，其资本成本越低；反之，筹资额越小，则资本成本越高。

(二)长期债务资本成本的计量方法

在前面我们提到过在企业财务管理中将长期借款成本和债券成本称为债务资本成本，因此，将长期债务资本成本的计量方法分别按照长期借款成本的计量方法和债券资本成本的计量方法来分析。

1. 长期借款资本成本

长期借款的筹资额为借款本金，筹资费用为借款时支付给银行的手续费等费用，根据企业所得税法的规定，企业债务利息允许从税前利润中扣除，因此借款利息具有抵税的作用，企业实际支付的利息为扣减所得税以后的利息。在分次付息，到期一次还本的还款方式下，长期借款资本成本的计算公式为：

$$k_1 = \frac{I_t(1-T)}{L(1-F_1)} = \frac{R_t(1-T)}{(1-F_1)}$$

式中：k_1 为长期借款资本成本；I_t 为长期借款年利息；T 为企业所得税税率；L 为长期借款本金；F_1 为长期借款筹资费用率；R_t 为长期借款利率。

【例 5-1】某企业取得 5 年期长期借款 200 万元，年利率为 11%，每年付息一次，到期一次还本，筹资费用率为 0.5%，企业所得税税率为 33%。该项长期借款的资本成本为多少？

$$k_1 = \frac{200 \times 11\% \times (1-33\%)}{200 \times (1-0.5\%)} = 7.41\%$$

或

$$k_1 = \frac{11\% \times (1-33\%)}{1-0.5\%} = 7.41\%$$

当借款合同含附加补偿性余额时,企业可动用的借款筹资额应扣除补偿性余额,这时借款的实际利率和资本成本率将会上升。

【例 5-2】沿用例 5-1 的资料,如果银行要求 20%的补偿性余额,其他的条件不变,则这笔借款的资本成本变为多少?

$$k_1 = \frac{200 \times 11\% \times (1-33\%)}{200 \times (1-0.5\%-20\%)} = 9.27\%$$

上面所讲的求长期借款资本成本的方法都是在没有考虑货币的时间价值的基础之上来计算的,如果考虑了货币的时间价值,则计算长期借款资本成本的方法变为:

$$L(1-F_1) = \sum_{t=1}^{n} \frac{I_t}{(1-K)^t} + \frac{P}{(1+K)^n}$$

$$k_1 = K(1-T)$$

式中:P 为第 n 年末应偿还的本金;K_1 为所得税后的长期价款成本;K 为所得税前的长期借款成本;I_t 为长期借款利息;T 为所得税税率;L 为长期借款本金;F_1 为长期借款筹资费用率;R_1 为长期借款利率。

上述等式右边为借款引起的未来现金流出的现值总额,由各年利息支出的年金现值之和加上到期本金的复利现值而得。其具体计算方法为:①查年金现值系数表和复利现值系数表,找出略大和略小的两个成本率 k;②运用内插法求得税前借款资本成本率 k;③计算税后借款资本成本率 k_1。

【例 5-3】沿用例 5-1 的资料,根据货币时间价值的方法,计算该项借款的资本成本。

第一步,计算税前借款资本成本。

$$L(1-F_1) = \sum_{t=1}^{n} \frac{I_t}{(1+K)^t} + \frac{P}{(1+K)^n}$$

$$200 \times (1-0.5\%) = \sum_{t=1}^{5} \frac{200 \times 11\%}{(1+K)^t} + \frac{200}{(1+K)^5}$$

查表,10%、5 年期的年金现值系数为 3.790 8;10%、5 年期的复利现值系数为 0.620 9。
代入上式有:

200×11%×3.790 8+200×0.620 9−200×(1−0.5%)=8.577 6(万元)

8.577 6 万元大于零,应提高贴现率再试。

查表，12%、5年期的年金现值系数为3.604 8；12%、5年期的复利现值系数为0.567 4。代入上式有：

200×11%×3.604 8+200×0.567 4-200×(1-0.5%)=-6.214 4(万元)

-6.214 4万元小于零，运用内插法求税前借款资本成本为：

$$10\% + \frac{8.577\ 5}{8.577\ 5 + 6.214\ 4} \times (12\% - 10\%) \approx 11.16\%$$

第二步，计算税后借款资本成本。

$k_1=K(1-T)=11.16×(1-33\%)=7.48\%$

2. 债券资本成本

由于债券发行时的价格不同，债券发行有折价、溢价和平价发行三种。债券的筹资额就是债券的发行价格；筹资费为在债券发行时所发生的一系列的费用，比如申请费、注册费、推销费等；债券的用资费用主要是债券在发行后支付给债券持有人的利息，债券的利息和借款利息一样，具有抵税作用。企业发行债券资本成本的计算方法和借款成本的计算方法基本相同，在按照分期付息、一次还本的方式发行债券的情况下，债券资本成本的计算公式为：

$$k_b = \frac{I_b(1-T)}{B(1-F_b)}$$

式中：k_b为债券资本成本；I_b为债券年利息；T为所得税税率；B为债券筹资额(按发行价格确定)；F_b为债券筹资费用率。

当债券平价发行时，债券的发行价格与面值一致时，上式公式可变为：

$$k_b = \frac{i(1-T)}{(1-F_b)}$$

式中：i为债券利率。

【例5-4】某公司计划按面值发行公司债券，面值为1 000万元，10年期，票面利率10%，每年付息一次。预计发行时的市场利率也为10%，发行费用为发行额的0.5%，适用的所得税率为30%。确定该公司发行债权的资金成本为多少？

$$资本成本 = \frac{1\ 000 \times 10\% \times (1-30\%)}{1\ 000 \times (1-0.5\%)} = 7.04\%$$

若债券折价或溢价发行，则在计算债券资本成本时，应以发行价格为债券筹资额。

【例5-5】沿用例5-4的资料，假设该公司发行债券，面额为1 000万元，10年期，票面利率为10%，每年付息一次，预计发行时的市场利率为12%，发行费用率为0.5%，发行价格为800万元，公司所得税税率为30%。则该公司的债券资本成本为多少？

$$资本成本 = \frac{1\,000 \times 10\% \times (1-30\%)}{800 \times (1-0.5\%)} = 8.79\%$$

【例 5-6】 沿用例 5-4 的资料，假设该公司发行债券，面额为 1 000 万元，10 年期，票面利率为 10%，每年付息一次，预计发行时的市场利率为 8%，发行费用率为 0.5%，发行价格为 1 100 万元，公司所得税税率为 30%。则该公司的债券资本成本为多少？

$$资本成本 = \frac{1\,000 \times 10\% \times (1-30\%)}{1100 \times (1-0.5\%)} = 6.40\%$$

上述计算债券资本成本的方法，是在没有考虑货币时间价值的前提下进行的，计算比较简单，如果要考虑货币时间价值因素，则其计算方法和长期借款资本成本在考虑货币时间价值下的计算方法基本一致，也是先确定税前的债券成本，再进而计算其税后成本，税前债券资本成本计算公式为：

$$B(1-F_b) = \sum_{t=1}^{n} \frac{I_b}{(1+K)^t} + \frac{P}{(1+K)^n}$$

$$k_b = K(1-T)$$

式中：K 为所得税前的债券资本成本；k_b 为所得税后的债券资本成本。

在考虑货币时间价值情况下，债券资本成本的计算过程和长期借款资本成本的计算步骤一致，也是先查表求出一个略大值和一个略小值，然后在根据内插法求出税前债券资本成本，最后再算出税后债券资本成本。

【例 5-7】 沿用例 5-4 的资料，计算该债券的资本成本。

第一步，计算税前债券资本成本。

$$1\,000 \times (1-0.5\%) = \sum_{t=1}^{10} \frac{1\,000 \times 10\%}{(1+K)^t} + \frac{1\,000}{(1+K)^{10}}$$

查表，10%、10 年期的年金现值系数为 6.145；10%、10 年期的复利现值系数为 0.386。

代入上式得：

$1\,000 \times 10\% \times 6.145 + 1\,000 \times 0.386 - 1\,000 \times (1-0.5\%) = 5.5$(万元)

5.5 万元大于零，提高折现率再试。

查表，12%、10 年期的年金现值系数为 5.650；12%、10 年期的复利现值系数为 0.322。

代入上式得：

$1\,000 \times 10\% \times 5.650 + 1\,000 \times 0.322 - 1\,000 \times (1-0.5\%) = -108$(万元)

-108 万元小于零，运用内插法求得税前债券资本成本为：

$$资本成本 = 10\% + \frac{5.5}{5.5+108} \times (12\% - 10\%) \approx 10.1\%$$

第二步，计算税后债券资本成本。

10.1%×(1−30%)=7.07%

(三)权益资本成本的计量方法

本部分将分别通过普通股资本成本的计量方法、优先股资本成本的计量方法和留存收益资本成本的计量方法来说明企业权益资本成本该如何计算,为后面加权资本成本和边际资本成本的计算作铺垫。

1. **普通股资本成本的计量方法**

由于普通股发行时也存在溢价发行和等价发行两种方式,并且发行后股利的支付不像价款和债券一样每年是固定的,它有可能固定增长也有可能非固定增长,普通股股利的支付与否以及支付多少取决于企业的税后利润以及企业的股利分配政策,因此在基于普通股资本成本实质上是投资所要求的必要报酬率的基础之上,目前,理论以及实践中计量普通股资本成本的方法有以下三种。

1) 股利折现模型

该模型的基本形式是:

$$P_0 = \sum_{t=1}^{\infty} \frac{D_t}{(1+k_c)^t}$$

式中:P_0 为普通股融资净额,即发行价格扣除发行费用;D_t 为普通股第 t 年的股利;k_c 为普通股投资必要报酬率,即普通股资本成本。

由于每个公司股利政策的不同,因此在使用上述公式计算普通股资本成本的时候依据具体的股利政策也不同。

假如公司采用固定股利,即每年分配的现金股利相同,都是 D 元,则在这种情况下普通股资本成本的计算公式变为:

$$k_c = \frac{D}{P_0}$$

【例 5-8】A 公司拟发行一批普通股,发行价格为 15 元;每股发行费用为 5 元,预定该公司以后每年分派现金股利每股 1.5 元。则 A 公司的普通股资本成本为多少?

$$k_c = \frac{1.5}{15-5} = 15\%$$

假如公司采用固定增长的股利政策,即假定股利以固定的年增长率每年递增,设股利增长率为 G,则普通股资本成本的计算公式变为:

$$k_c = \frac{D_1}{P_0} + G$$

式中:D_1 为普通股第一年每股预期股利。

【例 5-9】 某公司准备增发普通股,每股发行价为 15 元,发行费用 3 元,预定第一年分派现金股利每股 1.5 元,以后每年股利增长 5%。该公司普通股资本成本为多少?

$$k_c = \frac{1.5}{15-3} + 5\% = 17.5\%$$

2) 资本资产定价模型

资本资产定价模型的含义可以简单地描述为,普通股投资的必要报酬率等于无风险报酬率加上风险报酬率。由于资本成本实际上是投资者要求的必要报酬率,因此利用资本资产定价模型所确定的普通股资本成本公式为:

$$k_c = R_f + \beta \times (R_m - R_f)$$

式中:R_f 为无风险报酬率;R_m 为市场平均风险报酬率;β 为第 i 种股票的贝塔系数;k_c 为普通股资本成本。

【例 5-10】 B 公司股票的 β 值为 1.2,股票市场平均风险必要报酬率为 12%,市场无风险报酬率为 10%。则该普通股的资本成本为多少?

$$k_c = 10\% + 1.2 \times (12\% - 10\%) = 12.4\%$$

3) 风险溢价模型

根据"投资风险越大,要求的必要报酬率越高"的原理,普通股股东对企业的投资风险大于债券投资者,因而会在债券投资者要求的必要报酬率的基础上再要求一定的风险溢价。依照这一理论,普通股资本成本的公式为:

$$k_c = k_b + RP_e$$

式中:k_b 为债务成本;RP_e 为股东比债权人承担更大风险所要求的风险溢价。

在该公式中:债务成本比较容易计算,难点在于确定风险溢价。风险溢价可以凭借经验估计。一般认为,某企业普通股风险溢价对其自己发行的债券而言,大约在 3%~5%之间,当市场利率达到历史性高点时,风险溢价通常较低,在 3%左右;当市场利率处于历史性低点时,风险溢价通常较高,在 5%左右;而通常情况下,常常采用 4%的平均利润率。

【例 5-11】 某公司已发行债券的投资报酬率为 8%。现准备发行一批股票,经分析该股票高于债券的投资风险报酬率为 4%。该股票的必要报酬率即资本成本为:

8%+4%=12%

2. 优先股资本成本的计量方法

优先股的股利基本是固定的,并且也是在税后支付,公司利用优先股进行筹资时也要发生发行费用,因此,优先股资本成本的计算类似于普通股采用固定股利时的计算公式:

$$k_p = \frac{D}{P_0}$$

式中：k_p 为优先股资本成本；D 为优先股每年股利；P_0 为优先股筹资净额，即发行价格扣除发行费用。

【例 5-12】 某公司准备发行一批优先股，每股发行价格 5 元，发行费用 0.2 元，预计年股利 0.5 元。其资本成本为多少？

$$k_p = \frac{0.5}{5 - 0.2} = 10.42\%$$

3. 留存收益资本成本的计量方法

留存收益是企业在税后净利润中扣除当年的股利后形成的，它属于股东所有。从表面上，企业留用利润，似乎没有发生现金流出，不用计算资本成本，其实不然。留存收益的资本成本是一种机会成本，股东愿意将其留用于公司而不作为股利取出投资于别处，总是要求获得与普通股等价的报酬。因此，留存收益资本成本(用 k_s 表示)的计量方法与普通股基本相同，只是不考虑筹资费用。

【例 5-13】 某公司为满足未来的财务需求，拟增发 300 万股新普通股，每股发行价格为 10 元，发行费率为 5%；同时从当年实现的税后净利中留存 500 万元。预期每股股利为 1 元，股利增长率为 4%。则其普通股资本成本和留存收益资本成本是多少？

$$\text{普通股资本成本}(k_c) = \frac{1}{10 \times (1 - 5\%)} + 4\% = 14.53\%$$

$$\text{留存收益资本成本}(k_s) = \frac{1}{10} + 4\% = 14\%$$

以上我们介绍了个别资本成本的计量方法，对企业的融资决策的选择有一定的帮助，一般在不考虑其他因素的情况下，企业应该选择资本成本最低的融资方式。

三、加权平均资本成本的计量

(一)加权平均资本成本的决定因素

由于受多种因素的影响，企业不可能只选择一种筹资方式，往往需要通过多种方式筹集资金。为进行筹资决策，就需要计算确定企业全部长期资金的总成本——加权平均资本成本也成为综合资本成本。它通常是以各种长期资本的比例为权重，对个别资本成本率进行加权平均而得到的。因此，加权资本成本是由个别资本成本和各种长期资本的比例这两个因素决定的。

各种长期资本的比例是指一个企业各种长期资本分别占企业全部长期资本的比例，即狭义的资本结构。当资本结构不变时，个别资本成本越低，加权平均资本成本越低；反之，个别资本成本越高，加权平均资本成本越高。因此，在资本结构一定的条件下，加权平均资本成本的高低由个别资本成本决定。当个别资本成本不变时，资本结构中成本较高的资本的比例上升，则加权平均资本成本提高；反之，成本较低的资本的比例下降，则加权平均资本成本降低。因此，在个别资本成本一定的条件下，加权平均资本成本的高低由各种长期资本比例即资本结构决定。

(二)加权平均资本成本的计量方法

加权平均资本成本是企业全部长期资金的总成本。一般是以各种资本占全部资本的比重为权数，对个别资金成本进行加权平均确定的。加权平均资本成本的计量公式为：

$$k_w = \sum_{j=1}^{n} k_j \cdot w_j$$

式中：k_w 为加权平均资本成本；k_j 为第 j 种个别资本成本；w_j 为第 j 种个别资本占全部资本的比重(权数)。

【例 5-14】某企业账面反映的资金共 500 万元，其中长期借款 100 万元，应付长期债券 50 万元，普通股 250 万元，留存收益 100 万元；其成本分别为 6.7%、9.17%、11.26%、11%。则该企业的加权平均资本成本为多少？

该企业的加权平均资本成本为：

$$6.7\% \times \frac{100}{500} + 9.17\% \times \frac{50}{500} + 11.26\% \times \frac{250}{500} + 11\% \times \frac{100}{500} = 10.09\%$$

在以上我们已经分析了在确定加权平均资本成本时，各种资本在全部资本中所占的比重(权数)起着重要作用。资本权数取决于各种资本价值按什么来确定，一般而言，在计算资本权数时，可分别选用账面价值、市场价值、目标价值权数来计算。

1. 按账面价值权数计量

账面价值权数是指以个别资本的账面价值(即资产负债表右方反映的有关数据)来计算个别资本占全部资本的比重。这种方法的优点是资料容易取得。其缺点是当资本的账面价值与市场价值差别较大时，特别是股票、债券的市场价格发生大的变化时，计算结果与实际差别大，影响筹资决策准确性。

【例 5-15】某公司若按照账面价值确定资本比例，进而计算加权平均资本成本，如表 5-1 所示。

2. 按照市场价值权数计量

市场价值权数指债券、股票以市场价格确定权数。这样计算的加权平均资本成本能反映企业目前的实际情况。但其缺点是证券市场价格变动频繁，为了弥补这一缺点可以采用平均价格。

表 5-1　按资本账面价值计算的加权平均资本成本

资本种类	资本账面价值/万元	资本比例/%	个别资本成本/%	加权平均资本成本/%
长期借款	1 500	15	6	0.90
长期债券	2 000	20	7	1.40
优先股	1 000	10	10	1.00
普通股	3 000	30	14	4.20
留存收益	2 500	25	13	3.25
合　　计	10 000	100	—	10.75

【例 5-16】某公司若按市场价格确定资本比例，进而计算加权平均资本成本，如表 5-2 所示。

表 5-2　按资本市场价值计算的加权平均资本成本

资本种类	资本市场价值/万元	资本比例/%	个别资本成本/%	加权平均资本成本/%
长期借款	1 500	10	6	0.60
长期债券	2 500	17	7	1.19
优先股	1 500	10	10	1.00
普通股	6 000	40	14	5.60
留存收益	3 500	23	13	2.99
合　　计	15 000	100	—	11.38

3. 按照目标价值权数计量

目标价值权数是指债券、股票以未来预计的目标市场价值确定权数。这种能体现期望的资本结构，而不是像账面价值权数和市场价值权数那样只反映过去和现在的资本成本结构，所以按目标价值权数计算的加权平均资本成本更适用于企业筹措新资金。然而，企业很难客观合理地确定证券的目标价值，又使这种计算方法不易推广。

【例 5-17】某公司若按照目标价值确定资本比例，进而测算加权平均资本成本，如表 5-3 所示。

表 5-3　按照资本目标价值计算的加权平均资本成本

资本种类	资本目标价值/万元	资本比例/%	个别资本成本/%	加权平均资本成本/%
长期借款	5 000	25	6	1.50
长期债券	7 000	35	7	2.45
优先股	1 000	5	10	0.50

续表

资本种类	资本目标价值/万元	资本比例/%	个别资本成本/%	加权平均资本成本/%
普通股	4 000	20	14	2.80
留存收益	3 000	15	13	1.95
合 计	20 000	100	—	9.20

四、边际资本成本的计量

(一)边际资本成本的概念

企业无法以某一固定的资本成本来筹措无限的资金,当企业筹集资金超过一定限度时,原来的资本成本就会增加。因此需要知道筹资在什么数额上便会引起资本成本怎样的变化,这就要使用边际资本成本概念。

边际资本成本是指资本每增加一个单位而增加的成本,也是按加权平均计算的,是追加筹资时所预期的资本成本变化,故也称随筹资总额增加而相应变化的加权平均资本成本。

(二)边际资本成本的计量方法

以下举例说明边际资本成本的计量方法。

【例 5-18】某企业拥有长期资金 400 万元,其中:长期借款 60 万元,资本成本 3%;长期债券 100 万元,资本成本 10%;普通股 240 万元,资本成本 13%。由于扩大规模,拟筹集新资金。经分析认为筹集新资金后仍应保持现有的资本结构,即长期借款 15%,长期债券 25%,普通股 60%,要求确定追加筹资的边际资本成本。

(1) 确定目标资本结构。该公司经分析认为筹集新资金后仍应保持现有的资本结构,即长期借款 15%,长期债券 25%,普通股 60%。

(2) 测算个别资本成本的变化。通过分析资本市场状况和公司融资能力,测算出了随筹资的增加各种方式资本成本的变化,如表 5-4 所示。

表 5-4 公司增资额及个别资本成本变化

资金种类	目标资本结构/%	新筹资额/元	资本成本/%
长期借款	15	<45 000	3
		45 000~90 000	5
		>90 000	7
长期债券	25	<200 000	10
		200 000~400 000	11

续表

资金种类	目标资本结构/%	新筹资额/元	资本成本/%
长期债券		>400 000	12
普通股	60	<300 000	13
		300 000~600 000	14
		>600 000	15

(3) 计算筹资突破点。在保持某资本成本率的条件下，可以筹集到的资金总限度称为现有资本成本下的筹资突破点。一旦超过筹资突破点，即使维持现有的资本结构，其成本率也会增加。其公式为：

$$筹资突破点 = \frac{可用某一特定成本率筹集到的某种资金额}{该种资金在资本结构中所占的比例}$$

则该公司追加筹资总额突破点为：

$$突破点_1 = \frac{45}{15\%} = 30(万元)$$

$$突破点_2 = \frac{90}{15\%} = 60(万元)$$

$$突破点_3 = \frac{200}{25\%} = 80(万元)$$

$$突破点_4 = \frac{400}{25\%} = 160(万元)$$

$$突破点_5 = \frac{300}{60\%} = 50(万元)$$

$$突破点_6 = \frac{600}{60\%} = 100(万元)$$

根据各筹资突破点，可以得到该公司追加筹资总额的各个范围为如表5-5所示。

表5-5 公司追加筹资总额的突破点范围

资金种类	目标资本结构/%	新筹资额/元	资本成本/%	筹资突破点/元
长期借款	15	<45 000	3	300 000
		45 000~90 000	5	600 000
		>90 000	7	
长期债券	25	<200 000	10	800 000
		200 000~400 000	11	1 600 000
		>400 000	12	

续表

资金种类	目标资本结构/%	新筹资额/元	资本成本/%	筹资突破点/元
普通股	60	<300 000	13	500 000
		300 000～600 000	14	1 000 000
		>600 000	15	

(4) 计算边际资本成本。对以上 7 组筹资总额范围分别计算加权平均资本成本，即可得到各种筹资范围的边际资本成本，如表 5-6 所示。

表 5-6 公司边际资本成本

筹资总额范围	资金种类	资本结构/%	资本成本/%	加权平均资本成本
<300 000	长期借款	15	3	3%×15%=0.45%
	长期债券	25	10	10%×25%=2.5%
	普通股	60	13	13%×60%=7.8%
				0.45%+2.5%+7.8%=10.75%
300 000～500 000	长期借款	15	5	5%×15%=0.75%
	长期债券	25	10	10%×25%=2.5%
	普通股	60	13	13%×60%=7.8%
				0.75%+2.5%+7.8%=11.05%
500 000～600 000	长期借款	15	5	5%×15%=0.75%
	长期债券	25	10	10%×25%=2.5%
	普通股	60	14	14%×60%=8.4%
				0.75%+2.5%+8.4%=11.65%
600 000～800 000	长期借款	15	7	7%×15%=1.05%
	长期债券	25	10	10%×25%=2.5%
	普通股	60	14	60%×14%=8.4%
				1.05%+2.5%+8.4%=11.95%
800 000～1 000 000	长期借款	15	7	7%×15%=1.05%
	长期债券	25	11	25%×11%=2.75%
	普通股	60	14	60%×14%=8.4%
				1.05%+2.75%+8.4%=12.20%
1 000 000～1 600 000	长期借款	15	7	7%×15%=1.05%
	长期债券	25	11	25%×11%=2.75%
	普通股	60	15	60%×15%=9%
				1.05%+2.75%+9%=12.80%

续表

筹资总额范围	资金种类	资本结构/%	资本成本/%	加权平均资本成本
>1 600 000	长期借款	15	7	7%×15%=1.05%
	长期债券	25	12	12%×25%=3%
	普通股	60	15	15%×60%=9%
				1.05%+3%+9%=13.05%

第二节 杠杆效应

杠杆原理是在物理学中基本知识，它是指在力的作用下能绕固定支点转动的杆，利用杠杆以较小的力量移动较重物体的现象被称作是自然界的杠杆效用。在财务中也有杠杆，它是指由于存在固定性的成本费用，使某一个变量较小的变动能够引起另一个变量较大的变动。

一、与杠杆相关的概念界定

财务管理中的杠杆包括杠杆利益和杠杆风险，从形式上又把杠杆分为经营杠杆、财务杠杆和复合杠杆，与这些杠杆相关的概念主要涉及成本类和收益类的部分科目。

(一)成本类概念界定

1. 固定成本

固定成本是指在一定时期和一定业务量范围内不随业务量发生任何变动的那部分成本。例如，管理人员工资、折旧费、办公费、利息费等。这部分成本是固定不变的，业务量越多，单位固定成本就越小。但需要注意的是固定成本总额只是在一定时期和业务量的一定范围内保持不变，超过了相关范围，固定成本也会发生变动。

2. 变动成本

变动成本是指总额随业务量成正比关系变动的那部分成本。例如，直接材料、直接人工等。

3. 混合成本

混合成本是指总额虽受业务量变动的影响，但其变动幅度并不同业务量的变动保持同比例关系的那部分成本。在管理实践中，通常利用一定的技术将混合成本分归到固定成本和变动成本两部分之中。

(二)收益类概念界定

1. 边际贡献

边际贡献是指销售收入减去变动成本之后的差额。其计算公式为:

$$M=PX-bX=(P-b)X=S(1-b')=S-V$$

式中：M 为边际贡献；P 为销售单价；X 为产销量；b' 为变动成本率；S 为销售收入；b 为单位变动成本；V 为变动成本。

2. 息税前利润

息税前利润是指企业支付利息和缴纳所得税之前的利润。其计算公式为：

$$EBIT=S-V-F=M-F=S(1-b')-F$$
$$=(P-b)X-F=PX-bX-F$$

式中：$EBIT$ 为息税前利润；F 为固定成本。

3. 普通股每股收益

普通股每股收益是指一定时期企业为普通股股东所才创造的收益。其计算公式为：

$$EPS=\frac{(EBIT-I)(1-T)-d}{N}$$

式中：EPS 为普通股每股收益；I 为债务利息；T 为所得税税率；d 为优先股股利；N 为普通股股数。

二、经营杠杆利益与风险

在某一固定成本比重的作用下，销售量变动对利润产生的作用，被称为经营杠杆。这里所说的固定成本是指与产品生产和销售有关的销售成本、销售税金、营业费用等。

(一)经营杠杆利益分析

经营杠杆利益是指在扩大营业额条件下经营成本中固定成本这个杠杆的增长会带来程度更大的经营利润。这里的经营利润是指息税前利润。即在产销规模一定的情况下，固定成本不随产量销量的增加而增加，而销量增加，单位销量所负担的固定成本会相对减少，从而给企业带来额外的收益。

【例 5-19】某公司 2006—2008 年销售总额分别为 2 400 万元、2 600 万元和 3 000 万元。并且该公司在 2 400 万元～3 000 万元以内，固定成本总额为 800 万元,变动成本率为 60%。试计算该公司的经营杠杆利益。该公司的经营杠杆利益计算如表 5-7 所示。

表 5-7 经营杠杆利益计算表　　　　　　　　　　　　　单位：万元

年份	销售收入	销售收入增长率/%	变动成本	边际贡献	固定成本	息税前利润	息税前利润增长率/%
2006	2 400	—	1 440	960	800	160	—
2007	2 600	8	1 560	1 040	800	240	50
2008	3 000	15	1 800	1 200	800	400	67

由上表可以看出，该公司在销售总额为 2400 万元～3000 万元的范围内，固定成本总额每年都是 800 万元保持不变，随着销售总额的增长，息税前利润以更快的速度增长。该公司 2007 年与 2006 年相比，销售收入增长率为 8%，但同期息税前利润的增长率为 50%；2008 年与 2007 年相比，销售收入增长率为 15%，同期息税前利润增长率为 67%。由此可见，由于该公司有效地利用了经营杠杆，获得了较高的经营杠杆利益，即息税前利润的增长幅度高于销售收入的增长幅度。

(二)经营杠杆风险分析

经营风险是指与企业经营相关的风险，尤其是指利用经营杠杆而导致企业利润变动的风险。由于经营杠杆的作用，在销售额下降的情况下，由于固定成本的存在会使息税前利润下降得更快。

影响企业经营风险的因素很多，主要有产品的需求、产品售价、产品成本、调整价格的能力、固定成本的比重等。经营杠杆本身并不是企业利润不稳定的根源，但经营杠杆的作用会扩大市场和生产成本等不确定因素对利润变动的影响。因此，企业要想获得经营杠杆利益，就需要承担由此带来的经营风险，企业必须在经营杠杆利益与杠杆风险之间作出权衡。

【例 5-20】沿用例 5-19 的资料，假设该公司 2006—2008 年销售总额分别为 3 000 万元、2 600 万元和 2 400 万元，其他情况不变。则该公司的经营杠杆风险为多少？

该公司经营杠杆风险的计算过程如表 5-8 所示。

从下表的计算可以看出，该公司在销售额为 2 400 万元～3 000 万元的范围内，固定成本总额每年都是 800 万元保持不变，而随着销售额的下降，息税前利润以更快的速度下降。例如，该公司 2007 年与 2006 年相比，销售额的降低率为 13%，同期息税前利润的降低率为 40%；2008 年与 2007 年相比，销售额的降低率为 8%，同期息税前利润的降低率为 33%。由此可见，由于该公司没有有效的利用经营杠杆，从而导致了经营风险，使得息税前利润的降低幅度高于销售额的降低幅度。

表5-8 经营杠杆风险计算表　　　　　　　　　　　　　　　　　　　　　　　　单位：万元

年份	销售收入	销售收入增长率/%	变动成本	边际贡献	固定成本	息税前利润	息税前利润增长率/%
2006	3 000	—	1 800	1 200	800	400	—
2007	2 600	-13	1 560	1 040	800	240	-40
2008	2 400	-8	1 440	960	800	160	-33

(三)经营杠杆系数的计量

1. 经营杠杆系数的定义公式

经营杠杆的大小一般用经营杠杆系数表示，它是息税前盈余变动率与销售量变动率之间的比率。其定义公式为：

$$DOL = \frac{\frac{\Delta EBIT}{EBIT}}{\frac{\Delta Q}{Q}}$$

$$经营杠杆系数 = \frac{息税前利润变动率}{销售量变动率}$$

式中：DOL 为经营杠杆系数；$\Delta EBIT$ 为息税前盈余变动额；$EBIT$ 为变动前息税前盈余；ΔQ 为销售变动量；Q 为变动前销售量。

假设经营杠杆系数为2，则表明销量增长10%，息税前利润增长20%。

2. 经营杠杆系数的计算公式

公式推导：

基期 $EBIT = (P-V) \times Q - F$

$EBIT_1 = (P-V) \times Q_1 - F$

$\Delta EBIT = (P-V) \times \Delta Q$，所以

$$DOL = \frac{\frac{\Delta EBIT}{EBIT}}{\frac{\Delta Q}{Q}} = \frac{[(P-V) \times \Delta Q/[(P-V) \times Q - F]]}{\Delta Q/Q} = \frac{(P-V) \times Q}{(P-V) \times Q - F}$$

$$经营杠杆系数 = \frac{边际贡献}{息税前利润} = \frac{销售收入 - 变动成本}{销售收入 - 变动成本 - 固定成本}$$

从上述计算公式可以看出：单价、销售量与经营杠杆系数呈反方向变化关系；单位变动成本和固定成本与经营杠杆系数呈同方向变化关系。

【例 5-21】 某企业生产 A 产品，固定成本为 60 万元，变动成本率为 40%，当企业的销售额分别为 400 万元、200 万元、100 万元时，经营杠杆系数分别为多少？

$$DOL_1 = \frac{400 - 400 \times 40\%}{400 - 400 \times 40\% - 60} = 1.33$$

$$DOL_2 = \frac{200 - 200 \times 40\%}{200 - 200 \times 40\% - 60} = 2$$

$$DOL_3 = \frac{100 - 100 \times 40\%}{100 - 100 \times 40\% - 60} \to \infty$$

本例中经营杠杆系数为 1.33 的意义在于：当企业销售增长 1 倍时，息税前利润将增长 1.33 倍；反之，当企业销售量下降到原来的 1 倍时，息税前利润将下降 1.33 倍。前一种情况表现为经营杠杆利益，后一种情况表现为经营杠杆风险。一般而言，企业的经营杠杆系数越大，经营杠杆利益和经营杠杆风险就越高；反之，企业的经营杠杆系数越小，经营杠杆利益和经营杠杆风险就越低。在销售额处于盈亏临界点前的阶段，经营杠杆系数随着销售额的增加而增加；在盈亏临界点后的阶段，经营杠杆系数随着销售额的增加而递减；当处于盈亏临界点的时候，经营杠杆系数趋于无穷大(若销售额略有增加便可出现赢利，若销售额略有减少便可出现亏损)。

三、财务杠杆利益与风险

财务杠杆是指由于负债经营而导致企业所有者收益(EPS)变化幅度的增加，又称融资杠杆。由于负债企业就需要支付一定的利息，不论企业的利润是多少，债务利息是不变的。于是，当利润增大时，每 1 元利润所负担的利息就会相对地减少，从而使投资者收益有更大幅度地提高。这种债务对投资者收益的影响称为财务杠杆。财务杠杆和经营杠杆一样，既有利益的一面也有风险的一面。

(一)财务杠杆利益分析

财务杠杆利益是指利用债务筹资这个杠杆给企业所有者带来的额外收益。

企业在资本结构一定的情况下，从息税前利润中支付债务利息是相对固定的，当销售利润增加时，每单位销售利润负担的债务利息就相应地降低，扣所得税后，可分配的利润就会增加，从而给企业投资者带来额外收益。

【例 5-22】 某公司在 2006－2008 年的息税前利润分别是 160 万元、240 万元和 400 万元，每年的债务利息为 150 万元，公司所得税税率为 33%，该公司普通股股数为 100 万股。试求该公司的财务杠杆利益。

该公司的财务杠杆利益计算过程如表 5-9 所示。

表 5-9　某公司财务杠杆利益计算表　　　　　　　　　　　单位：万元

项　目	年　份		
	2006	2007	2008
息税前利润	160	240	400
息税前利润增长率(%)	—	50	67
债务利息	150	150	150
所得税(33%)	3.3	29.7	82.5
税后净利	6.7	60.3	167.5
税后净利增长率(%)	—	800	178
每股收益(元)	0.067	0.603	1.675
每股收益增长率(%)	—	800	178

从上表可以看出，在资本结构一定、债务利息保持固定不变的条件下，随着息税前利润的增长，普通股每股收益以更快的速度增长，从而使企业所有者获得财务杠杆利益。该公司 2007 年与 2006 年相比，息税前利润的增长率为 50%，普通股每股收益增长率高达 800%；2008 年与 2007 年相比，息税前利润的增长率为 67%，同期普通股每股收益增长率为 178%。说明该公司有效地利用了财务杠杆，从而为企业股权资本所有者带来了额外的收益，即普通股每股收益的增长幅度高于息税前利润的增长幅度。

(二)财务杠杆风险分析

财务风险也称筹资风险或融资风险，是指与企业筹资相关的风险，尤其是指财务杠杆导致企业所有者收益变动的风险，甚至可能导致企业破产的风险。由于财务杠杆的作用，当息税前利润的下降时，普通股每股收益会下降得更快，从而给企业股权所有者造成财务风险。

影响财务风险的因素通常包括资本供求的变化、利率水平的变化、获利能力的变化、资本结构的变化等。因此，企业要获得财务杠杆利益，必须在利益与风险之间进行权衡。

【例 5-23】沿用例 5-22 的资料，假如该公司在 2006—2008 年的息税前利润分别是 400 万元、240 万元和 160 万元，其他情况不变。试求该公司的杠杆风险。

该公司杠杆风险的计算过程如表 5-10 所示。

表 5-10　某公司财务杠杆风险计算表　　　　　　　　　　　单位：万元

项　目	年　份		
	2006	2007	2008
息税前利润	400	240	160
息税前利润增长率(%)	—	-40	-33

续表

项目	年份		
	2006	2007	2008
债务利息	150	150	150
所得税(33%)	82.5	29.7	3.3
税后净利	167.5	60.3	6.7
税后净利增长率(%)	—	-64	-89
每股收益(元)	1.675	0.603	0.067
每股收益增长率(%)	—	-64	-89

分析上表可以得出，该公司在2006—2008年每年的债务利息均为150万元保持不变，但随着息税前利润的下降，普通股每股收益以更快的速度下降。例如，该公司2007年与2006年相比，息税前利润的降低率为40%，同期普通股每股收益的降低率为64%；2008年与2007年比，息税前利润的降低率为33%，同期普通股每股收益的降低率为89%。由此可知，该公司由于没有有效地利用财务杠杆，从而导致了财务风险，即普通股每股收益的降低幅度高于息税前利润的降低幅度。

(三)财务杠杆系数的计量

1. 财务杠杆系数的定义公式

财务杠杆作用的大小通常用财务杠杆系数表示。财务杠杆系数越大，表示财务杠杆作用越大，财务风险也就越大；财务杠杆系数越小，表明财务杠杆作用越小，财务风险也就越小。财务杠杆系数的定义公式为：

$$DFL = \frac{\frac{\Delta EPS}{EPS}}{\frac{\Delta EBIT}{EBIT}}$$

$$财务杠杆系数 = \frac{每股收益变动率}{息税前利润变动率}$$

式中：DFL为财务杠杆系数；ΔEPS为普通股每股收益变动额；EPS为变动前的普通股每股收益；$\Delta EBIT$为息前税前盈余变动额；$EBIT$为变动前的息前税前盈余。

假设财务杠杆系数等于2，表明息税前利润变动10%，每股收益变动20%。

2. 财务杠杆系数的计算公式

$$DFL = \frac{EBIT}{EBIT - I}$$

当存在优先股股利时,上述公式还可以推导为:

$$DFL = \frac{EBIT}{EBIT - I - \dfrac{d}{1-T}}$$

式中:I 为债务利息;d 为优先股息。

【例 5-24】 某公司全部资产 750 万元,负债资本比率为 0.4,债务利率为 12%,所得税率为 33%。在销售利润为 80 万元时,税后利润为 29.48 万元,计算该公司的财务杠杆系数为:

DFL=息税前利润/(息税前利润-利息支出)

=80 / 80-(750×0.4×12%)=1.8

例 5-24 表明,当销售利润增长 1 倍时,普通股每股利润将增长 1.8 倍。一般而言,财务杠杆系数越大,对财务杠杆利益的影响越强,筹资风险越高。而且,在其他因素不变的情况下,利息越多,财务杠杆系数越大;$EBIT$ 越大,财务杠杆系数越小。由此可以看出,企业可以通过合理安排资本结构,适度负债,使财务杠杆利益抵消风险增大所带来的不利影响。

四、总杠杆利益与风险

总杠杆也称为复合杠杆、联合杠杆,用来反映企业综合利用经营杠杆和财务杠杆给企业普通股收益带来的影响。它是指由于固定生产经营成本和固定财务费用的共同存在而导致的每股利润变动率大于产销业务量变动率的杠杆效应。

总杠杆作用的程度,可以用总杠杆系数(DTL)来表示,它是经营杠杆系数和财务杠杆系数的乘积。其计算公式为:

总杠杆系数=财务杠杆系数×经营杠杆系数

$DTL = DOL \times DFL$

$$DTL = \frac{\text{边际贡献}}{\text{息税前利润}} \times \frac{\text{息税前利润}}{\text{息税前利润} - \text{利息}} = \frac{\text{边际贡献}}{\text{息税前利润} - \text{利息}}$$

$$DTL = \frac{\text{边际贡献}}{\text{税前利润}}$$

$$DTL = \frac{Q(P-V)}{Q(P-V) - F - I - \dfrac{d}{1-T}}$$

$$DTL = \frac{S - VC}{S - VC - F - I - \dfrac{d}{1-T}}$$

【例 5-25】 某公司本年销售额 100 万元,税后净利 12 万元,固定营业成本 24 万元,财务杠杆系数 1.5,所得税率 25%。计算该公司的总杠杆系数。

税前利润=税后净利/(1-所得税率)=12/(1-25%)=16(万元)

息税前利润=1.5×16=24(万元)

边际贡献=息税前利润+固定成本=24+24=48(万元)

经营杠杆系数=边际贡献/息税前利润=48/24=2

总杠杆系数=2×1.5=3

总杠杆作用的意义主要有以下三点。首先,从中能够估计出销售额变动对每股收益造成的影响。比如上例中,销售每增长 1 倍(或减少为原来的一半),就会造成每股收益增长 2.7 倍(或减少为原来的 1/2.7)。其次,通过总杠杆可以看到经营杠杆与财务杠杆之间的相互关系,即为了达到某一总杠杆系数,经营杠杆和财务杠杆可以有很多不同的组合。例如经营杠杆较高的公司可以在较低的程度上利用财务杠杆,而经营杠杆较低的公司可以在较高程度上利用财务杠杆等。再次,我们可以看到,凡是影响经营杠杆系数和财务杠杆系数的因素都会影响总杠杆系数,而且影响方向是一致的。

第三节　资本结构分析与决策

资本结构一直以来都是企业融资的核心问题,企业的融资决策就是根据自己的融资目的及收益成本之间的权衡,选择适当的资本结构,以使企业价值达到最大,因此,资本结构理论及企业资本结构决策对财务管理目标的实现起着至关重要的作用。

一、资本结构的概念和作用

(一)资本结构的概念

资本结构是指企业各种资本的构成及其比例关系。它有广义和狭义之分。广义的资本结构是指企业的全部资本的构成,即包括长期资本,又包括短期资本;狭义的资本结构只是指企业的长期资本结构。

在这里我们仅将资本结构定义为企业各种长期资金筹集来源的构成和比例关系。因为短期资金的需要量和筹集是经常变化的,且在整个资金重量中所占比重不稳定,因此,不将短期资本列入资本结构研究范围,而只作为营运资金管理。

资本结构可以从不同的角度来理解。

(1) 从资本的属性角度来理解。从资本的属性角度来理解是指企业全部资本的属性可以分为两类:一类是股权资本,另一类是债权资本。两者体现着不同的属性,前者体现的是企业的所有者属性,后者体现的是企业的债务属性。这两类不同属性资本之间的构成与比例关系就形成了最一般意义上的资本结构，通常把这种资本结构叫做资本属性结构，也叫做"搭配资本结构"或"杠杆资本结构"。在财务管理理论和实践中，这一资本结构也有广义和狭义之分。广义的资本结构泛指企业全部债权资本与股权资本之间的构成及其比例关系；狭义的资本结构则特指企业长期债权资本与股权资本之间的构成及其比例关系。

　　(2) 从期限角度来理解。从期限来看，企业的全部资本也可以分为两类：一类是长期资本(主要包括长期负债和股东权益)，另一类是短期资本(主要是流动负债)。企业的长期资本与短期资本之间的构成及比例关系就形成了期限意义上的资本结构。

　　(3) 从价值基础角度来理解。在前面计算企业的加权平均资本成本时就讲到资本价值的计量基础有账面价值、市场价值和目标价值三种。一个企业的资本分别按这三种价值计量基础来计量和表达资本结构，就形成了三种不同价值计量基础反映的资本结构，一是资本的账面价值结构(即按资本历史账面价值基础计量反映的资本结构)，二是资本的市场价值结构(即按资本现时市场价值基础计量反映的资本结构)，三是资本的目标价值结构(即按资本未来目标价值计量反映的资本结构)。

(二)资本结构的意义

　　在企业的财务管理决策中，应该合理安排企业的资本结构，特别是依据前面的财务杠杆利益，企业合理地利用负债，可以为企业获得额外的收益，因此，科学、合理地安排债务资本的比例，选择最佳的资本结构对企业具有重要的意义。

　　(1) 使用债务资本可以降低企业资金成本。由于债务利率低于股票利率，而且债务利息可以从税前支付，企业可减少所得税，使得债务资本的成本明显地低于权益资本的成本。因此，企业在一定的限度内合理提高债务比率，可降低企业综合资本成本；但若降低债务资本比率，综合资本成本就会上升。

　　(2) 利用债务筹资，可以获取财务杠杆利益。由于债务利息通常不变，当企业利润增大时，每一天利润所负担的固定利息就会相应减少，从而可分配给企业所有者的税后利润也会相应增加。利用债务筹资可以发挥财务杠杆作用，给企业所有者带来财务杠杆利益。

　　(3) 合理安排资本结构可以增加企业价值。一般而言，企业的价值在理论上等于其债权资本的市场价值与股权资本的市场价值之和。公司的价值与公司的资本结构紧密相连，资本结构对企业的债权资本市场价值和股权资本市场价值，进而对企业总资本的市场价值即企业的总价值具有重要的影响。因此，合理地安排资本结构有利于增加企业的市场价值。

二、资本结构理论分析

　　资本结构理论是关于企业资本结构、企业加权平均资本成本与企业价值三者之间关系的理论。它是企业财务管理理论的重要内容，也是资本结构决策的重要理论基础。从资本结构理论的发展来看,主要有早期资本结构理论、MM 资本结构理论和新的资本结构理论。

(一)早期资本结构理论

1. 净收入理论

净收入理论认为,负债可以降低企业的资本成本,负债程度越高,企业加权平均资本成本最低,企业的价值越大。这是因为债务利息和权益资本均不受财务杠杆的影响,无论负债程度多高,企业的债务资本成本和权益资本成本都不会发生变化。因此,只要债务资本成本低于权益资本成本,那么企业负债越多,企业的加权平均资本成本就越低,企业的净收益或税后利润就越多,企业的价值就越大。当负债比率为 100%时,企业加权平均资本成本最低,企业价值将达到最大值。如果用 k_b 来表示债务资本成本、k_s 表示权益资本成本、k_w 表示加权平均资本成本、V 表示企业总价值,则净收益理论可用图 5-1 来描述。

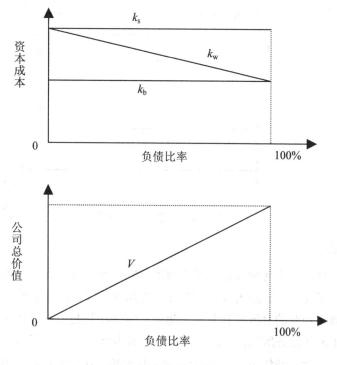

图 5-1 净收益理论

净收入理论观点虽然考虑到了财务杠杆利益,但忽略了财务风险,如果企业的债务过多,债权资本比例过高,财务风险就会很高,企业的加权平均资本成本就会上升,企业的价值反而会下降。

2. 净营运收入理论

净营运收入理论(营业净利说)认为，不论财务杠杆如何变化，企业加权平均资本成本都是固定的，因而企业的总价值也是固定不变的。这是因为企业利用财务杠杆时，即使债务成本本身不变，但由于加大了权益的风险，也会使权益成本上升，于是加权平均资本成本不会因负债比率的提高而降低，而是维持不变。企业的总价值也就固定不变。按这种理论推理，不存在最佳资本结构，筹资决策也就无关紧要。可见净营运收入理论和净收入理论是完全相反的两种理论。该理论可用图5-2表示。

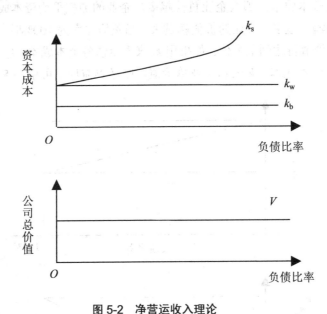

图5-2 净营运收入理论

3. 传统理论

传统理论是介于上述两种理论之间的理论。它认为，企业利用财务杠杆尽管会导致权益成本的上升，但在一定程度内却不完全抵消利用成本率低的债务所获得的好处，因此会使资本成本下降，企业的总价值上升。但超过一定程度的利用财务杠杆，权益成本的上升就不能为成本率低的债务所抵消，加权平均资本成本便会上升。以后，债务成本也会上升，它和权益成本的上升共同作用，使加权平均资本成本上升更快。加权平均资本成本从下降变为上升的转折点，是加权平均资本成本的最低点。这时的负债结构是企业最佳的资本结构。该理论可用图5-3表示。

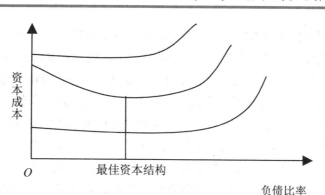

图 5-3 传统理论

(二)MM 资本结构理论

MM 理论是美国财务学者 F.莫迪格莱尼和 M.H.米勒所开创的资本结构理论的简称。1958 年，两位教授合作发表了《资本成本、公司价值与投资理论》一文。文中深入地探讨了资本结构与公司价值的关系，从而创立了 MM 理论，并开创了现代资本结构理论的研究，这两位学者也因此荣获诺贝尔经济学奖。

MM 理论是建立在一系列基本假设基础之上的，这些假设包括：①企业在无税收的环境中经营；②企业营业风险的高低由息税前利润标准差来衡量，企业营业风险决定其风险等级；③投资者对所有企业未来赢利及风险的预期相同；④投资者不支付证券交易成本，所有债务利率相同，并有无风险利率；⑤企业无破产成本；⑥企业的股利政策与企业价值无关，企业发行新债时不会影响已有债权的市场价值；⑦存在高度完善和均衡的资本市场；⑧企业为零增长企业，即年平均赢利额不变；⑨个人和企业均可发行无风险债券，并无风险利率。

在以上 9 个假设的基础之上，莫迪格莱尼和米勒提出了无公司税的 MM 理论和考虑公司税的 MM 理论。

MM 理论认为，在符合上述假设且没有公司所得税和个人所得税的前提下，下列两命题成立。①总价值命题。只要息税前利润相等，处于同一风险等级的任何企业，无论是负债还是无负债，它们的总价值相同，即企业价值均由其预期息税前收益按照其风险等级所对应的贴现率贴现后决定。根据这一命题可以得出：公司的价值与其资本结构无关，即与公司的负债无关，则公司的价值取决于它的实际资产，而非各类债权和所有者权益的市场价值。②风险补偿命题。负债企业的权益成本等于同风险等级的无负债企业的权益成本加上一定的风险溢价。风险溢价的数值等于无负债企业的权益资本成本减去债务资本成本后与负债企业的债务权益比的乘积。根据这一命题可以得出：企业使用债务会提高其权益资本成本,从而抵消了债务成本较低所带来的好处,对企业的价值不产生影响。根据这两个命题可以得出在无公司所得税的个人所得税的情况下,企业资本结构与企业价值无关。

莫迪格莱尼和米勒在 1963 年合作发表了另一篇论文《公司所得税与资本成本:一项修正》。该文章取消了无公司所得税的假设,对原资本结构理论进行了修正,将企业的所得税因素纳入资本结构的分析之中。修正后的 MM 理论也提出了两个命题:①赋税节余命题。有负债企业的价值等于相同风险无负债企业的价值加上负债的节税利益。根据该命题,当企业举债后,债务利息可以计入财务费用,形成节税利益,由此增加企业的净收益,企业的价值也会提高。②风险补偿命题。有负债企业的权益成本等于具有同风险等级的无负债企业的权益成本加上一定的风险补偿。根据该命题可以得出,随着企业负债比率的提高,公司的加权平均资本成本会降低,企业的价值会提高。按照考虑公司所得税后的 MM 理论,企业的资本结构与企业的价值的关系不再是无关,而是大大相关,并且企业负债比率与企业价值为正相关关系。

(三)新的资本结构理论

由于 MM 理论所提出的一些假设在现实中是不能成立的,因此,在早期 MM 理论的基础之上,一些学者不断放宽假设,继续研究,几经发展,提出了以下一些理论。

1. 税负利益—破产成本的权衡理论

自从 20 世纪 70 年代后期以来,许多学者已经开始认识到企业破产成本将在某种程度上抵消了利息省税的净效益。权衡理论描述了负债的避税效益与破产成本之间的权衡,这一理论认为存在着最优资本结构。

资本结构的权衡理论指出,负债可以为企业带来税收屏蔽的好处,但随着负债比率的提高,企业的债务成本也随之增大,由此引起财务危机成本和代理成本的上升。当负债比率达到某一点时,边际负债的税收屏蔽效益恰好与边际财务危机成本和代理成本相等,企业价值在此时达到了最大化,这就是企业的最佳负债率或最佳资本结构。

2. 代理理论

代理理论的创始人詹森和麦克林认为,企业资本结构会影响经理人员的工作水平和其他行为选择,从而影响企业未来现金收入和企业市场价值。该理论认为负债融资有更强的激励作用,并将债务视为一种担保机制。这种机制能够促使经理多努力工作,少个人享受,并且作出更好的决策,从而降低由于两权分离而产生的代理成本。但是,负债融资可能会产生另一种代理成本,即企业接受债权人监督而产生的成本。这种债权的代理成本也得由经营者来承担,从而举债比例上升导致举债成本上升。均衡的企业所有权结构是由股权代理成本和债权代理成本之间的平衡关系决定的。

3. 啄食次序理论

资本结构的啄食次序理论指出：企业如果需要融资首先愿意采用内部留存收益筹集资金，因为这种筹资方式不会发送任何可能对股价产生不利影响的信号；如果需要从外部筹资，企业首先将选择发行债券，把发行股票作为最后选择，这一筹资次序是因为债券发行不太可能被投资者视为是坏消息而对股价产生不利。

三、资本结构决策

企业在财务管理活动中，要作出资本结构决策就需要综合考虑有关的影响因素，运用适当的方法确定企业的最佳资本结构，并在以后追加筹资时保持。如果在实际管理过程中发现资本结构不合理，则需要通过有效的手段进行相应的调整，使之趋于合理，达到最优化。

(一)资本结构决策影响因素分析

1. 影响企业资本结构的宏观因素分析

1) 利率杠杆因素

企业在一定条件下，多举债就会形成举债正效应，使企业价值增高。当企业总资产收益率大于宏观利率时，企业总体的债务供给量会增加，同时投资人对债券或贷款的投资报酬率总体要求也比较高。

2) 通货膨胀因素

通常人们认为在通货膨胀情况下企业举债经营是有益的，因为企业偿还的是更"廉价"的货币。但财务理论界却认为在通货膨胀情况下，举债收益很大程度上取决于赢利情况。

3) 资本市场因素

在效率越高的资本市场，企业的股票价格越能反映企业经营情况。企业偏好于股权融资，负债比率就会更趋于最佳的资本结构。在效率越低的资本市场，企业偏向于选择负债融资，会使企业偏离最佳的资本结构。

2. 影响企业资本结构的微观因素分析

1) 行业因素

由于不同行业所需的资本规模、资产的流动性以及行业风险的不同，决定了不同的行业资本结构也不同。一般认为，高风险行业负债水平不宜过高，资产流动性高的企业可以高负债；不同的资本规模影响企业资本结构。

2) 资本成本和财务风险

企业确定资本结构，首先必须考虑资本成本与财务风险。资本成本直接决定了企业筹资来源的选择及组成情况。企业必须在由于负债经营所带来的好处与财务风险之间进行选择，以决定筹资的方式和数量等。

3) 经营风险

通常，即使是相同行业的企业，其经营风险也可能存在不同，因此经营风险便成为影响企业资本结构的一个独立因素。企业应在经营状况良好而不是下降的情况下加大负债比例。

4) 企业规模

一般而言，在财务实务中，企业规模越大，筹集资金的方式就越多，如通过证券市场发行股票或证券、吸收国家或法人单位的投资等，因此，负债率一般较低。而一些中小型的企业筹资方式比较单一，主要是向银行借款，因而这些企业的负债率较高。

5) 企业获利能力

按照西方筹资顺序理论，企业融资的顺序一般是保留盈余、负债筹资、股权筹资。高赢利的企业一般势必先尽可能利用保留盈余，然后再发行债券；而低赢利企业则更大程度上依靠负债融资，造成负债比例较高。

6) 企业成长性

一般而言，成长性较高的企业经营风险较小，可采用较高的负债比例融资；而成长性较低的企业，则就应该适当的控制负债比例。

7) 税收影响

由于利息费用而减少的支出(相当于利息费用乘以税率)被称为税盾，由于税盾的存在，对企业负债资本的安排产生了一种刺激作用。在不考虑税盾不确定性的条件下，负债比例越高，税盾越大，企业价值越高，因此企业应尽量提高负债比例。但如果考虑到税盾的不确定性，如企业负债比例过高，则税盾的不确定性越低，导致企业价值下降，因此企业应该适度负债。

(二)资本结构的决策方法

企业资本结构决策就是要确定最佳的资本结构。所谓最佳的资本结构是指企业在一定时期内，使加权平均资本成本率最低、企业价值最大时的资本结构。其评价标准为：①有利于最大限度地增加所有者财富，使企业价值最大化；②在企业不同的资本结构评价中，其加权平均资本成本最低；③能确保企业资金有较高的流动性，并使其资本结构具有与市场相适应程度的弹性。确定最佳的资本结构可以采用融资的每股收益分析法、资本成本比较法和公司价值比较法。

1. 每股收益分析法

融资的每股收益分析法的基本原理是：该种方法判断资本结构是否合理，是通过分析每股收益的变化来衡量的。一般而言，凡是能够提高每股收益的资本结构是合理的，反之则不够合理。但每股收益的高低不仅受资本结构的影响，还受到销售水平的影响。处理以上三者的关系，可以运用融资的每股收益分析的方法。

每股收益分析是利用每股收益的无差别点进行的。所谓每股收益无差别点，是指每股收益不受融资方式影响的销售水平。根据每股收益无差别点，可以分析判断在什么样的销售水平下适于采用何种资本结构。

每股收益 EPS 的计算公式为：

$$EPS = \frac{(S-VC-F-I)(1-T)-d}{N}$$

$$EPS = \frac{(EBIT-I)(1-T)-d}{N}$$

式中：S 为销售额；VC 为变动成本；F 为固定成本；I 为债务利息；T 为所得税税率；N 为流通在外的普通股股数；EBIT 为息税前利润。

根据每股收益无差别点的定义，能够满足下列条件的销售额(S)或息前税前盈余(EBIT)就是每股收益无差别点，计算公式为：

$$\frac{(S-VC_1-F_1-I_1)(1-T)-d_1}{N_1} = \frac{(S-VC_2-F_2-I_2)(1-T)-d_2}{N_2}$$

或

$$\frac{(EBIT-I_1)(1-T)-d_1}{N_1} = \frac{(EBIT-I_2)(1-T)-d_2}{N_2}$$

在融资分析时，当销售额(或息前税前盈余)大于每股收益无差别点的销售额(或息前税前盈余)时，运用负债筹资可获得较高的每股收益；反之，当销售额低于每股收益无差别点的销售额时，运用权益筹资可获得较高的每股收益。

【例 5-26】某公司原有资本 700 万元，其中债务资本 200 万元(每年负担利息 24 万元)，普通股资本 500 万元(发行普通股 10 万股，每股面值 50 元)。由于扩大业务，需追加筹资 300 万元，其筹资方式有两个：一是全部发行普通股，增发 6 万股，每股面值 50 元；二是全部筹借长期债务，债务利率仍为 12%，利息 36 万元。

假设该公司的变动成本率为 60%，固定成本为 180 万元，所得税税率为 33%。则该公司应该选择何种筹资方式？

(1) 计算用息税前利润表示的每股收益无差别点。

$$EPS(借款) = \frac{(EBIT-24-36)(1-33\%)}{10}$$

$$EPS(普通股) = \frac{(EBIT-24)(1-33\%)}{10+6}$$

令 $EPS(借款)=EPS(普通股)$，求得每股收益无差别点为：

$EBIT=120(万元)$

(2) 计算用销售额表示的每股收益无差别点。

$EBIT=S-VC-F$

$VC=S\times 变动成本率$

$$\frac{(S-0.6S-180-24)\times(1-33\%)}{10+6} = \frac{(S-0.6S-180-24-36)\times(1-33\%)}{10}$$

求得：$S=750(万元)$

此时的每股收益额为：

$$\frac{(750-750\times 0.6-180-24)\times(1-33\%)}{16} = 4.02(万元)$$

上述的每股收益无差别分析，可描绘为图5-4。

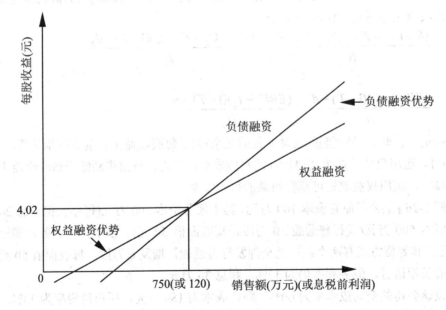

图5-4 每股收益无差别分析

从图 5-4 可以看出，当销售额高于 750 万元(每股收益无差别点的销售额)，或当息税前利润高于 120 万元时，运用负债融资可获得较高的收益；当销售额低于 750 万元时，或当息税前利润低于 120 万元时，运用权益融资可获得较高的每股收益。

【例 5-27】某公司目前的资金来源包括面值 1 元的普通股 800 万股和平均利率为 10% 的 3 000 万元债务。该公司现在拟投产甲产品，该项目需要筹资 4 000 万元，预期投产后每年可增加息税前利润 400 万元。该项目有两个备选的筹资方案：①按 11% 的利率发行债券；②按 20 元/股的价格增发普通股。

该公司目前的息税前利润为 1 600 万元，所得税税率为 40%，证券发行费用可忽略不计。则该公司应该选择哪种筹资方式？

(1) 计算按不同方案筹资后的普通股每股收益。

发行债券每股收益=1 600+400-3 000×10%-4 000×11%)× (1-40%)/800=0.95(元)

增发普通股的每股收益=(1 600+400-3 000×10%)(1-40%)/1 000=1.02(元)

(2) 计算增发普通股和债券筹资的每股收益无差别点。

$$\frac{(EBIT-300-440)\times(1-40\%)}{800}=\frac{(EBIT-300)\times(1-40\%)}{800+200}$$

$$EBIT=2\ 500(万元)$$

(3) 计算筹资前的财务杠杆系数和按两个方案筹资后的财务杠杆系数。

筹资前的财务杠杆=1 600/(1 600-300)=1.23

发行债券的 *DFL*=2 000/(2 000-300-440)=1.59

增发普通股的 *DFL*=2 000/(2 000-300)=1.18

从上述计算结果可以看出：由于增发普通股每股收益(1.02)大于债券筹资方案(0.95)，且其财务杠杆系数(1.18)小于债务筹资方案(1.59)，即增发普通股方案收益高且风险低，所以，方案②为较优方案。

2. 资本成本比较法

资本成本比较法是在资本成本计量原理的基础上，通过计算和比较各种预计资本结构方案的加权平均资本成本，选择加权平均资本成本最低的那个方案所设定的资本结构为企业最佳的资本结构，这时的资本结构也会使企业价值最大。

【例 5-28】某公司需筹集 2 000 万元，可以通过银行借款、发行债券、发行普通股股票三种方式筹措，其个别资本成本已分别测定，并且在该融资规模内保持不变，有关资料如表 5-11 所示。

表 5-11　某公司资本结构与资本成本数据

融资方式	资本结构/%			个别资本成本/%
	A方案	B方案	C方案	
长期借款	40	30	20	6
债券	10	15	20	8
普通股	50	55	60	9
合　计	100	100	100	—

根据表 5-11，分别计算出三种方案的加权平均资本成本(k_w)。

A 方案：k_w=40%×6%+10%×8%+50%×9%=7.7%

B 方案：k_w=30%×6%+15%×8%+55%×9%=7.95%

C 方案：k_w=20%×6%+20%×8%+60%×9%=8.2%

由以上计算可以看出，A 方案的加权平均资本成本最低，这就表明该公司最佳的资本结构应为长期借款 800 万元、债券 200 万元、普通股 1 000 万元。

3. 公司价值比较法

公司价值比较法是在充分反映公司财务风险的前提下，以公司价值的大小为标准，经过测算确定公司最佳资本结构的方法。从根本上讲，公司财务管理的目标在于追求公司价值的最大化或股价最大化，该方法与资本成本法和融资的每股收益法相比，更加充分的考虑了公司的财务风险和资本成本等因素的影响，更加符合财务管理的目标；但其缺陷在于测算原理及测算过程较复杂，通常用于资本规模较大的上市公司。

1) 公司价值的测算

关于公司价值的内容及其确定问题上，目前主要有以下三种认识。

(1) 公司价值等于其未来净收益(或现金流量)按照一定折现率折现的价值，即公司未来净收益的折现值。用公式表示如下：

$$V = \frac{EAT}{K}$$

式中：V 为公司的价值，即未来净收益的折现值；EAT 为公司未来的年净收益，即公司未来的年税后收益；K 为公司未来净收益的折现率。

这种方法计算虽然比较合理，但对于公司未来的净收益及公司未来净收益的折现率两个因素无法确定。因此这种方法在实践中运用的比较少。

(2) 公司价值是其股票的现行市场价值。根据这种认识，公司股票的现行市场价值可按其现行市场价格来计算，故有其客观合理性，但也存在两个问题：一是公司股票价格受各种因素的影响，其市场价格波动较大，每个交易日都有不同的价格，公司的股票究竟按哪个交易日的市场价格来计算，这个问题还没有得到解决；二是公司价值的内容是否只包含股票的价值，是否还应包括长期债务的价值，而这两者之间又是相互影响的。如果公司的价值只包括股票的价值，那么就无须进行资本结构的决策，这种测算方法也就不能用于资本结构决策。

(3) 公司价值等于其长期债务和股票的折现价值之和。与上述两种测算方法相比，这种测算方法比较合理，也比较现实。它至少有两个优点：一是从公司价值的内容来看，它不仅包括了公司股票的价值，而且还包括公司长期债务的价值；二是从公司净收益的归属来看，它属于公司所有者即属于股东。因此，在测算公司价值时，这种测算方法用公式表示为：

$$V=S+B$$

式中：V 为公司的总价值，即公司总的折现价值；B 为公司长期债务的折现价值；S 为公司股票的折现价值。

为简化起见，假设债券的市场价值等于它的面值。股票的市场价值则可通过下式计算：

$$S = \frac{(EBIT - I)(1-T)}{k_s}$$

式中：EBIT 为息税前利润；I 为年利息；T 为公司所得税税率；k_s 为公司股票资本成本。

1) 公司资本成本的测算

在公司价值测算的基础上，如果公司的全部长期资本由长期债务和普通股组成，则公司的全部资本成本，即加权平均资本成本，可按下列公式测算。

$$k_w = k_b \left(\frac{B}{V}\right)(1-T) + k_s \left(\frac{S}{V}\right)$$

加权平均资本成本 = 税前债务资本成本 × (1 − 税率) × 债务资本比重 +
权益资本成本 × 权益资本比重

式中：k_w 为公司加权平均资本成本；k_b 为公司长期债务税前资本成本；k_s 为公司普通股资本成本。

2) 最佳资本结构的确定

运用上述原理测算公司的总价值和加权平均资本成本，就可以以公司价值最大化为目标比较确定公司的最佳资本结构。

【例 5-29】某公司年息前税前盈余为 500 万元，资金全部由普通股资本组成，股票账面价值 2 000 万元，所得税税率 25%。该公司认为目前的资本结构不够合理，准备用发行债券购回部分股票的办法予以调整。经咨询调查，目前的债务利率和权益资本的成本情况见表 5-12。

表 5-12 不同债务水平对公司债务资本成本和权益资本成本的影响

债券的市场价值 B/百万元	税前债务资本成本 K_b/%	股票 β 值	无风险报酬率 R_f/%	平均风险股票必要报酬率 R_m/%	权益资本成本 K_s/%
0	—	1.20	10	14	14.8
2	10	1.25	10	14	15
4	10	1.30	10	14	15.2
6	12	1.40	10	14	15.6
8	14	1.55	10	14	16.2
10	16	2.10	10	14	18.4

根据表 5-12 的资料，运用前述公司价值和公司资本成本的测算方法，计算出筹借不同金额的债务时公司的价值和公司资本成本(见表 5-13)。

表 5-13 公司市场价值和资本成本

债券的市场价值 B/百万元	股票的市场价值 S/百万元	公司的市场价值 V/百万元	税前债务资本成本 K_b/%	权益资本成本 K_s/%	加权平均资本成本 K_w/%
0	25.34	25.34	—	14.8	14.80
2	24.00	26.00	10	15	14.42
4	22.70	26.70	10	15.2	14.05
6	20.58	26.58	12	15.6	14.11
8	17.96	25.96	14	16.2	14.44
10	13.86	23.86	16	18.4	15.72

(1) 当债务为 0 时 $S=$净利润$/K_s=(500-0)\times(1-25\%)/14.8\% \approx 2\,534$(万元)

$V=2\,534$(万元)

$k_w=k_s=14.8\%$

(2) 当债务为 200 万元时的股票市场价值 $S=(500-200\times 10\%)\times(1-25\%)/15\%$
$=2\,400$(万元)

$B=200$(万元)

$V=200+2\,400=2\,600$(万元)

$k_W=k_b\times w_b+k_s\times w_s=10\%\times(1-25\%)\times 200/2\,600+15\%\times 2\,400/2\,600 \approx 14.42\%$

从表 5-13 中可以看到，在没有债务的情况下，公司的总价值就是其原有股票的市场价值。当公司用债务资本部分地替换权益资本时，一开始公司总价值上升，加权平均资本成本下降；在债务达到 400 万元时，公司总价值最高，加权平均资本成本最低；债务超过 400

万元后，公司总价值下降，加权平均资本成本上升。因此，债务为 400 万元时的资本结构是该公司的最佳资本结构。

本 章 小 结

在本章中主要讲述了企业融资决策中必须注意的三个问题：资本成本、杠杆效应与风险、资本结构及其优化的研究。

资本成本是指企业为筹集和使用资本而付出的代价，通常包括资本筹资费用和资本使用费用两部分。资本成本又可以分为个别资本成本、加权平均资本成本和边际资本成本。个别资本成本是企业单项融资方式的资本成本，一般用于比较和评价各种融资方式；加权平均资本成本是对个别资本成本进行加权平均而得到的结果，一般用于资本结构决策；边际资本成本是指企业新筹集部分资本的成本，一般用于追加筹资决策。

财务管理中的杠杆通常有三种形式：经营杠杆、财务杠杆和总杠杆。经营杠杆是指由于企业经营成本中存在固定成本而对企业经营收益带来的影响。经营杠杆利益是指在扩大销售条件下，经营性固定成本这个杠杆会使息税前利润增长的幅度更大；经营杠杆风险是指在销售下降的情况下，由于企业经营成本中存在固定成本会使息税前利润下降的幅度更大。财务杠杆是指由于企业财务成本中存在固定利息而对企业所有者权益带来的影响。财务杠杆利益是指在企业息税前利润增长的条件下，债务利息这个杠杆会使普通股每股收益增长的幅度更大；财务杠杆风险是指在息税前利润下降的情况下，由于固定性债务利息的原因会使普通股每股收益下降的幅度更大。总杠杆用来反映企业综合利用财务杠杆和经营杠杆给企业普通股收益带来的影响。

资本结构是理论是关于公司资本结构、公司资本成本与公司价值三者之间关系的理论。它是现代财务管理理论的重要内容，也是资本结构决策的理论基础、主要有早期资本结构理论、MM 理论和新的资本结构理论。最佳资本结构是指在适度财务风险的条件下，使企业加权平均资本成本最低，同时使企业价值最大的资本结构。确定企业的最佳资本结构，可以采用每股收益分析法、资本成本比较法和公司价值比较法等评价方法。

复习思考题

一、简答题

1. 资本成本的内容有哪些？
2. 如何计算公司个别资本成本、加权平均资本成本、边际资本成本？

3. 简述财务管理中的杠杆效应与风险。
4. 如何计算经营杠杆系数、财务杠杆系数、总杠杆系数？
5. 企业最佳资本结构决策的方法有哪几种？如何运用？

二、单项选择题

1. 某公司发行总面额为 500 万元的 10 年期债券，票面利率 12%，发行费用率为 5%，公司所得税率为 33%。该债券采用溢价发行，发行价格为 600 万元，该债券的资金成本为（　　）。
   A. 8.46%　　　　B. 7.05%　　　　C. 10.24%　　　　D. 9.38%

2. 某企业的产权比率为 80%(按市场价值计算)，债务平均利率为 12%，权益资金成本是 18%，所得税税率为 40%，则该企业的加权平均资金成本为(　　)。
   A. 12.4%　　　　B. 10%　　　　C. 13.2%　　　　D. 13.8%

3. 公司增发的普通股的市价为 10 元/股，筹资费用率为市价的 5%，最近刚发放的股利为每股 0.5 元，已知该股票的股利年增长率为 6%，则该股票的资金成本率为(　　)。
   A. 11%　　　　B. 11.58%　　　　C. 11%　　　　D. 11.26%

4. 某公司的经营杠杆系数为 2.5，预计息税前利润将增长 30%，在其他条件不变的情况下，销售量将增长(　　)。
   A. 75%　　　　B. 15%　　　　C. 12%　　　　D. 60%

5. 某企业上年的息税前利润为 6 000 万元，利息为 300 万元，融资租赁的租金为 200 万元，假设企业不存在优先股，本年的利息费用和融资租赁的租金较上年没有发生变化，但是本年的息税前利润变为 8 000 万元，则该企业本年度财务杠杆系数为(　　)。
   A. 1.2　　　　B. 1.07　　　　C. 1.24　　　　D. 1.09

6. 某企业的财务杠杆系数为 2，经营杠杆系数也为 2.5，当企业的产销业务量的增长率为 30%时，企业的每股利润将会增长(　　)。
   A. 60%　　　　B. 150%　　　　C. 75%　　　　D. 100%

三、多项选择题

1. 影响债券资金成本的因素包括(　　)。
   A. 债券的票面利率　　　　　　B. 债券的发行价格
   C. 筹资费用的多少　　　　　　D. 公司的所得税税率

2. 如果企业的全部资本中权益资本占 70%，则下列关于企业风险的叙述不正确的是(　　)。
   A. 只存在经营风险　　　　　　B. 只存在财务风险
   C. 同时存在经营风险和财务风险　　D. 财务风险和经营风险都不存在

3. 企业财务风险主要体现在( )。
   A. 增加了企业产销量大幅度变动的机会
   B. 增加了普通股每股利润大幅度变动的机会
   C. 增加了企业资金结构大幅度变动的机会
   D. 增加了企业的破产风险
4. 关于复合杠杆系数，下列说法正确的是( )。
   A. 等于经营杠杆系数和财务杠杆系数之和
   B. 该系数等于普通股每股利润变动率与息税前利润变动率之间的比率
   C. 等于经营杠杆系数和财务杠杆系数之积
   D. 复合杠杆系数越大，复合风险越大
5. 企业调整资金结构的存量调整方法主要包括( )。
   A. 债转股　　　B. 发行债券　　　C. 股转债　　　D. 调整权益资金结构

四、综合计算题

1. 某企业计划筹集资金 100 万元，所得税税率 33%，有关资料如下：①向银行借款 10 万，借款年利率 7%，手续费 2%；②按溢价发行债券，债券面值 14 万元，溢价发行价格为 15 万元，票面利率 9%，期限为 5 年，每年支付一次利息，其筹资费率为 3%；③发行优先股 25 万元，预计年股利率为 12%，筹资费率为 4%；④发行普通股 40 万元，每股发行价格 10 元，筹资费率为 6%，预计第一年每股股利 1.2 元，以后每年近 8% 递增；⑤其余所需资金 通过留存收益取得。

要求：
(1) 计算个别资金成本；
(2) 计算该企业加权平均资金成本。

2. 某企业 2008 年资产总额为 1 000 万元，资产负债率为 40%，负债平均利息率 5%，实现的销售收入为 1 000 万，全部的固定成本和费用为 220 万，变动成本率为 30%，若预计 2008 年的销售收入提高 50%，其他条件不变。

要求：
(1) 计算 DOL、DFL、DTL；
(2) 预测 2010 年的每股利润增长率。

3. 某公司 2008 年销售产品 15 万件，单价 80 元，单位变动成本 40 元，固定成本总额 150 万元。公司有长期负债 80 万元，年平均利息率为 10%；有优先股 200 万元，优先股股利率为 8%；普通股 100 万股(每股面值 1 元)，每股股利固定为 0.5 元；融资租赁的租金为 20 万元。公司所得税税率为 40%。

要求:
(1) 计算 2008 年该公司的边际贡献总额;
(2) 计算 2008 年该公司的息税前利润总额;
(3) 计算该公司 2009 年的复合杠杆系数。

第六章

证券投资管理

【本章导读】

证券投资是企业对外投资的重要组成部分,其中主要包括股票投资、债券投资、基金投资以及衍生金融资产投资四种方式。本章分节论述了这四种投资方式的概念、特点及其分类,重点介绍了股票和债券的估价及前三种投资方式下投资收益的主要来源及其确定形式。通过本章的学习,能够对证券投资有一个基本的认识。

【知识要点】

(1) 证券投资的种类。
(2) 优先股与普通股。
(3) 股票估价模型及投资收益率。
(4) 债券估价模型及投资收益率。
(5) 投资基金与股票、债券、银行储蓄存款的差别。
(6) 投资基金的种类。
(7) 投资基金收益及其评价指标。
(8) 衍生金融资产的种类和功能。

【引入案例一】

65 岁的刘大爷,看到各家银行基金卖疯的现象,加上不少基金在宣传的时候打出高收益的口号,心里开始打起小算盘了。目前其家庭主要的资产包括:4 万元即将到期的银行定期储蓄,1 万元五年期凭证式国债。现在,刘大爷每月领取 1 000 元的养老保险金,儿女们已成家立业,不用负担,所以他的最大愿望是实现家庭资产的增值,为自己和一直没有工作的老伴提供生活保障,提高老两口的晚年生活质量。于是他们想到把房子抵押出去买风险与收益较高的股票型基金。

刘大爷的想法很简单:基金的年收益能达到 20%,而房子抵押 2~3 年的银行贷款利率只有 5.49%,这样一计算买 40 万元基金,年收益可以达到 14.51%,两三年挣个十几万挺容易。

建议：稳健是关键。用到期后的 4 万元存款，按照收益性和稳妥性的原则，购买货币型基金，或者购买两年期电子记账凭证式国债，年收益在 2.4%。

【引入案例二】　　"百年一遇"：金融大海啸洗劫华尔街

一场百年一遇的金融风暴正在席卷华尔街！全球股市暴跌，投资银行一家接一家倒下，美国政府豪掷万亿美元救市，各国央行联袂出手……

究竟是什么原因引发了这场金融大海啸？全球金融将走向何处？

1. 低利率环境埋下隐患

这场令世人瞠目结舌的金融危机源于一种普通的住房贷款产品——次级抵押贷款。这是美国一些贷款机构向信用程度较差和收入不高的借款人提供的贷款。

自 2001 年 "9·11" 事件后，由于担心经济下滑，美联储开始了连续的降息历程，联邦基金利率从当年的 3%一路降至 2003 年 1 月的 1%这一近 30 年的最低水平，并维持至 2004 年 6 月。在这三年的超低利率环境里，全球流动性泛滥，美国房地产业格外繁荣，流动性泛滥助长了住房按揭贷款的风生水起。

低利率环境虽然保住了经济增长，但也造成美元持续走弱、通胀压力增大以及流动性泛滥带来的资产泡沫。自 2004 年底，美联储走上加息历程。利率从 1%的低点一路加到 2006 年 7 月的 5.25%，并保持 13 个月。利率的大幅攀升加重了购房者的还贷负担，美国住房市场开始大幅降温，还不起贷款的人陆续浮出水面。自 2005 年底美国房地产市场开始降温，房屋贷款公司也受到了沉重打击。最先出事的是全美第二大次级抵押贷款公司新世纪金融公司，该公司 2007 年 3 月宣布无力偿还所有债务以破产告终。此后，一批同类型公司相继关门。

2. 银行大"冒险"

在美国房地产繁荣的那几年，投资银行也纷纷加入争夺美国房地产市场次级按揭的大蛋糕。一方面，投行纷纷大举收购中小银行或按揭公司。另一方面，在投资银行的帮助下，贷款机构将流动性很弱的次级抵押房贷包装成抵押担保证券(MBS)，因为 MBS 债券评级不高难以脱手，按照可能出现违约几率 MBS 又被分割成不同等级的"块"，一举被"创新"为 CDOs(债务抵押凭证)。这样，不同级别的"块"可以有不同的评级，投资银行将各种不同收益及信用评级的证券产品，销售给对冲基金、商业银行、保险公司、某些国家的央行甚至加州工人退休基金、哈佛大学基金这样的稳健投资机构。

一些以稳健著称的商业银行也因投资 MBS 债券品种而蒙受巨大损失。据美国银行业监管部门——联邦储蓄保险公司(FDIC)统计，今年年初以来，美国已有 11 家商业银行和吸储机构破产。第二季度，有 117 家商业银行和吸储机构被列入"问题银行"名单，为 2003 年中期以来最高。FDIC 董事长希拉·贝尔预计，更多美国银行将面临破产危险。

3. 巨头一个个倒下

2008年6月，贝尔斯登旗下两只基金因次级抵押债券出现严重亏损，成为次贷危机中最先倒掉的一批基金，贝尔斯登的噩梦也从此开始。在一番挣扎之后，有85年历史的贝尔斯登被摩根大通收购。继贝尔斯登之后，美国大型金融机构的"惨剧"轮番上演。

美国政府9月初宣布，正式接管两大房贷巨头房利美和房地美，以避免更大范围金融危机的发生。9月15日，华尔街第四大投资银行雷曼兄弟公司宣布将申请破产保护，有着158年辉煌历史的雷曼兄弟公司轰然倒下。14日，美国银行与华尔街第三大投资银行美林集团达成协议，以约440亿美元的换股方式收购美林。美联储16日又宣布，向陷入困境的美国保险业巨头——美国国际集团AIG提供850亿美元紧急贷款。里昂证券首席股票策略分析师Christopher Wood发布报告指出，雷曼兄弟宣布破产后，随着金融市场动荡加剧，全球的信贷相关损失会增至1.5万亿美元。

第一节 证券投资的含义与种类

一、证券投资的含义

证券是指由筹资者发行的，票面载有一定金额，代表所有权或债权的凭证。投资是一种通过认真分析，有指望保本并能有一个满意收益的行为。投资经济学将投资分为两类：一类是直接投资，即将资金投放到生产经营性资产上，以获取利润；另一类是间接投资，即将资金投放到有价证券上，以获得预期收益，而后再投入到生产活动。证券投资属于间接投资。

证券投资是指投资者将资金投资于股票、债券、基金及衍生金融工具等资产，从而获得收益的一种投资行为。证券投资包括以下四个要素。

(一)投资主体

投资主体即证券投资者，包括机构投资者和个人投资者。机构投资者包括政府部门、企事业单位、金融机构、社会公益基金等，个人投资者为自然人。

(二)投资对象

投资对象即投资客体，包括股票、债券、投资基金，也包括认股权证、指数期货、期权等衍生金融工具。

(三)投资目的

证券投资的目的是获取收益。收益即投资所得的报酬,具有不确定性。在证券市场上,收益总是和风险相伴。

(四)投资行为

证券投资的收益与风险并存,要求投资者不仅要对不同的证券类型进行选择,还要对证券的品种进行分析。因此,证券投资既是一种具有一定风险的投资行为,又是一种复杂的智力活动。投资者要想取得投资成功,必须学习和了解投资的基本知识,熟悉和遵守投资程序,并掌握投资决策的各种方法。

二、证券投资的种类

证券投资的分类以证券的分类为基础,按照不同的标准证券可分为以下六种。

1．按发行主体不同,证券可分为政府证券、金融证券和公司证券

政府证券的发行主体是中央政府或地方政府;金融证券的发行主体是银行或其他金融机构;公司证券又称企业证券,其发行主体是各工商企业。这些证券中,政府证券的风险较小,金融证券次之,公司证券的风险视企业的规模、财务状况和其他情况而定。

2．按期限长短不同,证券可分为短期证券和长期证券

短期证券是期限在一年以内(含一年)的证券,如短期国债、商业票据(汇票、本票和支票)、大额可转让定期存单等。长期证券是指期限在一年以上的证券,如股票、长期债券等。一般而言,短期证券的风险较小,流动性较强,但收益较低;长期证券的收益一般较高,但流动性相对较弱,风险较大。

3．按收益状况不同,证券可分为固定收益证券和变动收益证券

固定收益证券是指在证券的票面上规定有固定收益率的证券,如债券和优先股。变动收益证券是指证券的票面不表明固定的收益率,其收益情况随企业经营状况而变动的证券,如普通股。一般而言,固定收益证券风险较小,收益较低;变动收益证券风险较大,收益较高。

4．按体现的权益关系不同,证券可分为所有权证券和债权证券

所有权证券是指证券的持有人为证券发行单位的所有者,其持有人一般对发行单位有一定的管理和控制权,如股票。债权证券是指证券的持有人是发行单位的债权人,其持有

人对发行单位一般无管理和控制权,如债券、商业票据等。当发行单位破产时,债权证券有优先清偿权,而所有权证券则在最后清偿,因此所有权证券要比债权证券承担更大的风险。

5. 按募集方式不同,证券可分为公募证券和私募证券

公募证券又称公开发行证券,是指发行人通过中介机构向不特定社会公众广泛地发售证券。采用公募发行证券的优势是以众多的投资者为发行对象,筹资潜力大;持券范围较分散,避免证券被少数人操纵;可在二级市场流通,提高发行人的知名度和股票的流动性;只有公开发行的证券才可以申请在交易所上市交易。公募发行也存在某些缺点,如发行难度大,有发行失败的风险,通常需要承销商的协助;发行人必须向证券管理机关办理注册手续;发行人必须在招股说明书中如实公布有关情况以供投资者作出正确决策。

私募发行是指面向少数特定投资人(个人投资者/机构投资者)发行证券的行为,又称不公开发行或内部发行。私募发行的优势是发行比较简单,可节省发行时间与费用;通常不必向证券管理机关办理注册手续;发行对象明确而不必担心发行失败。不足之处是流通性较差,须向投资者提供特殊优厚条件。

第二节 股票投资

一、股票投资的目的和种类

(一)股票投资的目的

股票是股份公司发给股东证明其投资并凭以领取股息的凭证,是金融市场上的长期投资工具。进行股票投资的目的主要有两种:一是作为一般的证券投资,获取股利收入及股票买卖价差;二是利用购买某一企业的大量股票达到控制该企业的目的。

(二)股票投资的种类

股票投资的分类以股票的分类为基础,按照不同的标准股票可分为以下五种。

1. 按股东权益不同,股票可分为普通股和优先股

(1) 普通股是股份公司资本构成中最普通、最基本的股份,是股份公司资本金的基础部分,具有以下特点。

第一,持有普通股的股东有权获得股利,但股息无上下限,风险最大。

第二,当公司因破产或结束而进行清算时,普通股股东有权分得公司剩余资产,即具有收益和资产的剩余索取权。

第三，普通股股东一般都拥有发言权和表决权，即有权就公司重大问题进行发言和投票表决。

第四，普通股股东一般具有优先认股权，即当公司增发新普通股时，现有股东有权优先(可能还以低价)购买新发行的股票，以保持其对企业所有权比例不变，从而维持其在公司中的权益。

(2) 优先股是相对于普通股而言的，是股份公司发行的在分配红利和剩余财产时比普通股具有优先权的股票。优先股也是一种没有期限的所有权凭证，优先股股东一般不能在中途向公司要求退股(少数可赎回的优先股除外)，但优先股具有固定的股息，在很多方面与债券相似，因此，优先股常被视为一种混合证券，即有些特征像股票，有些特征像债券，具有以下特点。

第一，收益率固定，风险小于普通股。一般优先股发行时就以固定股息率的形式来确定收益率，因此风险小于普通股。

第二，对收益和资产的索取权先于普通股。当公司分配利润时，优先股可按固定股息率优先分得全部股息；当公司解散、破产清算时，优先股具有对公司剩余资产的优先分配权。

第三，权利范围小。优先股股东一般没有投票权或对董事会董事的选举权，但在某些情况下可以享有投票权：如果公司股东大会需要讨论与优先股有关的索偿权，可允许优先股股东参加。

2. 按是否记名，股票可分为记名股票和不记名股票

(1) 记名股票是指在股票票面和股份公司股东名册上记载股东姓名的股票。它具有以下特点。

第一，记名股票所包含的股东权益应归属于记名股东，只有记名股东或其正式授权的代理人才能行使股东权。

第二，认购记名股票的股款可以一次交清，也可以分次交清。

第三，记名股票的转让必须到股票的发行公司办理变更股东名册簿记记载手续，否则受让方不得行使股东权利。

第四，记名股票便于挂失，相对安全。我国《公司法》规定，记名股票被盗、遗失或者灭失，股东可以依照民事诉讼法规定的公示催告程序，请求人民法院宣告该股票失效，然后股东可以向公司申请补发股票。

(2) 不记名股票是指在股票票面和股份公司股东名册上均不记载股东姓名的股票。它具有以下特点。

第一，不记名股票所包含的股东权益应归属于股票的持有者，谁持有股票，谁就拥有股东权利，只要在拥有权利的过程中，向股份公司出示股票即为有效。

第二，认购不记名股票的股款必须一次交清，这主要是因为不记名股票不记载股东姓名，如果允许股东分期交付股款，在实际催缴时会遇到困难。

第三，不记名股票的转让比记名股票更自由、方便，只要向受让人交付股票便发生转让的法律效力，不需要办理过户手续，受让人即可取得股东资格。

第四，不记名股票安全性较差，一旦遗失，股东即丧失股东权利，无法挂失。但随着无纸化交易的展开，这种情况已经得到了很好的改善。

3. 按股票是否标明金额，股票可分为有面额股票和无面额股票

(1) 面值股票是在票面上标有一定金额的股票。持有这种股票的股东，对公司享有的权利和承担的义务的大小，以其所持有的股票票面金额占公司发行在外股票总面值的比例而定。

(2) 无面值股票是不在股票面上标出金额，只载明所占公司股东总额的比例或股份数的股票。无面值股票的价值随公司财产的增减而变动，而股东对公司享有的权利和承担的义务的大小，直接以股票标明的比例而定。目前，我国《公司法》不承认无面值股票，规定股票应记载股票的票面金额，并且其发行价格不得低于票面金额。

4. 按股票发行和交易范围不同，股票可分为A股、B股、H股和N股

(1) A股的正式名称是人民币普通股票。它以人民币标明面值，以人民币认购和买卖，在境内(上海和深圳)证券交易所上市交易的股票。A股的投资人曾经仅限于我国境内的法人和自然人，2002年12月1日起，合格的境外投资者(QFII)也可以投资于A股市场。

(2) B股的正式名称是人民币特种股票，它是以人民币标明面值，以外币认购和买卖，在境内(上海、深圳)证券交易所上市交易的。B股公司的注册地和上市地都在境内。只不过投资者在境外或在中国香港、澳门及台湾；其目的是为境内企业开辟筹集外资的渠道；在B股设立之初，其投资人仅限于香港、澳门、台湾及外国的自然人和法人。2001年2月19日起，B股市场向我国境内居民开放，境内居民可以以持有的外汇开立B股账户。

(3) H股是指中国内地的公司获准在香港联合证券交易所发行上市，以人民币标明面值，以港币认购和交易的特种股票。1993年青岛啤酒公司首先在香港发行H股；目前，H股已经成为内地公司筹集资金的一个重要渠道。

(4) N股是指中国内地的公司获准在美国纽约证券交易所发行上市，以人民币标明面值，以美元认购和交易的特种股票。

5. 按业绩不同，股票可分为 ST 股、垃圾股、绩优股和蓝筹股。

(1) ST 股是指境内上市公司连续两年亏损，被进行特别处理的股票；*ST 是指境内上市公司连续三年亏损的股票。摘帽是指某股票原来是 ST 的，现在去掉 ST 成为正常股票。

(2) 垃圾股是指经营亏损或违规的公司的股票。

(3) 绩优股就是业绩优良公司的股票，一般每股税后利润在全体上市公司中处于中上地位，上市后净资产收益率连续三年超过 10%的股票。

(4) 蓝筹股是指那些在其所属行业内占有重要支配性地位、业绩优良、成交活跃、红利优厚的大公司股票。

二、股票估价模型

股票估价实际是对股票的内在价值进行评估，然后和股票市价进行比较，视其低于、高于或等于市价，决定买入、卖出或继续持有。常见的股票估价方法有股利现值法和每股盈余估价法。

(一)股利现值法

与其他资产一样，股票的价值等于其未来现金流量的现值。股票的未来现金流量主要是股东所得的现金股利。以下是几种常见的股票估价模型。

1. 股票估价基本模型

普通股价值取决于一系列现金流量的现值。可用下列公式来表达：

$$V = \sum_{t=1}^{n} \frac{D_t}{(1+k)^t}$$

式中：V 为股票的内在价值；D_t 为第 t 期的股利；K 为估价所采用的贴现率即投资者要求的必要收益率。

2. 几种特殊的股票估价模型

1) 零增长股票估价模型

如果将公司每年发给股东的股利计为 D，其估价模型为：

$$V = \sum_{t=1}^{n} \frac{D}{(1+k)^t}$$

由于未来股利不变，可看作是永续年金，由永续年金现值的计算公式可知：

$$V = \frac{D}{k}$$

【例 6-1】假设某公司每年分配股利 1.5 元,最低收益率为 16%,求该公司股票的价值。

$$V = \frac{D}{k} = \frac{1.5}{16\%} = 9.375 (元)$$

2) 固定增长股票估价模型

这种股票估价方法的使用有三个假设条件:①企业一但购入普通股将长期持有;②股利按固定的年增长率增长,该增长率用 g 表示;③股利增长率总是低于投资者预期收益率,即 $k>g$。股票的价值也就是未来股利按投资者预期收益率折现的总额。

假定上年股利为 D_0,预期未来股利固定增长率为 g,则第 t 年的股利 $D_t = D_0(1+g)^t$,则股票的估价模型为:

$$V = \frac{D_1}{k-g} \text{①}$$

【例 6-2】某公司股票投资必要收益率为 16%,现欲购买 A 公司股票,假定,A 公司当前股利为 1.50 元,且预期股利按 12% 的速度增长,则投资于该股票,其价值是多少?

$$V = \frac{1.5(1+12\%)}{16\%-12\%} = 42 (元)$$

如果 A 股票目前的市场价格低于 42 元,则该公司的股票是值得购买的。

3) 非固定增长股票估价模型

在现实生活中,很多企业的股利是不固定的。每个企业的经济发展都会经历高速成长期、成熟期和衰退期。例如,许多从事技术的企业股票预期在一定时间内迅速增长,但是在接近成熟期时,股利增长下降。在这种情况下,就要分段计算,才能确定股票的价值。

计算过程包括以下三个步骤。

(1) 计算出非固定增长期间的股利现值;

(2) 找出非固定增长期结束时的股价,然后算出这一股价的现值;

(3) 将上述步骤求出的现值加在一起,所得和就是阶段性增长股票的现值。

【例 6-3】某公司预计在未来 3 年内股利将高速增长,增长率为 12%,以后转为正常增长,增长率为 7%。该公司最近一年的股利为每股 1 元。假设投资者要求的最低报酬率为 8%,求该公司股票的价值。

---

① 此公式的推导过程:

$V = \frac{D_1}{(1+K)^1} + \frac{D_2}{(1+K)^2} + \frac{D_3}{(1+K)^3} + \cdots + \frac{D_N}{(1+K)^N} = \frac{D_0(1+g)}{1+k} + \frac{D_0(1+g)^2}{(1+k)^2} + \frac{D_0(1+g)^3}{(1+k)^3} + \cdots + \frac{D_0(1+g)^n}{(1+k)^n}$ (1),将 (1) 式两边同乘以 $\frac{1+k}{1+g}$ 后,再减(1)式得 $\frac{V(1+k)}{1+g} - V = D_0 - \frac{D_0(1+g)^n}{(1+k)^n}$。由于 $k>g$,当 $n \to \infty$ 时,则 $\frac{D_0(1+g)^n}{(1+k)^n} \to 0$,$\frac{V(1+k)}{1+g} - V = D_0$,$V = \frac{D_0(1+g)}{k-g} = \frac{D_1}{k-g}$。

(1) 计算高速增长期的股利现值,如表 6-1 所示。

表 6-1 股利现值

年 份	股利 D_t	现值系数(8%)	现值/元
1	1×(1+12%)=1.12	0.926	1.04
2	1.12×(1+12%)=1.25	0.875	1.07
3	1.25×(1+12%)=1.4	0.794	1.11
合 计	合计(3 年的股利现值之和)		3.22

V_1=3.22(元)

(2) 计算第 3 年年末时的股票价值。

$$V_2 = \frac{1.4 \times (1+7\%)}{8\% - 7\%} = 149.8(元)$$

计算其现值:

149.8×$PVIF_{8\%,3}$=149.8 × 0.794 = 118.94(元)

(3) 计算股票目前的内在价值。

V=3.22+118.94=122.16(元)

利用股利现值法应注意的是,有人认为如果公司不发放股利便无法运用此方法,其实这是一种误解。因为股利评价模型的基本原理是评估公司股票的内在价值,假设公司将全部盈余都用来发放股利。但公司也可能部分或全部留存收益,而不发放股利,这时公司的价值依然存在,而且由于资本的增长,其实际的内在价值更大。所以上述估价模型依然可以使用,并且是有效的。

(二)每股盈余估价法

上述股利估价模型在理论上具有重要的意义,但在实际操作上比较困难,关键在于未来各期的股利收入不易估计。因此,对许多投资者和证券分析人员来说,尽管他们认为股利会影响股票的价值,但由于未来股利实际不可能被完全正确地预测,而每股盈余估价法则是比较粗略的衡量股票价值的方法,这种方法比较简单,易于掌握。所以在评估股票的价值时,有时更倾向于采用每股盈余估价法。

每股盈余估价法,就是用市盈率乘以每股盈余所得的乘积作为普通股的价格。其计算公式如下:

股票价格=该股票市盈率×该股票每股盈余

这种估价方法主要来自市盈率的内涵。市盈率是股票市价和每股盈余之比,可以粗略反映股价的高低,表明投资人愿意用赢利的多少倍的货币来购买这种股票,是市场对该股票的评价。

根据证券机构或刊物提供的同类股票过去若干年的平均市盈率,乘以当前的每股盈余,可以得出股票的公平价值。

股票价值=行业平均市盈率×该股票每股盈余

用它和当前市价比较,可以分析价格是否合理。

【例6-4】某公司的股票每股收益1.5元,市盈率为10,行业类似股票的市盈率为11,求股票价值和股票价格。

股票价值=11×1.5= 16.59 (元)

股票价格=10×1.5=15 (元)

计算结果表明:市场对该股票的评价略低,估价基本正常,对投资者有一定的吸引力。

三、股票投资收益率

(一)短期股票投资收益率

股票投资收益率可分为短期股票投资收益率和长期股票投资收益率,短期股票一般持有时间较短,其收益率的计算通常不考虑时间价值因素,计算公式为:

$$K = \frac{D}{P_0} + \frac{P_n - P_0}{P_0}$$

式中:K 为股票投资收益率;P_n 为股票的出售价格;P_0 为股票的购买价格;D 为股票的股利。

【例6-5】某公司于2007年10月1日以每股50元的价格购买A公司股票共计50 000元,2008年2月每股获得现金股利5.4元;2008年3月1日,该公司以每股56元的价格将A公司股票全部售出。试计算该股票的投资收益率。

$$K = \frac{D}{P_0} + \frac{P_n - P_0}{P_0} = 22.8\%$$

(二)长期股票投资收益率

股票的长期投资收益率即为股票的内部收益率,反映的是股票投资者按市场价格购买股票后预期可以得到的收益。只有内部收益率高于投资者要求的最低报酬率时,投资者才愿意购买该股票。股票的内部收益率是使股票投资上获得的未来现金流量贴现值与目前的购买价格相等(即净现值为零)时的贴现率。根据上述股票估价模型,以股票当前市场价格替代其内在价值V,计算贴现率,就可得出不同情况下的股票投资收益率。

1. 股票估价基本模型中的股票预期收益率

该种股票投资的预期收益率应是使下式成立的贴现率 k。

$$p_0 = \sum_{t=1}^{n} \frac{D_t}{(1+k)^t}$$

式中：p_0 为股票当期的购买价格。

解上述公式时，可采用内部收益率计算的"逐步测试法"，测试使股票内在价值大于和小于市场价格的两个贴现率，然后用插值法计算。

2. 零增长股票的预期收益率

由公式 $p_0 = \dfrac{D}{k}$，可得 $k = \dfrac{D}{p_0}$。

【例 6-6】某种优先股目前的市价为 60 元，每年支付固定股利 4.26 元，预期投资该优先股的收益率为多少？

$$k = \frac{D}{p_0} = \frac{4.26}{60} = 7.1\%$$

3. 固定增长股票的预期收益率

由公式 $p_0 = \dfrac{D_1}{k-g}$，可得 $k = \dfrac{D_0(1+g)}{p_0} = \dfrac{D_1}{p_0} + g$。

4. 非固定增长股票的预期收益率

该种股票投资的预期收益率也可采用内部收益率计算的"逐步测试法"，测试使股票内在价值大于和小于市场价格的两个贴现率，然后用插值法计算。

四、股票投资分析方法

(一)基本面分析

利用上一小节介绍的股票价值评估方法计算出股票的内在价值，并与和股票的市场价格进行比较。股票市场价格若低于内在价值，则买进；若高于内在价值，则卖出。

(二)技术分析方法

把股票市场的价格变动看作股票市场的供给和需求两种力量相互作用的结果。该分析方法认为，股票市场行为包括一切信息；价格沿趋势波动，并保持趋势；历史会重复。技术分析方法认为只需要根据股票市场的价格、成交量、时间等技术指标就可以判断出股票的买点和卖点。

(三)效率市场方法(股票价格随机漫步理论)

使用该分析方法的投资者而言，股票的市场价格已经充分反映企业的内在价值，因此，投资者只需要被动地买入并持有投资组合以获得等同于市场平均收益率的收益即可。

第三节 债券投资

一、债券投资的目的和种类

(一)债券投资的目的

债券是发行者为筹措资金向投资者出具的承诺按一定利率支付利息并到期偿还本金的债权债务凭证。按投资期限长短，债券可分为短期债券和长期债券。企业进行短期债券投资的目的主要是为了合理利用暂时闲置的资金，调节现金余额，获得收益；而企业进行长期债券投资的目的主要是为了获得稳定的收益。

(二)债券投资的种类

同股票投资的分类一样，债券投资的分类应以债券的分类为基础，按发行主体不同，债券可分为中央政府债券、地方政府债券、金融债券、公司债券和国际债券五种。

(1) 中央政府债券，又称国债，是指中央政府为筹集财政资金，凭其信誉按照一定程序向投资者出具的，承诺在一定时期内还本付息的债权债务凭证。国债与其他债券相比，最大的特点是交易费用小，收益固定，利息免交所得税，信誉高，风险小，因此深受投资者青睐。

(2) 地方政府债券，是指地方政府为筹集财政资金，凭其信誉按照一定程序向投资者出具的，承诺在一定时期内还本付息的债权债务凭证。发行地方政府债券的目的是为当地开发公共建设项目融资，一般用于交通、通信、住宅、教育、医院和污水处理系统等地方性公共设施的建设。

地方政府债券的安全性较高，被认为是安全性仅次于国债的一种债券，而且投资者购买地方政府债券所获得的利息收入一般都免交所得税，这对投资者有很大的吸引力。目前我国地方政府尚不能发行债券。

(3) 金融债券是指由银行和非银行金融机构发行的债券。一般来说，发行这种债券的金融机构都有雄厚的资本，资信度高，利率通常低于一般的企业债券，高于风险更小的政府债券和同期银行存款利率。金融债券一般为中长期债券，主要向社会公众、企业和社会团体发行。

(4) 公司债券，又称为企业债券，是指由公司发行的并承诺在一定时期内还本付息的债权债务凭证。企业债券的期限一般较长，大多为 10～30 年。企业债券的风险相对较大，在选择时应注重投资对象的信用等级。我国目前在沪深交易所上市的三峡债券、铁路债券、吉化债券、梅山债券等都是记账式债券，并且信用等级都为 AAA 级，但其流通量小，适合中小投资者购买。

(5) 国际债券是指在国际金融市场上发行和交易的债券。发行国际债券筹集资金的主要目的有：弥补发行国政府的国际收支逆差、国内财政赤字，筹集大型工程项目资金，增加大型跨国公司资本等。

二、债券估价模型

投资者进行债券都是预期在未来某段时期内可以取得一笔已经发生增值的货币收入，这笔收入主要包括将来收回的本金和利息。这样，目前债券的价值实际上就是按投资者要求的报酬率对未来的这笔货币收入的折现值。如果债券价值大于或等于债券市场价格，则表明投资于该债券是可行的，达到了投资者所要求的投资回报率，相反则是不可行的。

(一)附息债券估价模型

1. 债券估价基本模型

一般的债券类型是有固定的票面利率、每期支付利息、到期归还本金。美国国内的多数债券都是每半年支付利息，而多数欧洲债券通常是每年支付一次利息。这种债券的未来预期现金流就是每年支付的利息和到期时的面值。其估价模型为：

$$V = \sum_{t=1}^{n} \frac{i \times M}{(1+k)^t} + \frac{M}{(1+k)^n}$$

$$= \sum_{t=1}^{n} \frac{I}{(1+k)^t} + \frac{M}{(1+k)^n}$$

$$= I \times PVIFA_{k,n} + M \times PVIF_{k,n}$$

式中：V 为债券的内在价值；M 为债券的面值；n 为付息总期数；i 为债券的票面利率；I 为债券各期的利息；k 为估算债券价值所采用的贴现率即投资者所要求的必要回报率。

【例 6-7】某企业发行面值为 1 000 元，票面利率为 8%，期限 10 年的债券，每年末付息一次。投资者要求的必要回报率为 10%，则该债券的价值为多少？

$$V = I \times PVIFA_{k,n} + M \times PVIF_{k,n}$$
$$= 1\,000 \times 8\% \times PVIFA_{10\%,10} + 1\,000 \times PVIF_{10\%,10}$$
$$= 80 \times 6.145 + 1\,000 \times 0.386 = 877.6(元)$$

2. 一次还本付息债券估价模型

我国发行的债券，多为到期一次还本付息，不计复利的债券。这种债券的未来预期现金流就是到期日的本息之和，其估价模型为：

$$V = \frac{M \times (1+i \times n)}{(1+k)^n} = M \times (1+i \times n) \times PVIF_{k,n}$$

【例 6-8】某公司拟购买另一家企业发行的利随本清的企业债券，该面值为 1 000 元，票面利率 8%，期限 6 年。单利计息，当前的市场利率为 10%，该债券发行价格为多少时才能进行投资？

$$V = M \times (1+i \times n) \times PVIF_{k,n}$$
$$= 1\ 000 \times (1+8\% \times 6) \times PVIF_{10\%,6}$$
$$= 1\ 480 \times 0.564 = 834.72 (元)$$

当该债券的市场价格低于 834.72 元时企业才能进行投资。

3. 贴现债券估价模型

发行该种债券的企业，不支付利息，而以大大低于债券面值的价格出售，到期按面值偿还。由此可见，贴现债券是一种变相支付利息的债券，这个利息就是面值与售价之间的差额。这种债券的未来现金流就是债券面值，其估价模型为：

$$V = \frac{M}{(1+k)^n} = M \times PVIF_{k,n}$$

【例 6-9】某公司以折价方式发行一种面值为 1 000 元的 5 年期债券，期内不计利息，到期按面值偿还。当前的市场利率为 10%时，其内在价值是多少？

$$V = \frac{1\ 000}{(1+10\%)^5} = 1\ 000 \times 0.6209 = 620.9 (元)$$

(二)永久债券估价模型

永久债券是指一种特殊的没有到期日的债券，发行人必须向债券持有人无限期地支付固定利息。在 18 世纪，英格兰就发明了这样的债券，称为"英国永久公债"，英格兰银行向持有者保证永久支付利息。美国政府也曾出售过永久公债来建造巴拿马运河。

其估价模型为：

$$V = \sum_{t=1}^{\infty} \frac{I}{(1+R)^t}$$

式中：V 为债券的内在价值；I 为每期支付的债券利息；R 为市场利率或投资者必要收益率。

根据永续年金的原理可知：

$$V = \frac{I}{R}$$

【例 6-10】投资者购买一种永久债券,发行者每年向投资者支付 100 元利息,且无限期支付。投资者要求的收益率为 12%,则该债券的投资价值是多少?

$$P = \frac{100}{12\%} = 833.33(元)$$

三、债券投资收益率

企业债券投资收益主要包括以下几项。①债券利息收入,是债券的基本收入。②债券买卖的价差收益,是债券尚未到期时投资者中途转让债券所取得的转让价(卖出价)与买入价之间的差额。当债券卖出价大于买入价时,为资本利得;相反为资本损失。③债券利息的再投资收益(适合分期付息,到期一次还本的情况),是利用分期收到的利息进行投资于同一项目所取得的收益。按货币时间价值原理计算债券投资收益时,实际已经考虑了利息再投资收益的因素。

此外,还应指出的是,这里所讲的债券投资收益率是名义收益率,是不考虑时间价值与通货膨胀因素影响的收益水平,包括到期收益率与持有期收益率。

(一)到期收益率

到期收益率是指自购入债券起、持有至到期还本止的收益率。按期限不同,债券到期收益率可分为短期债券到期收益率和长期债券到期收益率。短期债券剩余期限在一年以内,一般不考虑货币时间价值因素,长期债券剩余期限在一年以上,需考虑货币时间价值因素,一般采用复利计算。

1. 短期债券投资到期收益率

短期债券投资到期收益率计算公式为:

$$k = \frac{I + (P_n - P_0)}{P_0}$$

式中:I 为年利息;P_0 为债券的购买价格;P_n 为债券的转让价格;K 为未知数,即到期收益率。

【例 6-11】某企业投资 1 050 元购入一张面值 1 000 元、票面利率 8%、每年付息一次的债券,持有一年后以 1 075 元的价格转让,其投资收益率为多少?

$$k = \frac{I + (P_n - P_0)}{P_0} = \frac{1000 \times 8\% + 1075 - 1050}{1050} = 10\%$$

2. 长期债券投资到期收益率

1) 定期付息的长期债券投资到期收益率

债券的内部收益率是使债券投资上获得的未来现金流量贴现值与目前的购买价格相等(即净现值为零)时的贴现率。根据定期付息长期债券估价模型,以债券买入价替代其内在价值 V,计算贴现率,就可得出此债券投资到期收益率。

$$P_0 = \sum_{t=1}^{n} \frac{i \times M}{(1+k)^t} + \frac{M}{(1+k)^n}$$

$$= M \times (P/F, k, n) + I \times (P/A, k, n)$$

式中:P_0 为债券的买入价。

该种债券投资到期收益率应是使上式成立的贴现率 k。

解上述公式时,可采用内部收益率计算的"逐步测试法",测试使债券内在价值大于和小于市场价格的两个贴现率,然后用插值法计算。

【例 6-12】某公司 2003 年 4 月 1 日以 1 105 元购买一张面值为 1 000 元的债券,票面利率 8%,每年 4 月 1 日计算并支付一次利息,并于 2008 年 3 月 31 日到期。该公司计划持有该债券至到期日。计算其到期收益率。

1 105=1 000×(P/F, k, 5)+1 000×8%×(P/A, k, 5)

当 k=6%时

1 000 ×(P/F, 6%, 5)+1 000×8%×(P/A, 6%, 5)=1 000 × 0.747+80 × 4.212

=1 083.96<1 105

当 k=4%时

1 000 ×(P/F, 4%, 5)+1 000×8% ×(P/A, 4%, 5)=1 000 × 0.822 + 80×4.452

= 1 178.16>1 105

可知,到期收益率在 4%与 6%之间,利用插值公式计算:

$$k = 4\% + \frac{1178.16 - 1105}{1178.16 - 1083.96} \times (6\% - 4\%) = 5.55\%$$

2) 到期一次还本付息的长期债券投资到期收益率

$P_0 = M \times (1+i \times n) \times (P/F, k, n)$

【例 6-13】若例 6-12 中债券的利息计算及支付条件为单利计息,到期一次性还本付息,其他条件不变,计算其到期收益率。

1 105=1 000×(1+8%×5)×(P/F, k, 5)

$$(P/F, K, 5) = \frac{1\ 105}{1000 \times (1+8\% \times 5)} = 0.7893$$

查复利现值系数表,得该债券的到期收益率约等于 5%,准确值可以利用插值公式计算取得。

3) 贴现发行债券的到期收益率

$P_0 = M \times (P/F, k, n)$

【例6-14】某企业发行3年期的贴现债券,面值为2 000元,现以1 520元出售,当前市场利率为8%,用到期收益率指标判断此时可否购买该企业的债券?

$1520 = 2000 \times (P/F, k, 3)$

$(P/F, K, 3) = \dfrac{1520}{2000} = 0.76$

$k = 9.58\%$

由于债券的到期收益率9.58%大于当前的市场利率8%,因此可以对该债券进行投资。

(二)持有期收益率

持有期间收益率是指投资者在债券到期前出售而得到的收益,包括持有期利息收入和债券买卖价差收入。其计算公式为:

$$持有期收益率 = \dfrac{债券年利息 + (债券转让价 - 债券买入价)/持有年限}{债券买入价}$$

【例6-15】A公司于2003年1月1日以120元的价格购买B公司于2002年发行的10年期公司债券,其面值为100元,利率为10%,每年1月1日支付一次利息,A公司将债券持有到2008年1月1日,以140元的价格出售,试计算该投资的持有期收益率。

$$持有期收益率 = \dfrac{100 \times 10\% + (140 - 120)/5}{120} = 11.67\%$$

如果上述债券为一次还本付息,则持有期收益率为:

$$持有期收益率 = \dfrac{(140 - 120)/5}{120} = 3.33\%$$

第四节 投 资 基 金

一、投资基金的概念与特征

(一)投资基金的概念

投资基金是通过发售基金单位,集中投资者的资金形成独立财产,由基金管理人管理、基金托管人托管,基金持有人持有,按其所持份额享受收益和承担风险的集合投资方式。

世界各国和地区对投资基金的称谓也不尽相同。如美国将投资基金称为"共同基金",英国和我国香港特别行政区称为"单位信托基金",日本和我国台湾地区则称之为"证券投资信托基金"。

(二)投资基金的特征

1. 集合投资

投资基金是一种集合投资方式,即通过向投资人发行基金份额或基金单位,能够在短期内募集大量的资金用于投资。同时,在投资过程中,能够发挥资金集中的优势,有利于降低投资成本,获取投资的规模效益。

2. 专业管理

专业管理或称专家管理,即投资基金是通过监管机构认可的专业化的投资管理机构来进行管理和运作的。这类机构由具有专门资格的专家团队组成。专业管理还表现在:证券市场中的各类证券信息由专业人员进行收集、分析,各种的证券组合方案由专业人员进行研究、模拟和调整,分散投资风险的措施由专业人员进行计算、测试等。

3. 组合投资、分散风险

投资基金有特定的投资目标、投资范围、投资组合和投资限制。投资基金在投资过程中通过科学的投资组合和投资限制,实行分散化投资,这将有利于实现资产组合的多样化,并通过不同资产和不同投资证券的相互补充,达到降低投资风险和提高收益的目的。

4. 制衡机制

投资基金在运作中实行制衡机制,即投资人拥有所有权、管理人和运作基金资产、托管人保管基金资产。这种三方当事人之间相互监督、相互制约的机制,规范基金运作,保护投资人的权益。

5. 利益共享、风险共担

投资基金实行"利益共享、风险共担",即投资人根据其持有基金单位或份额的多少,分配基金投资的收益或承担基金投资风险。

阅读资料　　　　　　　　投资基金的起源与发展

1) 投资基金的起源

投资基金作为社会化的理财工具,起源于英国。1868年,当时的英国经过第一次产业革命之后,工商业发展速度快,殖民地和贸易遍及世界各地,社会和个人财富迅速增长。由于国内资金积累过多,投资成本日渐升高,于是,许多商人便将私人财产和资金纷纷转移到劳动力价格低廉的海外市场进行投资,以谋求资本的最大增值。但由于投资者缺乏国际投资知识，对海外的投资环境缺乏应有的了解，加上地域限制和语言不通，无力自行管理。在经历了投资失败、被欺诈等惨痛教训之后，人们便萌发了集合众多投资者的资金，委托专人经营和管理的想法，并得到了英国政府的支持。

因此，1868 年英国成立的"海外及殖民地政府信托基金"组织在美国《泰晤士报》刊登招股说明书，公开向社会个人发售认股凭证，这是公认的设立最早的投资基金。该基金以分散投资于国外殖民地的公司债为主。其投资地区，远及南北美洲、中东、东南亚和意大利、葡萄牙、西班牙等国，投资总额 48 万英镑。该基金与股票类似，不能退股，亦不能将基金单位兑现，认购者的权益仅限于分红和派息两项。因为其在许多方面为现代基金的产生奠定了基础，金融史学家将其视为投资基金的雏形。

另一位投资信托的先驱者是苏格兰人富来明。1873 年，富来明创立了"苏格兰美国投资信托"，开始计划代替中小投资者办理新大陆的铁路投资。

1879 年英国股份有限公司法公布，投资基金脱离了原来的契约形态，发展成为股份有限公司式的组织形式。投资基金的初创阶段，主要投资于海外实业和债券，在类型上主要是封闭式基金。

2) 投资基金的发展

1921 年至 20 世纪 70 年代是投资基金的发展阶段。1921 年 4 月美国设立了第一家投资基金组织——美国国际证券信托基金(The International Securities Trust of American)，标志着投资基金发展中的"英国时代"结束而"美国时代"开始。1924 年 3 月 21 日，"马萨诸塞投资信托基金"设立，意味着美国式投资基金的真正起步。这一基金也是世界上第一个公司型开放式投资基金。

与英国模式相比美国模式具有三个基本特点：①投资基金的组织体系由原先英国模式的契约型改为公司型；②投资基金的运作制度由原先英国模式中的封闭式改为开放式；③投资基金的回报方式由原先英国模式中的固定利率方式改为分享收益、分担风险的分配方式。

目前，在全球投资基金中，美国的投资基金占主导地位。美国的投资基金主要有以下特征。

第一，在世界各国投资基金中，美国的投资基金在资产总值上占半数以上；

第二，基金运作相对规范，公司型基金占据主导地位；

第三，基金种类多，金融创新层出不穷；

第四，允许在主发起的养老金计划和个人税收优惠储蓄计划将公墓的共同基金作为投资工具，这是推动投资基金发展的一个重要原因。

3) 投资基金的普及性发展

20 世纪 40 年代以后，各发达国家的政府也认识到投资基金的重要性以及在金融市场的作用，相继制定了一系列法律、法规，在对投资基金加强监管的同时，也为投资基金提供了良好的外部环境，极大推动了投资基金的发展。20世纪80年代以后，投资基金在世界范围内得到了普及性发展。

从国际经验看，投资基金之所以对投资人有较大的吸引力并且在20世纪80年代以后发展迅速，主要原因包括以下几个方面。

第一，投资基金在运作中的专业管理、制衡机制、组合投资等特征，有利于分散基金运作中的风险，并能够给投资人以稳定的回报，从而使投资人认可并选择这一投资工具。

第二，投资基金对证券市场的稳定和发展有一定的积极作用，对市场的支撑力度大。

第三，投资基金对金融产品创新、社会分工和社会稳定也有积极的促进作用。

二、投资基金与股票、债券、银行储蓄存款的差别

(一)投资基金与股票、债券的差别

1. 影响价格的主要因素不同

在宏观经济、政治环境大致相同的情况下，股票的价格主要受市场供求关系、上市公司经营状况等因素的影响。债券的价格主要受市场存款利率的影响。投资基金的价格主要受市场供求关系或基金资产净值的影响。其中，封闭式基金的价格主要受市场供求关系的影响；开放式基金的价格则主要取决于基金单位净值的大小。

2. 投资收益与风险大小不同

通常情况下，股票的收益是不确定的；债券的收益是确定的；投资基金的虽然也不确定，但其特点决定了其收益要高于债券。另外，在风险程度上，按照理论推测和以往的投资实践，股票投资的风险大于基金，基金投资的风险又大于债券。

3. 投资回收期和方式不同

股票投资是无期限的，如要回收，只能在证券交易市场上按市场价格变现；债券投资有一定的期限，期满后可收回本息；投资基金中的封闭式基金，可以在市场上变现，存续期满后，投资人可按持有的基金份额分享相应的剩余资产；开放式基金没有存续期限，投资人可以随时向基金管理人要求赎回。

(二)投资基金与银行储蓄存款的差别

1. 性质不同

存款属于债权类合同或契约，银行对存款者负有完全的法定偿债责任；投资基金属于

股权合同或契约，基金管理人只是代替投资者管理资金，并不保证资金的收益率，投资人也要承担一定的风险和费用。

2. 收益和风险程度不同

一般情况下，银行存款利率都是相对固定的，几乎没有风险；基金的收益与风险程度都高于银行存款。

3. 投资方向与获利内容不同

银行将储蓄存款的资金通过企业贷款或个人信贷投放到生产或消费领域，以获取利差收入；投资基金将投资者的资金投资于证券市场，通过股票分红或债券利息来获得收益，同时通过证券市场差价来获利。

4. 信息披露程度不同

银行吸收存款之后，没有义务向存款人披露资金的运行情况；投资基金管理人则必须定期向投资者公布基金投资情况和基金净值情况，如净值公告、定期报告等。

三、投资基金的种类

(一)开放式基金与封闭式基金

根据投资基金规模和基金存续期限，可分为封闭式基金和开放式基金。

封闭式基金是指事先确定发行总额和存续期限，在存续期内基金单位总数不变，基金上市后投资者可以通过证券市场买卖的一种基金类型。

开放式基金是指基金发行总额不固定，基金单位总数随时增减，没有固定的存续期限，投资者可以按基金的报价在规定的营业场所申购或赎回基金单位的一种基金类型。

封闭式基金与开放式基金的区别包括以下几个方面。

(1) 基金规模和存续期限的可变性不同。封闭式基金规模是固定不变的，并有明确的存续期限；开放式基金发行的基金单位是可赎回的，而且投资者可随时申购基金单位，所以基金的规模和存续期限是变化的。

(2) 影响基金价格的主要因素不同。封闭式基金单位的价格更多地会受到市场供求关系的影响，价格波动较大；开放式基金的基金单位的买卖价格是以基金单位对应的资产净值为基础，不会出现折价现象。

(3) 收益与风险不同。由于封闭式基金的收益主要来源于二级市场的买卖差价和基金年底的分红，其风险也就来自于二级市场以及基金管理人的风险。开放式基金的收益则主要来自于赎回价与申购价之间的差价，其风险也仅为基金管理人能力的风险。

(4) 对管理人的要求和投资策略不同。封闭式基金条件下，管理人没有随时要求赎回的压力，基金管理人可以实行长期的投资策略；开放式基金因为有随时申购，因此必须保留一部分基金，以便应付投资者随时赎回，进行长期投资会受到一定限制。另外，开放式基金的投资组合等信息披露的要求也比较高。

> **阅读资料　　我国封闭式基金和开放式基金的发展**
>
> 在中国，投资基金与证券市场的发育几乎是同步的。1990年底，新中国的第一家证券交易所——上海证券交易所成立，标志着我国证券业发展进入了一个新时期。当时是市场规模虽然还小，但市场运作正在日趋完善，投资者的金融投资意识也逐渐增强。在这种情况下，一些省市的地方证券公司开始尝试发行基金证券，如武汉基金、珠信基金、南山风险基金等，它们的规模都非常小，不足1亿元。而且由于没有立法规范，这些基金的类型、资产组合、兑现方式等均存在较大的差异，投资风险无法控制，投资者利益难以保障。
>
> 从1992开始，投资基金的发展进入新阶段，基金业主管机关是中国人民银行。这时各地掀起了一股设立投资基金的浪潮，获主管机构批准成立的各类基金有几十家之多。沈阳、大连、上海、广东、海南、浙江等地都先后推出了各种类型的基金。1992年6月，深圳颁布了《深圳市投资信托基金管理暂行规定》，对基金运作的各个环节和所涉及的方面作出了规定。这是我国第一部地方性投资基金法。此后，一些证券交易所和交易中心也相继出台了一些基金上市的试行办法。这些文件的颁布从法律上承认了投资基金在我国金融市场中的地位，推动投资基金在我国以前所未有的速度发展起来。
>
> **1) 封闭式基金的发展**
>
> 1997年11月14日，国务院批准、颁布了《投资基金管理暂行办法》，这是我国首次颁布的规范投资基金运作的行政法规，为我国投资基金业的规范发展奠定了法律基础。此后，监管机构又相继颁布了《投资基金管理暂行办法》的实施准则、通知、规定等，对基金设立、基金运作、基金契约、托管协议、基金信息披露等内容进行了详细的界定。一系列的办法、规定、准则、通知等，规范了投资基金的运作，推动了投资基金在我国的规范、快速发展。
>
> 根据有关规定，由国内主要证券公司和信托公司发起，我国新设立了华夏基金管理有限公司、华安基金管理有限公司、嘉实基金管理有限公司、南方基金管理有限公司、鹏华基金管理有限公司等基金管理公司，专门从事投资基金的管理。
>
> 中国工商银行、中国农业银行、中国银行、中国建设银行和中国交通银行等银行先后取得了投资基金托管业务资格，从事投资基金的托管业务。
>
> 1998年3月，基金金泰、基金开元等契约型封闭式投资基金设立，标志着规范化的投资基金在我国正式发展。此后，基金泰和、基金兴华、基金华安等投资基金相继设立。截

至 2002 年底，我国有契约型封闭式投资基金 54 只，资产总规模为 817 亿元左右，单只基金的规模从 5 亿到 30 亿不等，平均规模为 15.13 亿元左右。

2) 开放式基金发展

2000 年 10 月 8 日，中国证监会发布了《开放式投资基金试点办法》，对我国开放式基金的试点起了极大的推动作用。

2001 年 9 月，华安创新投资基金发行，这是国内第一只契约型开放式投资基金，标志着我国投资基金的新发展。此后，我国开放式基金不断推出，从 2001 年 9 月到 2002 年底，开放式基金进入发行的高峰阶段，共发行、设立开放式投资基金 17 只，募集资金 566 多亿元人民币。

3) 我国投资基金发展中的主要特征

(1) 基金规模不断增加。截至 2002 年底，我国有契约型封闭式和开放式投资基金 71 只，基金规模 1 330 多亿元。投资基金对市场的影响也日益重要，逐渐成为证券市场中不可忽视的重要的机构投资者。

(2) 基金管理人队伍和托管人队伍迅速扩大。基金管理公司由初期的 10 家发展到 22 家；托管银行则由初期的 5 家发展到 7 家。

(3) 基金运作逐步规范。监管机构相继下发了规范基金运作的文件，也采取了若干措施，对基金设立、运作、托管、代销、信息披露等进行了规范，目前，投资基金的运作已经比较规范。

(4) 基金品种不断创新。从 1998 年第一批以平衡型为主的基金发展至今，已出现成长型、价值型、复合型等不同风格的基金类型。随着开放式基金的逐步推出，基金风格类型更为鲜明。除股票基金外，债券基金、指数基金等新产品不断涌现，为投资者提供了多方位的投资选择。

(5) 法律法规不断完善，监管力量加强，为基金业的运作创造了良好的外部环境。近几年，有关投资基金的法规、规章相继出台，有力推动了投资基金的发展。

(6) 投资基金的销售渠道不断拓宽，服务和交易模式也不断创新。除工农中建交五大银行获得基金代销资格外，中国光大银行等其他中小股份制商业银行和一些证券公司也获得了基金代销资格并开展业务，基金多元化的销售模式已经形成。在销售过程中，基金管理公司和代销银行通过基金推介会、网上银行、电话银行、报刊、广告等方式宣传基金产品知识与特点；通过柜台服务、CALL·CENTRE、网上银行、电话银行等方式，为投资人提供服务。

(二)契约型基金与公司型基金

根据投资基金组织形式，可分为契约型基金和公司型基金。

公司型基金是指通过发行基金的方式筹集资金，组成公司，投资于股票、债券等有价证券的基金类型。

契约型基金，又称信托型基金，是基于一定的信托关系而成立的基金类型。一般由基金管理公司、基金托管机构和投资者(受益人)三方通过信托投资契约而建立。

公司型基金与契约型基金的区别包括以下几个方面。

(1) 法律形式不同。公司型基金是依据《公司法》或相关法律成立的，具有法人资格；契约型基金不具有法人资格，是虚拟公司。

(2) 投资者的地位不同。公司型基金的投资者既是基金持有人又是公司的股东，可以参加股东大会，行使股东权利，并以股息形式获取投资收益；契约型基金的投资者是基金契约的当事人，通过购买受益凭证获取投资收益，但对资金的运用没有发言权。

(三)公募基金与私募基金

根据投资基金募集方式，可分为公募基金和私募基金。

公募基金是指通过向社会公众公开募集资金而形成的基金。

私募基金是指通过向特定投资者募集资金而形成的基金。

公募基金和私募基金的特征包括以下几个方面。

(1) 公募基金的特征：募集的对象不固定；监管机构实行严格的审核或核准制；允许公开宣传，向投资人以多种方式推介。

(2) 私募基金的特征：募集的对象是固定的；监管机构实行备案制；不允许公开宣传，向投资者以多种方式进行推介。

(四)成长型基金、收入型基金和平衡型基金

根据投资基金的风险与收益，分为成长型基金、收入型基金和平衡型基金。

(1) 成长型基金是指以追求资产的长期增值和赢利为基本目标，投资于具有良好增长潜力的上市股票或其他证券的证券投资基金。成长型基金注重资本的长期增值，同时兼顾一定的经常性收益。基金的投资主要集中于市场表现良好的绩优股。基金经理人在进行投资操作时，把握有利的时机买入股票并长期持有，以便能获得最大的资本利得。成长型基金的主要目标是公司股票，它不做信用交易或证券期货交易。被成长型基金挑选的公司，多是信誉好且具有长期赢利能力的公司，其资本成长的速度要高于股票市场的平均水平。由于成长型基金追求高于市场平均收益率的回报，因此它必然承担了更大的投资风险，其价格的波动也比较大。简言之，成长型基金追求资金的长期性。

(2) 收入型基金是以追求当期收入最大化为基本目标，以能带来稳定收入的证券为主要投资对象的投资基金。其投资对象主要是那些绩优股、债券等收入比较稳定的有价证券。

在投资策略上，坚持投资多元化，利用资产组合分散投资风险。为满足投资组合的调整，持有的现金资产也较多。收入型基金一般把所得的利息、红利部分分派发给投资者。简言之，收入型基金重视当期最高收入。

(3) 平衡型基金是指以保障资本安全、当期收益分配、资本和收益的长期成长为基本目标，从而在投资组合中比较注重短期收益—风险搭配的投资基金。实践中平衡型基金的资产的分配大约是 25%～50%的资产投资于优先股和公司债券上，其余的投资于普通股，这样可以更好地确保基金资产的安全性。因此它的最大优点就是它具有双重投资目标，投资风险小。当股票市场出现空头行情时，平衡性基金的表现要好于全部投资于股票的基金；而在股票市场出现多头行情时，平衡型基金的增长潜力要弱于全部投资于股票的基金。

(五)股票基金、债券基金、货币市场基金、混合型基金

根据基金投资对象，可分为股票基金、债券基金、货币市场基金和混合型基金。

1. 股票基金

所谓股票基金就是指专门投资于股票或者说基金资产的大部分投资于股票的基金类型。它的投资目标侧重于追求资本利得和长期资本增值，是基金最原始、最基本的品种之一。股票基金的最大特点就是具有良好的增值能力。

2. 债券基金

债券基金是指主要投资于各种国债、金融债券及公司债的基本类型。其资产规模仅次于股票基金。与股票基金相比，债券基金的投资风险小于股票基金，但缺乏资本增值能力，投资回报率也比股票低。

3. 货币市场基金

货币市场基金是指发行基金证券所筹集的资金主要投资于大额可转让定期存单、银行承兑汇票、商业本票等货币市场工具的投资基金。货币市场基金主要有以下特点：一是该基金以货币市场的流动性较强的短期融资工具作为投资对象，具有一定的流动性和安全性；二是该基金的价格比较稳定，投资成本低，资收益一般高于银行存款；第三，该基金一般没有固定的存续期间。

4. 混合型基金

混合型基金是指同以股票、债券为投资对象的基金。根据股票、债券投资比例以及投资策略不同，可分为偏股型基金，偏债型基金、配置型基金等类型。

(六)在岸基金和离岸基金

根据投资基金发行地理范围,可分为在岸基金和离岸基金

(1) 在岸基金也称在岸投资基金,是指在本国筹集资金并投资于本国证券市场的投资基金。

(2) 离岸基金又称离岸投资基金,是指一国的证券基金组织在他国发行证券基金单位并将募集的资金投资于本国或第三国证券市场的投资基金。

(七)其他基金类型

(1) 指数基金是指按照某种指数构成的标准,购买该指数包含的证券市场中的全部或部分证券的基金,其目的在于达到与该指数同样的收益水平。指数基金的主要特点主要包括以下三点。①基金管理人进行投资所产生的成本以及销售费用较低。②有利于分散和防范风险。一方面,由于指数基金分散投资,单个股票的波动不会对指数基金的整体表现构成影响;另一方面,指数基金所盯住的指数一般都有较长的历史可以追踪,在一定程度上风险是可以预测的。③由于指数基金不用进行主动的投资决策,监控方面相对简单。

(2) 雨伞基金是指在一个母基金之下再设立若干个子基金,各个基金独立进行投资决策。其主要特点是在基金内部可以为投资者提供多种选择,即投资者可以根据自己的需要转换基金类型,而不用支付转换费用,能够在不增加成本的情况下为投资者提供一定的选择余地。一般来讲,雨伞基金大都是一种营销概念。

(3) 对冲基金。起源在20世纪60年代的美国华尔街,最初以投资于股票为主。不同于一般投资者的策略是,该基金一般在购入某几种股票的同时又卖空另外几种股票。而被卖空的股票是为基金经理所看淡,预计价格会短期下跌的,故此基金可以从市场借来股票抛空,当股票价格最终下跌时,基金再以较低价格回购股票,偿还给借出股票的机构,从中赚取差额利润。对冲基金成立的原意是减少风险,让基金在股票市场下跌时也可赚取利润。当预计股票市场下跌或会再下跌时,基金经理会借入股票抛空;当价格已下跌后,便补购回所借股票。对冲基金的主要特点:投资活动复杂,高杠杆的投资效应,私募筹资方式,隐蔽和灵活的投资操作等。

(4) 期货基金是指发行基金证券所筹集的资金主要投资于各种金融期货的投资基金。这种基金的证券组合主要以国际性金融期货为对象,但也不排除有一定数量的非金融期货证券甚至非证券期货。

(5) 期权基金是指发行基金证券所筹集的资金主要投资于各种金融期权的投资基金。这种基金的证券组合主要以国际性金融期权为对象,但也不排除有一定数量的非金融期权证券甚至非证券期权。

(6) 套利基金又称套汇基金，是指将募集的资金主要投资于国际金融市场利用套汇技巧低买高卖进行套利以获取收益的投资基金。

(7) 保本基金是指在一定时期后(一般是 3～5 年，最长也可达 10 年)，投资者会获得投资本金的一个百分比(例如 100%的本金)的回报，而同时如果基金运作成功，投资者还会得到额外收益。由于保本基金有一定的封闭期，即投资者如果在封闭期内赎回份额将得不到基金公司的保本承诺，所以保本基金也被称为"半封闭基金"。保本基金属于低风险、低回报的基金产品。

四、投资基金收益及其评价指标

(一)投资基金收益的构成

1. 存款利息收入

它是基金资产的银行存款利息收入，这部分收益很小。基金出于资产流动性的需要会保留一定比例的现金；或开放式基金由于必须随时准备支付基金持有人的赎回申请，必须保留一部分现金。一般来说，基金都会将这部分保留的现金存入银行或其他金融机构，从而获得银行利息收入。

2. 债券利息

它是基金资产因投资于不同种类的债券而定期取得的利息。我国《证券投资基金管理暂行办法》规定，一个基金投资于国债的比例不得低于该基金资产净值的 20%。由此可见，债券利息也是投资收益的重要组成部分。

3. 股利收入

除了以追求利息收入为主要目标的债券基金和货币市场基金外，大部分基金并不以利息为主要收入来源，而将大部分资金投资于股票。我国大部分基金属于这种情况。股利收入是基金因购买并持有上市公司的股票而享有对该公司净利润分配的所得。股利的支付方式有现金股利和股票股利，或是两种形式的组合，不管上市公司采用何种方式发放股利，都构成基金的股利收入来源。因为现金股利可直接增加基金的现金收益，而股票股利可增加基金的资产总额，从而给未来带来更多的股利收入。

4. 买卖价差收益

它是大部分投资基金的一项最重要的收益来源。基金投资证券可以根据"低买高卖"的原则操作，在最有利的时机将手中的证券卖出，取得买卖价差收益。

5. 资本增值

在基金的营运过程中，由于所投资证券的增值且不断取得投资收益，基金的净资产价值就会不断增加。投资者在投资基金一段时间后，如果其所持基金单位的净资产价值比原始净资产价值有一定程度的增加，这部分增加额就是基金的资本增值。

(二)投资基金收益评价指标

1. 单位净资产价值

单位净资产价值(net assets value，NAV)是对投资基金收益进行评价的最基本和最直观的指标，也是开放式基金申购价格、赎回价格以及封闭式基金上市交易价格确定的重要依据。其计算公式为：

$$单位净资产价值(NAV) = \frac{基金净资产价值总额}{发行在外的基金单位总额}$$

式中：

基金净资产价值总额=基金总资产-基金总负债

总资产=股票价值+债券价值+未上市证券价值+其他资产价值

总负债=管理费+托管费+应付基金赎回款+应付购买证券款+基金应付的收益分配+其他应付费用

基金总资产是指在估值日时基金的投资组合中所拥有的各种资产，包括股票、债券、未上市证券及其他资产，如银行存款、应收账款等。

基金总负债是指在基金估值日时各种应付费用和款项的总和，具体包括以下几项。

(1) 依照基金契约和托管协议的规定，归托管人和管理公司应付而未付的管理费和托管费。

(2) (开放式基金)应付的基金赎回款。

(3) 应付的购买有价证券款项及其他应付款项。

(4) 应发放而未发放的收益分配总额。

(5) 其他应付而未付的费用，如律师费、会计师费、信息披露费等。

【例6-16】某一公司型基金股份2 000股。每股面值5元，1月后投资各种股票共800股，市值总额为5 000元，计算其单位净资产价值。

$$NAV = \frac{15\,000}{2\,000} = 7.5(元/股)$$

从计算结果得出，单位净资产价值上涨50%。

单位净资产价值每日公布，在评估基金收益时，可以根据基金管理公司每日公布的净资产价值指标,对其进行连续跟踪观察,看其是否增长,增长的持续性及其增长幅度如何。一般来说,单位净资产价值增长迅速、稳定且持续时间长,说明基金表现好。

2. 投资报酬率

基金投资报酬率用以反映基金增值的情况,它通过基金净资产价值的变化来衡量。虽然投资报酬率不是评估投资基金的专用指标,但它直接反映了收益与投入的比例关系,是人们普遍接受的指标。美国、中国香港等地的报纸、杂志对各种基金排名的主要依据就是投资报酬率。其计算公式为:

$$投的资报酬率 = \frac{期末NAV - 期初NAV}{期初NAV}$$

有些基金规定,投资者分得的收益可以不取出,而是继续滚入本金进行投资,此时计算投资报酬率的公式为:

$$投资报酬率 = \frac{期末NAV - 期初NAV + 单位基金的收益分配}{期初NAV}$$

【例6-17】某公司在2007年1月1日投资11万元购买某基金,假定基金的价格等于NAV,每基金单位净值1.1元,购入10万个基金单位。一年后,该基金单位净值上涨到1.3元。同时,该公司规定,该基金每年每基金单位发放0.25元的红利,且投资者可以不取出继续滚入本金进行投资。试计算其投资报酬率。

$$NAV = \frac{1.3 - 1.1 + 0.25}{1.1} = 40.91\%$$

需要指出的是,在利用投资报酬率评估基金收益时,还可以将一段时期的投资报酬率和同期股价指数涨跌率进行比较,若投资报酬率高于同期股价指数上涨率(或小于同期股价指数下跌率),则表明该基金表现良好。

3. 基金回报率

基金回报率是全面考察投资者资金投资盈亏状况的重要指标。它不仅涵盖基金收入、基金收益分配和基金增值等指标,而且包括投资后一段时间内发生的盈余和亏损变化。

前面两个指标主要从净资产变化的角度来考察基金,与前面两个指标不同的是,基金回报率还考察了基金投资本金的盈亏变化对基金业绩的影响。其计算公式为:

$$基金回报率 = \frac{期末基金单位持有数目 \times 期末NAV - 期初基金单位持有数目 \times 期初NAV}{期初基金单位持有数目 \times 期初NAV}$$

综上可知,单位净资产价值(NAV)是基础,不论是投资报酬率还是基金回报率,其计算工具都是NAV。在实际应用中,投资者可将这三个指标结合起来,以便全面了解基金的优劣,把握时机,取得满意的投资收益。

五、投资基金的风险及其防范

(一)投资基金的风险

投资基金作为一种金融产品，是一种利益共享、风险共担的集合证券投资方式。由此可见，基金投资者同样面临着承担风险的可能。而目前一些投资者往往对投资基金的风险认识不足，认为基金既然是由专家来管理的，况且又有着规模效益、分散风险的特点，应该是没有什么投资风险。其实不然，基金与其他任何金融产品一样，都是收益与风险并存的，对此，投资者应有正确认识。一般来讲，基金投资者面临的风险主要来自于以下几个方面。

1. 市场的风险

基金作为一种金融产品，主要投资于证券市场，而证券市场中存在着系统性风险和非系统性风险。系统性风险，如政策风险、经济周期波动风险、利率风险和购买力风险等，这些风险是不能通过分散投资或组合投资来消除或减少的，况且我国目前证券市场中缺乏做空机制，这样就使得这种系统性风险无法得到有效规避，从而引起基金投资者投资收益的可能变动。非系统性风险，如上市公司的经营风险、财务风险等，虽然证券投资基金可以通过投资多样化来分散这些风险，但也并不能完全消除。由此可以看出，证券市场中价格的变化要受到来自各方面因素的影响，如政治、经济和上市公司经营等，这必然会导致基金收益水平发生变化，从而给基金的投资者带来投资风险。

2. 基金机构的风险

来自基金机构的风险即由于基金运作机构的经营、管理等原因影响基金收益水平，给基金投资者带来损失可能性的风险。例如由于基金管理人和基金托管人的管理水平、管理手段等原因影响基金收益水平，从而给基金投资者带来的风险；由于基金管理人的不规范经营、亏损或破产等给基金带来资产损失的风险。

3. 流动性风险

流动性风险即基金投资者不能及时变现基金资产、收回投资的风险。对于封闭式基金的投资者而言，流动性风险主要体现为在某一价位上因暂无买家而无法及时变现的风险。对于开放式基金的投资者而言，流动性风险主要体现在当基金由于某种原因出现巨额赎回，而基金管理人又出现现金支付困难，基金投资者在赎回基金单位时可能遇到的部分延迟赎回或暂停赎回，从而使基金投资者无法及时变现基金资产、收回投资的风险。

4. 其他风险

其他风险指如战争、自然灾害等不可抗力可能导致的基金资产损失,从而给基金投资者带来损失的风险。

(二)投资基金风险防范

(1) 要了解和掌握证券投资基金的基本知识以及我国有关投资基金的主要法律法规,主要包括:证券投资基金的种类、特点、优势、风险,不同的基金类别该如何买卖,如何对基金进行分析和评价,相关的费用情况,基金评价指标和年报的解读以及有关投资基金的相关法律文件等。当然,并不是说只要掌握了基金的基本知识,投资者就能避免投资于基金的风险,但从应对风险的角度看,这是基金投资者应该具备的基本要求。

(2) 明确不同基金的投资目标和投资风格,选择适合自己的基金品种。不同的基金类别都有不同的投资方向和投资范围,有的侧重于投资一些创新类上市公司以实现基金的投资收益,有的侧重于投资稳健类上市公司以实现基金稳定的收入。不同的投资目标,其获利水平和风险大小也不相同,这就需要投资者根据各自的投资偏好,选择适合自己的基金品种,减少投资的盲目性。

(3) 要对基金管理公司、管理人情况做具体的了解。由于基金是由具体的基金管理公司来管理和运作的,而基金管理公司的管理和运作水平都会影响到其管理基金的业绩水平。为此,投资者应从基金管理公司背景、所管理基金的以往业绩水平、信誉、组织结构、管理机制、管理人员的投资经验、业务素质等不同的方面了解基金管理公司的具体情况,作为投资决策的参考。

(4) 要树立正确的投资理念,立足长期投资。一般来讲,证券投资基金作为一种投资品种,比较适合中长期投资,投资者应该以一种中长期投资的理念来投资,而不是频繁地短线进出。当然市场有时也存在着做短线、赚取差价的机会,但投资者一般在正确选择了具体的基金投资品种之后,就应立足长期投资,避免频繁地短线进出调换基金,造成一些不必要的损失。

(5) 要及时关注基金业绩水平的变化和相关信息的披露。投资于基金之后,还应该经常了解一下所买基金的业绩水平和相关信息披露,包括基金净值公告、基金季度投资组合公告、基金中报、基金年报以及一些临时的信息公告等,以便能及时掌握基金的具体运作情况,以利于下一步的投资决策。

六、基金投资的四种基本方法

证券投资基金(下简称基金)的特点决定了投资者对其进行投资的方法与技巧应有别于

股票投资，目前在国际基金市场中较为盛行的投资策略与方法主要有以下四种。

1. **固定比例投资法**

该方法要求投资者将其资金按固定比例投资于大盘、小盘、指数、债券基金等不同种类的基金。当某种基金由于净资产变动而使投资比例发生变化时，就迅速卖出或买进该种基金，维持原投资比例不变。当然，这种投资策略并非一成不变的，有经验的投资者往往在此基础上再设定一个"止赢位"(上涨20%左右)和"补仓位"(下跌25%左右)或者每隔一定期限调整一次投资组合的比例。

该方法的优点是能使投资保持低成本的状态。当某类基金价格涨得较高时，就补进价格低的其他基金品种，而当这类基金价格跌得较低时，就补进这类低成本的基金单位。同时，采用这种策略还能使投资者真正拥有已经赚来的钱，不至于因过度奢望价格进一步上涨而使已到手的收益化为泡影。此外，该方法保持各类基金按比例分配投资金额，能有效抵御投资风险，不至于因某种基金的表现不佳而使投资额大幅亏损。

2. **平均成本投资法**

该投资法是致力于进行长期基金投资的投资者最常用的投资策略。这种投资策略是指每隔一段固定的时间(如一个月或半年)以固定的金额去购买某种基金。由于基金价格是经常变动的，所以每次所购买的基金份额也是不一样的。当价格较低时，可以买到较多的基金份额；而当价格较高时，只能买到较少的份额。当投资者采用此方法后，实际上就把基金单位价格波动对购买份额的影响相互抵消。在一定时间内分散了以较高价格认购基金的风险，长此以往就降低了所购买基金的单位平均成本。

虽然该方法在欧美基金市场中非常流行，但它却对投资者提出了两个基本要求：一是投资者要具有持之以恒的长期投资的思想准备；二是投资者必须拥有稳定的资金来源，以用于经常而固定的投资。

3. **适时进出投资法**

该基金投资法是指投资者完全将市场行情作为买卖基金的依据，当预测行情即将下跌时，就减少手中的基金份额；反之则增加。该方法适合于短线投资者，而且其进出程度也因人而异。毋庸置疑，每个投资者都希望成为一个成功的适时进出的投资者，但问题是如何才能准确把握市场走势。据统计表明，要想运用适时进出投资法获利，必须至少有70%以上的判断准确率，否则考虑到交易成本的存在，投资者至多打个平手，甚至可能得不偿失。

4. **更换基金投资法**

该投资法认为，任何一只基金的价格均随市场而有涨有跌。投资者应追随强势基金，必要时要断然割弃那些业绩不佳的基金。通常这种投资策略在牛市中比较管用，在熊市中则由于几乎所有基金行情均较为惨淡，因而即使更换基金品种也于事无补。至于具体的更换基金的操作手法则因人而异，有些投资者往往偏好于挑选最近有上佳表现的基金，如近两三个月中净值增长较大的基金。但不可否认，频繁地更换基金品种也会为投资者增加投资成本。

综上所述，上述四种基金投资方法与策略各有利弊，投资者应根据自身的投资偏好、投资特点、资金状况以及基金市场具体走势有针对性地加以选择，以获得较好的投资收益。

第五节　衍生金融资产投资

一、衍生金融资产的概念

衍生金融资产也称金融衍生工具 (financial derivative)，是金融创新的产物，也就是通过创造金融工具来帮助金融机构管理者更好地进行风险控制的工具。目前最主要的金融衍生工具有远期合同、金融期货、金融期权和互换合同。

二、衍生金融资产的种类

(一)远期合同

远期合同是指合同双方约定在未来某一日期以约定价值，由买方向卖方购买某一数量的标的项目的合同。

(二)金融期货

金融期货是指由期货交易所统一制定的、规定在将来某一特定时间和地点交割一定数量和质量实物商品或金融商品的标准化合约。

1．金融期货的种类

金融期货有四种类型：外汇期货、利率期货、股票价格指数期货和股票期货。

1) 外汇期货

外汇期货又称货币期货，是金融期货中最先产生的品种，主要用于规避外汇风险。外汇风险可分为商业性汇率风险和金融性汇率风险两大类。

商业性汇率风险主要是指人们在国际贸易中因汇率变动而遭受损失的可能性，是外汇风险中最常见且最重要的风险。金融性汇率风险包括债权债务风险和储备风险。

外汇期货交易自 20 世纪 70 年代初在芝加哥商业交易所(CME)所属的国际货币市场

(IMM)率先推出后得到了迅速发展。

2) 利率期货

利率期货是以债券类证券为标的物的期货合约，目的是回避利率波动所引起证券价格变动的风险。利率期货产生于1975年10月，在美国期货市场上利率期货主要有短期国库券期货、3个月期欧洲美元期货和美国政府长期国债期货。

3) 股票价格指数期货

股票价格指数期货是金融期货中产生最晚的一个品种，是20世纪80年代金融创新中出现的最重要、最成功的金融工具之一。股票价格指数期货即是以股票价格指数为基础变量的期货交易。

股价指数期货的交易单位等于基础指数的数值与交易所规定的每点价值之乘积。股价指数是以现金结算方式来结束交易的。

1982年美国堪萨斯农产品交易所正式开办世界上第一个股票指数期货交易。

4) 股票期货

股票期货是以单只股票作为基础工具的期货。2000年9月14日，美国商品期货交易委员会(CFTC)和证券交易委员会(SEC)联合宣布废除有关证券期货交易禁令的协议，此举对单个股票期货交易的发展起到了推波助澜的作用。

2. 金融期货的主要交易制度

1) 集中交易制度

金融期货在期货交易所或证券交易所进行集中交易。

期货交易所一般实行会员制度，期货交易的撮合成交方式分为做市商方式和竞价方式两种。做市商方式又称报价驱动方式，是指交易的买卖价格由做市商报出。竞价方式又称指令驱动方式，是指交易者的委托通过经纪公司进入撮合系统后，按照一定的规则(如价格优先、时间优先)直接匹配撮合，完成交易。

2) 标准化的期货合约和对冲机制

唯一的变量是基础金融工具的交易价格。交易价格是在期货交易所以公开竞价的方式产生的。

3) 保证金及其杠杆作用

设立保证金的主要目的是当交易者出现亏损时能及时制止，防止出现不能偿付的现象。双方成交时交纳的保证金叫初始保证金，保证金账户必须保持一个最低的水平，称为维持保证金。

一般初始保证金的比率为期货合约价值的5%～10%。

4) 结算所和无负债结算制度

结算所是期货交易的专门清算机构,附属于交易所,但又以独立的公司形式组建。结算所通常也采取会员制。通过结算会员由结算机构进行,由交易双方直接交割清算。

结算所实行无负债的每日结算制度,又称逐日盯市制度。

结算所成为所有交易者的对手,充当了所有买方的卖方,又是所有卖方的买方。

结算所成了所有交易者的对手,也就成了所有成交合约的履约担保者,并承担了所有的信用风险,这样就可以省去成交双方对交易对手的财力、资信情况的审查,也不必担心对方是否会按时履约。

5) 限仓制度

限仓可以采取根据保证金数量规定持仓限额、对会员的持仓量限制和对客户的持仓量限制等几种形式。

6) 大户报告制度

交易所规定的大户报告限额小于限仓限额。

7) 金融期货的理论价格

期货价格等于现货价格加上持有成本。持有成本可能为正值,也有可能为负值,取决于现货金融工具的收益率和融资利率的对比关系。现货金融工具价格一定时,金融期货的理论价格决定于现货金融工具的收益率、融资利率及持有现货金融工具的时间。

(三)金融期权

期权合约是指合同的买方支付一定金额的款项后即可获得的一种选择权合同。目前,我们证券市场上推出的认股权证属于看涨期权,认沽权证则属于看跌期权。

1. 金融期货与金融期权的区别

(1) 基础资产不同。可作期货交易的金融工具都可作期权交易。然而,可作期权交易的金融工具却未必可作期货交易。实践中,只有金融期货期权,而没有金融期权期货。

(2) 交易者权利与义务的对称性不同。金融期权交易中的赢利和亏损的对称性也不同。理论上说,期权购买者在交易中的潜在亏损是有限的,仅限于他所支付的期权费,而他可能取得的赢利却是无限的;相反,期权出售者在交易中所取得的赢利是有限的,仅限于他所收取的期权费,而他可能遭受的损失却是无限的。

(3) 履约保证不同。金融期货交易双方均需开立保证金账户,并按规定缴纳履约保证金。金融期权交易中,只有期权出售者,才需开立保证金账户。

(4) 现金流转不同。金融期货交易双方在成交时不发生现金收付关系,但在成交后,由于实行逐日结算制度,交易双方将因价格的变动而发生现金流转。金融期权交易中,在成交时，期权购买者为取得期权合约所赋予的权利，必须向期权出售者支付一定的期权费，但在成交后，除了到期履约外，交易双方将不发生任何现金流转。

（5）盈亏特点不同。金融期货交易双方无权违约、也无权要求提前交割或推迟交割，到期前的任一时间通过反向交易实现对冲或到期进行实物交割。从理论上说，金融期货交易中双方潜在的赢利和亏损都是无限的。

（6）套期保值的作用与效果不同。金融期货进行套期保值，在避免价格不利变动造成的损失的同时也必须放弃若价格有利变动可能获得的利益。金融期权进行套期保值，若价格发生不利变动，套期保值者可通过执行期权来避免损失；若价格发生有利变动，套期保值者又可通过放弃期权来保护利益。但是，这并不是说金融期权比金融期货更为有利。

2. 金融期权的种类

金融期权根据选择权的性质不同，可分为买入期权和卖出期权。

买入期权又称看涨期权，指期权的买方具有在约定期限内按协定价格买入一定数量金融工具的权利。

卖出期权又称看跌期权，指期权的买方具有在约定期限内按协定价卖出一定数量金融工具的权利。

3. 金融期权的理论价格及其影响因素

期权价格受多种因素影响，从理论上说，由两个部分组成，一是内在价值，二是时间价值。

1) 内在价值

内在价值也称履约价值，一种期权有无内在价值以及内在价值的大小取决于该期权的协定价格与其基础资产市场价格之间的关系。

对看涨期权而言，若市场价格高于协定价格，此时为实值期权；市场价格低于协定价格，为虚值期权。理论上说，实值期权的内在价值为正，虚值期权的内在价值为负，平价期权的内在价值为零。但实际上，无论是看涨期权还是看跌期权，也无论期权基础资产的市场价格处于什么水平，期权的内在价值都必然大于零或等于零，而不可能为一负值。这是因为期权合约赋予买方执行期权与否的选择权，而没有规定相应的义务，当期权的内在价值为负时，买方可以选择放弃期权。

2) 时间价值

时间价值是指期权的买方购买期权而实际支付的价格超过该期权内在价值的那部分价值。期权通常是以高于内在价值的价格买卖。

3) 影响期权价格的主要因素

（1）协定价格与市场价格。协定价格与市场价格是影响期权价格最主要的因素。价格决定了期权有无内在价值及内在价值的大小，而且还决定了有无时间价值和时间价值的大小。协定价格与市场价格间的差距越大，时间价值越小；反之，则时间价值越大。

(2) 权利期间。权利期间是指期权剩余的有效时间，期权期间越长，期权价格越高；反之，期权价格越低。在期权的到期日，权利期间为零，时间价值也为零。

(3) 利率。利率，尤其是短期利率的变动会影响期权的价格。利率变动对期权价格的影响是复杂的：一方面，利率变化会引起期权基础资产的市场价格变化；另一方面，利率变化会使期权价格的机会成本变化；还会引起对期权交易的供求关系变化。总之，利率对期权价格的影响是复杂的。

(4) 基础资产价格的波动性。基础资产价格的波动性越大，期权价格越高；波动性越小，期权价格越低。

(5) 基础资产的收益。在期权有效期内，基础资产产生收益将使看涨期权价格下降，使看跌期权价格上升。

1973年，美国芝加哥大学教授FisherBlack和MyronScholes提出第一个期权定价模型。1979年，J.Cox、S.Ross和M.Rubinstein又提出二项式模型。

(四)互换合同

互换合同是指合同双方在未来某一期间内交换一系列现金流量的合同。按合同标的项目不同，互换可以分为利率互换、货币互换、商品互换、权益互换等。其中，利率互换和货币互换比较常见。

三、衍生金融资产的功能

衍生金融资产的功能主要体现在避险、套利、投机和提高交易效率四个方面。

1. 避险

许多衍生品的产生都与当初投资者需要规避某一市场风险有关，如利率远期、利率期货、利率期权等都可以用于规避利率波动的风险。避险即套期保值是指一个已存在风险暴露的实体，力图通过持有一种或多种与原有风险头寸相反的套期保值工具来消除或规避该风险。它通过将现货头寸与用各种期货、期权和掉期组成的套期保值头寸相叠加，并对交割月份和成交价格加以变化，来以许多种方式调整风险暴露状况。

套期保值行为在降低风险的同时，也放弃了获取更高收益的可能性，例如农民为了减少收获时农作物价格降低的风险，在收获之前以固定价格出售未来收获的农作物，就意味着他放弃了收获时农作物价格升高而获得更高利润的可能性，他是在利用套期保值以减少农作物的价格风险。

2. 套利

套利(arbitrage or spread)就是寻找市场或对手的漏洞，以赚取无风险利润。套利活动的关键在于不同风险、不同到期期限、不同时间、不同空间特征的资产价格之间的基本关系。例如，一个谷物栈仓借款在即期市场购买玉米，同时卖出 3 个月后交割玉米的远期合同。到指定时间，玉米从栈仓中取出按合同定价进行交割，将出售所得用来偿还借款的本金和利息。如果远期价格与即期价格的差足以支付 3 个月的仓储成本和利息，该套利活动就有利可图。

3. 投机

避险和套利都是针对风险厌恶的投资者而言的，而对于有风险偏好的投资者，金融衍生品也增加了其投机的机会。投机(speculators)是指一些人希望利用对市场某些特定走势的预期来对市场未来的变化进行赌博的行为。投机往往采用较为直接的方式，买入预期价格将上涨的资产或卖出预期价格将下跌的资产。如果投机者处于多头地位时价格上升或处于空头地位时价格下跌，那么他将由于正确的预测而获利，否则，他将因错误的预期而遭受损失。显然，投机的本质就是在投机者承担风险的条件下获取风险报酬。投机者的买卖行为都是对其搜集、分析的信息所做的反应，它所获取的利润被视为是预测成功的回报或承担风险的回报。

4. 提高交易效率

衍生品提高了市场的流动性，降低了交易成本，从而提高了整个市场的交易效率。

四、衍生金融资产的产生与发展趋势

从 20 世纪 60 年代开始，特别是进入 70 年代以后，随着布雷顿森林体系的解体和世界性石油危机的发生，利率和汇率出现了剧烈波动。宏观经济环境的变化，使金融机构的原有经营模式和业务种类失去市场，同时又给它们创造了开发新业务的机会和巨大的发展空间。与此同时，计算机与通信技术的长足发展及金融理论的突破促使金融机构的创新能力突飞猛进，而创新成本却日益降低。在强大的外部需求召唤下，在美好的赢利前景吸引下，金融机构通过大量的创新活动，冲破来自内外部的各种制约，导致全球金融领域发生了一场至今仍在继续的广泛而深刻的变革。形形色色的新业务、新市场、新机构风起云涌，不仅改变了金融总量和结构，而且还对金融体制发起了猛烈的冲击，对货币政策和宏观调控提出了严峻挑战，导致国际金融市场动荡不定，国际金融新秩序有待形成。

1. **衍生金融资产产生的最基本原因是避险**

20世纪70年代以来,随着美元的不断贬值,布雷顿森林体系崩溃,国际货币制度由固定汇率制走向浮动汇率制。1973年和1978年两次石油危机使西方国家经济陷于滞胀,为对付通货膨胀,美国不得不运用利率工具,这又使金融市场的利率波动剧烈。利率的升降会引起证券价格的反方向变化,并直接影响投资者的收益。面对利市、汇市、债市、股市发生的前所未有的波动,市场风险急剧放大,迫使商业银行、投资机构、企业寻找可以规避市场风险、进行套期保值的金融工具,金融期货、期权等衍生金融资产便应运而生。

2. **20世纪80年代以来的金融自由化进一步推动了衍生金融资产的发展**

所谓金融自由化,是指政府或有关监管当局对限制金融体系的现行法令、规则、条例及行政管制予以取消或放松,以形成一个较宽松、自由、更符合市场运行机制的新的金融体制。金融自由化的主要内容包括以下几个方面。

(1) 取消对存款利率的最高限额,逐步实现利率自由化。例如美国1980年《银行法》废除了Q条例,规定从1980年3月起分6年逐步取消对定期存款和储蓄存款的最高利率限制。

(2) 打破金融机构经营范围的地域和业务种类限制,允许各金融机构业务交叉、互相自由渗透,鼓励银行综合化发展。

(3) 放松外汇管制。

(4) 开放各类金融市场,放宽对资本流动的限制。

(5) 其他还包括放松对本国居民和外国居民在投资方面的许多限制,减轻金融创新产品的税负以及促进金融创新等。

金融自由化一方面使利率、汇率、股价的波动更加频繁、剧烈,使得投资者迫切需要可以回避市场风险的工具;另一方面,金融自由化促进了金融竞争。由于允许各金融机构业务交叉、相互渗透,多元化的金融机构纷纷出现,直接或迂回地夺走了银行业很大一块阵地;再加上银行业本身业务向多功能、综合化方向发展,同业竞争激烈,存贷利差趋于缩小,使银行业不得不寻找新的收益来源,改变以存、贷款业务为主的传统经营方式,把衍生金融资产视作未来的新增长点。

3. **金融机构的利润驱动是衍生金融资产产生和迅速发展的又一重要原因**

金融机构通过衍生金融资产的设计开发以及担任中介,显著地推进了衍生金融资产的发展。金融中介机构积极参与衍生金融资产的发展主要有两方面原因。一是在金融机构进行资产负债管理的背景下，衍生金融资产业务属于表外业务，既不影响资产负债表状况，又能带来手续费等项收入。1988年国际清算银行(BIS)制定的《巴塞尔协议》规定：开展国际业务的银行必须将其资本对风险资产的比率维持在8%以上，其中核心资本至少为总资本的50%。这一要求促使各国银行大力拓展表外业务，相继开发了既能增进收益、又不扩大资产规模的衍生金融资产，如期权、互换、远期利率协议等。二是金融机构可以利用自身在衍生金融资产方面的优势，直接进行自营交易，扩大利润来源。为此，衍生金融资产市场吸引了为数众多的金融机构。不过，由于越来越多的金融机构尤其是商业银行介入了衍生金融资产交易，引起了监管机构的高度关注，目前新的《巴塞尔协议Ⅱ》对国际性商业银行从事衍生工具业务也规定了资本金要求。

4. **新技术革命为衍生金融资产的产生与发展提供了物质基础与手段**

由于计算机和通信技术突飞猛进的发展，电脑网络、信息处理在国际金融市场的广泛应用，使得个人和机构从事衍生金融资产交易如虎添翼，甚至轻而易举。

衍生工具极强的派生能力和高度的杠杆性使其发展速度十分惊人。根据国际清算银行的衍生品统计报告(BIS，2006)，截至2006年6月，全球商业银行持有的各类现货资产总数为272 275亿美元，而同期交易所交易的未平仓期货合约金额达到258 245亿美元、发行在外的期权合约金额达到497 539亿美元、OTC交易的衍生品名义金额达到3 699 060亿美元。后三类之和达到商业银行现货资产数额的16.36倍，衍生产品名义金额比2005年同期增长35.66%。考虑到商业银行在整个金融行业内的显著地位，可以毫不夸张地说，目前基础金融产品与衍生工具之间已经形成了"倒金字塔"结构，单位基础产品所支撑的衍生工具数量越来越大。

面对如此规模庞大、变幻莫测的衍生品市场，有人为之欢欣鼓舞，认为衍生工具的发展充分分散了金融风险，增强了金融体系的健全性；也有人认为衍生工具不但未从根本上化解金融风险，还带来了额外的风险，最终将导致金融体系的崩溃。

可是，不论对待衍生工具的态度有怎样大的差异，有一点可以肯定，作为一种仍处于快速发展中的"存在"，人类恐怕只能和它们长期共处了，既然如此，那么，了解这个领域的知识对增进全社会的福利将是有益的。

本 章 小 结

证券投资是指投资者将资金投资于股票、债券、基金及衍生金融工具等资产，从而获得收益的一种投资行为。包括四个要素：投资主体、投资对象、投资目的和投资行为。

证券投资的分类以证券的分类为基础。按发行主体不同，证券可分为政府证券、金融证券和公司证券；按期限长短不同，证券可分为短期证券和长期证券；按收益状况不同，证券可分为固定收益证券和变动收益证券；按体现的权益关系不同，证券可分为所有权证券和债权证券；按是否在证券交易所挂牌交易，证券可分为上市证券和非上市证券；按募集方式不同，证券可分为公募证券和私募证券。

股票投资的分类以股票的分类为基础。按股东权益不同，股票可分为普通股和优先股；按是否记名，股票可分为记名股票和不记名股票；按股票是否标明金额，股票可分为有面额股票和无面额股票；按股票发行和交易范围不同，股票可分为A股、B股、H股和N股；按业绩不同，股票可分为ST股、垃圾股、绩优股和蓝筹股。

常见的股票估价方法有股利现值法和每股盈余估价法。股利估价模型包括股票估价基本模型、零增长股票估价模型、固定增长股票估价模型和非固定增长股票估价模型。股利估价模型在理论上具有重要的意义，但在实际操作上比较困难。而每股盈余估价法则是比较粗略的衡量股票价值的方法，这种方法比较简单，易于掌握。所以在评估股票的价值时，有时更倾向于采用每股盈余估价法。

股票投资收益率可分为短期股票投资收益率和长期股票投资收益率，短期股票一般持有时间较短，其收益率的计算通常不考虑时间价值因素。

股票投资分析方法包括基本面分析、技术分析和效率市场分析三种方法。

债券估价模型包括附息债券估价模型和永久债券估价模型两种。其中附息债券估价模型包括债券估价基本模型、一次还本付息债券估价模型和贴现债券估价模型三种。

企业债券投资收益主要包括债券利息收入、债券买卖的价差收益和债券利息的再投资收益三种。值得注意的是，这里所讲的债券投资收益率是名义收益率，是不考虑时间价值与通货膨胀因素影响的收益水平，包括到期收益率与持有期收益率。

投资基金是通过发售基金单位，集中投资者的资金形成独立财产，由基金管理人管理、基金托管人托管，基金持有人持有，按其所持份额享受收益和承担风险的集合投资方式。具有集合投资、专业管理、组合投资，分散风险、制衡机制和利益共享、风险共担五个特征。

根据投资基金规模和基金存续期限，可分为封闭式基金和开放式基金；根据投资基金组织形式，可分为契约型基金和公司型基金；根据投资基金募集方式，可分为公募基金和私募基金；根据投资基金的风险与收益，分为成长型基金、收入型基金和平衡型基金；根据基金投资对象，可分为股票基金、债券基金、货币市场基金、混合型基金；根据投资基金发行地理范围，可分为在岸基金和离岸基金。

投资基金收益由存款利息收入、债券利息、股利收入、买卖价差收益和资本增值五部分构成。投资基金收益评价指标包括单位净资产价值、投资报酬率和基金回报率三个。投资基金的风险包括来自市场的风险、来自基金机构的风险、流动性风险和其他风险四种。

为了应对这些风险,我们要做好风险防范。基金投资的四种基本方法包括:固定比例投资法、平均成本投资法、适时进出投资法和更换基金投资法。

衍生金融资产也称金融衍生工具是金融创新的产物,也就是通过创造金融工具来帮助金融机构管理者更好地进行风险控制的工具。目前最主要的金融衍生工具有:远期合同、金融期货、期权和互换。衍生金融资产的功能主要体现在避险、套利、投机和提高交易效率四个方面。

复习思考题

一、简答题

1. 简述普通股与优先股的区别。
2. 简述股票估价模型。
3. 简述债券估价模型。
4. 简述投资基金与股票、债券以及银行存款的差别。
5. 简述封闭式基金和开放式基金的区别。
6. 简述契约型基金和公司型基金的区别。
7. 简述公募基金和私募基金的优缺点。
8. 简述投资基金收益的构成以及投资收益评估指标。
9. 简述金融期货与金融期权的区别。
10. 简述衍生金融资产的功能。

二、单项选择题

1. 基金投资收益包括( )。
   A. 存款利息收入　　　　　　B. 债券利息
   C. 买卖价差收益　　　　　　D. 股利收入

2. 某股票为固定成长股,其成长率为3%,预期第一年后股利为4元,假定目前国库券收益率1%,平均风险股票必要收益率为18%,而该股票的贝塔系数为1.2,那么该股票的价值为( )元。
   A. 25　　　　B. 23　　　　C. 20　　　　D. 4.8

3. 某人以40元的价格购入一张股票,该股票目前的股利为每股1元,股利增长率为2%,一年后以50元的价格出售,则该股票的投资收益率应为( )。
   A. 2%　　　　B. 20%　　　　C. 21%　　　　D. 27.55%

4. S公司股票的β系数为1.2,无风险收益率为5%,市场上所有股票的平均收益率为9%,则该公司股票的必要收益率应为( )。
   A. 9%　　　　B. 9.8%　　　　C. 10.5%　　　　D. 11.2%

5. 下列关于股票投资的技术分析法和基本分析法的说法不正确的是( )。
   A. 技术分析法的主要目的在于分析股票的内在投资价值
   B. 基本分析法从股票市场的外部决定因素入手,并从这些外部因素与股票市场相互关系的角度进行分析
   C. 技术分析法很少涉及股票市场以外的因素分析
   D. 基本分析法可以帮助投资者了解股票市场的发展状况和股票的投资价值

6. 把基金分为契约型基金和公司型基金的依据是( )。
   A. 组织形态　　　　　　　　　　B. 变现方式
   C. 投资标的　　　　　　　　　　D. 投资人身份

7. 某公司发行的股票,预期报酬率为20%,最近刚支付的股利为每股2元,估计股利年增长率为10%,则该种股票的价值为( )元。
   A. 23　　　　B. 24　　　　C. 22　　　　D. 18

8. 金融衍生资产包括金融期货、金融期权、金融互换和( )。
   A. 欧式期权　　　　　　　　　　B. 货币互换
   C. 远期协议　　　　　　　　　　D. 远期货币协议

9. 金融期权交易比金融期货交易风险( )。
   A. 大　　　　B. 小　　　　C. 相同　　　　D. 不可比

10. 金融期货的规避、转移风险的功能主要通过套期保值实现。套期保值分为卖出套期保值和买入套期保值。下列关于卖出套期保值的说法不正确的是( )。
    A. 可以利用利率期货交易避免将来利率下降引起的持有债券的价格下跌的风险
    B. 可以利用利率期货交易避免将来利率上升引起的预定的借款费用上升的风险
    C. 可以利用外汇期货交易避免将来外汇价值下跌引起持有外币资产的价值下跌的风险
    D. 可以利用外汇期货交易避免将来外汇价值下跌引起将来外汇收入的价值减少的风险

三、多项选择题

1. 债券投资与股票投资相比( )。
   A. 收益稳定性强,收益较高　　　B. 投资风险较小
   C. 购买力风险低　　　　　　　　D. 没有经营控制权

2. 证券投资组合的非系统风险包括( )。
   A. 货币政策的变动　　　　　　　B. 利率政策的变动
   C. 产品价格降低　　　　　　　　D. 企业经营管理水平低
3. 封闭式基金与开放式基金相比，下列说法正确的是( )。
   A. 期限不同　　　　　　　　　　B. 基金单位的发行规模要求不同
   C. 投资策略不同　　　　　　　　D. 基金单位的交易价格计算标准不同
4. 购买五年期国库券和三年期国库券，其( )。
   A. 期限性风险相同　　　　　　　B. 违约风险相同
   C. 利息率风险相同　　　　　　　D. 购买力风险相同
5. 下列关于可转换债券的说法正确的包括( )。
   A. 已上市的可转换债券，其市场价格等于评估价值
   B. 新的经济增长周期启动时是可转换债券投资的较好时机
   C. 非上市的可转换债券价值等于普通债券价值加上转股权价值
   D. 进行可转换债券投资时，需要考虑强制转换风险

四、综合计算题

1. 某债券面值 1 000 元，票面利率 8%，期限 5 年，每年计算并支付一次利息，当前的市场利率为 10%，市价为 920 元，问该债券是否具有投资价值。若债券的利息计算与支付条件是不计复利，利随本清，其他条件相同。问该债券的市场价格为多少时才值得投资。

2. 某债券面值 1 000 元，期限为 5 年，以贴现方式发行，期内不计利息，到期按面值偿还，当时市场利率为 10%，问该债券价格为多少时，企业才能购买。

3. 企业拟投资于某家公司的股票，预计每年每股股利为 3 元，该投资者的必要报酬率为 15%，该企业最高出价是多少？

4. 甲公司欲投资购买证券，该公司要求债券投资的最低报酬率为 6%，有四家公司证券可供挑选。

(1) A 公司债券期限为 5 年，属于可转换债券，目前价格为 1 050 元，已经发行 2 年，转换期为 5 年(从债券发行时开始计算)，每张债券面值为 1 000 元，票面利率为 5%，到期一次还本付息。转换比率为 40，打算三年后转换为普通股，预计每股市价为 32 元，转股之后可以立即出售。请计算 A 公司债券持有期年均收益率，并判断是否值得投资。

(2) B 公司债券，债券面值为 1 000 元，5 年期，票面利率为 8%，每年付息一次，3 年后到期还本，若债券的目前价格为 1 020 元，甲公司欲投资 B 公司债券(购买之后可以立即收到债券的第二期利息)，并一直持有至到期日，计算目前该债券的价值，并判断是否值得投资。

(3) C 公司债券，债券面值为 1 000 元，5 年期，票面利率为 8%，单利计息，到期一次还本付息，两年后到期，甲公司欲投资 C 公司债券，并一直持有至到期日，若债券目前的价格为 1 220 元，应否购买？如果购买，其持有期年均收益率为多少？

(4) D 公司债券 2.5 年后到期，四年前发行，每年付息一次，每次付息 50 元，到期还本 1 000 元。如果持有期年均收益率大于 6% 时甲才会购买，计算该债券的价格低于多少时甲才会购买。

5. 大华公司持有 X、Y 和 Z 三种股票构成的证券组合，其 β 系数分别是 1.5、1.7 和 1.8，在证券投资组合中所占比重分别为 30%、40%、30%，股票的市场收益率为 8%，无风险收益率为 5%。

要求：

(1) 计算该证券组合的贝塔系数；
(2) 计算该证券组合的风险收益率；
(3) 计算该证券组合的必要投资收益率。

第七章

项目投资管理

【本章导读】

项目投资管理是财务管理的重要内容。本章主要阐述项目投资的基本概念、项目投资基本原理、投资项目的现金流量估计方法、投资项目的评价方法以及投资项目风险分析。

【知识要点】

(1) 项目投资的含义。
(2) 投资项目现金流量的计算。
(3) 投资项目评价指标的计算及应用。
(4) 风险调整折现率法和风险调整现金流量法的原理及计算。

【引入案例】

光明葡萄酒厂是生产葡萄酒的中型企业,该厂生产的葡萄酒酒香纯正,价格合理,长期以来供不应求。为了扩大生产能力,光明葡萄酒厂准备新建一条生产线。张华是该厂的会计师,主要负责筹资和投资工作。总会计师王伟要求张华搜集建设新生产线的有关资料,并对投资项目进行财务评价,以供厂领导决策考虑。张华经过十几天的调查研究,得到以下有关资料。

(1) 投资新的生产线需一次性投入 1 000 万元,建设期 1 年,预计可使用 10 年,报废时无残值收入;按税法要求该生产线的折旧年限为 8 年,使用直线法提折旧,残值率为 10%。

(2) 购置设备所需的资金通过银行借款筹措,借款期限为 4 年,每年年末支付利息 100 万元,第 4 年年末用税后利润偿付本金。

(3) 该生产线投入使用后,预计可使工厂第 1~5 年的销售收入每年增长 1 000 万元,第 6~10 年的销售收入每年增长 800 万元,耗用的人工和原材料等成本为收入的 60%。

(4) 生产线建设期满后,工厂还需垫支流动资金 200 万元。
(5) 所得税税率为 30%。
(6) 银行借款的资金成本为 10%。

请问:该厂的固定资产投资项目是否可行?

第一节　项目投资管理概述

一、项目投资的概念、类型及主体

企业投资按照其内容不同可分为项目投资、证券投资和其他投资等类型。本章所介绍的项目投资是一种以特定项目为对象，直接与新建项目或更新改造项目有关的长期投资行为。

(一)项目投资及其类型

工业企业项目投资主要可分为以新增生产能力为目的的新建项目和以恢复或改善生产能力为目的的更新改造项目两大类。前者属于外延式扩大再生产的类型，后者属于内涵式扩大再生产的类型。

新建项目按其涉及内容还可进一步细分为单纯固定资产投资项目和完整工业投资项目。单纯固定资产投资项目简称固定资产投资，其特点为在投资中只包括为取得固定资产而发生的垫支资本投入而不涉及周转资本的投资。投资项目则不仅包括固定资产投资，而且还涉及流动资金投资，甚至包括其他长期资产项目(如无形资产、递延资产)的投资。因此，不能将项目投资简单地等同于固定资产投资。

(二)项目投资的主体

投资主体是各种投资人的统称，是具体投资行为的主体。从企业项目投资的角度看，其直接投资主体就是企业本身。但是，由于企业项目投资具体使用的资金分别来源于企业所有者和债权人，他们也必然会从不同的角度关心企业具体项目投资的成败。因此，在进行项目投资决策时，还应当考虑到他们的要求，分别从自有资金提供者和借入资金投资者的立场去分析问题，提供有关的信息。为了简化，本章主要从企业投资主体的角度研究项目投资问题。

二、项目计算期的构成和资金投入方式

(一)项目计算期的构成

项目计算期是指投资项目从投资建设开始到最终清理结束整个过程所经历的全部时间，即该项目的有效持续期间。完整的项目计算期包括建设期和生产经营期。其中建设期(记作s，$s \geq 0$)的第 1 年初(记作第 0 年)称为建设起点；建设期的最后一年末(第 s 年)称为投产

日；项目计算期的最后一年末(记作第 n 年)称为终结点；从投产日到终结点之间的时间间隔称为生产经营期(记作 p)，生产经营期包括试产期和达产期(完全达到设计生产能力)。项目计算期、建设期和生产经营期之间有以下关系：

$$n=s+p$$

(二)原始总投资、投资总额和资金投入方式

原始总投资是反映项目所需现实资金的价值指标。从项目投资的角度看，原始总投资等于企业为使项目完全达到设计生产能力、开展正常经营而投入的全部现实资金。

投资总额是反映项目投资总体规模的价值指标，它等于原始总投资与建设期资本化利息之和。建设期资本化利息是指在建设期发生的与购建项目所需的固定资产、无形资产等长期资产有关的借款利息。

从时间特征上看，投资主体将原始总投资注入具体项目的投入方式包括一次投入和分次投入两种形式。一次投入方式是指投资行为集中一次发生在项目计算期第一个年度的年初或年末；如果投资行为涉及两个或两个以上年度，或虽然只涉及一个年度但同时在该年的年初和年末发生，则属于分次投入方式。

第二节 现金流量

一、现金流量的含义

(一)现金流量的定义

在项目投资决策中，现金流量是指投资项目在其计算期内因资本循环而可能或应该发生的各项现金流入量与现金流出量的总称，它是计算项目投资决策评价指标的主要根据和重要信息之一。在本章所阐述的现金流量，与财务会计的现金流量表所使用的现金流量相比，无论是具体构成内容还是计算口径都存在较大差异，不应混为一谈。

(二)现金流量的作用

以现金流量作为项目投资的重要价值信息，其主要作用在于以下几个方面。

(1) 现金流量信息所揭示的未来期间现实货币资金收支运动，可以序时动态地反映项目投资的流出与回收之间的投入产出关系，使决策者在投资主体的立场上；完整、准确、全面地评价具体投资项目的经济效益。

(2) 利用现金流量指标代替利润指标作为反映项目效益的信息，可以克服财务会计的权责发生制时必然面临的困境，即由于不同的投资项目可能采取不同的固定资产折旧方法、

存货估价方法或费用摊配方法，从而导致不同方案的利润信息相关性差、透明度不高和可比性差。

(3) 利用现金流量信息，排除了非现金收付内部周转的资本运动形式，从而简化了有关投资决策评价指标的计算过程。

(4) 由于现金流量信息与项目计算期的各个时点密切结合，有助于在计算投资决策评价指标时，应用资金时间价值的形式进行动态投资效果的综合评价。

(三)确定现金流量的假设

确定项目的现金流量，就是在收付实现制的基础上，预计并反映现实货币资本在项目计算期内未来各年中的收支情况。在现实生活中，要反映一个具体投资项目的现金流量究竟应当包括哪些内容，或要回答应当怎样确定其现金流量的问题，必须视特定的决策角度和现实的时空条件而定。

(1) 不同投资项目在其项目类型、投资构成内容、项目计算期构成、投资方式和投资主体等方面均存在较大差异，可能出现多种情况的组合，因而就可能有不同组合形式的现金流量。

(2) 同一个投资项目有不同角度的现金流量。譬如从不同决策者的立场出发，就有国民经济现金流量和财务现金流量之分；从不同的投资主体的角度看，又有全部投资现金流量和自有资金现金流量的区别。

(3) 由于投资计算期的阶段不同，各阶段上的现金流量的内容也可能不同；不同的现金流入量或现金流出量项目在其发生时间上也存在不同特征。有些项目发生在年初，而有的则发生在年末；有的属于时点指标，有的属于时期指标。此外，固定资产的折旧年限与经营期的长短也可能出现差异。

(4) 相关因素使投资项目的投入物和产出物的价格、数量等受到未来市场环境等诸多不确定因素的影响，我们不可能完全预测出它们的未来变动趋势和发展水平，这就必然影响现金流量估算的准确性。

上述问题的存在，给我们准确确定长期投资项目的现金流量带来了一定的难度。为便于确定现金流量的具体内容，简化现金流量的计算过程，特作以下假设。

(1) 投资项目的类型假设。假设投资项目只包括单纯固定资产投资项目、完整工业投资项目和更新改造投资项目三种类型。而这些项目又可进一步分为不考虑所得税因素和考虑所得税因素的项目。

(2) 财务可行性分析假设。假设该项目已经具备国民经济可行性和技术可行性，投资决策是从企业投资者的立场出发，投资决策者确定现金流量就是为了进行项目财务可行性研究。

(3) 全投资假设。假设在确定项目的现金流量时不区分自有资金和借入资金等具体形式的现金流量,即使实际存在借入资金也将其作为自有资金对待。

(4) 建设期投入全部资金假设。假设项目的原始总投资不论是一次投入还是分次投入,除个别情况外,假设它们都是在建设期内投入的。

(5) 经营期与折旧年限一致假设。假设项目主要固定资产的折旧年限或使用年限与经营期相同。

(6) 时点指标假设。为便于利用资金时间价值的形式,不论现金流量具体内容所涉及的价值指标实际上是时点指标还是时期指标,均假设按照年初或年末的时点指标处理。其中,建设投资在建设期内有关年度的年初或年末发生,流动资金投资则在年末发生;经营期内各年的收入、成本、折旧、摊销、利润、税金等项目的确认均在年末发生;项目最终报废或清理均发生在终结点(但更新改造项目除外)。

(7) 确定性假设。假设与项目现金流量有关的价格、产销量、成本水平、所得税率等因素均为已知常数。

二、现金流量的内容

(一)现金流入量的内容

现金流入量是指能够使投资方案的现实货币资金增加的项目,具体包括以下几个方面。

(1) 营业收入,指项目投产后每年实现的全部销售收入或业务收入,它是经营期主要的现金流入量项目。

(2) 固定资产余值回收,指投资项目的固定资产在终结点报废清理或中途变价转让处理时所回收的价值。

(3) 回收流动资金,主要指新建项目在项目计算期完全终止时(终结点)因不再发生新的替代投资而回收的原垫付的全部流动资金投资额。

(4) 其他现金流入量,指以上三项指标以外的现金流入量项目。

(二)现金流出量的内容

现金流出量是指能够使投资方案的现实货币资金减少或需要动用现金的项目,具体包括以下几个方面。

(1) 建设投资指在建设期内按一定生产经营规模和建设内容进行的固定资产投资、无形资产投资和开办费投资的总称,它是建设期发生的主要现金流出量。

(2) 流动资金投资是指在完整工业投资项目中发生的用于生产经营期周转使用的营运资金投资,又称为垫支流动资金。

(3) 经营成本是指在经营期内为满足正常生产经营而动用现实货币资金支付的成本费用，又称为付现的经营成本(或简称付现成本)，它是生产经营阶段上最主要的现金流出量项目。

(4) 各项税款指项目投产后依法缴纳的、单独列示的各项税款，包括营业税、所得税等。

(5) 其他现金流出指不包括在以上内容中的现金流出项目，如营业外净支出等。

三、现金流量的估算

由于项目投资的投入、回收及收益的形成均以现金流量的形式表现，因此在整个项目计算期的各个阶段上，都有可能产生现金流量。必须逐年估算每一时点上的现金流入量和现金流出量。

(一)现金流入量的估算

1. 营业收入的估算

按照项目在经营期内有关产品的各年预计单价(不含增值税)和预测销售量进行估算。作为经营期现金流入量的主要项目，应按当期实现销售收入额与回收以前期应收账款的合计数确认。

2. 固定资产余值回收的估算

由于假设要固定资产的折旧年限等于生产经营期，因此，对于建设项目来说，只要按主要固定资产的原值乘以其法定净残值率即可估算出在终结点发生的回收固定资产余值；在生产经营期内提前回收的固定资产余值可根据其预计净残值估算；对于更新改造项目，往往需要估算两次，第一次估算在建设起点发生的回收余值，即根据提前变卖的旧设备可变现净值(未扣除相关的营业税)来确认，第二次仿照建设项目的办法估算在终结点发生的回收余值(即新设备的净残值)。

3. 流动资金回收的估算

假定在经营期不发生提前回收流动资金，则在终结点一次回收的流动资金应等于各年垫支的流动资金投资额的合计数。

4. 其他现金流入量的估算

它是指以上三项指标以外的现金流入量项目。

(二)现金流出量的估算

1. 建设投资的估算

固定资产投资又称固定资产原始投资,主要根据项目规模和投资计划所确定的各项建筑工程费用、设备购置成本、安装工程费用和其他费用来估算。

对于无形资产投资和开办费投资,应根据需要和可能,逐项按有关的资产评估方法和计价标准进行估算。

固定资产投资与固定资产原值的数量关系如下:

固定资产原值=固定资产投资+资本化利息

上式中的资本化利息是指在建设期发生的全部借款利息,可根据建设期长期借款本金、建设期和借款利息率按复利方法计算。

2. 流动资金投资的估算

首先应根据与项目有关的经营期每年流动资产需用额和该年流动负债需用额的差来确定本年流动资金需用额,然后用本年流动资金需用额减去截止上年末的流动资金占用额(即以前年度已经投入的流动资金累计数)确定本年的流动资金增加额。

3. 经营成本的估算

与项目相关的某年经营成本等于当年的总成本费用(含期间费用)扣除年折旧额、无形资产和开办费的摊销额以及财务费用中的利息支出等项目后的差额。

项目每年总成本费用可在经营期内一个标准年份的正常产销量和预计消耗水平的基础上进行测算;年折旧额、年摊销额可根据本项目的固定资产原值、无形资产和开办费投资,以及这些项目的折旧或摊销年限进行估算。

项目投产后,长期借款的利息应列入财务费用。因此,应根据具体项目的借款还本付息方式来估算这项内容。

4. 各项税款的估算

在进行新建项目投资决策时,通常只估算所得税;更新改造项目还需要估算因变卖固定资产发生的营业税。

必须指出的是,如果从国家投资主体的立场出发,就不能将企业所得税作为现金流出量项目看待。只有从企业或法人投资主体的角度才将所得税列作现金流出。

第三节 净现金流量

一、净现金流量的含义

净现金流量是指在项目计算期内由每年现金流入量与同年现金流出量之间的差额所形成的序列指标,是计算项目投资决策评价指标的重要依据。它具有以下两个特征:第一,无论是在经营期内还是在建设期内都存在净现金流量;第二,由于项目计算期不同阶段上的现金流入和现金流出发生的可能性不同,使得各阶段上的净现金流量在数值上表现出不同的特点,即建设期内的净现金流量一般小于或等于零,而在经营期内的净现金流量则多为正值。

根据净现金流量的定义,其理论计算公式为:

净现金流量=现金流入量-现金流出量

或

$$NCF_t = CI_t - CO_t \ (t=0, 1, 2, \cdots)$$

式中:NCF_t 为第 t 年净现金流量;CI_t 为第 t 年现金流入量;CO_t 为第 t 年现金流出量。

二、净现金流量的计算公式

为简化净现金流量的计算,可以根据项目计算期不同阶段上的现金流入量和现金流出量具体内容,直接计算各阶段净现金流量。

1. 建设期净现金流量的计算公式

若原始投资均在建设期内投入,则建设期净现金流量可按以下公式计算:

建设期净现金流量=- 原始投资额

或

$$NCF_t = -I_t (t=0, 1, \cdots, s; s>0)$$

式中:I_t 为第 t 年原始投资额;s 为建设期年数。

由上式可见,当建设期 s 不为 0 时,建设期净现金流量的数量特征取决于投资方式是分次投入还是一次性投入。

2. 经营期净现金流量的计算公式

经营期净现金流量可按以下公式计算:

经营期某年净现金流量=利润+折旧+摊销额+利息费用+回收额

或

$NCF_t = P_t + D_t + M_t + C_t + R_t (t = s+1, s+2, \cdots, n)$

式中：P_t 为第 t 年利润；D_t 为第 t 年折旧额；M_t 为第 t 年摊销额；C_t 为第 t 年在财务费用中列支的利息费用；R_t 为第 t 年回收额。

显然，由于所得税为经营期现金流出量项目，上述公式中的利润是净利润，若经营期现金流出项目不包括所得税因素，则上述公式的利润应当是营业利润。按现行制度规定，在财务可行性研究中，确定全投资现金流量时，应将所得税因素作为现金流出量处理。因此，在一般情况下，计算经营净现金流量的公式中的利润为净利润。

当回收额为零时的经营期内净现金流量又称为经营净现金流量。按照有关回收额均发生在终结点上(更新改造项目除外)的假设，经营期内回收额不为零时的净现金流量亦称为终结点净现金流量；显然终结点净现金流量等于终结点那一年的经营净现金流量与该期回收额之和。

三、净现金流量的计算

(一)单纯固定资产投资项目的净现金流量计算

【例 7-1】大新公司拟购建一项固定资产，需投资 100 万元，按直线法折旧，使用寿命 10 年，期末有 20 万元净残值。在建设起点一次投入借入资金 100 万元，建设期为一年，发生建设期资本化利息 10 万元。预计投产后每年可获营业利润 20 万元。在经营期的头 3 年中，每年归还借款利息 12 万元(假定营业利润不变，不考虑所得税因素)。

根据资料计算如下有关指标。

① 固定资产原值=固定资产投资+建设用资本化利息=100+10=110(万元)

② 固定资产年折旧额 = $\dfrac{\text{固定资产原值} - \text{净残值}}{\text{固定资产使用年限}} = \dfrac{110-20}{10} = 9$(万元)

③ 项目计算期=建设期+经营期=1+10=11(年)

④ 终结点年回收额=固定资产余值回收+流动资金回收=20+0=20(万元)

⑤ 建设期某年净现金流量=-该年发生的原始投资=-100(万元)

⑥ 经营期某年净现金流量=利润+折旧+摊销额+利息费用+回收额

经营期各年净现金流量分别为：

$NCF_1 = 0$(万元)

$NCF_{2\sim 4} = 20+9+0+12+0 = 41$(万元)

$NCF_{5\sim 10} = 20+9+0+0+0 = 29$(万元)

$NCF_{11} = 20+9+0+0+20 = 49$(万元)

(二)完整工业投资项目的净现金流量计算

【例7-2】 大新公司某项目需要原始投资 150 万元,其中固定资产投资 100 万元,开办费投资 10 万元,流动资金投资 40 万元。建设期为 1 年,建设期资本化利息 10 万元。固定资产投资和开办费投资于建设起点投入,流动资金于完工时(即第 1 年末)投入。该项目寿命期 10 年,固定资产按直线法计提折旧期满有 20 万元净残值;开办费自投产年份起分 5 年摊销完毕。预计投产后第 1 年获 10 万元利润,以后每年递增 10 万元;从经营期第 1 年起连续 4 年每年归还借款利息 12 万元;流动资金于终结点一次回收。

根据所给资料计算如下有关指标。

① 项目计算期 n=1+10=11(年)
② 固定资产原值=100+20=120(万元)
③ 固定资产年折旧额=(120-20)/10=10(万元)
④ 开办费年摊销额=10/5=2(万元)
⑤ 投产后每年利润分别为 10, 20, 30, …, 100 万元(共 10 年)
⑥ 终结点回收额=20+40=60(万元)
⑦ 建设期净现金流量:

NCF_0=-(100+20)=-120(万元)
NCF_1=-40(万元)

⑧ 经营期净现金流量:

NCF_2=10+10+2+12+0=34(万元)
NCF_3=20+10+2+12+0=44(万元)
NCF_4=30+10+2+12+0=54(万元)
NCF_5=40+10+2+12+0=64(万元)
NCF_6=50+10+2+0+0=62(万元)
NCF_7=60+10+0+0+0=70(万元)
NCF_8=70+10+0+0+0=80(万元)
NCF_9=80+10+0+0+0=90(万元)
NCF_{10}=90+10+0+0+0=100(万元)
NCF_{11}=100+10+0+0+60=170(万元)

(三)考虑所得税的固定资产投资项目的净现金流量计算

【例7-3】 大新公司的固定资产投资项目需要一次投入 100 万元,并向银行借款年利率 10%,建设期为 1 年,发生资本化利息 10 万元。该固定资产可使用 10 年,按直线法折旧,期满有净残值10万元。投入使用后,可使经营期第1~7年每年产品销售收入(不含增值税)增加80.39万元,第8~10年每年产品销售收入(不含增值税)增加69.39万元,同时使第1~10年每年的经营成本增加37万元。该企业的所得税率为33%。投产后第7年末,用净利润归还借款的本金,在还本之前的经营期内每年末支付借款利息11万元,连续归还7年。

根据所给资料计算如下有关指标。

① 项目计算期 $n=1+10=11$(年)

② 固定资产原值=100+100×10%×1=110(万元)

③ 固定资产年折旧额=(110-10)/10=10(万元)

④ 经营期第1~7年每年总成本=37+10+0+11=58(万元)

经营期第8~10年每年总成本=37+10+0+0=47(万元)

⑤ 经营期第1~7年每年营业利润=80.39-58=22.39(万元)

经营期第8~10年每年营业利润=69.39-47=22.39(万元)

⑥ 每年应交所得税=22.39×33%=7.39(万元)

⑦ 每年净利润=22.39-7.39=15(万元)

⑧ 按简化公式计算的建设期的净现金流量为:

$NCF_0=-100$(万元)

$NCF_1=0$(万元)

按简化公式计算的经营期的净现金流量为:

$NCF_{2\sim7}=15+10+11=36$(万元)

$NCF_{8\sim10}=15+10+0=25$(万元)

$NCF_{11}=15+10+0+10=35$(万元)

(四)固定资产更新改造项目的净现金流量计算

【例7-4】大新公司打算变卖一套尚可使用5年的旧设备,另行购置一套新设备来替换它。取得新设备的投资额为36万元,旧设备的变价净收入为16万元,到第5年末新设备与继续使用旧设备届时的预计净残值相等。使用新设备可使企业在5年内每年增加营业收入12万元,并增加经营成本6万元。设备采用直线法计提折旧。新旧设备的替换不会妨碍企业的正常经营(即更新设备的建设期为零)。企业所得税率为25%。

要求:计算该更新设备项目的项目计算期内各年的差量净现金流量(ΔNCF_t)。

根据所给资料计算如下相关指标。

① 更新设备比继续使用旧设备增加的投资额=36-16=20(万元)

② 经营期每年折旧的变动额=20/5=4(万元)

③ 经营期每年总成本的变动额=6+4=10(万元)

④ 经营期每年营业净利润的变动额=12-10=2(万元)
⑤ 经营期每年所得税的变动额=2×25%=0.5(万元)
⑥ 经营期每年净利润的变动额=2-0.5=1.5(万元)
⑦ 按简化公式确定的建设期差量净现金流量为：
$\Delta NCF_0 = -20$(万元)
⑧ 按简化公式计算的经营期差量净现金流量为：
$\Delta NCF_{1-5} = 1.5+4=5.5$(万元)

第四节 投资项目决策评价指标及其运用

一、投资决策评价指标的概念及分类

(一)评价指标的概念

项目投资决策评价指标是指用于衡量和比较投资项目可行性、以便据以进行方案决策的定量化标准与尺度，它由一系列综合反映投资效益、投入产出关系的量化指标构成的。项目投资决策评价指标比较多，本章主要从财务评价的角度介绍投资利润率、静态投资回收期、净现值、净现值率、现值指数、内含报酬率等现值指标。

(二)评价指标的分类

(1) 按其是否考虑货币时间价值，分为非折现评价指标和折现评价指标。

非折现评价指标是指在计算过程中不考虑货币时间价值因素的指标，又称为静态指标。包括投资利润率和静态投资回收期。与非折现评价指标相反，在折现评价指标的计算过程中必须充分考虑和利用货币时间价值，因此折现评价指标又称为动态指标，包括净现值、净现值率、现值指数和内含报酬率。

(2) 按其性质不同，分为正指标和反指标。

投资利润率、净现值、净现值率、现值指数和内含报酬率属于正指标，在评价决策中，这些指标越大越好；静态投资回收期属于反指标，在评价决策中，这类指标越小越好。

(3) 按其数量特征的不同，分为绝对量指标和相对量指标。

绝对指标包括以时间为计量单位的静态投资回收期指标和以价值量为计量单位的净现值指标；后者除现值指数用指数形式表现外，大多为百分比指标。

(4) 按其在决策中所处的地位，分为主要指标、次要指标和辅助指标。

净现值、内含报酬率等为主要指标，静态投资回收期等为次要指标，投资利润率为辅助指标。

(5) 按其计算的难易程度，分为简单指标和复杂指标。

投资利润率、静态投资回收期、净现值率和现值指数为简单指标；净现值和内含报酬率为复杂指标。

二、非折现评价指标

(一)投资利润率

投资利润率又称投资报酬率(记作 ROI)，是指达到正常生产年度利润或年均利润占投资总额的百分比，其公式为：

$$投资利润率 = \frac{年平均利润额}{投资总额} \times 100\%$$

或

$$ROI = \frac{P(或 P')}{I'} \times 100\%$$

式中：P 为达到正常生产年份的利润总额；P' 为经营期内全部利润除以经营年数的平均数；I' 为投资总额。

【例 7-5】仍以例 7-1 的有关资料为例计算投资利润率指标。

年利润总额(P)=20(万元)

投资总额(I')=固定资产投资+资本化利息=100+10=110(万元)

投资利润率(ROI)=20/110×100%=18.18%

投资利润率的决策标准是：投资项目的投资利润率越高越好，低于无风险投资利润率的方案为不可行方案。

投资利润率指标具有简单、明了、易于掌握的优点，且该指标不受建设期的长短、投资的方式、回收额的有无以及净现金流量的大小等条件的影响，能够说明各投资方案的收益水平。该指标的缺点有：一是没有考虑货币时间价值因素，不能正确反映建设期长短及投资方式不同对项目的影响；二是该指标分子分母的时间特征不一致(分子是时期指标，分母是时点指标)，因而在计算口径上可比基础较差，使该指标的计算无法直接利用净现金流量信息。

(二)静态投资回收期

静态投资回收期又叫全部投资回收期，简称回收期，是指以投资项目的经营净现金流量抵偿原始总投资所需要的全部时间。该指标以年为单位，包括以下两种形式：包括建设期的投资回收期(记作 PP)和不包括建设期的投资回收期(记作 PP')。显然，在建设期为 s 时，$PP'+s=PP$。只要求出其中一种形式，就可很方便地推算出另一种形式。

如果出现长期投资项目决策方案满足∑ [投产后前 m 年每年相等净现金流量(NCF)]原始总投资的条件，该方案可行。即投资均集中发生在建设期内，投产后面若干年(建设期为 m 年)每年经营净现金流量相等，则可按以下公式直接求出不包括建设期的投资回收期 PP'。

$$\text{不包括建设期的投资回收期} = \frac{\text{原始投资额}}{\text{投产后前若干年每年相等的现金流量}}$$

即

$$PP' = \frac{I}{NCF_{(s+1) \sim (s+m)}} = \frac{\left|\sum_{t=0}^{s} NCF_t\right|}{NCF_{(s+1) \sim (s+m)}}$$

式中：I 为原始总投资，$I = \left|\sum_{t=0}^{s} NCF_t\right|$；$NCF_{(s+1) \sim (s+m)}$ 为投产后 $1 \sim m$ 年每年相等的净现金流量。

m 必须满足以下关系：

$$m \cdot NCF_{(s+1) \sim (s+m)} \geqslant I \text{ 或 } \left|\sum_{t=0}^{s} NCF_t\right|$$

在计算出不包括建设期的投资回收期 PP' 的基础上，将其与建设期 s 代入下式，即可求得包括建设期的回收期 PP。

包括建设期的投资回收期(PP)=不包括建设期的投资回收期(PP')+建设期(s)

【例 7-6】根据例 7-3 所示的净现金流量信息，用简化方法计算该项目的静态投资回收期。

建设期(s)=1(年)
经营期净现金流量($NCF_{2 \sim 7}$)=81.42(万元)
原始投资额(I)=300(万元)
m=7(年)

由于 $m \times$ 经营期净现金流量=7×81.42>300(原始投资额)

所以可以使用简化公式：

不包括建设期的投资回收期(PP')=300/81.42≈3.68(年)
包括建设期的投资回收期(PP)=$PP'+s$=3.68+1=4.68(年)

以上投资回收期计算的简化方法所要求的应用条件比较特殊，包括项目投产后开头的若干年内每年的净现金流量必须相等，这些年内的经营净现金量流量之和应大于或等于原始总投资。如果不能满足上述条件，就无法采用这种方法。无论在什么情况下，都可以通过列表计算"累计净现金流量"的方式，来确定包括建设期的投资回收期，这就是所谓确定静态投资回收期的一般方法。

该法的原理是：按照回收期的定义，包括建设期的投资回收期 PP 满足以下关系式，即：

$$\sum_{t=0}^{PP} NCF_t = 0$$

这表明在财务现金流量表的"累计净现金流量"一栏中,包括建设期的投资回收期 PP 恰好是累计净现金流量为零的年限。在计算时有以下两种可能。

第一,在"累计净现金流量"栏上可以直接找到零,那么读出零所在列的 t 值即为所求的包括建设期的投资回收期 PP。

第二,如果无法在"累净现金流量"栏上找到零。可按下式计算包括建设期的投资回收期。

$$包括建设期的投资回收期(PP) = m' + \frac{\left|\sum_{t=0}^{m'} NCF_t\right|}{NCF_{(m'+1)}}$$

式中:m' 为净现金流量由负变正的头一年,即现金流量表的"累计净现金流量"栏中最后一项负值所对应的年数;$\left|\sum_{t=0}^{m'} NCF_t\right|$ 为第 m' 年末尚未回收的投资额;$NCF_{(m'+1)}$ 为第 $m'+1$ 年的净现金流量。

【例 7-7】根据例 7-1 资料所列示的净现金流量资料计算有关净现金流量数据如表 7-1 所示。

因为第 3 年的累计净现金流量小于零、第 4 年的累计净现金流量大于零,所以 $m'=3$。

表 7-1　某固定资产投资项目现金流量表(全部投资)　　　　　　　　　　单位:万元

项目计算期(第 t 年)	建设期		经营期							合计
	0	1	2	3	4	5	…	10	11	
…	…	…	…	…	…	…		…	…	…
3.0 净现金流量	-100	0	41	41	41	29	…	29	49	147
4.0 累计净现金流量	-100	-100	-59	-18	23	52	…	98	147	—

包括建设期的投资回收期$(PP) = 3 + |-18| \div 41 = 3.44(年)$
不包括建设期的投资回收期$(PP') = 3.44 - 1 = 2.44(年)$

静态投资回收期是非折现的绝对量反指标。在评价方案可行性时,包括建设期的回收期比不包括建设期的回收期用途更广泛。各投资方案的投资回收期确定以后,投资回收期最短的方案为最佳方案。因为投资回收期越短,投资风险越小。从这一角度看,还应将各方案的静态回收期与基准投资回收期对比,只有投资回收期小于或等于基准投资回收期的方案是可行方案,否则为不可行方案。

静态投资回收期能够直观地反映原始总投资返本期限,便于理解,计算也不难,是应用较广泛的传统评价指标,但由于没有考虑货币的时间价值因素,又不考虑回收期满后继续发生的现金流量的变化情况,故存在一定弊端。

三、折现评价指标

(一)净现值

净现值(NPV)是指在项目计算期内,按行业基准收益率或其他设定折现率计算的各年净现金流量现值的代数和与投资现值合计之间的差额。净现值的基本公式是:

$$净现值(NPV)=\sum_{t=0}^{n} NCF \cdot (P/F, i, t)$$

式中:i 为该项目的行业基准折现率;$(P/F, i, t)$ 为第 t、折现率为 i 的复利现值系数。

投资项目的计算包括以下步骤:

① 计算投资项目每年的净现金流量;
② 选用适当的折现率,将投资项目各年的折现系数通过查表确定下来;
③ 将各年净现金流量乘以相应的折现系数求出现值;
④ 汇总各年的净现金流量现值,得出投资项目的净现值。

【例7-8】以 7-2 所给大新公司现金流量数据为例,可用列表的方法计算该方案的净现值为 211.77 万元(假设折现率为 10%),如表 7-2 所示。

表 7-2 大新公司投资项目现金流量表(全部投资) 单位:万元

项目计算期	建设期		经营期							合计
(第 t 年)	0	1	2	3	4	5	...	10	11	
...	...	...	...	...	...	...	...	...	...	...
3.0 净现金流量	-100	-40	34	44	54	64	...	100	170	628
5.0 10%的复利现值系数	1	0.909	0.826	0.751	0.683	0.621	...	0.386	0.351	—
6.0 折现的净现金流量	-100	-36.36	28.08	33.04	36.88	39.74	...	38.60	25.33	211.77

(1) 当全部投资在建设起点一次投入,建设期为零,投产后 1~n 年每年净现金流量相等,投产后的净现金流量表现为普通年金形式,简化公式为:

净现值=-原始投资额+投产后每年相等的净现金流量×年金值系数

或

$NPV=NCF_0+NCF_{1-n}·(P/A, i, n)$

式中：$(P/A, i, n)$为 n 年、折现率为 i 的年金现值系数。

【例 7-9】大新公司拟建一项固定资产，需投资 200 万元，按直线法计提折旧，使用寿命 10 年，期末无残值。该项工程于当年投产，预计投产后每年可获利 20 万元。假定该项目的行业基准折现率为 10%。则其净现值计算如下：

原始投资额(NCF_0)=-200(万元)

投产后每年相等的净现金流量(NCF_{1-n})=20+200/10=40(万元)

净现值(NPV)=-200+40×$(P/A, 10\%, 10)$=45.7828(万元)

(2) 当全部投资在建设起点一次投入，建设期为零，投产后每年经营净现金流量(不含回收额)相等，但终结点第 n 年有回收额 Rn(如残值)时，可按两种方法求净现值。

方法一：将 1～$(n-1)$年每年相等的经营净现金流量视为普通年金，第 n 年净现金流量视为第 n 年终值。

$NPV=NCF_0+(NCF_{1\sim(n-1)}(P/A, i, n-1)+NCF_n·(P/F, i, n)$

方法二：将 1～n 年每年相等的经营净现金流量按普通年金处理，第 n 年发生的回收额单独作为该年终值。

$NPV=NCF_0+NCF_{1-n}(P/A, i, n)+Rn·(P/F, i, n)$

【例 7-10】假定有关资料与例 7-9 相同，固定资产报废时 20 万元残值。则其净现值采用如下计算。

方法一：净现值(NPV)=-200+38×$(P/A, 10\%, 9)$+58×$(P/F, 10\%, 10)$=41.204(万元)

方法二：净现值(NPV)=-200+38×$(P/A, 10\%, 10)$+58×$(P/F, 10\%, 10)$=41.204(万元)

(3) 若建设期为 s，全部投资在建设起点一次投入，投产后$(s+1)$～n 年每年净现金流量相等，则后者具有递延年金的形式，其现值之和可按递延年金现值求得。公式如下：

$NPV=NCF_0+NCF_{(s+1)\sim n}·[(P/A, i, n)-(P/A, i, s)]$

$=NCF_0+NCF_{(s+1)\sim n}·[(P/A, i, n-s)-(P/A, i, s)]$

【例 7-11】假设有关资料与例 7-9 相同，建设期为 1 年。则其净现值计算如下：

净现值(NPV)=-200+40×$[(P/A, 10\%, 11)-(P/A, 10\%, 1)]$=23.4388(万元)

或 净现值(NPV)=-200+40×$[(P/A, 10\%, 10)-(P/A, 10\%, 1)]$=23.4388(万元)

(4) 若建设期为 s，全部投资在建设期内分次投入，投产后$(s+1)$～n 年每年净现金流量相等，则公式如下：

$NPV=NCF_0+NCF_1·[(P/F, i, 1)+NCF_s·(P/F, i, s)]+NCF_{(s+1)\sim n}·[(P/A, i, n]-(P/F, i, s)]$

【例 7-12】假设有关资料与 7-9 相同，建设期一年，资金分别于年初、年末各投入 100

万元，期末无残值。则其净现值为：

净现值(NPV)=-100-100×(P/F, 10%, 1)+40×(P/A, 10%, 11)-(P/A, 10%, 1)=32.5296(万元)

在项目评价中，正确选择折现率至关重要，它直接影响项目评价的结论。如果选择的折现率过低，则会导致一些经济效益较差的项目得以通过，从而浪费了有限的社会资源；如果选择的折现率过高，则会导致一些效益较好的项目不能通过，从而使有限的社会资源不能充分发挥作用。实际工作中，一般有以下几种方法确定项目的折现率。

① 以投资项目的资金成本作为折现率。

② 以投资的机会成本作为折现率。

③ 根据不同阶段采用不同的折现率。在计算项目建设期净现金流量现值时，以贷款的实际利率作为折现率；在计算项目经营期净现金流量时，以全社会资金平均收益率作为折现率。

④ 以行业平均资金收益率作为项目折现率。

净现值是考虑时间货币价值的绝对值正指标，采用净现值法的决策标准是：如果投资方案的净现值大于或等于零，该方案为可行方案；如果投资方案的净现值小于零，该方案为不可行方案；如果几个方案的投资额相同，且净现值均大于零，那么净现值最大的方案为最优方案。

利用净现值法评价决策指标优点有三：一是考虑了资金时间价值，增强了投资经济性的评价；二是考虑了项目计算期的全部净现金流量，体现了流动性与收益性的统一；三是考虑了投资风险性，折现率的大小与风险大小有关，风险越大，折现率就越高。

净现值法也有明显的缺点：一是不能从动态的角度直接反映投资项目的实际收益率水平，当各项目投资额不等时，用净现值无法确定投资方案的优劣；二是净现金流量的测量和折现率的确定比较困难，而它们的正确性对计算净现值有着重要影响；三是净现值法计算麻烦，且较难理解和掌握。

(二)净现值率

净现值率($NPVR$)是指投资项目的净现值占原始投资现值总和的百分比指标。计算公式为：

$$投资项目净现值率=\frac{投资项目净现值}{原始投资现值}\times 100\%$$

$$NPVR=\frac{NPV}{\left|\sum_{t=0}^{s}NCF_{t}\cdot(1+i)^{-t}\right|}\times 100\%$$

式中：$\left|\sum_{t=0}^{s}NCF_{t}\cdot(1+i)^{-t}\right|$ 为原始投资现值合计。

【例 7-13】 以例 7-12 中的净现值数据为例,可计算其净现值率如下:

净现值(NPV)=32.5296 万元

原始投资现值=|−100−100×(P/F, 10%, 1)|=190.909(万元)

净现值率(NPVR)=32.5296/190.909×100%=17.039%

净现值率数据一个考虑了货币时间价值的相对量指标,其优点在于可以从动态的角度反映项目投资的资金投入与净产出之间的关系,比其他动态相对数指标更容易计算;其缺点与净现值指标相似,同样无法直接反映投资项目的实际收益率。

(三)现值指数

现值指数(PI)是指投产后按行业基准收益率或设定折现率折算的各年净现金流量的现值合计与原始投资的现值合计之比,公式为:

$$现值指数(PI) = \frac{\sum_{t=s+1}^{n} NCF_t \cdot (P/F, i, t)}{\left| \sum_{t=0}^{s} NCF_t \cdot (P/F, i, t) \right|}$$

式中: $\sum_{t=s+1}^{n} NCF_t \cdot (P/F, i, t)$ 为投产后各年净现金流量的现值合计。

当原始投资在建设期内全部投入时,现值指数 PI 与净现值率(NPVR)有如下的关系:

现值指数(PI)=1+净现值率(NPVR)

【例 7-14】 以例 7-2 中净现金流量资料为例,假设该项目的行业基准折现率为 10%,其现值指数计算如下:

因为, $\sum_{t=s+1}^{n} NCF_t \cdot (P/F, i, t) = NCF_2 \cdot (P/F, 10\%, 2) + NCF_3 \cdot (P/F, 10\%, 3) + NCF_4 \cdot (P/F, 10\%,$

4)$+NCF_5 \cdot (P/F, 10\%, 5)+NCF_6 \cdot (P/F, 10\%, 6)+NCF_7 \cdot (P/F, 10\%, 7)+NCF_8 \cdot (P/F,$

10%, 8)$+NCF_9 \cdot (P/F, 10\%, 9)+NCF_{10} \cdot (P/F, 10\%, 10)+NCF_{11} \cdot (P/F, 10\%, 11)$

=34×0.8264+44×0.7513+54×0.6830+64×0.6209+62×0.5645+70×0.5132+80×0.4665+

90×0.4241+100×0.3855+170×0.1486

=348(万元)

$$\left| \sum_{t=0}^{s} NCF_t \cdot (1+i)^{-t} \right| = | NCF_0 \cdot (P/F, 10\%, 0) + NCF_1 \cdot (P/F, 10\%, 1) |$$

= |−110×1− 40×0.909|=146.36(万元)

所以,现值指数(PI)=348/146.36=2.378。

现值指数也是一个考虑了货币时间价值的相对量评价指标,利用该指标进行投资项目决策的标准是:如果投资方案的获利指数大于或等于 1,该方案为可行方案;如果投资方案的获利指数小于1，该方案不可行；如果几个方案的现值指数均大于1，则现值指数越大，投资方案越好。但在采用现值指数法进行互斥方案的选择时，其选择原则不是选择现值指数最大的方案，而是在保证现值指数大于1的条件下，使追加投资所得的追加收入最大化。

现值指数法的优缺点与净现值法基本相同，但现值指数法可从动态的角度反映项目投资的资金投入与总产出之间的关系，可以弥补净现值法在投资额不同方案之间不能比较的缺陷，使投资方案之间可直接用现值指数进行对比。其缺点除了无法直接反映投资项目的实际收益率外，计算起来比净现值率指标还要复杂，计算口径也不一致。因此，在实务中通常并不要求直接计算现值指数，如果需要考核这个指标，可在求得净现值率的基础上推算出来。

(四)内含报酬率

内含报酬率(IRR)，是指项目投资实际可望达到的报酬率，即能使投资项目的净现值等于零时的折现率(记作 IRR)。其公式表示为：

$$\sum_{t=0}^{n} NCF \cdot (P/F, IRR, t) = 0$$

若项目满足以下特殊条件时，可按下述简便算法求得内含报酬率。

(1) 全部投资均于建设起点一次投入，建设期为零，即建设起点第 0 期净现金流量等于原始投资的负值($NCF_0 = -I$)。

(2) 投产后每年净现金流量相等，即第 1 至第 n 期每期净现金流量取得了普通年金的形式($NCF_1 = NCF_2 = \cdots = NCF_n$)

内含报酬率 IRR 可按下式确定：

$$(P/A, IRR, n) = I/NCF$$

式中：I 为在建设起点一次投入的原始投资；$(P/A, IRR, n)$ 为以 IRR 为设定折现率，n 期的年金现值系数；NCF 为投产后 $1\sim n$ 年每年相等的净现金流量($NCF_1 = NCF_2 = \cdots = NCF_n = NCF$，$NCF$ 为一常数，且 $NCF \geq 0$)

具体计算程序包含如下几个步骤。

① 计算年金现值系数。

$$年金现值系数(C) = \frac{原始投资额}{年均净现金流量}$$

即 $(P/A, IRR, n) = I/NCF$

② 根据计算出来的年金现值系数 C，查 n 年的 1 元年金现值表。

③ 若在 n 年系数表上恰好能找到等于上述数值 C 的年金现值系数$(P/A, IRR, n)$，则该系数所对应的折现率 r_m 即为所求的内含报酬率 IRR。

④ 若在系数表上找不到事先计算出来的系数值 C，则可利用系数表上同期略大或略小于该数值所对应的两个临界值 C_m 和 C_{m+1}；及相对应的两个折现率 r_m 和 r_{m+1}，应用内插法计算近似的内含报酬率。即如果$(P/A, r_m, n)=C_m>C$，$(P/A, r_{m+1}, n)=C_{m+1}<C$ 成立，就可按下列具体公式计算内含报酬率 IRR：

$$IRR=r_m+\frac{C_m-C}{C_m-C_{m+1}}\cdot(r_{m+1}-r_m)$$

为缩小误差，按照有关规定，r_{m+1} 与 r_m 与之间的差不得大于 5%。

【例 7-15】某投资项目在建设起点一次性投资 50 万元，当年完工并投产，经营期为 15 年，每年可获净现金流量 10 万元。按简单方法计算该项目的内含报酬率如下：

$NCF_0=-I=-50(万元)$，$NCF_{1\sim 15}=10(万元)$

查 15 年的 1 元年金现值表：

因为$(P/A, 18\%, 15)=50/10=5$，所以 $IRR=18\%$。

答：该方案的内含报酬率约为 18%

【例 7-16】根据例 7-9 所列的净现金流量信息，可按如下方法计算其内含报酬率。

$(P/A, IRR, 10)=200/40=5$

查 10 年的 1 元年金现值表：

因为 $(P/A, 14\%, 10)=5.2161>5$，$(P/A, 16\%, 10)=4.8332<5$，所以 $14\%<IRR<16\%$ 应用内插法得到

$$IRR=14\%+\frac{5.2161-5}{5.2161-4.8332}\cdot(16\%-14\%)=15.13\%$$

若项目的净现金流量不属于上述特殊情况，无法应用简便计算法，必须按定义采用逐次测试法，计算能使净现值等于零的内含报酬率。具体步骤包括如下几个。

(1) 自己先行设定一个折现率 r_1，代入有关计算净现值的公式，求出按为 r_1 折现率的净现值 NPV_1，并进行判断。若净现值 $NPV_1=0$，则内含报酬率 $IRR=r_1$，计算结束。若净现值 $NPV_1>0$，则内含报酬率 $IRR>r_1$，应重新设定 $r_2>r_1$，再将 r_2 代入有关净现值的公式，求出净现值 NPV_2，继续进行下一轮的判断；若净现值 $NPV_1<0$，则内含报酬率 $IRR<r_1$，应重新设定 $r_2<r_1$，再将 r_2 代入有关计算净现值的公式，求出 r_2 为折现率的净现值 NPV_2，继续进行下一轮的判断。

(2) 经过逐次测试判断，有可能找到内含报酬率 IRR。每一轮判断的原则相同。若设 r_j 为第 j 次测试的折现率，NPV_j 为按 r_j 计算的净现值，则有：

当 $NPV_j>0$ 时，$IRR>r_j$，继续测试；

当 $NPV_j<0$ 时，$IRR<r_j$，继续测试；

当 $NPV_j=0$ 时，$IRR=r_j$，测试完成。

(3) 若经过有限次测试,已无法继续利用有关货币时间价值系数表,仍未求得内含报酬率 IRR,则可利用最为接近零的两个净现值正负临界值 NPV_m 和 NPV_{m+1} 及相应的折现率 r_m 和 r_{m+1},应用内插法计算近似的内含报酬率。如果 $NPV_m>0$,$NPV_{m+1}<0$,$r_{m+1}-r_m<5\%$ 成立,就可按下列具体公式计算内含报酬率 IRR:

$$\text{内含报酬率}=\text{低折现率}+\frac{\text{低折现率计算的净现值(即正数)}}{\text{两个折现率计算的净现值绝对数之和}}\times\text{高低两个折现率的差数}$$

$$IRR=r_m+\frac{NPV_m-0}{NPV_m-NPV_{m+1}}\cdot(r_{m+1}-r_m)$$

【例 7-17】根据例 7-3 所列某项目净现金流量资料,按如下方法计算该项目的内含报酬率。

因为,该项目的净现金流量 $NCF_0=-100$ 万元,$NCF_1=0$ 万元,$NCF_{2-8}=36$ 万元,$NCF_{9-10}=25$ 万元,$NCF_{11}=35$ 万元,所以该项目只能用一般方法计算内含报酬率。

按照逐次测试法的要求,自行设定折现率并计算净现值,据此判断调整折现率,得到以下数据(计算过程略):

测试次数	设定折现率/%	净现值 NPV_j(按 r_j 计算)
1	10	+91.838 4
2	30	−19.279 9
3	20	+21.731 3
4	24	+3.931 8
5	26	−3.019 1

因为,最接近于零的两个净现值临界值 NPV_m 和 NPV_{m+1} 点分别为+3.931 84 和-3.019 1,相应的折现率 r_m 和 r_{m+1} 分别为 24%和 26%,所以 24% $<IRR<$26%。

应用内插法:

$$IRR=24\%+\frac{3.931\,8-0}{3.931\,8-(-3.019\,1)}\cdot(26\%-24\%)\approx 25.13\%$$

内含报酬率是折现的相对量正指标,采用该指标的决策标准是将所测算的各方案的内含报酬率与其资金成本对比,如果方案的内含报酬率大于其资金成本,该方案可行;如果投资方案的内含报酬率小于其资金成本,则该方案不可行。如果几个投资方案的内含报酬率都大于其资金成本,且各方案的投资额相同,那么内含报酬率与资金成本本间差异最大的方案最好;如果几个方案的内含报酬率均大于其资金成本,但各方案的原始投资额不等,其决策标准应是"投资额×(内含报酬率-资金成本)"最大的方案为最优方案。

内含报酬率法非常注重货币时间价值,能从动态的角度直接反映投资项目的实际收益水平,且不受行业基准收益率高低的影响,比较客观。但该指标的计算过程十分复杂,当经营期大量追加投资时,又有可能导致多个内含报酬率出现,使决策者难以决策。

(五)折现指标之间的关系

净现值 NPV、净现值率 NPVR、获利指数 PI 和内含报酬率 IRR 指标之间存在以下数量关系,即:

当 $NPV>0$ 时,$NPVR>0$,$PI>1$,$IRR>i$;

当 $NPV=0$ 时,$NPVR=0$,$PI=1$,$IRR=i$;

当 $NPV<0$ 时,$NPVR<0$,$PI<1$,$IRR<i$。

此外,净现值率 NPVR 的计算需要在已知净现值 NPV 的基础上进行,内含报酬率 IRR 在计算时也需要利用净现值 NPV 的计算技巧或形式。这些指标都会受到建设期的长短、投资方式以及各年净现金流量的数量特征的影响。所不同的是 NPV 为绝对量指标,其余为相对数指标,计算净现值 NPV、净现值率 NPVR 和现值指数 PI 所依据的折现率都是事先已知的 i,而内含报酬率 IRR 的计算本身与 i 的高低无关。

四、项目投资决策评价指标的运用

计算评价指标的目的,是为项目投资提供决策的定量依据,进行项目的评价与优选。由于评价指标的运用范围不同,评价指标的自身特征不同,评价指标之间的关系比较复杂,因此,必须根据具体运用范围确定如何运用评价指标。

(一)单一的独立投资项目的财务可行性评价

在只有一个投资项目可供选择的条件下,需要利用评价指标考查该独立项目是否具有财务可行性,从而作出接受或拒绝该项目的决策。当有关正指标大于或等于某些特定数值,反指标小于特定数值,则该项目具有财务可行性;反之,则不具备财务可行性。具体应注意以下各要点。

(1) 如果某一投资项目的评价指标同时满足以下条件:净现值 $NPV>0$;净现值率 $NPVR>0$;现值指数 $PI>1$;内含报酬率 $IRR>i$(基准利润率);包括建设期的静态投资回收期 $PP \leqslant \dfrac{n}{2}$(即项目计算期的一半);不包括建设期的静态投资回收期 $PP'=\dfrac{p}{2}$(即经营期的一半);投资利润率 $ROI>i$。则可以断定该投资项目无论从哪个方面看都具备财务可行性,应当接受此投资方案。

(2) 如果某一投资项目的评价指标同时不满足上述条件,即同时发生以下情况,如 $NPV<NPVR<0$,$PI<1$,$IRR<i$,$PP>\dfrac{n}{2}$,$PP'>\dfrac{p}{2}$,$ROI<i$,就可以断定该投资项目无论从

哪个方面看都不具备财务可行性，应当放弃该投资方案。

(3) 当静态投资回收期(次要指标)或投资利润率(辅助指标)的评价结论与净现值等主要指标的评价结论发生矛盾时，应当以主要指标的结论为准。如果在评价过程中发现某项目的主要指标 $NPV \geqslant 0$，$NPVR \geqslant 0$，$PI \geqslant 1$，$IRR \geqslant i$，可断定该项目基本上具有财务可行性；相反，如果出现 $NPV < 0$，$NPVR < 0$，$I < 1$，$IRR < i$ 的情况，即使 $PP \leqslant \frac{n}{2}$，$PP' \leqslant \frac{p}{2}$ 或 $ROI \geqslant i$，也可基本断定该项目不具有财务可行性。

(4) 利用净现值、净现值率、现值指数和内含报酬率指标对同一个独立项目进行评价，会得出完全相同的结论。

【例 7-18】 已知一固定资产投资项目方案的原始投资为 m 万元，项目计算期为 11 年(其中生产经营期为 10 年)，基准投资利润率为 9.5%，行业基准折现率为 10%。有关投资决策评价指标分别为：$ROI=10\%$，$PP=6$ 年，$PP'=5$ 年，$NPV=+32.529$ 万元，$NPVR=17.039\%$，$PI=1.170\ 39$，$IRR=12.73\%$，试分析该投资项目是否可行？

依题意 $ROI=10\%>9.5\%$，$PP=6$ 年 $>\frac{n}{2}=5.5$ 年，$PP'=5$ 年 $=\frac{p}{2}$，$NPV=+32.529\ 6$ 万元 > 0，$NPVR=17.039\%>0$，$PI=1.170 39>1$，$IRR=12.73\%>i=10\%$。

计算表明该方案各项主要评价指标均达到或超过相应标准，所以它具有财务可行性，只是包括建设期的投资回收期较长，有一定风险。

(二)多个互斥方案的决策

项目投资决策中的互斥方案是指在决策时涉及到的多个相互排斥、不能同时并存的投资方案。互斥方案决策过程就是在每一个入选方案已具备财务可行性的前提下，利用具体决策方法比较各个方案的优劣，利用评价指标从各个备选方案中最终选出一个最优方案的过程。

在项目投资的多方案比较决策理论中，将利用某一特定评价指标作为决策标准或依据的方法称为以该项指标命名的方法，如以净现值作为互斥方案择优依据的方法就是所谓净现值法。同样道理还有净现值率法、差额投资内含报酬率法和年等额净回收额法等。

净现值法和净现值率法适用于原始投资相同且项目计算期相等的多方案比较决策，即可以选择净现值或净现值率大的方案作为最优方案。

【例 7-19】 某个固定资产投资项目需要原始投资 200 万元，有甲、乙、丙、丁四个互相排斥的备选方案可供选择，各方案的净现值指标分别为 50 万元、30 万元、35 万元和 24 万元。试按净现值法进行比较决策。

因为，甲、乙、丙、丁每个备选方案的 NPV 均大于零，所以这些方案均具有财务可行性,又因为50>35>30>24,所以甲方案最优,其次为丙方案,再次为乙方案,最差为丙方案。

差额投资内部收益率法和年等额净回收额法适用于原始投资不相同的多个案比较,后者尤其适用于项目计算期不同的多方案比较决策。

所谓差额投资内部收益率法,是指在两个原始投资额不同方案的差量净现金流量 ΔNCF 基础上,计算出差额内部收益率 ΔIRR,并据以判断方案孰优孰劣的方法。在此法下,当差额内部收益率指标大于或等于基准利润率或设固定折现率时,原始投资额大的方案较优;反之,则投资少的方案为优。ΔIRR 的计算过程同 IRR 一样,只是所依据的是 ΔNCF。该法还经常被用于更新改造项目的投资决策中,当该项目的差额内含报酬率指标大于或等于基准利润率或设定折现率时,应当进行更新改造;反之,就不应当进行此项更新改造。

【例7-20】一更新改造项目的差量净现金流量如例7-4的结果所示,即 $\Delta NCF_0=-20$ 万元,$\Delta NCF_{1\sim5}=5.34$ 万元,行业基准折现率为10%。要求就以下两种不相关情况作出是否更新改造的决策。

(1) 该企业的行业基准折现率 i 为 8%;
(2) 该企业的行业基准折现率 i 为 12%。

依题意

$(P/A, \Delta IRR, 5)=20/5.34=3.745\ 3$

因为$(P/A, 10\%, 5)=3.790\ 8>3.453$

因为$(P/A, 12\%, 5)=3.604\ 8<3.745\ 3$

所以 $10\%<\Delta IRR<12\%$

用插入法

$$\Delta IRR=10\%+\frac{3.7908-3.7453}{3.7908-3.6048}\times(12\%-10\%)\approx 10.49\%$$

在第(1)种情况下:

因为 $\Delta IRR=10.49\%>i=8\%$,所以应当更新设备。

在第(2)种情况下:

因为 $\Delta IRR=10.49\%<i=12\%$,所以不应当更新设备。

计算表明,该更新改造项目的差额内含报酬年率指标为10.49%。在第(1)种情况下应当进行更新改造,在第(2)种情况下不应当进行更新改造。

年等额净回收额法是指根据所有投资方案的年等额净回收额指标的大小来选择最优方案的决策方法。某一方案年等额净回收额等于该方案净现值与相关的资本回收系数的乘积。若某方案净现值为 NPV,设定折现率或基准收益率为 i,项目计算期为 n,则年等额回收额可按以下公式计算:

或 $$A=NPV\cdot(A/P, i, n)$$
$$=NPV\cdot\frac{1}{(A/P,i,n)}$$

式中：A 为方案的年等额净回收额；$(A/P, i, n)$ 为 n 年、折现率为 i 的资本回收系数；$(P/A, i, n)$ 为 n 年、折现率 i 为的年金现值系数。

在此法下，在所有方案中，年等额净回收额最大的方案为优。

【例 7-21】 一企业为扩大规模，拟投资新建一条生产线。现有三个方案可供选择：甲方案的原始投资为 250 万元，项目计算期为 11 年，净现值为 191.74 万元；乙方案的原始投资为 220 万元，项目计算期为 10 年，净现值为 184 万元；丙方案的净现值为-2.5 万元。行业基准折现率为 10%，试按年等额净回收额法进行决策分析(计算结果保留两位小数)。

因为甲方案和乙方案的净现值均大于零，这两个方案具有财务可行性；又因为丙方案的净现值小于零，所以，该方案不具有财务可行性。

甲方案年等额净回收额=净现值/$(P/A, 10\%, 11)$=191.74/6.4951≈29.52(万元)

乙方案年等额净回收额=净现值/$(P/A, 10\%, 11)$=184/6.1446≈29.94(万元)

因为 29.94＞29.52，所以乙方案优于甲方案。

第五节　项目风险分析

在前面的分析中，假设项目的现金流量是可以确知的，但实际上投资项目总是有风险的，项目未来现金流量总会有某种程度的不确定性。如何处置风险是一个很复杂的问题，必须非常谨慎。

一、投资项目风险的处置方法

对项目的风险处置有两种方法，一种是调整现金流量法，另一种是风险调整折现率法。前者是缩小净现值模型的分子，使净现值减少；后者是扩大净现值模型的分母，使净现值减少。

(一)调整现金流量法

调整现金流量法，是把不确定的现金流量调整为确定的现金流量，然后用无风险的报酬率作为折现率计算净现值。

$$风险调整后净现值=\sum_{t=0}^{n}\frac{a_t\times 现金流量期望值}{(1+无风险报酬率)^t}$$

式中，a_t 是 t 年现金流量的肯定当量系数，其值在 0～1 之间。

肯定当量系数是指不肯定的一元现金流量相当于使投资者满意的肯定的系数。它可以把各年不肯定的现金流量换算为肯定的现金流量。

肯定的一元比不肯定的一元更受欢迎。因为不肯定的一元只相当于不足一元的金额。两者的差额，与现金流的不确定性程度的高低有关。

肯定当量系数是指预计现金流入中使投资者满意的无风险的份额。利用肯定当量系数，可以把不肯定的现金流量折算成肯定的现金流量，或者说是去掉了全部风险，使之成为"安全"的现金流。去掉的部分包含了全部风险，既有特殊风险也有系统风险，既有经营风险也有财务风险，剩下的是无风险的现金流量。由于现金流中已经消除了全部风险，相应的折现率应当是无风险的报酬率。无风险的报酬率可以参照国债的利率确定。

(二)风险调整折现率法

风险调整折现率法是风险处置方法中更为实际和常用的方法。这种方法的基本思路是对高风险的项目应当采用较高的折现率计算净值。

$$调整后的净现值=\sum_{t=0}^{n}\frac{预计现金流量}{(1+风险调整折现率)^t}$$

风险调整折现率是风险项目应当满足的投资人要求的报酬率。项目的风险越大要求的报酬率越高。这种方法的理论根据是资本资产定价模型。

投资者要求的报酬率=无风险报酬率+β(市场平均报酬率-无风险报酬率)

根据β值计算的风险附加率只包含系统风险，而非全部风险。市场只承认系统风险，只有系统风险才能得到补偿。

上式也可改为：

项目要求的收益率=无风险报酬率+$\beta_{项目}$×(市场平均报酬率-无风险报酬率)

【例7-22】当前的无风险报酬率为4%，市场平均报酬率为12%，A项目的预期股权现金流量风险大，其β值为1.5；B项目的预期股权现金流量风险小，其β值为0.75。试评价A、B项目。

A项目的风险调整折现率=4%+1.5×(12%-4%)=16%

B项目的风险调整折现率=4%+0.75×(12%-4%)=10%

其他有关数据如表7-3所示。

表7-3 例7-22数据 单位：元

年	现金流量	现值系数(4%)	未调整现值	现值系数(16%)	调整后现值
0	-40 000	1.000 0	-40 000	1.000 0	-40 000
1	13 000	0.961 5	12 500	0.862 1	11 207

续表

年	现金流量	现值系数(4%)	未调整现值	现值系数(16%)	调整后现值
2	13 000	0.924 6	12 020	0.743 2	9 662
3	13 000	0.889 0	11 557	0.640 7	8 329
4	13 000	0.854 8	11 112	0.552 3	7 180
5	13 000	0.821 9	10 685	0.476 2	6 191
净现值	—	—	17 874	—	2 569

如果不进行折现率调整,两个项目差不多,A 项目比较好;调整后,两个项目有明显差别,B 项目比 A 项目好。

调整现金流量法在理论上受到好评。该方法对时间价值和风险价值分别进行调整,先调整风险,然后把肯定现金流量用无风险报酬率进行折现。对不同年份的现金流量,可以根据风险的差别使用不同的肯定当量系数进调整。

风险调整折现率法在理论上受到批评,因其用单一的折现率同时完成风险调整和时间调整。这种做法意味着风险随时间推移而加大,可能与事实不符,夸大远期现金流量的风险。

从实务上看,经常应用的是风险调整折现率法,主要原因是风险调整折现率比肯定当量系数容易估计。此外,大部分财务决策都使用报酬率来决策,调整折现率更符合人们的习惯。

二、企业资本成本作为项目折现率的条件

如果要使用企业当前的资本成本作为项目的折现率,应具备两个条件,一是项目的风险与企业当前资产的平均风险相同,二是公司继续采用相同的资本结构为新项目筹资。

(一)加权平均成本与权益资本成本

计算项目的净现值有两种方法:一种是实体现金流量法,即以企业实体为背景,确定项目对企业现金流量的影响,以企业的加权平均成本为折现率;另一种是股权现金流量法,即以股东为背景,确定项目对股权现金流量的影响,以股东要求的报酬率为折现率。

【例 7-23】某公司的资本结构为负债 60%,所有者权益为 40%,负债的后成本为 5%,所有者权益的成本为 20%,其加权平均成本为:

加权平均成本=5%×60%+20%×40%=11%

该公司正在考虑一个投资项目,该项目需要投资 100 万元,预计每年司税后(息前)现金流量 11 万元,其风险与公司现有资产的平均风险相同。该项目可以不断地持续下去,即

可以得到一个永续年金。公司计划筹集 60 万的债务资本，税后的利息率仍为 5%，企业为此每年流出现金 3 万元；筹集 40 万元的权益资本，要求的报酬率仍为 20%。

按照实体现金流量法，项目引起的公司现金流入增量是每年 11 万元，这个现金流入要由债权人和股东共享，所以应使用两者要求报酬率的加权平均数作为折现率。

净现值=实体现金流量/实体加权平均成本-原始投资

=11/11%-100=0

按照股权现金流量法，项目为股东增加的现金流量是每年 8 万元，这个现金流量属于股东，所以应使用股东要求的报酬率作为折现率。

净现值=股权现金流量/股东要求的收益率-股东投资

=8/20%-40=0

这个例子说明了以下几个问题。

(1) 两种方法计算的净现值没有实质区别。如果实体现金流量折现后为零，则股权现金流量折现后也为零；如果实体现金流量折现后为正值，股权现金流量折现后也为正值。值得注意的是，不能用股东要求的报酬率去折现企业实体的现金流量，也不能用企业加权平均的资本成本折现股权现金流量。

(2) 折现率应当反映现金流量的风险。股权现金流量的风险比实体现金流量大，它包含了公司的财务风险。实体现金流量不包含财务风险，比股东的现金流量风险小。

(3) 增加债务不一定会降低加权平均成本。如果市场是完善的，增加债务比重并不会降低加权平均成本，因为股东要求的报酬率会因财务风险增加而提高，并完全抵消增加债务的好处。即使市场不够完善，增加债务比重导致的加权平均成本降低，也会大部分被权益成本增加所抵消。

(4) 实体现金流量法比股权现金流量法简洁。因为股东要求的报酬率不但受经营风险的影响，而且受财务杠杆的影响，估计起来十分困难。不如把投资和筹资分开考虑，首先评价项目本身的经济价值而不管筹资的方式如何，如果投资项目有正的净现值，再去处理筹资的细节问题。筹资只是如何分配净现值的问题，主要是利息减税造成的股东和政府之间分配问题。

(二)项目风险与企业当前资产的平均风险

用当前的资本成本作为折现率，隐含了一个重要假设，即新项目是企业现有资产的复制品，它们的风险相同，要求的报酬率才会相同。这种情况是经常会出现的，例如固定资产更新、现有生产规模的扩张等。

如果新项目与现有项目的风险有较大差别，必须小心从事。例如，北京首钢公司是个传统行业企业，其风险较小，最近进入了信息产业。在评价其信息项目时，使用公司目前的资本成本作折现率就不合适了。新项目的风险和有资产的平均风险有显著差别。

新项目的风险大，要求现有资产赚取更高的收益率。只有当新项目的风险与现有资产的风险相同时，企业的资本成本才是合适的接受标准。对其他的风险投资，无论较现有资产风险高或低，资本成本都不是合适的标准。

(三)继续采用相同的资本结构为新项目筹资

所谓企业的加权平均资本成本，通常是根据当前的数据计算的，包含了资本结构因素。

如果假设市场是完善的，资本结构不改变企业的平均资本成本，则平均资本反映了当前资产的平均风险。或者说，可以把投资和筹资分开，忽略筹资结构对平均资本成本的影响，先用当前的资本成本评价项目，如果通过了检验，再考虑筹资改变资本结构带来的财务影响。

如果承认资本市场是不完善的，筹资结构就会改变企业的平均资本成本。例如，当前的资本结构是债务为40%，而新项目所需资金全部用债务筹集，将使负债上升至70%。由于负债比重上升，股权现金流量的风险增加，他们要求的报酬率会迅速上升，引起企业平均资本成本上升；与此同时，扩大了成本较低的债务筹资，会引起企业平均资本成本下降。这两种因素共同的作用，使得企业平均资本成本发生变动。因此，继续使用当前的平均资本成本作为折现率就不合适了。

总之，在等风险假设和资本结构不变假设明显不能成立时，不能使用企业当前的平均资本成本作为新项目的折现率。

三、项目的系统风险

如果新项目的风险与现有资产的平均风险显著不同，就不能使用公司当前的加权平均资本成本，而应当估计项目的风险，并计算项目要求的必要报酬率。

(一)项目系统风险的概念

在项目分析中，项目的风险可以从以下三个层次来看待。

第一个层次是从项目角度来看待，即项目自身特有的风险。例如，一项新技术项目失败的可能性极大，这是从项目本身的角度来看的。项目自身的风险不宜作为项目资本预算风险的度量。例如，某企业每年要进行数以百计的研究开发项目，每个项目成功的概率只有10%左右。项目如果成功，企业将获得巨额利润；失败则会损失其全部投入。如果该企业业只有一个项目，而且就是研究开发项目，则企业失败的概率为90%。当我们孤立地考察并度量每个研究开发项目自身特有的风险时，它们无疑都具有高度的风险。但从投资组合角度看，尽管该企业每年有数以百计的各自独立的研究开发项目，且每个项目都只有10%

的成功可能性，但这些高风险项目组合在一起后，单个项目大部分风险可以在企业内部分散掉，此时，企业的整体风险会低于单个研究开发项目的风险。因此，项目自身的特有风险不宜作为项目资本预算的风险度量。

第二个层次是从企业角度来看待，考虑到新项目自身特有的风险可以通过企业内部其他项目和资产的组合而分散掉一部分，因此应着重考察新项目对现有项目和资产组合的整体风险可能产生的增量。

第三个层次从股东角度来看待，要进一步考虑到在余下的项目风险中，有一部分能被企业股东的资产多样化组合而分散掉，从而只剩下任何多样化组合分散掉的系统风险。从资产组合及资本资产定价理论角度看，度量新项目资本预算的风险时，也不应考虑新项目实施对企业现有水平可能产生的全部影响。

(二)项目系统风险的估计

项目系统风险的估计使用类比法。

类比法是寻找一个经营业务与待评估项目类似的上市企业，以该上市企业的 β 值作为待评估项目的 β 值，这种方法也称"替代公司法"。

运用类比法，应该注意替代公司的资本结构已反映在其中 β 值中。如果替代企业的资本结构与项目所在企业明显不同，那么在估计项目的 β 值时，应针对资本结构差异作出相应的调整。调整时，先将含资本结构的因素 $\beta_{权益}$ 转换为不含负债的 $\beta_{资产}$，然后再按照本公司的目标资本结构转换为适用于公司的 $\beta_{权益}$。转换的公式有如下两种情况。

(1) 在不考虑所得税的情况下：
$\beta_{资产} = \beta_{权益} / (1+替代企业负债/替代企业权益)$

(2) 在考虑所得税的情况下：
$\beta_{资产} = \beta_{权益} / [1+(1-所得税率) \times 替代企业负债/替代企业权益]$

【例7-24】 替代公司的 β 为1.5，其负债与权益比为0.8。本公司的负债权益比为2/3，所得税率为30%。试估计该公司项目的系统风险。

① 如果不考虑所得税：

将替代公司的 β 值转换为无负债的 β 值：
$\beta_{资产} = 1.5/(1+0.8) = 0.833\,3$

将无负债的 β 值转换为本公司含有负债的股东权益 β 值：
$\beta_{权益} = 0.833\,3 \times (1+2/3) = 1.388\,9$

② 如果考虑所得税：

将替代公司的 β 值转换为无负债的 β 值：
$\beta_{资产} = 1.5/(1+0.8 \times 0.8) = 0.914\,6$

将无负债的 β 值转换为本公司含有负债的股东权益 β 值：

$\beta_{权益}$ =0.914 6×(1+0.8×2/3)=1.402 4

根据 $\beta_{权益}$ 可以计算出股东要求的收益率，作为股权现金流量的折现率。如果采用实体现金流量法，则还需要计算加权平均资本成本。

本 章 小 结

本章主要讲授了项目投资的相关问题，本章的重点内容主要包括以下几个方面。

(1) 现金流量。考虑到项目投资的时间跨度比较大，项目的产出与项目的投入往往不在同一时点上，这就需要考虑考虑货币的时间价值，把项目的产出与投入统一贴现，然后进行比较决策。在贴现时首先要知道项目投资带来的相关现金流量。现金流量包括现金流入量和现金流出量两部分。现金流入量主要包括营业收入、固定资产报废时回收的残值、回收的流动资金，现金流出量主要包括建设投资、流动资金投资、经营成本、税款。净现金流量是现金流入量与现金流出量的差额。

(2) 项目投资决策评价指标。在分析和评价项目投资备选方案优劣的指标有两类：一类是不考虑货币时间价值的指标，叫做非折现评价指标，主要有静态投资回收期指标和投资利润率指标；另一类是考虑了货币时间价值的指标，叫折现评价指标，主要有净现值指标、净现值率指标、现值指数指标和内含报酬率指标。最常用的指标有净现值指标、现值指数指标和内含报酬率指标。在实际经济生活中，对项目投资方案的经济效益的评价最常用的指标是净现值指标、现值指数指标和内含报酬率指标，而静态投资回收期指标和投资利润率指标只能起辅助的作用，属于补充性质的指标。

(3) 项目投资决策评价指标的运用。本章主要介绍了单一的独立投资项目的财务可行性评价和多个互斥方案的决策。单一的独立投资项目的财务可行性评价，是在只有一个投资项目可供选择的条件下，需要利用评价指标考查该独立项目是否具有财务可行性，从而作出接受或拒绝该项目的决策。多个互斥方案的决策，是在决策时涉及的多个相互排斥、不能同时并存的投资方案。互斥方案决策过程就是在每一个入选方案已具备财务可行性的前提下，利用具体决策方法比较各个方案的优劣，利用评价指标从各个备选方案中最终选出一个最优方案的过程。

(4) 项目风险分析。项目投资风险是客观存在且不容回避的，所以在本章主要介绍了项目风险的处置方法和项目系统风险的估计。

复习思考题

一、简答题

1. 投资活动的现金流量是如何构成的？为什么说进行项目投资决策时贴现指标更重要？
2. 投资项目可行性分析的决策依据是什么？为什么？
3. 净现值和内含报酬率的基本原理和经济实质是什么？
4. 什么是企业的资产结构？资产结构有哪些表现形式？
5. 如何预测投资项目的现金流量？
6. 什么是净现值法？如何应用？有何优缺点？
7. 净现值、现值指数、内含报酬率之间有什么内在的联系？
8. 项目系统风险要如何估计？

二、单基选择题

1. 在财务管理中，将以特定项目为对象，直接与新建项目或更新改造项目有关的投资行为称为（　）。
   A. 项目投资   B. 证券投资   C. 固定资产投资   D. 融资性投资
2. 由现有企业进行的项目投资的直接投资主体就是（　）。
   A. 企业本身   B. 国家投资者
   C. 企业所有者   D. 债权投资者
3. 投资项目的建设起点与终结点之间的时间间隔称为（　）。
   A. 项目计算期   B. 生产经营期
   C. 建设期   D. 试产期
4. 在项目投资的现金流量表上，节约的经营成本应当列作（　）。
   A. 现金流入   B. 现金流出
   C. 回收额   D. 建设投资
5. 下列各项中，属于投资决策静态评价指标的是（　）。
   A. 获利指数   B. 投资利润率
   C. 净现值   D. 内部收益率
6. 某投资项目在建设期内投入全部原始投资，该项目的净现值率为 25%，则该项目的获利指数为（　）。
   A. 0.75   B. 1.25   C. 4   D. 25

7. 应用内插法计算 IRR 时，为缩小误差，两个临近值 NPV_m 和 NPV_n 所对应的折现率 R_m 与 R_n 之差不得大于(   )。

   A. 6%   B. 4%   C. 5%   D. 2%

8. 在单一方案决策中与净现值评价结论可能发生矛盾的评价指标是(   )。

   A. 净现值率   B. 获利指数   C. 投资利润率   D. 投资回收期

9. 获利指数与净现值指标相比，其优点是(   )。

   A. 便于投资额相同的方案比较
   B. 便于进行独立投资机会获利能力的比较
   C. 考虑了现金流量的时间价值
   D. 考虑了投资风险

10. 某投资方案年营业收入240万元，年销售成本170万元，其中折旧70万元，所得税率40%，则该方案的年营业现金净流量为(   )。

    A. 70万元   B. 112万元   C. 140万元   D. 84万元

11. 如果其他因素不变，一旦折现率提高，则下列指标中其数值会变小的是(   )。

    A. 净现值   B. 投资利润率
    C. 内含报酬率   D. 投资回收期

12. 在考虑所得税因素以后，下列(   )公式能够计算出现金流量。

    A. 现金流量=营业收入-付现成本-所得税
    B. 营业现金流量=税后净利-折旧
    C. 现金流量=收入×(1-税率)+付现成本×(1-税率)+折旧×税率
    D. 营业现金流量=税后收入-税后成本

三、多项选择题

1. 在完整的工业投资项目中，经营期期末发生的回收额包括(   )。

   A. 固定资产投资   B. 回收流动资金
   C. 资本化利息   D. 垫支流动资金

2. 下列指标中，属于动态的指标是(   )。

   A. 获利指数   B. 净现值率
   C. 内部收益率   D. 投资利润率

3. 已知甲乙两个互斥方案的原始投资额相同，如果决策结论是："无论从什么角度看，甲方案均优于乙方案"，则必然存在的关系有(   )。

   A. 甲方案的净现值大于乙方案
   B. 甲方案的净现值率大于乙方案

C. 甲方案的投资回收期大于乙方案

D. 差额投资内部收益率大于设定折现率

4. 如果净现值大于 0，则必有以下关系成立( )。

A. 净现值率大于 0

B. 获利指数小于 0

C. 静态投资回收期小于基准回收期

D. 内部收益率小于设定折现率

5. 年等额净回收额不同于静态投资回收期，表现在前者属于( )。

A. 正指标　　　B. 反指标　　　C. 静态指标　　　D. 动态指标

6. 投资决策分析使用的贴现指标有( )。

A. 净现值　　　B. 投资回收期　　C. 内含报酬率　　D. 现值指数

7. 下列几个因素中影响内含报酬率的有( )。

A. 银行存款利率　　　　　　　B. 银行贷款利率

C. 投资项目有效期限　　　　　D. 原始投资额

8. 评价投资项目投资回收期指标的主要缺点是( )。

A. 不可能衡量企业的投资风险　　B. 没有考虑货币时间价值

C. 没有考虑回收期后的现金流量　　D. 不能衡量投资方案投资报酬的高低

9. 现金流量计算的优点是( )。

A. 准确反映企业未来期间赢利状况　　B. 体现了货币时间价值观念

C. 可以排除主观因素的影响　　　　　D. 体现了风险—收益间的关系

10. 一般认为，企业向其他企业投资的目的有( )。

A. 取得投资收益　　　　　　　B. 降低经营风险

C. 稳定与被投资的购销关系　　D. 取得对方控制权

四、综合计算题

1. 某投资项目的建设期净现金流量为：$NCF_0=-500$ 万元，$NCF_1=-500$ 万元，$NCF_2=0$，第 3~12 年的经营净现金流量 $NCF_{3\sim12}=200$ 万元，第 12 年的回收额为 100 万元。

要求：计算不包括建设期的静态回收期和包括建设期的静态回收期。

2. 某企业投资一生产线，投资额 280 万元，建设期 1 年，该生产线使用寿命 10 年，期满有净残值 10 万元。采用直线法计提折旧，在生产经营期，该生产线每年可增加营业收入 120 万元，每年增加付现成本 60 万元。该企业的所得税率为 33%。

要求：计算项目期内各年的净现金流量。

3. 某工业企业投资项目方案如下。

项目原始投资额 650 万元，其中：固定资产投资 550 万元，在建设起点一次投入；流动资产投资 100 万元，在项目完工时(2 年末)投入。全部投资的来源均为自有资金。

该项目的建设期为 2 年，固定资产的使用寿命实际 10 年，按直线法提折旧，期满有 40 万元的净残值；流动资金于终结点也称收回。

预计项目投产后，每年发生的相关营业收入(不含增值税)为 380 万元，经营付现成本为 129 万元，所得税率为 33%。

要求：

(1) 计算该项目方案的下列指标。
① 项目计算期；
② 固定资产原值；
③ 固定资产年折旧额；
④ 经营期每年总成本；
⑤ 经营期每年净利润。
(2) 计算该项目方案的下列净现金流量指标。
① 建设期各年的净现金流量；
② 投产后 1 至 10 年每年的净现金流量；
(3) 按 10%的折现率计算项目方案的净现值，并评价方案的财务可行性。
(4) 计算该项目方案的内部收益率。

第八章

营运资金管理

【本章导读】

本章主要介绍营运资金的含义、内容,以及如何在日常经营中进行现金、应收账款、存货等流动资产项目的管理。通过本章学习,应该了解营运资金的含义与特点,营运资金管理的基本要求和营运资金决策方法,掌握现金、应收账款、存货等流动资产项目的管理。

【知识要点】

(1) 了解营运资金管理的内容。
(2) 掌握企业持有现金的动机、成本及最佳现金持有量的计算。
(3) 掌握应收账款成本及应收账款信用标准、信用条件、收账策略的确定。
(4) 掌握存货成本的确定及存货经济订货量的计算。

【引入案例】

美国安然公司,成立于 1958 年,总部设在美国休斯敦。曾是一家位于美国得克萨斯州休斯敦市的能源类公司。在 2001 年宣告破产之前,安然拥有约 21 000 名雇员,曾是世界上最大的电力、天然气以及电信公司之一,2000 年披露的营业额达 1 010 亿美元之巨。公司连续六年被财富杂志评选为"美国最具创新精神公司",然而真正使安然公司在全世界声名大噪的,却是这个拥有上千亿资产的公司 2002 年在几周内破产,持续多年精心策划、乃至制度化系统化的财务造假丑闻。安然欧洲分公司于 2001 年 11 月 30 日申请破产,美国本部于两日后同样申请破产保护。但在其破产前的资产规模为 498 亿美元,并有 312 亿美元的沉重债务。

一夜之间,在全球拥有 3 000 多家子公司,名列《财富》杂志"美国 500 强"的第七名,掌控着美国 20%的电能和天然气交易,被誉为"华尔街宠儿"的美国安然公司在世界惊讶声中轰然崩塌,它的倒下,成为破产案中的典范。

安然公司破产的原因可谓是冰冻三尺,非一日之寒,原因是多方面的,但其中陷入危机最直接原因都是因为现金及信用不足而导致的流动性不足。安然公司虽拥有遍布全球的发电厂和输油管线,但却没有足够的现金及信用偿还债务,无法保证公司的流动性,公司不能正常运转。财务危机爆发时,安然也曾许诺其资产流动处于稳定态势中,但是其现金还是在不到三周的时间内耗尽。安然公司的个案,使得美国监管部门密切注意公布了巨额利润但营运现金收入很少的公司。

通过以上案例我们可以了解到,企业的生存和发展,离不开资金。特别是企业的日常经营,需要依靠营运资金来维系。若企业在资金管理方面不到位,资金营运能力低、资金短缺,就会影响到企业效益的提高,甚至危及企业的生存,因此解决好营运资金管理中存在的问题,提高资金使用效率,是实现企业财务管理目标的一个重要方面。可以想象,如果安然公司当时能设法解决流动性问题,该公司就会有起死回生的一线生机,而不必被迫匆匆进行清算。

第一节 营运资金管理概述

一、营运资金的含义和特点

(一)营运资金的含义

营运资金又称营运资本、循环资本,有广义和狭义之分。广义的营运资金又称总营运资金,是指一个企业投放在流动资产上的资金。流动资金的主要项目是现金、应收账款和存货,它们占用了绝大部分的流动资金。流动资金有一个不断投入和收回的循环过程,这一过程没有终止的日期,这就使我们难以直接评价其投资的报酬率。因此,流动资金投资评价的基本方法是以最低的成本满足生产经营周转的需要。狭义的营运资金又称净营运资金,是指流动资产减流动负债后的余额。

(二)营运资金的特点

(1) 流动性强。营运资金相对固定资金等长期资金来说比较容易变现,这对于财务上满足临时性资金需求具有重要意义。

(2) 投资回收期短。投资于营运资金的资金一般在一年或一个营业周期内收回,对企业影响的时间比较短。因此营运资金投资所需要的资金一般可通过商业信用、短期银行借款等加以解决。

(3) 具有并存性。营运资金在循环周转过程中,各种不同形态的营运资金流在空间上同时并存,在时间上依次继起。因此,合理地配置营运资金各项目的比例,是保证营运资金得以顺利周转的必要条件。

(4) 具有波动性。营运资金易受到企业内外环境的影响,其资金占用量的波动往往很大,财务人员应有效地预测和控制这种波动,以防止其影响企业正常的生产经营活动。

二、营运资金管理的内容

营运资金管理的内容主要包括营运资金持有策略和短期筹资策略两个方面。

(一)营运资金持有策略

营运资金是企业资金总体中最具有活力的组成部分,企业的生存与发展在很大程度上,甚至从根本上是维系于营运资金的运转情况的。固定资产的周转是通过其价值分次转移到产品价值中去并在销售收入实现之后实现的,在这一过程中营运资金起到了一个传送带的作用,它将以固定资产形式存在的价值与流动资产的价值进行捆绑,然后通过生产、销售、回款等环节,最终转化为货币资产。这些货币资产中原有流动资产的价值可继续投入到下一次资金循环中,而原有固定资产的价值与新增加的价值转化的货币资金,可用于新的固定资产投资或者增加流动资产规模。因此,营运资金周转是固定资金乃至整个资金周转的依托。

营运资金持有量的高低,影响企业的收益和风险。较高的营运资金持有量,意味着在固定资产、流动负债和业务量一定的情况下,流动资产额较高,即企业拥有较多的现金、有价证券和保险储备量较高的存货。这会使企业有较大把握按时支付到期债务,及时供应生产用材料和准时向客户提供产品,从而保证经营活动正常进行,风险性较小。但是,由于流动资产的收益性一般低于固定资产,所以较高的总资产拥有量和较高的流动资产比重会降低企业的收益性。而较低的营运资金持有量带来的后果正好相反。此时,因为较低的总资产拥有量和较低的流动资产比重,会使企业的收益率较高;但较少的现金、有价证券和较低的存货保险储备量却会降低偿债能力和采购的支付能力,造成信用损失、材料供应中断和生产阻塞;还将由于不能准时向购买方供货而失去客户。这些都会加大企业的风险。为此,营运资金持有量的确定,就是在收益和风险之间进行权衡。

(二)短期筹资策略

短期筹资策略主要是研究如何对流动资产和流动负债进行配合。研究短期筹资策略,需要先对构成营运资金的两要素即流动资产和流动负债作进一步的分析,然后再考虑两者间的匹配。

对于流动资产,如果按照用途再作区分,则可以分为临时性流动资产和永久性流动资产。临时性流动资产指那些受季节性、周期性影响的流动资产,如季节性存货、销售和经营旺季的应收账款;永久性流动资产则指那些即使企业处于经营低谷也仍然需要保留的、用于满足企业长期稳定需要的流动资产。与流动资产按照用途划分的方法相对应,流动负债也可以分为临时性负债和自发性负债。临时性负债指为了满足临时性流动资金需要所发生的负债；如某商业企业中秋节前为满足节日销售需要，超量购入月饼而举借的债务；如某制造企业为赶制季节性产品，大量购入某种原料而发生的借款等。自发性负债指直接产生于企业持续经营中的负债，如商业信用筹资和日常运营中产生的其他应付款，以及应付职工薪酬、应付利息、应交税费等。

三、营运资金管理的要求

营运资金的管理主要就是对企业流动资产的管理，其重点是保证企业能够按时偿付各种到期债务，为企业的日常生产经营活动提供足够的资金，加快现金、存货和应收账款的周转速度，尽量减少资金的过分占用，降低资金占用成本，这对保持企业的良好资信与筹资能力、保证企业生产经营活动的正常进行是十分重要的。企业进行营运资金管理，应满足下列要求。

1. 认真分析生产经营状况，合理确定营运资金的需要数量

企业经营所需的营运资金数量多少与企业的生产经营状况密切相关。企业生产经营活动活跃时，流动资产和流动负债都会有所增加，而企业的生产经营活动萎缩时，流动资产和流动负债也会相应减少。由于不同外部环境和经营状况下营运资金的需求与占用有很大的差异，因此，企业的财务管理人员要根据企业生产经营活动的实际情况，合理确定所需的流动资产与流动负债的数量。

2. 合理确定营运资金的来源构成，保证企业有足够的短期偿债能力

流动资产、流动负债以及二者之间的关系能较好地反映企业的短期偿债能力。流动负债通常是在1年内需要偿还的债务，而流动资产通常则是在1年内可以转化为货币资产的资产。因此，如果一个企业的流动资产比较多，流动负债比较少，说明企业的短期偿债能力较强；反之，则说明短期偿债能力较弱。但如果企业的流动资产太多，流动负债太少，也并不是正常现象，这可能是流动资产闲置、流动负债利用不足所致。通常情况下，流动资产是流动负债的一倍是比较合理的。

3. 加速营运资金周转，提高资金的利用效果

营运资金周转是指企业的营运资金从货币资金投入生产经营开始，到最终转化为货币资金的过程。在其他因素不变的情况下，加速营运资金的周转，也就相应地提高资金的利用效果。因此，企业要千方百计地加速存货、应收账款等流动资产的周转，合理运用有限的资金，达到最优的经营效果。

第二节 现金管理

现金是生产经营过程中暂时停留在货币形态的资金，它是可以立即投入流动的交换媒介。它的首要特点是普遍的可接受性，即可以有效地立即用来购买商品、货物、劳务或偿还债务。因此，现金是企业中流动性最强的资产。属于现金内容的项目，包括企业的库存现金、银行存款和其他货币资金。

一、现金管理的目标

企业置存现金的原因，主要是满足交易性需要、预防性需要和投机性需要。如图 8-1 所示。

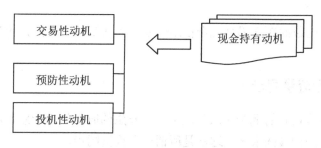

图 8-1 现金持有的动机

交易性需要是指满足日常业务的现金支付需要。企业经常得到收入，也经常发生支出，两者不可能同步同量。收入多于支出，形成现金置存；收入少于支出，需要借入现金。企业必须维持适当的现金余额，才能使业务活动正常地进行下去。

预防性需要是指置存现金以防发生意外的支付。企业有时会出现料想不到的开支，现金流量的不确定性越大，预防性现金的数额也就越大；反之，企业现金流量的可预测性强，预防性现金数额则可小些。此外，预防性现金数额还与企业的借款能力有关，如果企业能够很容易地随时借到短期资金，也可以减少预防性现金的数额；若非如此，则应扩大预防性现金数额。

投机性需要是指置存现金用于不寻常的购买机会，比如遇有廉价原材料或其他资产供应机会，便可用手头现金大量购入；再比如在适当时机购入价格有利的股票和其他有价证券等。当然，除了金融和投资公司外，一般来讲，其他企业专为投机性需要而特殊置存现金的不多，遇到不寻常的购买机会，也常设法临时筹集资金。但拥有相当数额的现金，确实为突然的大量采购提供了方便。

企业缺乏必要的现金，将不能应付业务开支，使企业蒙受损失。企业由此而造成的损失,称之为短缺现金成本。短缺现金成本不考虑企业其他资产的变现能力,仅就不能以充足的现金支付购买费用而言,内容上大致包括:丧失购买机会(甚至会因缺乏现金不能及时购买原材料,而使生产中断造成停工损失)、造成信用损失和得不到折扣好处。其中失去信用而造成的损失难以准确计量,但其影响往往很大,甚至导致供货方拒绝或拖延供货,债权人要求清算等。但是,如果企业置存过量的现金,又会因这些资金不能投入周转无法取得赢利而遭受另一些损失。此外,在市场正常的情况下,一般说来,流动性强的资产,其收益性较低,这意味着企业应尽可能少地置存现金,即使不将其投入本企业的经营周转,也应尽可能多地投资于能产生高收益的其他资产,避免资金闲置或用于低收益资产而带来的损失。这样,企业便面临现金不足和现金过量两方面的威胁。企业现金管理的目标,就是要在资产的流动性和赢利能力之间作出抉择,以获取最大的长期利润。

二、现金收支管理

现金收支管理的目的在于提高现金使用效率,为达到这一目的,应当注意做好以下几方面工作。

(一)力争现金流量同步

如果企业能尽量使它的现金流入与现金流出发生的时间趋于一致,就可以使其所持有的交易性现金余额降到最低水平。这就是所谓现金流量同步。

(二)使用现金浮游量

从企业开出支票,收票人收到支票并存入银行,至银行将款项划出企业账户,中间需要一段时间。现金在这段时间的占用称为现金浮游量。在这段时间里,尽管企业已开出了支票,却仍可动用在活期存款账户上的这笔资金。不过,在使用现金浮游量时,一定要控制好使用时间,否则会发生银行存款的透支。

(三)加速收款

这主要指缩短应收账款的时间。发生应收款会增加企业资金的占用,但它又是必要的,因为它可扩大销售规模,增加销售收入。问题在于如何既利用应收款吸引顾客,又缩短收款时间。这要在两者之间找到适当的平衡点,并需实施妥善的收账策略。

(四)推迟应付款的支付

推迟应付款的支付,是指企业在不影响自己信誉的前提下,尽可能地推迟应付款的支付期,充分运用期货方所提供的信用优惠。如遇企业急需现金,甚至可以放弃供货方的折扣优惠，在信用期的最后一天支付款项。当然，这要权衡折扣优惠与急需现金之间的利弊得失而定。

三、最佳现金持有量

现金的管理除做好日常收支，加速现金流转速度外，还需控制好现金持有规模，即确定适当的现金持有量。最佳现金持有量的确定，应根据公司的经营管理和现金管理特点，选择合适的模式。下面介绍几种确定最佳现金持有量的方法。

(一)成本分析模式

成本分析模式是通过分析持有现金的成本，寻找持有成本最低的现金持有量，在成本分析模式中，需要考虑机会成本、管理成本和短缺成本。

1. 机会成本

现金作为企业的一项资金占用是有代价的，这种代价就是它的机会成本。假定某企业的资本成本为10%，年均持有100万元的现金，则该企业每年现金的成本为10万元(100×10%)。现金持有额越大，机会成本越高。企业为了经营业务，需要拥有一定的现金，付出相应的机会成本代价是必要的，但现金拥有量过多，机会成本代价大幅度上升，就不合算了。

2. 管理成本

企业拥有现金，会发生管理费用，如管理人员工资、安全措施费等。这些费用是现金的管理成本。管理成本是一种固定成本，与现金持有量之间无明显的比例关系。

3. 短缺成本

现金的短缺成本，是因缺乏必要的现金，不能应付业务开支所需，而使企业蒙受损失或为此付出的代价。现金的短缺成本随现金持有量的增加而下降，随现金持有量的减少而上升。

上述三项成本之和最小的现金持有量，就是最佳现金持有量。如果把以上三种成本线放在一个示意图上(如图 8-2)，就能表现出持有现金的总成本(总代价)，找出最佳现金持有量的点。机会成本线向右上方倾斜，短缺成本线向右下方倾斜，管理成本线为平行于的最低点即为持有现金的最低总成本。超过这一点，机会成本上升的代价又会大于短缺成本下降的好处；这一点之前，短缺成本上升的代价又会大于机会成本下降的好处。这一点横轴上的量，即是最佳现金持有量。

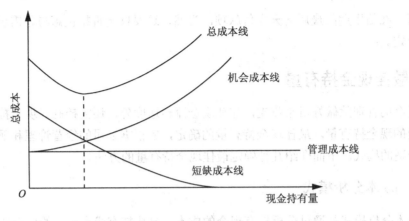

图 8-2 现金成本分析图

计算最佳现金持有量时,可以先分别计算出各种方案的机会成本、管理成本、短缺成本之和,再从中选出总成本之和最低的现金持有量即为最佳现金持有量。

【例 8-1】红星公司有四种现金持有方案,它们各自的机会成本、管理成本、短缺成本见表 8-1。试分析该公司的最佳现金持有量。

表 8-1 现金持有方案 单位:元

方案 项目	第一	第二	第三	第四
现金持有量	25 000	50 000	75 000	100 000
机会成本	2 750	5 500	8 250	11 000
管理成本	18 000	18 000	18 000	18 000
短缺成本	15 000	7 000	2 500	0

注:机会成本率即该企业的资本收益为 11%。

表 8-1 中四种方案的总成本计算结果见表 8-2。

表 8-2 现金持有总成本 单位:元

方案 项目	第一	第二	第三	第四
机会成本	2 750	5 500	8 250	11 000
管理成本	18 000	18 000	18 000	18 000
短缺成本	15 000	7 000	2 500	0
总成本	35 750	30 500	28 750	29 000

将以上各方案的总成本加以比较可知,第三方案的总成本最低,也就是说当企业持有 75 000 元现金时,各方面的总代价最低,企业最合算,故 75 000 元是该企业的最佳现金持有量。

(二)随机模式

随机模式是在现金需求量难以预知的情况下进行现金持有量控制的方法。对企业来讲,现金需求量往往波动大且难以预知,但企业可以根据历史经验和现实需要,测算出一个现金持有量的控制范围,即制定出现金持有量的上限和下限,将现金量控制在上下限之内。当现金量达到控制上限时,用现金购入有价证券,使现金持有量下降;当现金量降到控制下限时,则抛售有价证券换回现金,使现金持有量回升。若现金量在控制的上下限之内,便不必进行现金与有价证券的转换,保持它们各自的现有存量。这种对现金持有量的控制,见图 8-3。

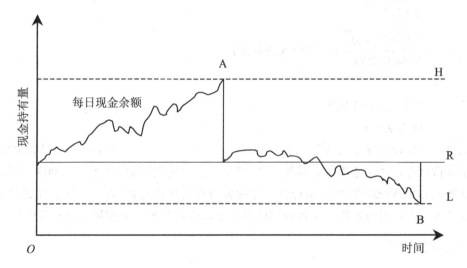

图 8-3 现金持有量分析图

图 8-3 中,虚线 H 为现金存量的上限,虚线 L 为现金存量的下限,实线 R 为最优现金返回线。从图中可以看到,企业的现金存量(表现为现金每日余额)是随机波动的,当其达到 A 点时,即达到了现金控制的上限,企业应用现金购买有价证券,使现金量回落到现金返回线(R 线)的水平;当现金存量降至 B 点时,即达到了现金控制的下限,企业则应转让有价证券换回现金,使其存量回升至现金返回线的水平。现金存量若在上下限之间的波动属控制范围内的变化,是合理的。以上关系中的上限 H、现金返回线 R 可按下列公式计算:

$$R=\sqrt[3]{\frac{3b\delta^2}{4i}}+L$$

$$H=3R-2L$$

式中：b 为每次有价证券的固定转换成本；i 为有价证券的日利息率；δ 为预期每日现金余额变化的标准差(可根据历史资料测算)。

下限 L 的确定，要受到企业每日的最低现金需要、管理人员的风险承受倾向等因素的影响。

【例 8-2】假定东方公司有价证券的年利率为 9%，每次固定转换成本为 60 元，公司认为任何时候其银行活期存款及现金余额均不能低于 3 000 元，又根据以往经验测算出现金余额波动的标准差为 900 元。计算最优现金返回线 R、现金控制上限 H。

有价证券日利率=9%/360=0.025%

$$R=\sqrt[3]{\frac{3b\delta^2}{4i}}+L$$

$$=\sqrt[3]{\frac{3\times 60\times 900^2}{4\times 0.025\%}}+3\,000=8\,263(元)$$

$H=3R-2L$

　　$=3\times 8\,263-2\times 3\,000$

　　$=18\,789(元)$

这样，当公司的现金余额达到 18 789 元时，即应以 10 526 元(18 789-8 263)的现金去投资于有价证券，使现金持有量回落为 8 263 元；当公司的现金余额降至 3 000 元时，则应转让 5 263 元(8 263-3 000)的有价证券，使现金持有量回升为 8 263 元。随机模式建立有企业的现金未来需求总量和收支不可预测的前提下，因此计算出来的现金持有量比较保守。

(三)存货模式

存货模式因类似于存货的经济批量模型而得名。它是由美国经济学家威廉·J.鲍莫 (William J.Baumol)于 1952 年首先提出来的。

利用存货模式确定最佳现金持有量需要一些基本假设。

(1) 公司的现金流入量是稳定并且可以预测的。

(2) 公司的现金流出量是稳定并且可以预测的。

(3) 公司现金的需求量是一定的。

(4) 在预测期内，公司不能发生现金短缺，并且可以出售有价证券来补充现金。

(5) 在存货模式中，只对机会成本和转换成本进行考虑，它们随着现金持有量的变动而呈现出相反的变动趋向：现金持有量增加，持有机会成本增加，而转换成本减少。这就要求企业必须对现金和有价证券的分割比例进行合理安排，从而使机会。成本与转换成本保持最佳组合。换言之，能够使现金管理的机会成本与转换成本之和保持最低的现金持有量，即为最佳现金持有量。

设 T 为一个周期内现金总需求量，F 为每次转换有价证券的固定成本，Q 为最佳现金持有量(每次证券变现的数量)，K 为有价证券利息率(机会成本)，TC 为现金管理总成本。则有：

现金管理总成本=持有机会成本+转换成本

即

$TC=(Q/2)K+(T/Q)F$

当持有现金的机会成本与证券变现的交易成本相等时，现金管理的总成本最低，此时的现金持有量为最佳现金持有量，即：

$$Q=\sqrt{\frac{2TF}{K}}$$

于是，可以推导出最佳现金管理总成本为：

$TC(Q)=\sqrt{2TFK}$

【例 8-3】兴达公司是一家生产日用品的公司，公司的现金收支状况相对比较稳定，假定 2009 年预计全年(按 360 天计)需要现金 25 万元，现金与有价证券的转换成本为每次 800 元，有价证券的年利率为 4%。计算最佳现金持有量及该持有量下的全年现金管理相关总成本。

最佳现金持有量为：

$$Q=\sqrt{\frac{2TF}{K}}=\sqrt{\frac{2\times 250\,000\times 800}{0.04}}=100\,000(元)$$

最佳现金持有量下的全年现金管理相关总成本为：

$TC(Q)=\sqrt{2TFK}=\sqrt{2\times 250\,000\times 800\times 0.04}=4\,000(元)$

第三节　应收账款管理

应收账款是指因对外赊销产品、材料、供应劳务及其他原因，应向购货单位或接受劳务的单位及其他单位收取的款项，包括应收销售款、应收票据等。

一、应收账款管理的目标

发生应收账款的原因，主要是存在着激烈的商业竞争。企业除了依靠产品质量、价格、售后服务、广告等手段扩大销售外，赊销也是扩大销售的手段之一。对于同等的产品价格、类似的质量水平、一样的售后服务，实行赊销的商品的销售额将大于现金销售的商品的销售额。这是因为顾客将从赊销中得到延期付款的好处。出于扩大销售的竞争需要，企业不得不以赊销或其他优惠方式招揽顾客，于是就产生了应收账款。由竞争引起的应收账款，是一种商业信用方式。

既然企业发生应收账款的主要原因是促进销售，减少存货，那么其管理的目标就是增加利润。应收账款是企业的一项资金投入，是为了扩大销售和赢利而进行的投资。而投资必然要发生成本，这就需要在应收账款信用策略所增加的赢利和实行这种策略所发生的成本之间作出权衡。只有当应收账款所增加的赢利超过所增加的成本时，才应实施应收账款赊销；如果应收账款赊销有良好的赢利前景，就应当放宽信用条件增加赊销量。

二、信用策略的确定

应收账款赊销的效果好坏，依赖于企业的信用策略。信用策略包括信用标准、信用期间、现金折扣和收账策略。

(一)信用标准

信用标准，是指顾客获得企业的交易信用所应具备的条件。如果顾客达不到信用标准，便不能享受企业的信用或只能享受较低的信用优惠。

企业在设定某一顾客的信用标准时，往往先要评估它赖账的可能性。这可以通过"五C"系统来进行。所谓"五C"系统，是评估顾客信用品质的五个方面，即品质(character)、能力(capacity)、资本(capital)、抵押(collateral)和条件(conditions)。

1. 品质

品质指顾客的信誉，即履行偿债义务的可能性。企业必须设法了解顾客过去的信用记录，这一点经常被视为评价顾客信誉的首要因素。

2. 能力

能力指顾客的偿债能力，即其流动资产的数量和质量以及与流动负债的比例。顾客的流动资产越多，其转换为现金支付款项的能力越强。同时，还应注意顾客流动资产的质量，看是否有存货过多、过时或质量下降，影响其变现能力和支付能力的情况。

3. 资本

资本指顾客的财务实力和财务状况，表明顾客可能偿还债务的背景。

4. 抵押

抵押指顾客拒付款项或无力支付款项时能被用作抵押的资产。这对于信用状况有争议的顾客尤为重要。

5. 条件

条件指可能影响顾客付款能力的经济环境。

(二)信用期间

信用期间是企业给予顾客的付款期间。信用期过短,不足以吸引顾客,在竞争中会使销售额下降;信用期过长,对销售额增加固然有利,但只顾及销售增长而盲目放宽信用期,所得的收益有时会被增长的费用抵消,甚至造成利润减少。因此,企业必须慎重研究,确定出恰当的信用期。

信用期的确定,主要是分析改变现行信用期对收入和成本的影响。延长信用期,会使销售额增加,产生有利影响;与此同时,应收账款、收账费用和坏账损失增加,会产生不利影响。当前者大于后者时,可以延长信用期,否则不宜延长。如果缩短信用期,情况与此相反。

【例 8-4】光明公司是一家生产机电产品的公司,销售产品时经常采用 30 天按发票金额付款的信用政策,现拟将信用期放宽至 45 天,仍按发票金额付款即不给折扣,该公司投资的最低报酬率为 12%,其他有关的数据见表 8-3。试确定该公司的信用期。

表 8-3 例 8-4 数据

项目	信用期 30 天	45 天
销售量/件	1 000	1 200
销售额/元(单价 600 元)	600 000	720 000
销售成本/元		
变动成本/元(每件 400 元)	400 000	480 000
固定成本/元	80 000	80 000
毛利/元	120 000	160 000
可能发生的收账费用/元	8 000	10 000
可能发生的坏账损失/元	10 000	20 000

在分析时,先计算放宽信用期得到的收益,然后计算增加的成本,最后根据两者比较

的结果作出判断。

1) 收益的增加

   收益的增加=销售量的增加×单位边际贡献

   $=(1\,200-1\,000)\times(600-400)=40\,000(元)$

2) 应收账款占用资金的应计利息增加

   应收账款应计利息=应收账款占用资金×资本成本

   应收账款平均余额=日销售额×平均收现期

   应账款平均余额=日销售额×平均收现期

   $30天信用期应计利息 = \dfrac{600\,000}{360}\times 30 \times \dfrac{400\,000}{600\,000}\times 12\% = 4\,000(元)$

   $45天信用期应计利息 = \dfrac{720\,000}{360}\times 45 \times \dfrac{480\,000}{720\,000}\times 12\% = 7\,200(元)$

   应计利息增加=7 200-4 000=3200(元)

3) 收账费用和坏账损失增加

   收账费用增加=10 000-8 000=2 000(元)

   坏账损失增加=20 000-10 000=10 000(元)

4) 改变信用期的前损益

   收益增加-成本费用增加=40 000-(3 200+2 000+10 000)=24 800(元)

由于收益的增加大于成本增加,故应采用45天的信用期。

(三)现金折扣

现金折扣是企业对顾客在商品价格上所做的扣减。向顾客提供这种价格上的优惠,主要目的在于吸引顾客为享受优惠而提前付款,缩短企业的平均收款期。另外,现金折扣也能招揽一些视折扣为减价出售的顾客前来购货,借此扩大销售量。折扣的表示常采用如2/10、1/20、N/30 这样一些符号形式。

企业采用什么程度的现金折扣,要与信用期间结合起来考虑。比如,要求顾客最迟不超过30天付款,若希望顾客20天、10天付款,能给予多大折扣;或者给予2%、1%的折扣,能吸引顾客在多少天内付款。不论是信用期间还是现金折扣,都可能给企业带来收益,但也会增加成本。当企业给予顾客某种现金折扣时,应当考虑折扣所能带来的收益与成本孰高孰低,权衡利弊,抉择决断。

【例8-5】沿用例8-4,假定该公司在放宽信用期的同时,为了吸引顾客尽早付款,提出了1/30、N/45 的现金折扣条件,估计会有一半的顾客(按45天信用期所能实现的销售量计)将享受现金折扣优惠。试分析该公司的现金折扣策略。

1) 收益的增加

   收益的增加=销售量的增加×单位边际贡献
   =(1 200-1 000)×(600-400)=40 000(元)

2) 应收账款占用资金的应计利息增加

   应收账款应计利息=应收账款占用资金×资本成本

   应收账款平均余额=日销售额×平均收现期

   应账款平均余额=日销售额×平均收现期

   $$30\text{天信用期应计利息} = \frac{600\,000}{360} \times 30 \times \frac{400\,000}{600\,000} \times 12\% = 4\,000(\text{元})$$

   $$45\text{天信用期应计利息} = \left(\frac{720\,000 \times 50\%}{360} \times 45 \times \frac{480\,000 \times 50\%}{720\,000 \times 50\%} \times 12\%\right)$$

   $$+ \left(\frac{720\,000 \times 50\%}{360} \times 30 \times \frac{480\,000 \times 50\%}{720\,000 \times 50\%} \times 12\%\right)$$

   =3 600 + 2 400

   =6 000(元)

   应计利息增加=6 000-4 000=2 000(元)

3) 收账费用和坏账损失增加

   收账费用增加=10 000-8 000=2 000(元)

   坏账损失增加=20 000-10 000=10 000(元)

4) 估计现金折扣成本的变化

   现金折扣成本增加=新的销售水平×新的现金折扣率×
   享受现金折扣的顾客比例-旧的销售水平×
   旧的现金折扣率×享受现金折扣的顾客比例
   =720 000×1%×50%-600 000×0×0
   =3 600(元)

5) 提供现金折扣后的税前损益

   收益增加-成本费用增加=40 000-(2 000+2 000+10 000+3 600)
   =22 400(元)

由于可获得税前收益,故应当放宽信用期,提供现金折扣。

(四)收账策略

应收账款发生后,企业应采取各种措施,尽量争取按期收回款项,否则会因拖欠时间过长而发生坏账,使企业蒙受损失。这些措施包括对应收账款回收情况的监督、对坏账损失的事先准备和制定适当的收账策略。

1. 应收账款回收情况的监督

企业已发生的应收账款时间有长有短,有的尚未超过收款期,有的则超过了收款期。一般来讲,拖欠时间越长,款项收回的可能性越小,形成坏账的可能性越大。对此,企业应实施严密的监督,随时掌握回收情况。实施对应收账款回收情况的监督,可以通过编制账龄分析表进行。

账龄分析表是一张能显示应收账款在外天数(账龄)长短的报告,其格式见表8-4。

表8-4 账龄分析表

2007年12月31日

应收账款账龄	账户数量	金额/万元	百分率/%
信用期内	100	200	40
超过信用期1~15天	20	80	16
超过信用期16-30天	10	70	14
超过信用期31~45天	8	60	12
超过信用期46~60天	5	40	8
超过信用期61~75天	3	30	6
超过信用期76天以上	2	20	4
合 计	148	500	100

利用账龄分析表,企业可以了解到以下情况。

(1) 有多少欠款尚在信用期内。表8-4显示,有价值200万元的应收账款处在信用期内,占全部应收账款的40%。这些款项未到偿付期,欠款是正常的;但到期后能否收回,还要待时再定,故及时的监督仍是必要的。

(2) 有多少欠款超过了信用期,超过时间长短的款项各占多少,有多少欠款会因拖欠时间太久而可能成为坏账。表8-4显示,有价值300万元的应收账款已超过了信用期,占全部应收账款的60%,这部分欠款有可能成为坏账。对不同拖欠时间的欠款,企业应采取不同的收账方法,制定出经济、可行的收账政策;对可能发生的坏账损失,则应提前作出准备,充分估计这一因素对损益的影响。

2. 收账政策的制定

企业对各种不同过期账款的催收方式,包括准备为此付出的代价,就是它的收账策略。比如,对过期较较短的顾客,不过多地打扰,以免将来失去这一市场;对过期稍长的顾客,可措辞婉转地写信催款;对过期较长的顾客,频繁的信件催款并电话催收;对过期很长的顾客,可在催款时措辞严厉,必要时提请有关部门仲裁或提起诉讼等。

催收账款要发生费用,某些催款方式的费用还会很高(如诉讼费)。一般说来,收账的花费越大,收账措施越有力,可收回的账款应越大,坏账损失也就越小。因此制定收账策略,又要在收账费用和所减少坏账损失之间作出权衡。制定有效、得当的收账策略很大程度上靠有关人员的经验;从财务管理的角度讲,也有一些数量化的方法可以参照。根据收账策略的优劣在于应收账款总成本最小化的道理,可以通过比较各收账方案成本的大小对其加以选择。

第四节 存货管理

存货是指企业在日常生产经营过程中为销售或者耗用而储备的物资,包括各类材料、包装物、低值易耗品、在产品、半成品、库存商品等。

一、存货管理的目标

企业在生产经营过程中为了避免减少出现停工待料、停业待货等事故,企业需要储存存货;另外,零购物资的价格往往较高,而整批购买在价格上常有优惠,企业出于节约成本的考虑,也常常需要储存存货;存货是企业的一项重要的流动资产之一,一定数量的存货将是企业生产正常进行的重要保证,但是,过多的存货要占用较多的资金,并且会增加包括仓储费、保险费、维护费、管理人员工资在内的各项开支。存货占用资金是有成本的,占用过多会使利息支出增加并导致利润的损失;各项开支的增加更直接使成本上升。因此,存货管理效率的高低,直接决定着企业收益、资金流动性和风险性的综合水平,进行存货管理,就要对存货进行有效控制,尽力在各种存货成本与存货效益之间作出权衡,达到两者的最佳结合,从而提高经济效益,这也就是存货管理的目标。

二、存货的有关成本

企业为保证正常的生产经营活动而储备的存货所发生的各项有关的支出称为存货的成本。与储备存货有关的成本,包括以下三种。

(一)取得成本

取得成本指为取得某种存货而支出的成本,通常用 TC_a 来表示,其中包括订货成本和购置成本。

1. 订货成本指取得订单的成本,如办公费、差旅费、邮资、电报电话费等支出

订货成本中有一部分与订货次数无关,如常设采购机构的基本开支等,称为订货的固定成本(F_1);另一部分与订货次数有关,如差旅费、邮资等,称为订货的变动成本。每次订货的变动成本用 K 表示,订货次数等于存货年需要量 D 与每次进货量 Q 之商。订货成本的计算公式为:

$$订货成本 = F_1 + \frac{D}{Q}K$$

2. 购置成本

购置成本指存货本身的价值,经常用数量与单价的乘积来确定。年需要量用 D 表示,单价用 U 表示,于是购置成本为 DU。

订货成本加上购置成本,就等于存货的取得成本。其公式可表达为:

取得成本=订货成本+购置成本

=订货固定成本+订货变动成本+购置成本

$$TC_a = F_1 + \frac{D}{Q}K + DU$$

(二)储存成本

储存成本指为保持存货而发生的成本,包括存货占用资金所计的利息(若企业用现有现金购买存货,便失去了现金存放银行或投资于证券本应取得的利息,是为"放弃利息"; 若企业借款购买存货便要支付利息费用,是为"付出利息")、仓库费用、保险费用、存货破损和变质损失等,通常用 TC_C 来表示。

储存成本也分为固定成本和变动成本。固定成本与存货数量的多少无关,如仓库折旧、仓库职工的固定月工资等,常用 F_2 表示。变动成本与存货的数量有关,如存货资金的应计利息、存货的破损和变质损失、存货的保险费用等,单位成本用 K_C 来表示。用公式表达的储存成本为:

储存成本=储存固定成本+储存变动成本

$$TC_C = F_2 + K_C \frac{Q}{2}$$

(三)缺货成本

缺货成本指由于存货供应中断而造成的损失,包括材料供应中断造成的停工损失、产成品库存缺货造成的拖欠发货损失和丧失销售机会的损失(还应包括需要主观估计的商誉

损失);如果生产企业以紧急采购代用材料解决库存材料中断之急,那么缺货成本表现为紧急额外购入成本(紧急额外购入的开支会大于正常采购的开支)。缺货成本用 TC_S 表示。

如果以 TC 来表示储备存货的总成本,则其计算公式为:

$$TC=TC_a+TC_c+TC_s=F_1+\frac{D}{Q}K+DU+F_2+K_c\frac{Q}{2}+TC_s$$

企业存货的最优化,即是使上式 TC 值最小。

三、存货管理策略

存货的管理策略涉及两项内容:取得存货时如何决定进货时间和决定进货批量;在存货储存期间如何降低成本费用、加速存货周转。在企业存货管理和控制的实践过程中,形成了一些有效可行的方法,主要包括存货经济批量模型、存货储存期控制等。

(一)经济订货量基本模型

按照存货管理的目的,需要通过合理的进货批量(Q)和进货时间(T),使存货的总成本最低,这个批量叫做经济订货量或经济批量。有了经济订货量,可以很容易地找出最适宜的进货时间。

经济订货量基本模型需要设立一些假设条件,具体如下。

(1) 企业能够及时补充存货,即需要订货时便可立即取得存货。

(2) 能集中到货,而不是陆续入库。

(3) 不允许缺货,即无缺货成本,TC_S 为零,这是因为良好的存货管理本来就不应该出现缺货成本。

(4) 需求量稳定,并且能预测,即 D 为已知常量。

(5) 存货单价不变,不考虑现金折扣,即 U 为已知常量。

(6) 企业现金充足,不会因现金短缺而影响进货。

(7) 所需存货市场供应充足,不会因买不到需要的存货而影响其他。

设立了上述假设后,存货总成本的公式可以简化为:

$$TC=F_1+\frac{D}{Q}K+DU+F_2+\frac{Q}{2}K_C$$

当 F_1、K、DU、F_2、K_C 为常数量时,TC 的大小取决于 Q。为了求出 TC 的极小值,对其进行求导演算,可得出下列公式:

$$Q^*=\sqrt{\frac{2KD}{K_C}}$$

这一公式称为经济订货量基本模型,求出的每次订货批量,可使 TC 达到最小值。

这个基本模型还可以演变为其他形式。

每年最佳订货次数公式：

$$N^* = \frac{D}{Q^*} = \frac{D}{\sqrt{\frac{2KD}{K_C}}} = \sqrt{\frac{DK_C}{2K}}$$

与批量有关的存货总成本公式：

$$TC_{(Q^*)} = \frac{KD}{\sqrt{\frac{2KD}{K_C}}} + \frac{\sqrt{\frac{2KD}{K_C}}}{2} \cdot K_C = \sqrt{2KDK_C}$$

最佳订货周期(天数)公式：

$$t^* = \frac{360}{N^*} = \frac{1}{\sqrt{\frac{DK_C}{2K}}}$$

经济订货量占用资金公式：

$$I^* = \frac{Q^*}{2} \cdot U = \frac{\sqrt{\frac{2KD}{K_C}}}{2} \cdot U = \sqrt{\frac{KD}{2K_C}} \cdot U$$

【例 8-6】 大星服装公司是一家生产加工童装为主的中小企业，每年耗用某种布料 6 400 千克，该材料单位成本 30 元，单位存储成本为 8 元，一次订货成本 100 元。计算 Q^*、N^*、$TC_{(Q^*)}$。

$$Q^* = \sqrt{\frac{2DK}{K_C}} = \sqrt{\frac{2 \times 6\,400 \times 100}{8}} = 400\,(\text{千克})$$

$$N^* = \frac{D}{Q^*} = \frac{6400}{400} = 16\,(\text{次})$$

$$TC_{(Q^*)} = \sqrt{2KDK_C} = \sqrt{2 \times 100 \times 6\,400 \times 8} = 3\,200\,(\text{元})$$

$$t^* = \frac{1}{N^*} = \frac{1}{16}\,(\text{年})$$

$$I^* = \frac{Q^*}{2} \cdot U = \frac{400}{2} \times 30 = 6\,000\,(\text{元})$$

(二)存货储存期控制

任何企业，其商品或原材料一旦入库，便会发生存储成本，存货的存储本身会给企业造成较多的资金占用费(如利息成本或机会成本)和仓储管理费，存货存储的时间越长，发生的存储成本越多，因此，企业应尽力缩短存货储存时间，加速存货周转，以便能节约资金占用、降低成本费用、提高企业获利水平。

在通常情况下企业常用的方法是 ABC 控制法。ABC 控制法是在存货的日常管理中，根据存货的重要程度，将其分为 A、B、C 三种类型。A 类存货品种占全部存货的 10%~15%，资金占存货总额的 80%左右，实行重点管理，如大型备品备件等。B 类存货为一般存货，品种占全部存货的 20%~30%，资金占全部存货总额的 15%左右，适当控制，实行日常管理，如日常生产消耗用材料等。C 类存货品种占全部存货的 60%~65%，资金占存货总额的 5%左右，进行一般管理，如办公用品、劳保用品等随时都可以采购。通过 ABC 分类后，抓住重点存货，控制一般存货，制定出较为合理的存货采购计划，从而有效地控制存货库存，减少储备资金占用，加速资金周转。

本 章 小 结

营运资金是企业日常经营中短期占有的资金，表现为现金与现金类资产、应收账款、存货等。营运资金管理就是对流动资产和流动负债的管理，即加快现金、存货和应收账款的周转速度，尽量减少资金的过分占用，降低资金占用成本；利用商业信用，解决资金短期周转困难，同时在适当的时候向银行借款，利用财务杠杆，提高权益资本报酬率。

本章的主要内容包括：营运资金的含义和特点，营运资金管理的主要内容，营运资金管理的要求，现金管理的目标，最佳现金持有量模式，应收账款管理的目标，应收账款信用策略的确定，存货管理的目标，存货的有关成本，存货的经济定货量模型等。

复习思考题

一、简答题

1. 营运资金管理的基本目标是什么？
2. 企业持有现金的动机包括哪些方面？
3. 如何提高企业存货管理水平？其途径有哪些？
4. 应收账款中的信用标准是包括什么？
5. 存货的成本包括哪些？
6. 2008 年 5 月 12 日，四川省汶川县发生 8.0 级强烈地震，各级红十字会启动了救援应急方案，紧急呼吁社会各界和广大民众捐款，除了大批的急需物资外，一律暂收现金或银行转账。为什么各级红十字会暂只收现金或银行转账呢？

二、单项选择题

1. 下列各项成本中与现金的持有量成正比例关系的是(　　)。
   A. 管理成本　　　　　　　　　　B. 固定性转换成本
   C. 企业持有现金放弃的再投资收益　　D. 短缺成本

2. 应收账款的成本中不包括(　　)。
   A. 管理成本　　　　　　　　　　B. 机会成本
   C. 转换成本　　　　　　　　　　D. 坏账成本

3. 某企业预测的年赊销额为450万元，应收账款平均收账期为45天，变动成本率为60%，资金成本率12%，则应收账款的机会成本为(　　)万元。
   A. 4.05　　　　B. 4.2　　　　C. 4.21　　　　D. 5.42

4. 下列各项中不属于存货经济进货批量基本模式假设条件的是(　　)。
   A. 不存在现金折扣　　　　　　　B. 企业能及时补充存货
   C. 需求量稳定，并能预测　　　　D. 可能出现缺货的情况

5. 确定最佳现金持有量的模式主要有成本分析模式和存货模式，两种模式中均考虑的成本费用是(　　)。
   A. 机会成本　　　　　　　　　　B. 短缺成本
   C. 管理费用　　　　　　　　　　D. 转换成本

6. 信用标准通常用(　　)来进行评估。
   A. 信用期限　　　　　　　　　　B. 预期的坏账损失率
   C. "5C"评估法　　　　　　　　　D. 现金折扣率

7. 企业为组织日常生产经营活动，必须保持的现金余额主要与(　　)有关。
   A. 企业愿意承担风险的程度　　　B. 企业临时举债能力的强弱
   C. 企业销售水平　　　　　　　　D. 企业对现金流量预测的可靠程度

8. 下列各项中不属于存货变动性储存成本的是(　　)。
   A. 储存存货仓库的折旧费　　　　B. 存货的变质损失
   C. 存货的保险费用　　　　　　　D. 存货占用资金的应计利息

9. 某企业销售商品，年赊销额为600万元，信用条件为"2/10, 1/20, $N/30$"，预计将会有50%客户享受2%的现金折扣，30%的客户享受1%的现金折扣，其余的客户均在信用期内付款，则企业应收账款平均收账天数为(　　)。
   A. 16　　　　B. 15　　　　C. 20　　　　D. 无法计算

10. 某企业全年耗用A材料4 900吨，每次的订货成本为40元，每吨材料年变动储备成本20元，则最佳订货批量为(　　)吨。
    A. 40　　　　B. 160　　　　C. 180　　　　D. 140

三、多项选择题

1. 关于营运资金的说法不正确的是( )。
   A. 营运资金通常是指流动资产减去流动负债后的差额
   B. 流动资产占用资金的数量具有波动性
   C. 流动负债期限短,风险低于长期债务
   D. 存货周转期是指将原材料转化成产成品所需要的时间

2. 与固定资产投资相比,流动资产投资的特点包括( )。
   A. 投资回收期短　　　　　　　　B. 流动性强
   C. 具有并存性　　　　　　　　　D. 具有波动性

3. 延期支付账款的方法包括( )。
   A. 合理利用"浮游量"　　　　　B. 推迟支付应付款
   C. 采用汇票付款　　　　　　　　D. 加速收款

4. 应收账款的主要功能包括( )。
   A. 促进销售　　　　　　　　　　B. 减少存货
   C. 增加现金　　　　　　　　　　D. 减少借款

5. 下列不属于应收账款管理成本的是( )。
   A. 无法收回应收账款而发生的费用　B. 因投资应收账款而丧失的利息费用
   C. 催收应收账款而发生的费用　　　D. 对客户的资信调查费用

6. 延长信用期限对企业的影响有( )。
   A. 收账费用增加　　　　　　　　B. 增加机会成本
   C. 坏账损失增加　　　　　　　　D. 扩大销售量

7. 存货的功能主要表现在( )。
   A. 降低进货成本　　　　　　　　B. 适应市场变化
   C. 防止停工待料　　　　　　　　D. 维持均衡生产

8. 存货的缺货成本包括( )。
   A. 材料供应中断造成的停工损失　B. 替代材料紧急采购的额外开支
   C. 丧失销售机会的损失　　　　　D. 延误发货造成的信誉损失

四、综合业务题

1. 某企业2007年的赊销额为5 000万元,应收账款平均收账天数为45天,变动成本率为60%,资金成本率为10%。一年按360天计算。
   要求:
   (1) 计算企业2007年度应收账款的平均余额;

(2) 计算企业2007年度维持赊销业务所需要的资金额；
(3) 计算企业2007年度应收账款的机会成本。

2. 光明企业每年需耗用甲材料25 000件，单位材料年存储成本40元，平均每次进货成本为200元，甲材料全年平均单价为180元。假定不存在数量折扣，不会出现陆续到货和缺货的现象。

要求：
(1) 计算甲材料的经济进货量；
(2) 计算甲材料年度最佳进货批数；
(3) 计算甲材料的相关进货成本；
(4) 计算甲材料的相关存储成本；
(5) 计算甲材料经济进货批量平均占用资金。

3. 某企业甲材料的年需要量为18 000公斤，每公斤标准价为20元。销售企业规定：客户每批购买量不足1 000公斤的，按照标准价格计算；每批购买量1 000公斤以上，2 000公斤以下的，价格优惠2%；每批购买量2 000公斤以上的，价格优惠3%。已知每批进货费用800元，单位材料的年储存成本90元。

要求：
(1) 按照基本模型计算经济进货批量及其相关总成本(含进货成本)；
(2) 计算确定实行数量折扣的经济进货批量。

4. A公司是一个商业企业。由于目前的信用条件过于严厉，不利于扩大销售，该公司正在研究修改现行的信用条件。现有甲、乙、丙三个放宽信用条件的备选方案，有关数据如表8-5所示。

表8-5　信用条件的备选方案

项目	甲方案(n/60)	乙方案(N/90)	丙方案(2/30，N/90)
年赊销额/万元/年	1 440	1 530	1 620
收帐费用/万元/年	20	25	30
固定成本/万元	32	35	40
所有账户的坏账损失率/%	2.5	3	4

已知A公司的变动成本率为80%，资金成本率为10%。坏账损失率是指预计年度坏账损失和赊销额的百分比。考虑到有一部分客户会拖延付款，因此预计在甲方案中，应收账款平均收账天数为90天；在乙方案中应收账款平均收账天数为120天；在丙方案中，估计有40%的客户会享受现金折扣，有40%的客户在信用期内付款，另外的20%客户延期60天付款。

要求：
(1) 计算应收账款平均收账天数、应收账款机会成本、现金折扣。
(2) 通过计算选择一个最优的方案(一年按360天计算)。

第九章

收 益 分 配

【本章导读】

收益分配是公司财务活动的最后环节，收益分配政策的制定会影响投资者的决策，对企业长远发展目标产生重要影响，从而对公司价值产生重要影响。通过本章学习应熟悉收益的形成以及分配的基本程序，了解相关的股利政策理论，掌握股利分配政策以及对企业的影响。本章的重点是股利政策及其利弊分析。

【知识要点】

(1) 收益分配的基本原则。
(2) 确定收益分配政策应考虑的因素。
(3) 利润分配的项目和顺序。
(4) 股利理论股利政策的类型。
(5) 股利支付的程序和方式。
(6) 股票分割与股票回购。

【引入案例】

中信证券股份有限公司 2007 年度利润分配方案

中信证券股份有限公司 2007 年度可供分配利润为 9 105 920 703.91 元(以母公司口径计算可供分配利润)，该公司于 2008 年 3 月 13 日发布的 2007 年年度报告中宣告的利润分配方案。

根据《公司法》、《证券法》、《金融企业财务规则》、《公司章程》及中国证券监督管理委员会证监机构字[2007]320 号文的有关规定，公司可供分配利润按如下顺序进行分配。

(1) 公司按 2007 年度母公司实现净利润的 10%提取法定公积金 825 887 968.77 元；
(2) 按 10%提取一般风险准备金 825 887 968.77 元；
(3) 按 10%提取交易风险准备金 825 887 968.77 元；
    ((1)~(3)项提取合计为 2 477 663 906.31 元)
(4) 可供投资者分配的利润为 6 628 256 797.60 元；

根据上市公司在新会计准则核算条件下，公允价值变动计入当期净收益部分，不可进行现金分红的有关规定，本年度可供投资者分配的利润中可进行现金分红部分为 6 579 807 238.11 元。

从公司发展、股东近期利益和长远目标等综合因素考虑，分配预案如下。

(1) 实际利润分配每 10 股现金分红 5.00 元(含税)，实际分配现金利润为 1 657 616 900 元，占可供现金分配利润的 25.19%。2007 年度未分配利润 4 970 639 897.60 元转入下一年度。

(2) 资本公积每 10 股转增 10 股，实际资本公积转增股本为 3 315 233 800 元。转增后，公司总股本由 3 315 233 800 股变更为 6 630 467 600 股。

中信证券股份有限公司于 2008 年 4 月 10 日召开 2007 年度股东大会，会议审议通过了上述公司 2007 年度利润分配及资本公积金转增股本方案。

中信证券股份有限公司 2008 年 4 月 18 日公布 2007 年度分红派息及转增股本实施公告。

中信证券股份有限公司实施 2007 年度利润分配及资本公积金转增股本方案为：每 10 股转增 10 股派 5.00 元(含税)。

股权登记日：2008 年 4 月 23 日
除权除息日：2008 年 4 月 24 日
新增无限售条件股上市日：2008 年 4 月 25 日
现金红利发放日：2008 年 4 月 30 日

上述方案实施后，按新股本 6 630 467 600 股摊薄计算的 2007 年度每股收益为 1.62 元。

问题：中信证券股份有限公司 2007 年度的利润分配方案采用何种股利支付方式？不同的股利分配政策对公司长远发展和投资者的利益产生什么影响？

第一节　收益分配概述

收益亦称利润，是一定时期内生产要素所带来的利益总额，即企业全部资金通过有效地应用所创造的附加价值。广义上讲，收益分配是指这部分附加价值在企业内外各利益主体之间分割的过程。这种分割主要由以下四个部分构成：首先，债权人依据其债权金额的大小依照双方约定的利率以获取利息的方式分割企业的收益；其次，企业雇员和管理者，依据其个人对企业贡献的大小参与收益分割，例如增加工资或奖金及各种福利基金等；第三，国家凭借其政治权利权力，以征税方式强行分割企业的收益，例如征收所得税等各种税款；第四，企业的股东依据其对企业投资额的比例来分割剩余的收益，即对税后净利润的分配，这也是狭义的收益分配。在收益分配的这四个构成部分中，前三部分分配基本上都是依照法律规定、合同规定或劳资协议等按一定比例或事前确定的数量进行分配的，而且在计算企业税后收益前均已分配完毕。第四部分属于股东分割的剩余收益，是有弹性的，可以依照股东大会的意见或董事会的决定制定各种股利政策，采用不同的方法以合理确定分配比例，兼顾企业发展和投资者的当前利益，吸引潜在的投资人。本章将以股利分配作为重点讨论。

一、收益分配的基本原则

作为一项重要的财务活动，企业的收益分配应当遵循以下原则。

(一)依法分配原则

企业应着眼于处理各方面利益关系，依法进行收益分配，这是正确处理各方面利益关系的关键。为规范公司行为，国家制定和颁布了相关法律法规，这些法规规定了企业收益分配的基本要求、一般程序和比例，企业应认真执行，不得违反。企业的债权人不承担企业的经营风险，不对企业的盈亏负责，依据《合同法》的规定，借款人应当按照约定的期限向债权人返还借款和支付利息；企业员工的经济利益也收到法律保护，《劳动合同法》的规定，用人单位应当按照劳动合同约定和国家规定，向劳动者及时足额支付劳动报酬。企业还应依照国家相关税法缴纳增值税等流转税、企业所得税等税金；企业的剩余收益归属于投资者，仍应按照《公司法》等相关法规制度顺序分配，弥补亏损、计提盈余公积和向投资者分配利润。

(二)资本保全原则

利润分配必须以资本的保全为前提。企业的利润分配是对投资者投入资本的增值部分所进行的分配，不是投资者资本金的返还。以企业的资本金进行的分配，属于一种清算行为，而不是收益的分配。我国《公司法》规定，公司弥补亏损和提取公积金后所余税后利润，有限责任公司股东按照实缴的出资比例分取红利，股份有限公司按照股东持有的股份比例分配。因此，企业发放的股利或投资分红不得来源于原始投资(或股本)及资本公积，只能来源于企业当期利润或留存收益。

(三)兼顾各方面利益原则

要求企业在进行收益分配时应从全局出发，充分考虑企业、所有者、债权人、职工的利益。

(四)分配与积累并重原则

为实现企业的可持续发展，企业在收益分配时，必须贯彻积累与分配并重的原则，将企业长远利益和近期利益有机的结合起来。企业除按规定提取法定公积金外,还应根据未来发展需要提取任意公积金,还可适当留存一部分利润作为积累。这部分留存收益虽然暂时没有分配,但它可以为企业的扩大再生产筹措资金,而且可以以丰补歉,增强企业抵御风险的能力。因此,正确处理好分配与积累的关系,稳定投资者的收益预期,树立企业平稳发展的形象,有利于企业和投资者的长远利益。

(五)投资与收益对等原则

投资者因其投资行为而享有收益权。《公司法》规定,公司弥补亏损和提取公积金后所余税后利润,有限责任公司股东按照实缴的出资比例分取红利;股份有限公司按照股东持有的股份比例分配,但股份有限公司章程规定不按持股比例分配的除外。因此,企业分配收益应当体现"谁投资谁受益",受益大小与投资比例相适应,即投资与受益对等原则,这是正确处理投资者利益关系的关键。企业应本着平等一致的原则,按照投资各方投入资本的比例进行利润分配,真正做到同股同权、同股同利。绝不允许大股东利用其决策优势和信息优势以任何方式多分夺占,从根本上保护投资者的利益。同时,上市公司应确立"投资者利益为重"的理念,在确定利润分配方案时充分考虑股东尤其是中小股东的利益,多听取他们的意见,努力为投资者提供更多回报。这样,才能吸引更多投资者,公司长远发展所需要的资金才更有保障。

二、确定收益分配政策应考虑的因素

收益分配政策是指管理当局对收益分配有关事项所作出的方针与决策。由于税法的强制性和严肃性,因而收益分配中的纳税政策没有方案的选择性,收益分配政策从根本上说是税后利润分配政策(对股份公司而言,即股利政策)。企业税后利润可以作为留存收益,也可用于投资分红。在企业利润有限的情况下,如何解决好留存与分红的比例,是处理短期利益与长期利益、企业与股东等关系的关键。确定或选择正确的税后利润分配政策,对企业具有特别重要的意义。收益分配政策的确定受到各方面因素的影响,一般认为,这些影响因素主要有以下几方面。

(一)法律因素

为了保护债权人和股东的利益,国家有关法规如《公司法》对企业收益分配予以一定的硬性限制。这些限制主要体现为以下几个方面。

(1) 资本保全约束。资本保全约束要求收益分配的客体不能来源于原始投资,也就是不能将股本用于分配,其目的是为了防止企业任意减少资本结构中所有者权益(股东权益)的比例导致增加债权人的风险,以维护债权人的合法权益。

(2) 资本积累约束。资本积累约束要求企业按照一定比例和基数提取公积金,在制定具体的收益分配政策上应贯彻"无利润不分配"的原则,即当企业出现年度亏损时,原则上不得分配利润,不能侵蚀资本项目进行分红。

(3) 偿债能力约束。偿债能力是指企业到期债务(包括本息)的能力。适当的偿债能力可以让企业在充分利用债务工具获取杠杆收益,提高权益收益率的同时降低财务风险。企业在进行现金股利分配决策时应注意维持合理的财务状况和现金流量,支付的现金股利不能影响企业偿还债务和正常经营。

(4) 超额累积利润约束。一般情况下,投资者投资于上市公司的方式有两种,即通过现金分红获利和通过进行股票交易获取资本利得,两种获利方式在税收境遇上存在差别。特别是个人投资者,其获取的现金股利应依法缴纳个人所得税,而通过股票交易获取的资本利得尚未开征个人所得税。我国法律目前并没有对上市公司超额积累利润行为进行规范。因此,上市公司可能通过积累利润使股价上涨帮助投资者避税。

(二)股东因素

股东因素中,有控制权约束要求和避税考虑的股东往往要求公司限制现金股利的支付,以达到控制权不旁落和避税的目的,而有"稳定收考虑"和"逃避风险考虑"的股东则往往反对公司留有过多的利润而要求较多的支付现金股利。

股东出于自身利益考虑,可能对公司的利润分配提出限制、稳定或提高股利发放率等不同意见。

(1) 控制权的考虑。企业进行高额现金股利分配必然导致留存收益的减少,意味着企业可能通过发行新股进行再融资,以满足企业发展新增的资金需求。而发行新股将会稀释原股东的股权。因此,公司的原股东特别是大股东会因此而主张限制股利的支付,以防止控制权的旁落。

(2) 避税的考虑。一些股东出于避税的考虑往往要求限制股利的支付,而保留较多的留存收益,以便从股价上涨中获利。

(3) 稳定收入的考虑。一些股东可能因自身需要而希望获取稳定的现金收益,他们通常主张公司维持较高的股利支付率,反对公司过多累积利润。

(4) 规避风险的考虑。增加公司的留存收益虽然能够影响股价而使投资者获益,资本市场的风险和公司的经营风险同样会影响投资者对投资获益方式的选择。保守型的投资者一般偏向于获取现金股利,以降低投资风险。

(三)公司因素

公司出于长期发展和短期经营的考虑,需要综合考虑以下因素,并最终制订出可行的分配政策。

(1) 公司的举债能力。公司的举债能力与股利支付率呈正相关关系，即举债能力越强，将有效减轻公司未来发展的资金压力，则越有可能采取宽松的利润分配政策。反之亦然。

(2) 未来的投资机会。公司未来投资机会对收益分配政策产生重要影响。如果公司预期未来有较好的投资机会，且预期投资收益率大于投资者期望收益率时，公司管理层通常会考虑将实现的收益用于再投资，减少股利分配的比例。从公司的长期发展考虑，投资者一般也会认同这样的低股利分配政策。相反，如果公司缺乏良好的投资机会，保持大量的留存收益会造成资金的闲置，降低净资产收益率，投资者甚至担心经营者滥用权利，盲目投资导致投资损失。因此，处于成长中的企业多数采用少分多留政策，而经营收缩企业适宜采取多分少留政策。

(3) 盈余稳定的状况。企业赢利状况是否稳定，也将直接影响其收益分配。具有行业竞争优势，赢利水平稳定的企业对其未来稳定赢利可能性有良好的预期，因此有可能比所处行业经营波动大、赢利不稳定的企业支付更多的现金股利；而赢利不稳定的企业因对未来赢利水平预期的不确定，较多采取低股利支付率政策。

(4) 资产流动的状况。保持适当的资产流动性是企业经营的基础和必备条件。支付现金股利将会减少企业的现金持有量，降低资产流动性。因此，如果企业的资产流动性差，或者应收款项较多，现金流水平不理想，即使会计收益可观，也不宜采取高股利支付率政策。

(5) 筹资成本。一般而言，将税后的收益用于再投资，有利于改善资本结构，降低筹资的外在成本，包括再融资费用和资本的实际支出成本，因此留存收益成为企业扩大再生产的重要资金来源。

(6) 其他因素。比如，企业有意的多发股利使股价上涨，使已发行的可转换债券尽快地实现转换，从而达到调整资金结构的目的；再如，通过支付较高股利，刺激公司股价上扬，从而达到反兼并、反收购的目的等。

(四)其他因素

如债务合同的限制，通货膨胀的状况。在通货膨胀时期，企业一般采取偏紧的收益分配政策。

三、利润分配的项目和顺序

企业实现的利润总额可以根据《企业所得税法》的要求弥补以前年度的亏损。《企业所得税法》规定，企业纳税年度发生的亏损，准予向以后年度结转，用以后年度的所得弥补，但结转年限最长不得超过五年。应纳税所得额弥补亏损后的剩余部分应依法交纳企业所得税，然后公司才能对税后利润进行分配。

(一)利润分配的项目

按照我国《公司法》的规定，公司利润分配的项目应包括以下两部分。

(1) 公积金。公积金是企业从税后利润中提取的积累资金，是企业防范和抵御风险、补充资本的重要资金来源，用于弥补公司亏损、扩大公司生产经营或转为增加公司股本。公积金从性质上看属于企业所有者权益，公积金包括法定公积金和任意公积金两种。

(2) 向投资者分配利润。向投资者分配的利润，是投资者从企业获取的投资收益。企业应当在弥补亏损、提取公积金之后才能向投资者分配利润。企业以前年度未分配的利润，可以并入本年度利润，在充分考虑现金流量状况后，向投资者分配。企业弥补以前年度亏损和提取盈余公积后，当年没有可供分配的利润时，不得向投资者分配利润。

(二)股份公司利润分配顺序

对公司的收益分配，有关法律、法规对此都有明确的规定，公司必须按照相关规定对收益进行分配。按照《公司法》等法律、法规的规定，股份公司当年实现的利润总额，应按照国家有关规定作相应调整后，依法交纳所得税，然后按下列顺序分配。

(1) 弥补以前年度亏损(指超过用所得税前的利润抵补亏损的法定期限后仍未补足的亏损)。

(2) 提取法定公积金。法定公积金按照净利润扣除弥补以前年度亏损后的10%提取，法定公积金达到注册资本的50%时，可不再提取。

(3) 提取任意公积金。任意公积金按照公司章程或股东会议决议提取和使用，其目的是为了控制向投资者分配利润的水平以及调整各年利润分配的波动，通过这种方法对投资者股利分配加以限制和调节。

(4) 向投资者分配利润或股利。净利润扣除上述项目后，再加上以前年度的未分配利润，即为可供普通股分配的利润，公司应按同股同权、同股同利的原则，向普通股东支付股利。

另外，一般企业当年无利润时不得向投资者分配利润，但考虑到股份有限公司为维护其股票市价和信誉，以避免股票市价大幅度波动，在公司当年无利润但用盈余公积金弥补亏损后，经股东会或类似机构特别决议，可以按照股票面值6%的比率用盈余公积金分配股利。在分配股利后，企业法定盈余公积金不得低于注册资金的25%。

第二节 股利政策

一、股利理论

(一)股利无关论

股利无关论是由美国财务专家米勒(Miller)和莫迪格莱尼(Modigliani)于 1961 年在他们的著名论文《股利政策、增长和股票价值》中首先提出的,因此被称为 MM 理论。立足于完善的资本市场,从不确定性角度提出了股利政策和企业价值不相关理论,这是因为公司的赢利和价值的增加与否完全视其投资政策而定,企业市场价值与它的资本结构无关,而是取决于它所在行业的平均资本成本及其未来的期望报酬,在公司投资政策给定的条件下,股利政策不会对公司价值(或股票价格)产生任何影响。股利无关论的关键是存在一种套利机制,通过这一机制使支付股利与外部筹资这两项经济业务所产生的效益与成本正好相互抵消,股东对赢利的留存与股利的发放将没有偏好,据此得出企业的股利政策与企业价值无关这一著名论断。但是 MM 理论是建立在完善资本市场假设的基础之上,具体包括以下几个方面。

(1) 完善的竞争假设,任何一位证券交易者都没有足够的力量通过其交易活动对股票的现行价格产生明显的影响。

(2) 信息完备假设,所有的投资者都可以平等地免费获取影响股票价格的任何信息。

(3) 交易成本为零假设,证券的发行和买卖等交易活动不存在经纪人费用、交易税和其他交易成本,在利润分配与不分配或资本利得与股利之间均不存在税负差异。

(4) 理性投资者假设,每个投资者都是财富最大化的追求者。

股利无关论有以下重要观点。

(1) 投资者并不关心公司的股利的分配。若公司留存较多的利润用于再投资,会导致公司股票价格上升,此时尽管股利较低,但需用现金的投资者可以出售股票换取现金。若公司发放较多的股利,投资者又可以用现金再买入一些股票以扩大投资。也就是说投资者对股利和资本利得并无偏好。

(2) 股利得支付比率不影响公司的价值。既然投资者不关心股利的分配,公司的价值就完全由其投资的获利能力所决定,公司的盈余在股利保留盈余之间的分配并不影响公司的价值。

需要指出的是,"股利无关论"是建立在"完美无缺的、完全的市场"这一严格假设前提基础上的。然而现实中不存在完全的资本市场,且还有许多阻碍资本流动的因素。虽然莫迪格莱尼和米勒也认识到公司的股票价格会随着股利的增减而变动这一重要现象,但他们认为，股利增减所引起的股票价格变动并不能归因于股利增减本身，而应归因于股利所包含的有关企业未来赢利的信息。

(二)股利重要论

1. "一鸟在手"理论

"一鸟在手"源于谚语"双鸟在林不如一鸟在手"。该理论可以说是流行最广泛和最持久的股利理论。"一鸟在手"理论认为，用留存收益再投资带给投资者的收益具有很大的不确定性，并且投资风险将随着时间的推移而进一步增大，因此，投资者更喜欢现金股利，而不大喜欢将利润留给公司。公司分配的股利越多，公司的市场价值也就越大。

"一鸟在手"理论是根据对投资者心理状态的分析而提出的。由于投资者对风险有天生的反感，并且认为风险将随时间延长而增大，因而在他们心目中，认为通过保留盈余再投资而获得的资本利得的不确定性要高于股利支付的不确定性，从而股利的增加是现实的，至关重要的。实际能拿到手的股利，同增加留存收益后再投资得到的未来收益相比，后者的风险性大得多。所以，投资者宁愿目前收到较少的股利，也不愿等到将来再收回不确定的较大的股利或获得较高的股票出售价格。而投资者的上述思想又会产生下述结果：公司如果保留利润用于再投资，那么未来的收益必须按正常的市场回报率和风险溢价之和进行贴现，也就是说，投资者不仅要求获得市场水平的投资回报，而且还要求公司为他们承担的风险支付报酬；否则，在同样价值的现金股利与资本增值之间，投资者将选择前者。

"一鸟在手"理论的核心是认为在投资者眼里，股利收入要比由留存收益带来的资本收益更为可靠，故需要公司定期向股东支付较高的股利。

2. 股利分配的信号传递理论

该理论得以成立的基础是，信息在各个市场参与者之间的概率分布不同，即信息不对称。为了消除经理人员和其他外部人士之间的可能冲突，就需要建立一种信息传递机制，以调节信息的不均衡状况，而股利政策恰好具有这种信息传递机制的功能和作用。因为股利政策的定位与变动，反映着经理人员对公司未来发展认识方向的信号，投资者可据此作出自己的恰当判断，并调整对企业收益状况的判断和对公司价值的期望值。该理论认为，在信息不对称的情况下，公司可以通过股利政策向市场传递有关公司未来赢利能力的信息，从而会影响公司的股价。一般来讲，预期未来赢利能力强的公司往往愿意通过相对较高的股利支付水平，把自己同预期赢利能力差的公司区别开来，以吸引更多的投资者。

股票的市价是由企业的经营状况和赢利能力确定的，虽然投资者可以通过企业的财务报表可以反映其赢利情况，但财务报表受人为因素的影响较大，容易形成装饰以至假象，因此长远的观点看，能增强和提高投资者对企业的信心的则是实际发放的股利。企业的股利是以赢利为基础的,是实际赢利的最终体现。这是无法通过对财务报表的装饰来达到的,因此股利能替代财务信息将企业的经营状况和赢利能力传播给投资者,一般而言,保持股利的稳定并根据收益的状况增加股利发放可使投资者提高对企业的信任,有利于提高企业的财务形象,从而使股价上升,反之,则股价下跌,股利政策将影响企业价值。

公司以支付现金股利的方式向市场传递信息,通常也要付出较为高昂的代价。这些代价包括以下三个方面。

(1) 较高的所得税负担。

(2) 一旦公司因分派现金股利造成现金流量短缺,就有可能被迫重返资本市场发行新股,而这一方面会随之产生必不可少的交易成本,另一方面会扩大股本,摊薄每股收益,对公司的市场价值产生不利影响。

(3) 如果公司因为分派现金股利造成投资不足,并丧失有利的投资机会,还会产生一定的机会成本。

尽管以派现方式向市场传递利好信号需要付出很高的成本,但仍然有很多公司选择派现作为公司股利支付的主要方式,其原因主要有以下四种。

(1) 声誉激励理论。该理论认为,由于公司未来的现金流量具有很大的不确定性,因此,为了在将来能够以较为有利的条件在资本市场上融资,公司必须在事先建立起不剥夺股东利益的良好声誉,而建立"善待股东"这一良好声誉的有效方式之一就是派现。

(2) 逆向选择理论。该理论认为,相对于现金股利而言,股票回购的主要缺陷在于,如果某些股东拥有关于公司实际价值的信息,那么,他们就可能在股票回购过程中,充分利用这一信息优势。当股票的实际价值超过公司的回购价格时,他们就会大量竞买价值被低估的股票;反之,当股票的实际价值低于公司的回购价格时,他们就会极力回避价值被高估的股票,于是便产生了逆向选择问题,而派发现金股利则不存在这类问题。

(3) 交易成本理论。该理论认为,有相当一部分投资者出于消费等原因,希望从投资中定期获得稳定的现金流量。对此类投资者来说,出于对股票价格波动风险和自身在时间、精力方面的考虑,以出售股票方式获取现金流量会加大交易成本,因此,选择稳定派现的股票可能是达成上述目的的最廉价方式。

(4) 制度约束理论。出于降低风险的考虑,法规制度通常要求信托基金、保险基金、养老基金等机构投资者只能持有支付现金股利的股票,以获取股利收入。如果公司不派现,则这种股票就会被排除在类似机构投资者的投资对象之外。

3. 股利分配的代理理论

代理理论认为,在所有权与经营权分离的情况下,存在管理者行为与股东目标相背离的情况,即委托代理问题。股利政策的代理理论认为,股利政策有助于减缓管理者与股东之间，以及股东与债权人之间的代理冲突，也就是说，股利政策相当于是协调股东与管理者之间代理关系一种约束机制。适当的股利政策有助于保证管理者按照股东价值最大化的方式行事。高水平股利支付政策将有助于降低企业的代理成本，通过发放现金股利，可以降低公司管理人员可支配的自由现金流，防止被公司内部人滥用，抑制公司管理者为满足个人野心而过度地扩大投资或进行职务消费，保护外部股东的利益。另外，公司发放现金股利后，可能面临发展资金的不足困境，这可能迫使上市公司到资本市场重新募集资金，增加了企业的外部融资成本。在资金募集过程中，无论是发行新股还是举借债务，公司都将受到现有和潜在投资者(包括股权人和债权人)以及市场监管者的广泛监督；另一方面，再次发行股票还会导致每股收益和每股现金流的降低。公司要维持原有的收益水平，管理者必须得付出更大的努力。

4. 股利分配的税收效应理论

股利支付水平高的股票要比支付水平低的股票有更高的税前收益，在存在差别税赋的前提下，公司选择不同的股利支付方式，不仅会对公司的市场价值产生不同的影响，而且也会使公司(及个人)的税收负担出现差异。通常情况下，对股利的征税率要比资本利得征税率高，因而，股利发放存在税收上的不利之处，个人所得税率高的投资者更偏好资本利得。因此，股利的发放会降低公司价值，减少股东的税后收益。另外，即使税率相同，股利仍然在税收上有不利之处，因为投资者无法选择何时把这些股利表现为收入，当公司支付股利时就得征税。而与此相反，投资者对资本利得却拥有何时表现为收入、何时征税的选择权，因为直到资产出售时才会进行征税。由于股利和资本利得两者支付时间不一致，考虑到货币时间价值，将来支付的税收要比现在支付划算，这种税收延期支付的特点使股东更加倾向资本利得收入。因而，对股利的双重征税，至少是对个人投资者来说，产生了不支付股利或不增加股利的强烈动机。考虑到纳税的影响，投资者对具有较高收益的股票要求的税前收益要高于低股利收益的股票。因此股利政策不仅与股价相关，而且由于税赋的影响，企业应采用低股利政策。

二、股利政策的类型

股利政策是指在法律允许的范围内，可供企业管理当局选择的、有关净利润分配事项的方针及对策。可供分配的净利润可以用于向投资者分红，也可以留存企业。

经常采用的股利政策主要有：剩余股利政策、固定股利支付率政策、固定股利或稳定增长股利政策、低正常股利加额外股利政策。

(一)剩余股利政策

剩余股利政策就是有着良好的投资机会时,根据一定的目标资本结构(最佳资本结构),测算出投资所需的权益资本,先从盈余中留用,然后将剩余的盈余作为股利予以分配。剩余股利政策的理论依据是股利无关论。该理论认为,在完全资本市场中,股份公司的股利政策与公司普通股价格无关,公司派发股利的高低不会对股东的财富产生实质性的影响,公司决策者不必考虑公司的股利分配方式,公司的股利政策将随公司投资,融资方案的制定而确定。因此,在完全资本市场的条件下,股利完全取决于投资项目需用盈余后的剩余,投资者对于赢利的留存或发放股利毫无偏好。

剩余股利政策是以首先满足公司资金需求为出发点的股利政策。根据这一政策,公司按如下步骤确定其股利分配额。

(1) 确定公司的最佳资本结构。
(2) 确定公司下一年度的资金需求量。
(3) 确定按照最佳资本结构,为满足资金需求所需增加的股东权益数额。
(4) 将公司税后利润首先满足公司下一年度的增加需求,剩余部分用来发放当年的现金股利。

【例9-1】某股份公司2007年的税后净利润为8 000万元,由于公司尚处于初创期,产品市场前景看好,产业优势明显。确定的目标资本结构为:自有资金为40%,借入资金为60%。如果2008年该公司有较好的投资项目,需要投资5 000万元,该公司采用剩余股利政策,则该公司应当如何融资和分配股利。

首先,确定按目标资本结构需要筹集的自有资金为:

5 000×40%=2 000(万元)

其次,确定应分配的股利总额为:

8 000-2 000=6 000(万元)

因此,该股份公司还应当筹集负债资金:

5 000-2 000=3 000(万元)

剩余股利政策的优点为是充分利用留存收益这一筹资成本最低的资金来源,保持理想的资本结构,使综合资本成本最低,实现企业价值的长期最大化。其缺陷表现在:完全遵照执行剩余股利政策,将使股利发放额每年随投资机会和赢利水平的波动而波动,即使在赢利水平不变的情况下,股利将与投资机会的多寡呈反方向变动。投资机会越多,股利越小;反之,投资机会越少,股利发放越多。而在投资机会维持不变的情况下,则股利发放额将因公司每年赢利的波动而同方向波动。股利的波动不利于投资者安排收出,也不利于公司树立良好的形象。

(二)固定股利支付率政策

固定股利支付率政策是公司确定固定的股利支付率,并长期按此比率从净利润中支付股利的政策。固定股利支付率政策的理论依据是"一鸟在手"理论。该理论认为,用留存利润再投资带给投资者的收益具有很大的不确定性,并且投资风险随着时间的推移将进一步增大,因此,投资者更倾向获得现在的固定比率的股利收入。股利支付率高的股票价格要高于股利支付率低的股票价格。显然,股利分配模式与股票市价相关。

固定股利支付率政策的优点:使股利与企业盈余紧密结合,以体现多盈多分,少盈少分,不盈不分的原则;保持股利与利润间的一定比例关系,体现了风险投资与风险收益的对称。

固定股利支付率政策的不足之处表现为以下三点。

(1) 公司财务压力较大。根据固定股利支付率政策,公司实现利润越多,派发股利也就应当越多。而公司实现利润多只能说明公司赢利状况好,并不能表明公司的财务状况和现金流量就一定好。在此政策下,用现金分派股利较为刚性的,这必然给公司带来相当的财务压力。

(2) 缺乏财务弹性。股利支付率是公司股利政策的主要内容,在公司发展的不同阶段,公司应当根据自身的财务状况制定不同的股利政策,这样更有利于实现公司的财务目标。但在固定股利支付率政策下,公司不能有效利用股利政策适应不同时期企业财务状况和现金流量的变化,缺乏财务弹性。

(3) 确定合理的固定股利支付率难度很大。一个公司如果股利支付率确定低了,则不能满足投资者对现实股利的要求;反之,公司股利支付率确定高了,就会使大量资金因支付股利而流出,公司又会因资金缺乏而制约其发展。

(三)固定股利或稳定增长股利政策

固定股利或稳定增长股利政策是公司将每年派发的股利额固定在某一特定水平上,然后在一段时间内不论公司的赢利情况和财务状况如何,派发的股利额均保持不变。只有当企业对未来利润增长确有把握,并且这种增长被认为是不会发生逆转时,才增加每股股利额。这一政策的特点是,不论经济状况如何,也不论企业经营业绩好坏,应将每期的股利固定在某一水平上保持不变,只有当公司管理当局认为未来赢利将显著地,不可逆转地增长时,才会提高股利的支付水平。采用该政策的理论依据是"一鸟在手"理论和股利分配的信号传递理论。该理论认为,股利政策可以向投资者传递该公司经营业绩稳定或稳定增长的重要信息。如果公司支付的股利稳定,就说明该公司的经营业绩比较稳定,经营风险较小,有利于股票价格上升;如果公司的股利政策不稳定,股利忽高忽低,这就给投资者传递企业经营不稳定的信息，导致投资者对风险的担心，进而使股票价格下降。

固定股利或稳定增长股利政策的优点：稳定的股利政策是许多依靠固定股利收入生活的股东更喜欢的股利支付方式，它更利于投资者有规律地安排股利收入和支出；稳定股利或稳定的股利增长率可以消除投资者内心的不确定性。

固定股利或稳定增长股利政策的缺陷表为两个方面：公司股利支付与公司赢利状况缺乏必然联系，造成投资的风险与投资的收益不对称；它可能会给公司造成较大的财务压力，甚至侵蚀公司留存利润和公司资本。

(四)低正常股利加额外股利政策

所谓正常股利(regular dividend)是指公司在正常情况下向股东支付的期望股利。额外股利(extra dividend)是指在固定股利之外向股东支付的一种不经常有的股利，它只有在特殊情况下才会被支付。这种政策的含义是：在公司经营业绩非常好的条件下，除了按期支付给股东固定股利外，再加付额外股利给股东。

低正常股利加额外股利政策是公司事先设定一个较低的经常性股利额，一般情况下，公司每期都按此金额支付正常股利，只有企业赢利较多时，再根据实际情况发放额外股利。额外股利是在固定股利之外向股东支付的一种不经常有的股利，通过支付额外股利，企业管理当局主要向投资者表明这并不是原有股利支付率的提高。额外股利的运用，既可以使企业保持固定股利的稳定记录，又可以使股东分享企业繁荣的好处。低正常股利加额外股利政策的理论依据是"一鸟在手"理论和股利分配的信号传递理论。将公司派发的现金股利固定地维持在较低的水平，则当公司赢利较少或需用较多的留存收益进行投资时，公司仍然能够按照既定的股利水平派发股利，体现了"一鸟在手"理论。而当公司赢利较大且有剩余现金，公司可派发额外股利，体现了股利分配的信号传递理论。公司将派发额外股利的信息传播给股票投资者，有利于股票价格的上扬。

低正常股利加额外股利政策优点是股利政策具有较大的灵活性。低正常股利加额外股利政策，既可以维持股利的一定稳定性，又有利于企业的资本结构达到目标资本结构，使灵活性与稳定性较好地相结合，因而为许多企业所采用。

低正常股利加额外股利政策的缺点有以下两点。

(1) 股利派发仍然缺乏稳定性，额外股利随赢利的变化而变化，给人以不稳定的印象。

(2) 如果企业经常连续支付额外股利，那它就失去了原有的目的，额外股利变成了一种期望回报。一旦额外股利被取消，容易给投资者造成公司财务逆转的印象，导致公司股价的下跌。

第三节 股利支付的程序和方式

股利分配方案的确定，主要考虑：选择股利政策类型，确定是否发放股利，确定股利支付水平，确定股利支付形式，确定股利发放日期等。

一、选择股利政策类型以确定是否发放股利

结合本章第二节所述的几种股利政策的特点，企业在选择股利政策通常需要考虑以下几个因素：①企业所处的成长与发展阶段；②企业支付能力的稳定情况；③企业获利能力的稳定情况；④目前的投资机会；⑤投资者的态度；⑥企业的信誉状况。

前面提及的四种股利政策各有利弊，上市公司选取股利政策时，必须结合自身情况，选择最适合本公司当前和未来发展的股利政策。其中居主导地位的影响因素是公司目前所处的发展阶段。公司应根据自己所处的发展阶段结合以上六个方面的因素所采用的股利政策来确定相应的股利政策。

公司的发展阶段一般分为初创阶段、高速增长阶段、稳定增长阶段、成熟阶段和衰退阶段。由于每个阶段生产特点、资金需要、产品销售等不同，股利政策的选取类型也不同。

在初创阶段，公司面临的经营风险和财力风险都很高，公司急需大量资金投入，融资能力差，即使获得了外部融资，资金成本一般也很高。因此，为降低财务风险，公司应贯彻先发展后分配的原则，剩余股利政策为最佳选择。

在高速增长阶段，公司的产品销售急剧上升，投资机会快速增加，资金需求大而紧迫。此时不宜宣派现金股利，但此时公司的发展前景已相对较明朗，投资者有分配股利的要求。为了平衡这两方面的要求，应采取低正常股利加额外股利政策，股利支付宜少用或避免现金股利方式，应考虑采用股票股利的形式。

在稳定增长阶段，公司产品的市场容量、销售收入稳定增长，对外投资需求减少，EPS值(每股收益)呈上升趋势，公司已具备持续支付较高股利的能力。此时，理想的股利政策应是稳定增长股利政策。

在成熟阶段，产品市场趋于饱和，销售收入不再增长，利润水平稳定。此时，公司通常已积累了一定的盈余和资金，为了与公司的发展阶段相适应，公司可考虑由稳定增长股利政策转为固定股利支付率政策。

在衰退阶段，产品销售收入减少，利润下降，公司为了不被解散或被其他公司兼并重组，需要开拓新的发展空间。此时，公司已不具备较强的股利支付能力，且有着较大的资金供应缺口，故应采用剩余股利政策。

总之，上市公司制定股利政策应综合考虑各种影响因素，分析其优缺点，并根据公司的成长周期，恰当的选取适宜的股利政策，使股利政策能够与公司的发展相适应。

二、确定股利支付水平

股利支付水平通常用股利支付率来衡量。股利支付率是当年发放股利与当年净利润之比，或每股股利除以每股收益。

是否对股东派发股利以及比率高低，主要取决于企业对下列因素的权衡：①企业所处的成长周期及目前的投资机会；②企业的再筹资能力及筹资成本；③企业的控制权结构；④顾客效应；⑤股利信号传递功能；⑥贷款协议以及法律限制；⑦通货膨胀因素等。

三、确定股利支付形式

股份有限公司支付股利的基本形式主要有现金股利和股票股利。

1. 现金股利形式

现金股利形式是指股份公司以现金的形式发放给股东的股利。

2. 股票股利形式

股票股利形式是指企业以股票形式发放的股利，即按股东股份的比例发放股票作为股利的一种形式。

股票股利并不直接增加股东的财富，不会导致公司资产的流出或负债的增加，因而不是公司资金的使用，同时也并不因此而增加公司的财产，但会引起股东权益各项目的结构发生变化。

3. 财产股利

财产股利是以公司财产支付给股东的股利。

4. 负债股利

负债股利是以应付票据、应付债券等负债向股东发放的股利。

四、确定股利支付的程序

股份有限公司向股东支付股利，前后要经历一个过程。我国《公司法》明确规定，公司股东依法享有资产收益等权利，并明确赋予公司董事会、股东会分别行使制订和审议批准公司利润分配方案的职权。股份公司分配股利须遵循法定的程序，一般是先由董事会提出分配预案，然后提交股东大会决议通过才能进行分配。股利支付程序是指股利支付的日期界限,这些日期界限主要包括股利宣告日、股权登记日、除权除息日和股利发放日。例如,福耀玻璃工业集团股份有限公司 2008 年 5 月 6 日发布该公司 2007 年度利润分配方案实施公告,以公司发行在外股本总额 1 001 493 166 股为基数,每 10 股派送红股 10 股并发放现金红利 5.00 元(含税),合计分红 1 502 239 749 元,余额 503 285 732 元予以结转并留待以后年度分配。股权登记日为 2008 年 5 月 12 日,除权(除息)日为 2008 年 5 月 13 日,新增可流通股份上市日为 2008 年 5 月 14 日,现金红利发放日为 2008 年 5 月 19 日。

(一)股利宣告日

股利宣告日是公司董事会将股利支付情况予以公告的日期。公告中将宣布每股支付的股利、股权登记日、除息日和股利发放日等。我国上市公司一般分年度派发股利,但也有部分企业分半年派发股利的。

(二)股权登记日

股权登记日是有权领取股利的股东资格登记截止日期。公司规定股权登记日是为了确定股东能否领取股利的日期界限。凡在股权登记日登记在册的股东才有资格领取股利,而在这一天之后登记在册的股东,即使是在股利发放日之前购买的股票,也无权领取本次分配的股利。证券交易所的中央结算系统于登记日当天交易结束时,可及时地打印出持有公司股票的股东名册,作为企业以后向股东支付股利的依据。

(三)除权除息日

除权除息日是指领取股利的权利与股票相互分离的日期。在除息日前,股利权从属于股票,持有股票者即享有领取股利的权利。除权除息日开始,股利权与股票相分离,新购入的股票不能分享股利。这是因为股票买卖的交接、过户需要一定时间,如果股票交易日期离股权登记日太近,公司将无法在股权登记日得知更换股东的信息,只能以原股东为股利支付对象。为了避免可能发生的冲突,证券业一般规定在股权登记日的前四天为除息日。自此日起,公司股票的交易称为无息交易,其股票称为无息股。除权除息日对股票的价格有明显的影响,在除息日之前的股票价格中包含了本次股利,在除息日之后的股票价格中不再包含本次股利,所以股价会下降。但是,先进的计算机交易系统为股票的交割过户提供了快捷的手段,在实行"T+0"交易制度下,股票买卖交易的当天即可办理完交割过户手续。在这种交易制度下,股权登记日的次日(指工作日)即可确定为除息日。

(四)股利发放日

股利发放日是企业将股利正式发放给股东的日期。上市公司根据股权登记日的股东名册,借助证券交易所的中央结算系统直接将股利划入股东资金账户,即完成股利支付的全部程序。

五、确定股利支付的方式

(一)现金股利

现金股利是以现金支付的股利,它是股利支付的主要方式。公司支付现金股利除了要有累计盈余(特殊情况下可用弥补亏损后的盈余公积金支付)外,还要有足够的现金,因此公司在支付现金股利前需要筹集充足的现金。在各种股利分配形式中,投资者一般比较偏好现金股利分配。但从企业角度看,现金股利的支付,会导致现金流出公司,降低公司的财务弹性,并削弱公司的短期偿债能力,也会限制企业的投资决策。因此公司管理当局在决定分配现金股利时,必须权衡相关各方面的影响因素。

现金分红作为上市公司股利分配的重要方式,是投资者实现合理投资回报的有效渠道,对于培育资本市场长期投资理念,增强资本市场的吸引力和活力,具有十分重要的作用。经过监管部门和市场各方长期不懈的努力和推动,上市公司现金分红情况逐步改善。现金分红的上市公司家数逐年增加,比例稳中有升。根据证监会信息中心统计数据,在2005年至2007年三年间,实施现金分红的上市公司分别达621家、698家、779家,占所有上市公司总数的比例分别为45%、48%、50%。上市公司现金分红分别为729亿元、1163亿元、2757亿元,派现金额逐年创新高。与国际成熟市场相比,我国大陆地区上市公司分红比率尚存一定差距,从分红占上市公司净利润的比例看,英国、日本和中国香港的上市公司约拿出40%至50%的利润用于分红。我国大陆地区上市公司发放现金股利占净利润的比例近年在30%左右。

(二)股票股利

股票股利是以增发本公司股票作为公司股利的支付手段,这种方式无须动用现金。股份公司是根据股东持有股票数量比例分配股利,对于股东而言,发放股票股利,会使每个股东持股数量同比增加,各股东在公司的产权比并无变化,每个股东都没得到现实的股利收入,个人财富也没有变化。对公司方面,股票股利不会影响股东权益总额,只是改变了股东权益之间的比例结构。尽管股票股利不直接增加股东财富,也不增加企业价值,只不过是资金在股东权益的账户之间进行转移,既不引起现金流动,也不引起其他资产或负债的增减变化。管理当局发放股票股利可能据以下动机。

(1) 在赢利和现金股利不会增加的情况下,股票股利的发放可以有效降低股票价格,有助于增加投资者的投资兴趣。

(2) 股票股利的发放是为让股东分享公司的赢利而无须分配现金,由此可以留存更多的现金以供发展之用,有利于公司的长期健康稳定发展。

(三)财产股利

财产股利是用现金以外的资产分配股利。

(1) 实物股利。发给股东实物资产或实物产品,多用于额外股利的股利形式。这种方式不增加货币资金支出,多用于现金支付能力不足情况,由于会减少公司的资产净值,所以这种形式不经常采用。

(2) 证券股利。这是最常见的财产股利,是以其他公司的证券代替货币资金发放给股东的股息。虽然证券的流动性优于大多数资产,但是,其流动性和安全性还是次于现金,同时证券市场价格的变化使股东利益潜伏着不确定性,这就给公司发放证券股利带来了不确定。

(四)负债股利

负债股利是公司以负债支付的股利,通常以应付票据或发行公司债券作为股利支付给投资者。这种股利分配方式对于股东而言,以应收票据为例,即使票据的付款方商业信用很高,能按期付款,也要票据到期后还本才能收到现金股利,所以应有带息票据才能获得额外的利息以弥补没有即期支付的时间价值。对于公司而言,则增加了支付利息的财务负担。所以负债股利只有在公司必须立即支付现金股利,而现金又不足的情况下,才采用的一种股利支付形式。财产股利和负债股利目前在我国公司实务中很少使用,但并非法律所禁止。

案例:佛山照明历年利润分配情况

佛山照明历年利润分配情况如表 9-1 所示。

表 9-1 佛山照明历年利润分配情况

分配年度	分配方案	每股收益/元	每股未分配利润/元	股利支付率/%
1993 年度	10 送 4 转增 1 股派 3 元	1.23	1.38	24.39
1994 年度	10 派 8.10 元(含税)	1.26	1.34	64.29
1995 年度	10 派 6.80 元(含税)	0.92	0.26	73.91
1996 年度	10 派 4.77 元(含税)	0.637	0.18	74.88
1996 中期	10 转增 5 股	0.47	0.73	0
1997 年度	10 派 4 元(含税)	0.486	0.17	82.3

续表

分配年度	分配方案	每股收益/元	每股未分配利润/元	股利支付率/%
1998 年度	10 派 4.02 元(含税)	0.536	0.17	75
1999 年度	10 转增 1 股派 3.5 元(含税)	0.574	0.23	60.98
2000 年度	10 派 3.8 元(含税)	0.45	0.18	84.44
2001 年度	10 派 4 元(含税)	0.484	0.19	82.64
2002 年度	10 股派 4.2 元(含税)	0.571	0.2	73.56
2003 年度	10 派 4.6 元(含税)	0.63	0.68	73.02
2004 年度	10 派 4.8 元(含税)	0.65	0.7	73.85
2005 年度	10 派 4.9 元(含税)	0.61	0.25	80.33
2006 年度	10 转增 3 股，派 5 元(含税)	0.66	0.38	75.76
2007 年度	10 转增 5 股，派 5.85 元(含税)	0.64	1.38	91.41

佛山照明(佛山电器照明股份有限公司)是通过定向募集方式设立的由法人与自然人混合持股的股份有限公司，成立于 1992 年 10 月 20 日。1993 年 10 月公司获准公开发行社会公众股(A 股)1 930 万股，1995 年 7 月 23 日，公司获准发行 5 000 万股 B 股，并于 1996 年 8 月 26 日获批转为外商投资股份有限公司。该公司是全国电光源大型骨干企业，在国内、国际市场上享有"中国灯王"美誉。工业总产值、利税总额、出口创汇、人均劳动生产率等主要指标均居全国同行首位。公司连续 18 年赢利，是沪深两市上市公司中分红最多的个股之一。

佛山照明作为国内电光源行业的龙头企业，公司的年均净资产收益率达到 10%以上。上市以来，公司坚持以股东利益为第一位，每年分红率保持在 65%以上，得到了众多流通股股东的认可，是两市中现金分红持续时间最长，分配比例最高的公司之一，被称作"现金奶牛"。佛山照明的分红派息比例明显高于同期的其他上市公司，与不分配股利，特别是不派现的上市公司形成鲜明的对比。

佛山照明采用的股利支付方式主要是现金股利和股票股利。常用的股利政策有：剩余股利政策，稳定增长股利政策，固定股利支付率政策，低正常股利加额外股利政策。佛山照明的经营业绩非常稳定，每股股利金额保持相对稳定。一方面股利变动较小，另一方面股利支付又成线性趋势，1997 年以后呈向上倾斜的趋势，采取的股利政策是稳定增长的股利政策。

"佛山照明"股利政策形成的原因有以下几个。

首先，因法律政策的规定，公司在分配股利之前，应当按规定程度先提取各种公积金，佛山照明每年都有盈余，每年都提取了各种公积金，主营业务利润稳步增长，净利润在

1996—1997年虽有所波动，但总体还是在增长，业绩平稳发展，确保了企业的效益，成就了佛山照明成为老牌绩优股，上市以来几乎每年的每股收益都高于0.45元，从而达到了进行股利分配的最基本的条件。

其次，从公司自身因素来分析，上市以来，佛山照明一直保持长期稳定的盈余，公司管理层因此能够比较准确的预测未来盈余，采取较为稳定的股利政策，发放较高的股利。另外，佛山照明具有较强的长期偿债能力和短期偿债能力，长期具有良好、稳定的现金流量，所以公司即使是支付现金股利还是能够保障债权人的利益。

再次，从股东角度来看，股东投资公司的目的即是为了获得收益，包括股利收入和资本利得。公司只有保证以高效益回报投资者，提高股东的投资报酬率，满足股东取得收入的愿望，增强投资者的信心，才能保持公司和股东之间的良好的财务关系。

最后，稳定的股利分配政策可向投资者传递公司持久赢利的信息。佛山照明采用长期稳定的现金股利政策就是向投资者传递他们拥有的优势信息，即企业的未来状况有比下降的赢利所反映的状况要好，同时也向投资者传递公司经营业绩稳定，风险较小的信息，以此提高投资者信心。

(资料来源：深圳证券交易所网站，2008)

第四节　股票分割与股票回购

一、股票分割

股票分割又称拆股，是公司管理当局将其面额较高的股票分割或拆细成数股面额较低的股票的行为。例如，两股换一股的股票分割，是指两股新股换一股旧股。股票分割与股票股利相比较，股票分割和股票股利对公司的资产总额，负债总额、权益总额都不会造成影响，股数增加以后都造成了每股面值每股收益的减少，通常情况下都会导致每股市价的下降；派发股票股利以后会使股东权益内部结构的变化，而股票分割以后股东权益的内部结构是不变的。

【例9-2】某公司现有股本500万股，每股面值1元，资本公积300万元，留存收益1 000万元，股票市价为每股3元，现按1：2进行股票分割或按每股1元发放股票股利，对公司股东权益的影响如表9-2所示。

股票分割的主要作用有以下几点。

(1) 有利于促进股票流通和交易。通常认为，股价太高，会降低投资吸引力，不利于股票交易，股价下降则有助于股票交易。通过股票分割可以大幅度降低股票市价，增加投资吸引力。

(2) 有助于公司并购政策的实施,增加对被并购方的吸引力。

表 9-2　公司股东权益信息

项　目		金额/万元
原普通股股东权益	普通股(500 万股,面额 1 元)	500
	资本公积	300
	留存收益	1 000
	原股东权益合计	1 800
1∶2 股票分割	普通股(1 000 万股,面额 0.5 元)	500
	资本公积	300
	留存收益	1 000
	股东权益合计	1 800
分配 100%股票股利	普通股(1 000 股,面额 1 元)	1 000
	资本公积	300
	留存收益	500
	股东权益合计	1 800

例如,假设甲公司准备以股票交换的方式对乙公司进行合并,目前甲公司每股市价 50 元,乙公司股票每股市价 5 元,根据此确定出来的 1∶10 的换股协议是合理的,但乙公司的股东心理上却可能很难接受。如果甲公司先进行 1∶5 的股票分割,再以 1∶2 的比例进行股票交换,尽管本质并未因此改变,却容易被乙公司股东接受,有助于兼并活动的顺利实施。

(3) 为发行新股做准备。股票价格太高会使许多潜在的投资者不敢轻易投资公司的新发股票,股票分割会使公司股票价格降低,买卖该股票所必需的资金量减少,易于增加该股票在投资者之间的换手,并且可以使更多的资金实力有限的潜在股东变成持股的股东,这对新股的发行也是一种推动。

(4) 股票分割可以向投资者传递公司发展前景良好的信息。股票分割使投资者产生增加现金股利的预期,有助于提高投资者对公司的信心,有利于提高公司的股价。

(5) 缓解代理权之争。股票分割带来的股票流通性的提高和股东数量的增加,会在一定程度上加大对公司股票恶意收购的难度,这样可以比较有效地预防部分股东通过争取投票代理权实现对企业的控制企图。

例如,美国第二大卷烟制造商雷诺美国公司是几家烟草公司的母公司,其品牌包括骆驼、库尔、云斯顿、沙龙和多柔。公司董事会已经批准了 1 股分成 2 股的股票分割方案,并且将公司的季度现金红利提高了 20%。2006 年 7 月 31 日记录在册的股东将根据他们所拥有的每一股股票获得额外的一股普通股股票。这些股票将于8月14日发行。股票分割以后,将有大约2.95亿股已发行股票。在分割调整的基础上,季度现金红利为每支普通股75美分,按年计算,每股合计3美元。季度红利将根据9月11日的纪录于10月2日支付给股东。

二、股票回购

(一)股票回购的含义和方式

股票回购是指上市公司出资将其发行流通在外的股票以一定价格购回予以注销或作为库存股的一种资本运作方式。在西方国家,公司已发行的股票,其中有一部分可能由于公司的重新购回或其他原因而由公司持有,这种不是为了注销的目的而由公司重新取得并持有的股票,称为公司的库存股票。《公司法》第一百四十三条对股份公司回购股份之用途作出了新的规定,允许股份公司在下面四种情况下回购公司股份:①减少公司注册资本;②与持有本公司股份的其他公司合并;③将股份奖励给本公司职工;④股东因对股东大会作出的公司合并、分立决议持异议,要求公司收购其股份的。针对第三种情况,修正案同时还规定,奖励给公司职工的回购股份,不得超过本公司已发行股份总额的5%;用于收购的资金应当从公司的税后利润中支出;所收购的股份应当在一年内转让给职工。

股票回购方式主要有以下三种。

公开市场购买是指公司通过经纪人在公开市场上购回其自身的股票。

投标出价购买是指公司按某一特定价格向股东提出购回若干股份的正式出价,该特定价格一般要高于当时市价,以吸引股东出售持有的股票。如果股东愿意出售的股份总数超过公司原定的购回数,则公司可以自行确定购回部分或全部超过部分的股数。如果股东愿意出售的股数少于公司希望购回的股数,则公司可以选择在公开市场上购回不足之数。投标出价的期间一般为2~3周。公司披露购回股票意图时,股东可自行选择出售或持有。该方式比较适合于公司试图购回数额较大股票的情形。

议价购买是指公司以议价为基础,直接向一个或一个以上的大股东购回股票。

(二)股票回购的动机

企业进行股票回购的动机主要有以下几个方面。

(1) 纳税考虑。股票回购可以提高股票市价,股东可按资本利得税税率而不是现金股利的个人所得税税率纳税。一般而言,前一种税率要低一些,而且只在股东出售股票时才纳税,股东可以控制纳税时间。

(2) 提高财务杠杆比例,改善企业资本结构。当公司认为权益资金比重过大,负债权益比失衡时,有可能利用现有资金或对外举债所得资金购回自身股票进行缩股,进而实现资本结构的合理化配置。值得注意的是,进行缩股是中国公司进行股票购回的主要动机。

(3) 满足企业兼并与收购的需要。股权交换是企业收购兼并的重要方式之一,公司存有较多库存股票,可以与被兼并方进行置换,减少因企业兼并而带来的股权稀释效应。

(4) 满足认股权的行使。公司发行可转换债券或附认股权证证券或实行高层经理人员股票期权计划以及员工持股计划的情况下,可通过股票回购来满足认股权的行使,而且不会稀释每股收益。

(5) 分配公司超额现金及保证公司财务灵活性。当公司持有(暂时)多余现金,且又无相应投资机会,则基于股东利益考虑,有可能以手持现金购回自身的股票。对比现金股利方式,股票回购有其优点:在赢利水平不变的情况下,由于流通在外普通股数量的减少,将使每股收益(EPS)提高,股价相应提高,则股东持有股份的价值将随之上升;同时,持有库存股实际上赋予管理层以财务上的灵活性,公司在需要现金时可以采取出售库存股的做法很快地获取现金。

此外,股票回购还可以在公司的股票价值被低估时,提高其市场价值,清除小股东、巩固内部人的控制地位。

(三)股票回购应考虑的因素

(1) 股票回购的节税效应。与现金股利相比,股票回购对投资者可产生节税效应,也可增加投资的灵活性。

(2) 投资者对股票回购的反应。股票回购虽然可以促使公司股价阶段性上涨,但在公司股价高企时消耗大量公司资源回购股票有可能引起长期投资者对公司发展资金面的担忧,抛售公司股票。

(3) 股票回购对股票市场价值的影响。选择恰当时机进行股票回购可减少流通在外的股票数量,相应提高每股收益,降低市盈率,从而推动股价上升或将股价维持在一个合理的水平上。

(4) 股票回购对公司信用等级的影响。

(四)股票回购的负效应

(1) 股票回购需要大量资金支付回购的成本,易造成资金紧缺,资产流动性变差,影响公司发展后劲。上市公司进行股票回购必须具备与此相适应的资金实力。如果公司负债水平较高,再举债回购股票,将使公司资产流动性恶化,增加偿债压力,影响公司正常的生产经营和发展后劲。

(2) 回购股票可能使公司的发起人股东片面注重创业利润的兑现,而忽视公司长远的发展，损害公司的根本利益。

(3) 股票回购容易造成内幕交易，导致公司内部人员操纵股价，从而损害中小投资者的利益。同时，股份回购容易产生误导投资者的现象，造成市场运行秩序紊乱。

本 章 小 结

　　收益亦称利润，是一定时期内生产要素所带来的利益总额，即企业全部资金通过有效地应用所创造的附加价值。狭义的收益分配是企业的股东依据其对企业投资额的比例来对税后净利润的分配。收益分配应当遵循：依法分配原则、资本保全原则、兼顾各方面利益原则、分配与积累并重原则、投资与收益对原则等。收益分配政策的确定受到各方面因素的影响，公司必须按照相关规定对收益进行顺序分配。

　　对公司股利分配研究的股利理论有股利无关论和股利重要论两大类，以此形成了不同的股利政策。经常采用的股利政策主要有剩余股利政策、固定股利支付率政策、固定股利或稳定增长股利政策、低正常股利加额外股利政策。公司应根据自身的目标战略、财务状况、现金流量和行业发展状况等，综合考虑投资者利益和公司发展的需要，正确选择股利分配政策。

　　股票分割又称拆股，是公司管理当局将其面额较高的股票分割或拆细成数股面额较低的股票的行为。股票回购是指上市公司出资将其发行流通在外的股票以一定价格购回予以注销或作为库存股的一种资本运作方式。这两种方式都具有利润分配的性质。

复习思考题

一、简答题

1. 广义的收益分配和狭义的收益分配含义是什么？
2. 收益分配的基本原则有哪些？
3. 简述股份有限公司公司利润分配程序。
4. 简述股利无关论，简要说明剩余股利政策。
5. 什么是股票分割？股票分割的主要作用有哪些？
6. 什么是股票回购？试说明企业进行股票回购的动机。

二、单项选择题

1. 股票分割一般不会引起(　　)。
　　A. 每股市价变化　　　　　　　　　　B. 公司发行的股数变化

C. 每股盈余变化 D. 公司财务结构变化

2. 以下方式中，投资者将被要求支付较高所得税税款的方式是( )。
   A. 股票股利 B. 股票分割
   C. 现金股利 D. 股票回购

3. 如果公司拟为发行新股做准备，在这种情况下应采用( )。
   A. 现金股利 B. 股票股利
   C. 股票分割 D. 股票回购

4. 由于股利比资本利得具有相对的稳定性，因此公司应维持较高的股利支付率，这种观点属于( )。
   A. 股利无关论 B. "一鸟在手"理论
   C. 差别税收理论 D. 差别收入理论

5. 如果公司的现金超过其投资机会所需要的现金，但又没有足够的赢利性机会可以使用这笔现金，在这种情况下，公司可能( )。
   A. 发放股票股利 B. 回购股票
   C. 进行股票分割 D. 进行股票反分割

6. 与现金股利十分相似的是( )。
   A. 股票股利 B. 股票分割
   C. 股票回购 D. 股票出售

7. 采用剩余股利政策的理由是( )。
   A. 为了保持理想的资本结构，使加权平均资本成本最低
   B. 有利于树立公司良好的形象，稳定股票价格
   C. 能使股利与公司盈余密切结合
   D. 能使公司具有较大的灵活性

8. 某企业需投资200万元，目前企业的负债率为70%，现有赢利130万元，如果采用剩余股利政策，需支付股利( )万元。
   A. 40 B. 52 C. 60 D. 70某

9. 不属于某种股利支付方式，但其所产生的效果与发放股票股利十分相似的方式是( )。
   A. 股票分割 B. 股票回购 C. 股票反分割 D. 股票出售

10. 股利发放额随投资机会和赢利水平的变动而变动的股利政策是( )。
    A. 剩余股利政策 B. 固定股利或稳定增长股利政策
    C. 固定股利支付率政策 D. 低正常股利加额外股利政策

11. 将每年发放的每股股利固定在某一特定水平上,并在较长时期内不变,只有公司认为未来盈余显著增长时才将股利维持到更高的水平,从而提高股利发放额,这种股利政策是( )。
    A. 剩余股利政策   B. 固定股利或稳定增长股利政策
    C. 固定股利支付率政策   D. 低正常股利加额外股利政策

12. 容易使股利支付与盈余数脱节的是( )。
    A. 剩余股利政策   B. 固定股利或稳定增长股利政策
    C. 固定股利支付率政策   D. 低正常股利加额外股利政策

三、多项选择题

1. 可以在税后提取的项目有( )。
    A. 偿债基金   B. 法定盈余公积金   C. 任意盈余公积金
    D. 公益金   E. 股利

2. 如果公司当年亏损,但为维持其股票信誉,规定( )。
    A. 可以用盈余公积金发放股利
    B. 可以用资本公积金发放股利
    C. 留存的盈余公积金不得低于注册资本的25%
    D. 留存的资本公积金不得低于注册资本的25%
    E. 必须支付优先股股利

3. 可以采用的股利支付方式有( )。
    A. 现金股利   B. 股票股利   C. 财产股利
    D. 负债股利   E. 信用股利

4. 如果公司认为目前本公司的股票市价较高,要想降低公司的股票价格,可以采用的方式有( )。
    A. 发放股票股利   B. 发放现金股利   C. 进行股票分割
    D. 进行股票反分割   E. 回购股票

5. 现金股利和股票回购具有相似之处,表现为( )。
    A. 公司需支付一定数量的现金
    B. 公司需支付一定数量的股票
    C. 公司增加了资产
    D. 公司减少了资产
    E. 需支付较高的所得税款

6. 可以改变企业财务结构的方法有( )。

    A. 现金股利   B. 股票股利   C. 财产股利

    D. 股票分割   E. 负债股利

7. 与股票分割相比较，股票股利的主要特征表现为(　　)。

    A. 会计处理不同

    B. 使股东权益内部结构发生了变化

    C. 必须以当前收益或留存收益支付股利

    D. 不需要留存收益

    E. 是一种股利支付方式

8. 最为普遍使用的股利支付方式有(　　)。

    A. 现金股利   B. 财产股利   C. 股票股利

    D. 信用股利   E. 负债股利

9. 股票回购对公司所产生的影响有(　　)。

    A. 每股盈余不变   B. 股价不变

    C. 流通在外的股数减少   D. 公司库藏股增加

    E. 公司负债减少

10. 公司进行股票分割所产生的影响有(　　)。

    A. 每股市价上升   B. 每股市价不变   C. 每股市价降低

    D. 股东权益减少   E. 股东权益总额不变

四、综合计算题

1. ABC 公司是一家不发放股利的公司，公司当期的现金流量为 1 200 000 元，并预期未来现金流量的现值为 15 000 000 元。公司流通在外的普通股为 1 000 000 股。

(1) 该公司的股价是多少？

(2) 公司宣布计划将当期现金流量的 50%用作发放股利，假设你有 1 000 股该公司的股票，而又不急需股利，你将会采取哪种方法抵消公司的股利政策？

2. ADC 公司是一家国内上市公司。公司的税后利润为 550 000 元，市盈率为 10。公司现有流通在外的普通股为 2 000 000 股。公司董事会宣布发放 20%的股票股利。

(1) 股利发放前后的股价为多少？

(2) 假设在股利发放前，你拥有 1 000 股该公司股票，请问你的股票总值在股利发放后有何改变？

3. 某公司年终利润分配前的股东权益项目如下：

股本——普通股(每股面值 2 元)500 万股　　　　　　1 000 万元

资本公积　　　　　　　　　　　　　　　　　　　　40 万元

| 未分配利润 | 2 100 万元 |
| 所有者权益合计 | 3 500 万元 |

公司股票的每股现行市价为 35 元。如果公司按每 10 股送 1 股的方案发放股票股利，并按发放股票股利后的股数派发每股现金股利 0.3 元，股票股利的金额按现行市价计算。

要求：计算股利分配后的股东权益各项数额。

第十章

财务预算与控制

【本章导读】

财务预算，是以价值量度表现的专门反映企业未来一定预算期内预计现金收支、财务状况和经营成果的一系列预算的总称，主要包括现金预算、预计利润表和预计资产负债表等。在现代企业财务管理实践中，财务预算是财务预测、财务决策结果的具体化、系统化、数量化的表现形式，是控制企业财务活动的基本依据。

财务控制，是利用财务反馈信息，按照一定的程序和方式，对财务预算的执行过程进行有效的监督和管理，影响与调节企业的财务活动，使之按照预定目标运行的过程。

财务预算是财务控制的先导，其量化指标可作为日常控制与业绩考核的依据，它在财务管理各环节中居于重要的桥梁地位，没有财务预算，预测与决策的结果便没有了载体，控制与分析也就失去了一个重要的依据。而财务控制是企业财务管理的重要职能之一，常言道，没有规矩不成方圆，要实现财务管理的最终目标，就必须以财务法规、制度为依据，通过多种措施与手段，对企业的各项财务活动进行监督和调节，只有这样，才能促使企业健康、稳步向前发展。

【知识要点】

(1) 财务预算的功能与地位。
(2) 财务预算编制的基本方法。
(3) 财务预算的编制。
(4) 财务控制的意义、种类要素与方式。
(5) 责任中心的含义、种类及业绩考核。
(6) 内部转移价格的类型。
(7) 企业内部结算方式。

【引入案例一】

近期，一场关于预算管理是否过时的争论悄然而起，起因是被誉为世界第一CEO的美国GE公司前CEO杰克·韦尔奇在谈到预算管理效果时的评价，"预算是美国公司的祸根，它根本不应该存在。制定预算就等于追求最低业绩，你永远只能得到员工最低水平的贡献，因为每个人都在讨价还价，争取制定最低指标"。于是，似乎企业管理的理论与实务之间出现了裂痕：一方面，作为教科书的必修内容，预算管理被视为现代企业管理的基本工具；另一方面，以杰克·韦尔奇为代表的一种声音开始对其应用效果提出强烈的质疑。

预算管理真的过时了吗？

应该指出的是，中国企业的管理水平虽然已经取得了长足进展，但在外部环境、管理理念和工具以及管理人员整体素质等方面仍与发达国家水平存在着不小的距离。因此，我们应该在客观分析自身情况之后，选择并应用正确的管理理念和手段，才能尽快提升企业综合管理水平。在这个大前提下讨论预算管理对中国企业是否合适、是否过时才是有意义的。

讨论：结合中国国情，请对"预算管理的意义"以及"财务预算在全面预算中的地位与作用"提出你的看法。

【引入案例二】

江南制药公司，生产大补膏和人参素两种产品，市场旺销，特别在春节后，市场上常常脱销，供不应求。

今年春节期间，该公司销售部门要求进行突击生产，加班加点，生产更多的产品以增加销售，提高利润。然而生产部门却反对这一做法，认为这样做要打乱全年生产计划，花费的代价太大。另外，生产部门知道，由于节假日加班加点要支付3倍的工资，因此产品成本很高，在进行一系列成本指标考核时，显然对生产部门十分不利。所以生产部门竭力反对，并抱怨销售部门只顾自己的一系列销售指标，而不考虑生产部门的苦衷。

但销售部门马上提出，你生产部门是否愿意承担失去大量客户的责任，是否考虑到销售收入和企业利润等各项经济指标。当然，生产部门是不愿承担这些责任的，但双方争执不休，最后矛盾上缴公司总部。

讨论：在对企业内部各部门进行考核时，考核指标的合理性是非常重要的。制定考核指标时，既要考虑各部门工作实际，又要考虑各部门之间的联系，以及部门考核指标应服务于企业总体目标的实现。请围绕财务控制和业绩评价相关问题展开讨论。

第一节 财务预算体系

一、财务预算的概念与功能

(一)财务预算的概念

财务预算是一系列专门反映企业未来一定预算期内预计财务状况和经营成果，以及现金收支等价值指标的各种预算的总称，具体包括现金预算、财务费用预算、预计利润表、预计利润分配表和预计资产负债表等内容。

(二)财务预算的功能

(1) 规划。使管理阶层在制定经营计划时更具前瞻性。

(2) 沟通和协调。通过编制预算让各部门的管理者更好地扮演纵向与横向沟通的角色。

(3) 资源分配。由于企业资源有限，通过财务预算可以将资源分配给获利能力相对较高的相关部门或项目、产品。

(4) 营运控制。预算可视为一种控制标准，若将实际经营成果与预算相比较，可让管理者找出差异，分析原因，改善经营。

(5) 绩效评估。通过预算建立绩效评估体系，可帮助各部门管理者做好绩效评估工作。故编制财务预算是企业财务管理的一项重要工作。

财务预算的编制需要以财务预测的结果为根据，并受到财务预测质量的制约；财务预算必须服从决策目标的要求，使决策目标具体化、系统化、定量化。

二、财务预算在全面预算体系中的地位

全面预算是根据企业目标所编制的经营、资本、财务等年度收支总体计划，包括特种决策预算、日常业务预算与财务预算三大类。

特种决策预算又叫专门决策预算，是指企业不经常发生的、需要根据特定决策临时编制的一次性预算。特种决策预算包括经营决策预算和投资决策预算两种类型。

日常业务预算又叫经营预算，是指与企业日常经营活动直接相关的经营业务的各种预算。它主要包括：①销售预算；②生产预算；③直接材料耗用量及采购预算；④应交增值税、销售税金及附加预算；⑤直接人工预算；⑥制造费用预算；⑦产品成本预算；⑧期末存货预算；⑨销售费用预算；⑩管理费用预算等内容。这类预算通常与企业利润表的计算有关，大多以实物量指标和价值量指标分别反映企业收入和费用的构成情况。这些预算前后衔接，相互勾稽，既有实物量指标，又有价值量和时间量指标。

财务预算作为全面预算体系中的最后环节，可以从价值方面总括地反映经营期决策预算与业务预算的结果，亦称为总预算，其余预算则相应称为辅助预算或分预算。显然，财务预算在全面预算体系中占有举足轻重的地位。

三、财务预算的编制方法

财务预算的编制方法，按不同的标志进行分类，有不同的编制方法。

(一)固定预算方法和弹性预算方法

编制预算的方法按其业务量基础的数量特征不同,可分为固定预算方法和弹性预算方法两大类。

1. 固定预算方法

固定预算方法简称固定预算,也称为静态预算,是指根据预算期内正常的、可实现的某一业务量(如生产量、销售量)水平作为唯一基础来编制预算的一种方法。

【例 10-1】某企业生产甲产品,预计销量为 10 000 台,预计销售价格为 157 元,预计销售成本为销售收入的 60%,销售费用为销售收入的 5%,则可按上述已定的资料编制销售利润预算表,如表 10-1 所示。

表 10-1 销售利润预算表

项 目	金额/元
销售收入	157×10 000=1 570 000
销售成本	1 570 000×60%=942 000
销售费用	1 570 000×5%=78 500
销售利润	549 500

固定预算法存在两个缺点。第一,适应性差。在该方法下,不论未来预算期内实际业务量水平是否发生波动,都只按事先预计的某一个确定的业务量水平作为编制预算的基础。第二,可比性差。当实际业务量与编制预算所依据的预计业务量发生较大差异时,有关预算指标的实际数与预算数之间就会因业务量基础不同而失去可比性。

一般来说,固定预算方法只适用于业务量水平较为稳定的企业或非营利组织。

2. 弹性预算方法

弹性预算方法简称弹性预算,也称变动预算或滑动预算,与固定预算相对应,是指以业务量、成本和利润之间的依存关系为依据,按照预算期可预见的各种业务量水平,编制能适应多种情况的预算方法。编制预算时,依据的业务量可以是产量、销售量、直接人工工时、机器工时和直接人工工资。

【例 10-2】某公司生产 A 产品,单位变动成本为 400 元(其中直接材料 240 元,直接人工 120 元,制造费用 40 元),固定成本总额为 80 000 元。A 产品的最高生产量为 240 件,最低生产量为 160 件,正常生产销售量为 200 件。试根据上述资料编制成本弹性预算。

该公司的成本弹性预算表如表 10-2 所示。

表 10-2　成本弹性预算表

业务量/件	160	180	200	220	240
正常生产能力的/%	80	90	100	110	120
变动成本/元	64 000	72 000	80 000	88 000	96 000
直接材料/元	38 400	43 200	48 000	52 800	57 600
直接人工/元	19 200	21 600	24 000	26 400	28 800
制造费用/元	6 400	7 200	8 000	8 800	9 600
固定成本/元	80 000	80 000	80 000	80 000	80 000
总成本/元	144 000	152 000	160 000	168 000	176 000

假如例 10-2 中实际产销量为 220 件，实际总成本为 169 000 元，则可计算出实际成本超支额为 1 000 元(169 000-168 000)。

弹性预算有两个优点①预算范围宽。弹性预算能够反映预算期内与一定相关范围内可预见的多种业务量水平相对应的不同预算额，从而扩大了预算的适用范围，便于预算指标的调整。②可比性强。在预算期实际业务量与计划业务量不一致的情况下，可以将实际指标与实际业务量相应的预算额进行对比，从而能够使预算执行情况的评价与考核建立在更加客观和可比的基础上，便于更好地发挥预算的控制作用。

由于未来业务量的变动会影响到成本、费用、利润等各个方面，因此弹性预算方法从理论上讲适用于编制全面预算中所有与业务量有关的各种预算。但从实用角度看，主要用于编制弹性成本费用预算和弹性利润预算等。

(二)增量预算方法和零基预算方法

编制成本费用预算的方法按其出发点的特征不同，可分为增量预算方法和零基预算方法两大类。

1. 增量预算方法

增量预算方法简称增量预算，是以基期的成本费用水平为出发点，结合预算期业务量水平及有关影响成本因素的未来变动情况，通过调整有关原有费用项目而编制预算的一种方法。

这种方法可能导致以下不足。

(1) 受原有费用项目限制，可能导致保护落后。由于按这种方法编制预算，往往不加分析地保护或接收原存的成本项目，可能使原来不合理的费用开支继续存在下去，形成不必要的开支合理化，造成预算上的浪费。

(2) 滋长预算中的"平均主义"和"简单化"。采用此法，容易鼓励预算编制人凭主观臆断按成本项目平均削减预算或只增不减，不利于调动各部门降低费用的积极性。

(3) 不利于企业未来的发展。按照这种方法编制的费用预算，对于那些未来实际需要开支的项目可能因没有考虑未来情况的变化而造成预算的不足。

2. 零基预算方法

零基预算方法是由美国得克萨斯工具公司担任财务预算工作的彼得·派尔(P.A.Phyrr)于1970年编制该公司的费用预算时提出的。曾任美国总统的卡特在担任美国佐治亚州的州长时，在该州极力推广此法。卡特当选总统后，曾指示1979年联邦政府要全面实行零基预算，于是该预算方法在当时的美国风行一时，引人注目。

零基预算方法全称为"以零为基础的编制计划和预算的方法"，简称零基预算，是指在编制成本费用预算时，不考虑以往会计期间所发生的费用项目或费用数额，而是将所有的预算支出均为零为始点，一切从实际需要与可能出发，进而规划预算期内的各项费用的内容及开支标准的一种方法。

零基预算的编制程序包括以下几个步骤。

(1) 动员与讨论。即动员企业内部所有部门，根据本企业计划期间的战略目标和各该部门的具体任务，充分讨论在计划期内需要发生哪些费用项目，并为每一费用项目编写一套开支方案，其中包括费用开支目的和开支数额。

(2) 划分不可避免项目和可避免项目。即对酌量性固定成本的每一费用项目，将其划分为不可避免项目和可避免项目，前者是指在预算期内必须发生的费用项目，后者是指在预算期通过采取措施可以不发生的费用项目。在编制预算过程中，对不可避免项目必须保证资金供应；对可避免项目则需要逐项进行"成本-效益分析"，按照各个项目开支必要性的大小，以及费用预算支出是否合理等，确定各项费用预算的优先顺序。

(3) 划分不可延缓项目和可延缓项目。即将纳入预算的各项费用进一步划分为不可延缓项目和可延缓项目，前者是指必须在预算期内足额支付的费用项目，后者是指可以在预算内部分支付或延缓支付的费用项目。在预算编制过程中，应优先保证满足不可延缓项目的开支，然后再根据需要和可能，按照项目的轻重缓急确定可延缓项目的开支标准，进而落实预算。

【例10-3】 北方公司采用零基预算编制2007年销售及管理费用预算。

(1) 由销售及管理部门的全体职工，根据预算期全公司的总体目标和本部门的具体目标，进行反复讨论，提出预算期可能发生的一些费用项目及金额，如表10-3所示。

表 10-3 2007 年北方公司可能发生的费用项目及金额   单位：元

项　目	金　额	项　目	金　额
广告费	500 000	业务招待费	200 000
差旅费	200 000	保险费	140 000
培训费	60 000	办公费	120 000

(2) 经过充分论证，得出以下结论：上述费用项目中除了业务招待费和广告费以外，都不能再压缩了，必须得到全额保证。根据历史资料对业务招待费和广告费进行成本-效益分析，得出以下结论：广告费投入成本 1 元，可获收益 7 元；业务招待费投入成本 1 元，可获收益 5 元。

(3) 权衡上述各项成本费用开支的轻重缓急，排出层次和顺序：由于差旅费、保险费、培训费和办公费在预算期必不可少，需要得到全额保证，属于不可避免的约束性固定成本，所以列为第一层次；因为业务招待费和广告费可根据预算期间企业财力情况酌情增减，属于可避免项目；而其中广告费用的成本-效益较大，应列为第二层次；业务招待费的成本-效益相对较小，因此列为第三层次。

假定北方公司预算年度对上述各项费用可动用的资金只有 1 000 000 元，根据以上顺序分配资金，最终落实的预算金额如下：

① 确定不可避免项目的预算资金。

200 000+60 000+140 000+120 000=520 000(元)

② 确定尚可分配的资金数额。

1 000 000-520 000=480 000(元)

③ 按成本效益比将尚可分配的资金数额在广告费和业务招待费之间进行分配。

业务招待费可分到的资金=480 000×5/(5+7)=200 000(元)

广告费可分到的资金=480 000×7/(5+7)=280 000(元)

(4) 编制零基预算表，如表 10-4 所示。

表 10-4 2007 年北方公司销售及管理费用零基预算   单位：元

项目	差旅费	培训费	保险费	办公费	广告费	业务招待费	合　计
预算额	200 000	60 000	140 000	120 000	280 000	200 000	1 000 000

零基预算方法的优点是：可以不受现有费用项目限制，促使企业合理有效地进行资源分配，将有限资金"用在刀刃上"；能够促使各预算部门精打细算，量力而行，合理使用资金，调动各方面降低费用的积极性；以零为出发点，对一切费用一视同仁，有利于企业面

向未来考虑预算问题。

该法的缺点是工作量较大,编制时间较长。为简化预算编制的工作量,一般每隔几年,才按此方法编制一次预算。

这种方法较适用于产出较难辨认的服务性部门预算编制。

(三)定期预算方法和滚动预算方法

编制预算的方法按其预算期的时间特征不同,可分为定期预算方法和滚动预算方法两种。

1. 定期预算方法

定期预算方法简称定期预算,是指在编制预算时以不变的会计期间(如日历年度)作为预算期的一种编制预算的方法。

定期预算方法的优点是能够使预算期与会计年度相配合,便于考核和评价预算的执行结果。

这种方法有三方面缺点。①预算指导性差。由于预算期较长,因而编制预算时,难以预测未来预算期的某些活动,特别是对预算期的后半阶段,往往只能提出一个比较笼统的预算,从而给预算的执行带来种种困难。②预算的灵活性差。事先预见到的某些活动,在预算执行过程中往往会有所变动,而原有预算未能及时调整,从而使原有预算显得不相适应。③预算的连续性差。预算执行过程中,由于受预算期的限制,使管理人员的决策视野局限于预算期间的活动,缺乏长远的打算,不利于企业的长期稳定与有序发展。

2. 滚动预算方法

滚动预算方法简称滚动预算,又称连续预算或永续预算,是指在编制预算时,不将预算期与会计年度挂钩,随着预算的执行,不断延伸补充预算,逐期向后滚动,使预算期始终保持为一个固定期间的一种预算编制方法。

滚动预算,按其预算编制和滚动的时间单位不同,可分为逐月滚动、逐季滚动和混合滚动三种。

逐月滚动方式,是指在预算编制过程中,以月份作为预算编制和滚动的时间单位,每个月调整一次预算的方法。例如,在 2006 年 1 月至 12 月的预算执行过程中,需要在 1 月末根据当月预算的执行情况,修订 2 月至 12 月的预算,同时补充 2007 年 1 月份的预算;到 2 月末可根据当月预算的执行情况,修订 3 月至 2007 年 1 月的预算,同时补充 2007 年 2 月份的预算……依此类推。

逐季滚动方式,是指在预算编制过程中,以季度作为预算编制和滚动的时间单位,每个季度调整一次预算的方法。

混合滚动方式,是指在预算编制过程中,同时使用月份和季度作为预算编制和滚动的时间单位的方法。它是滚动预算的一种变通方式。这种预算方法的理论依据是:人们对未来的了解程度具有对近期把握大、对远期把握小的特征。为了做到远略近详,在预算编制过程中,可以对近期预算提出较高的精度要求,使预算的内容相对详细;对远期预算提出较低的精度要求,使预算的内容相对简单,这样可以减少预算工作量。例如,对2006年1月份至3月份的头三个月逐月编制详细预算,而对4月份至12月份,则分别按季度编制粗略预算;3月末根据第1季度预算的执行情况,编制4月份至6月份的详细预算,并修订第3季度至第4季度的预算,同时补充2007年第1季度的预算……依此类推。

在实际工作中,采用哪一种滚动预算方式应视企业的实际需要而定。

滚动预算方法有以下四方面优点。①透明度高。实现了与日常管理的紧密衔接,可以使管理人员始终能够从动态的角度,把握住企业近期的规划目标和远期的战略布局,使预算具有较高的透明度。②及时性强。可以根据前期预算的执行情况,结合各种因素的变动影响,及时调整和修订近期预算。③连续性好。在时间上不再受日历年度的限制,能够连续不断地规划未来的经营活动。④完整性和稳定性突出。可以使企业管理人员了解企业未来的总体规划与远期预算目标,能够确保企业管理工作的完整性和稳定性。

滚动预算方法的主要缺点是预算工作量较大。

第二节 财务预算的编制

一、现金预算的编制

现金预算,是以日常业务预算与特种决策预算为基础所编制的反映现金收支情况的预算。

现金预算是对企业在未来特定时期的现金流入与流出所做的预计,也是对现金收支差额提出平衡措施的计划。通过现金预算,可以让财务人员了解企业现金流量的数额,更好地测定企业未来的现金需要。同时现金预算也可以反映企业的计划目标是否在其筹资能力范围内,以便更好地筹措资金,并控制其现金流转。企业可按未来任何一个时期编制现金预算,最常见的是按年份季度或月来编制。

现金预算的编制是以销售预算及其他经营预算为基础的。下面通过一个实例来说明如何为编制现金预算准备数据。

(一)销售预算

销售预算是全面预算的起点和关键,几乎其他所有预算都或多或少地使用了销售预算中的数据。

销售预算是指为规划一定预算期内因组织销售活动而引起的预计销售收入而编制的一种日常业务预算。本预算需要在销售预测的基础上，根据企业年度目标利润确定的预计销售量和销售价格等参数进行编制。

预计销售收入=预计销量×预计单价

为方便编制现金预算，还应在编制销售预算的同时，编制与销售收入有关的经营现金收入预算表。预计现金收入数应为上期销售收入中本计划期应收到的款项与本期销售收入中应在本期收到的款项之和。

【例 10-4】M 公司于计划年度(2007 年)只生产销售一种产品，每季度销售产品收回的货款占销售额的 50%，其余部分在下季收回，2006 年年末，应收账款余额为 50 000 元，增值税税率为 17%，则计划年度分季销售预算、经营现金收入预算如表 10-5 和表 10-6 所示。

表 10-5　M 公司年度销售预算

项　目	一季度	二季度	三季度	四季度	全　年
预计销售数量/件	2 000	6 000	3 000	4 000	15 000
预计售价/元/件	50	50	50	50	50
预计销售收入/元	100 000	300 000	150 000	200 000	750 000
增值税销项税额/元	17 000	51 000	25 500	34 000	127 500
含税销售收入/元	117 000	351 000	175 500	234 000	877 500

表 10-6　M 公司 2007 年度经营现金收入预算　　　　　　　　单位：元

项　目	一季度	二季度	三季度	四季度	全　年	备　注
含税销售收入	117 000	351 000	175 500	234 000	877 500	
期初应收账款	50 000				50 000	
一季度经营现金收入	58 500	58 500			117 000	年末应收账款余额 117 000 元
二季度经营现金收入		175 500	175 500		351 000	
三季度经营现金收入			87 750	87 750	175 500	
四季度经营现金收入				117 000	117 000	
经营现金收入合计	108 500	234 000	263 250	204 750	810 500	

(二)生产预算

销售预算确定后，即可根据计划期的销售量制定生产预算。生产预算是指为规划一定预算期内预计生产量水平而编制的一种日常业务预算。

该预算是对预算期生产规模的规划,它是所有日常业务中唯一只使用实物量计量单位的预算,可以为进一步编制有关成本和费用预算提供实物量数据。

生产预算需要根据预计的销售量按品种分别编制。由于企业的生产和销售不能做到"同步同量",必须设置一定的存货以保证均衡生产。因此,预算期内除必须备有充足的产品以供销售外,还应考虑预计期初存货和预计期末存货等因素。

某种产品预计生产量=预计销售量+预计期末存货量-预计期初存货量

式中,预计销售量可在销售预算中找得;预计期初存货量等于上期末存货量;预计期末存货量应根据长期销售趋势来确定,在实践中,一般是按事先估计的期末存货量占下期销售量的比例进行估算。

在编制预算时,应注意保持生产量、销售量和存货量之间合理的比例关系,以避免储备不足、产销脱节或超储积压等。

【例10-5】承例10-4,M公司各季度的期末存货按下一季销售量的10%预计,预算年度期初产品存货量为200件,预算年度末产品存货量为400件,则编制预算年度的生产预算,如表10-7所示。

表10-7　M公司年度生产预算　　　　　　　　单位:件

项　目	一季度	二季度	三季度	四季度	全　年
预计销售量	2 000	6 000	3 000	4 000	15 000
加:期末产成品存货数量	600	300	400	400	400
产成品需要量合计	2 600	6 300	3 400	4 400	15 400
减:期初产成品存货数量	200	600	300	400	200
预计生产量	2 400	5 700	3 100	4 000	15 200

(三)直接材料预算

根据生产预算可以编制直接材料预算。直接材料预算是指为规划一定预算期内因组织生产活动和材料采购活动预计发生的直接材料需用量、采购数量和采购成本而编制的一种经营预算。

预计材料采购量=预计生产需要量+预计期末材料库存量-预计期初材料库存量

为了便于以后编制现金预算,通常要编制与材料采购有关的各季度预计材料采购现金支出预算。预计现金支出数应为预算期现购材料的现金支出数与该期支付前期的材料购进货款之和。

同编制生产预算一样,编制直接材料采购预算应注意材料的采购量、耗用量和库存量保持合理的比例关系,以避免材料的供应不足或超储积压。

【例 10-6】 承例 10-5，M 公司年初材料存量为 5 000 千克，年末材料存量预计为 4 000 千克，其余各期期末材料存量按下期生产需用量的 10%确定，材料计划单价为 1 元/千克，假定所购材料货款于当季支付 50%，下季支付 50%，2006 年年末应付账款余额为 10 000 元。根据以上资料编制直接材料预算和现金支出预算，如表 10-8 和表 10-9 所示。

表 10-8　M 公司 2007 年度直接材料预算

项　　目	一季度	二季度	三季度	四季度	全　　年
预计生产量/件	2 400	5 700	3 100	4 000	15 200
单位产品直接材料耗用量/千克	10	10	10	10	10
总耗用量/千克	24 000	57 000	31 000	40 000	152 000
加：期末直接材料存货数量/千克	5 700	3 100	4 000	4 000	4 000
预计需要量/千克	29 700	60 100	35 000	44 000	156 000
减：期初直接材料存货数量/千克	5 000	5 700	3 100	4 000	5 000
直接材料采购数量/千克	24 700	54 400	31 900	40 000	151 000
直接材料单位价格/元	1	1	1	1	1
直接材料采购金额/元	24 700	54 400	31 900	40 000	151 000
增值税进项税额/元	4 199	9 248	5 423	6 800	25 670
预计采购金额合计/元	28 899	63 648	37 323	46 800	176 670

表 10-9　M 公司 2007 年度直接材料采购现金支出预算　　　　　　　　　单位：元

项　　目	一季度	二季度	三季度	四季度	全　　年
期初应付账款	10 000.0				10 000.0
一季度采购现金支出	14 449.5	14 449.5			28 899.0
二季度采购现金支出		31 824.0	31 824.0		63 648.0
三季度采购现金支出			18 661.5	18 661.5	37 323.0
四季度采购现金支出				23 400.0	23 400.0
现金支出合计	24 449.5	46 273.5	50 485.5	42 061.5	163 270.0

(四)应缴税金及附加预算

应缴税金及附加预算是指为规划一定预算期内预计发生的应交增值税、营业税、消费税、资源税、城市维护建设税和教育费附加金额而编制的一种经营预算。

本预算中不包括预交所得税和直接计入管理费用的印花税。由于税金需要及时清缴，为简化预算方法，可假定预算期发生的各项应缴税金及附加均于当期以现金形式支付。

应缴税金及附加预算需要根据销售预算、材料采购预算的相关数据和适用税率来编制。

【例10-7】承例10-6,假定M公司在流通环节只缴纳增值税;城市维护建设税税率为7%,教育费附加征收率为3%,城建税及教育费附加的计算以增值税为计税基数;该公司每个季度均以现金支付税款。编制该公司的应缴税金及附加预算,如表10-10所示。

表10-10　M公司2007年度应缴税金及附加预算　　　　　　　　　单位:元

项　目	一季度	二季度	三季度	四季度	全　年
增值税销项税额	17 000.0	51 000.0	25 500.0	34 000.0	127 500.0
增值税进项税额	4 199.0	9 248.0	5 423.0	6 800.0	25 670.0
应缴增值税	12 801.0	41 752.0	20 077.0	27 200.0	101 830.0
销售税金及附加	1 280.1	4 175.2	2 007.7	2 720.0	10 183.0
现金支出合计	14 081.1	45 927.2	22 084.7	29 920.0	112 013.0

(五)直接人工预算

直接人工预算是指为规划一定预算期内人工工时的消耗水平和人工成本水平而编制的一种经营预算。直接人工成本包括直接工资和按直接工资一定比例计算的其他直接费用(福利费)。

编制直接人工预算的主要依据是已知的标准工资率、标准单位直接人工工时、其他直接费用计提标准和生产预算中的预计生产量等资料。

【例10-8】承例10-7,假定M公司生产中只有一个工种,该工种每小时工资为5元,生产单位产品需要直接人工小时数为1小时;其他直接费用为福利费,提取比例为直接人工工资总额的14%,福利费的支付比率为每季度提取额的70%。根据以上资料编制直接人工预算,如表10-11所示。

表10-11　M公司2007年度直接人工预算

项　目	一季度	二季度	三季度	四季度	全　年
预计生产量/件	2 400	5 700	3 100	4 000	15 200
单位产品直接人工工时/小时	1	1	1	1	1
直接人工工时合计/小时	2 400	5 700	3 100	4 000	15 200
单位工时工资率/元/小时	5	5	5	5	5
直接人工工资/元	12 000	28 500	15 500	20 000	76 000
其他直接费用/元	1 680	3 990	2 170	2 800	10 640
预计福利费现金支出/元	1 176	2 793	1 519	1 960	7 448
直接人工成本现金支出合计/元	13 176	31 293	17 019	21 960	83 448

(六)制造费用预算

制造费用预算是指为规划一定预算期内除直接材料和直接人工预算以外预计发生的其他生产费用水平而编制的一种日常业务预算。

当以变动成本法为基础编制制造费用预算时,可按变动性制造费用和固定性制造费用两部分内容分别编制。变动性制造费用根据单位产品预定分配率乘以预计的生产量进行预计,固定性制造费用可以在上年的基础上根据预期变动加以适当修正进行预计。

制造费用预算也应包括一个预算现金支出部分,以便为编制现金预算提供必要的资料。由于固定资产折旧费用是非付现成本项目,在计算现金支出时应予以剔除。

【例 10-9】 承例 10-8,编制 M 公司制造费用预算,如表 10-12 和表 10-13 所示。

表 10-12　M 公司 2007 年度制造费用预算

成本项目		金额/元	费用分配率计算
变动制造费用	间接人工费用	19 800	变动制造费用分配率 =变动制造费用预算合计数/标准总工时 =60 800/15 200 =4(元/小时)
	间接材料费用	15 000	
	维护费用	8 000	
	水电费	13 000	
	其他	5 000	
	合计	60 800	
固定制造费用	折旧费	21 000	各季固定制造费用=固定制造费用预算合计数/4 =68 400/4 =17 100(元/季度) 固定制造费用分配率 =固定制造费用预算合计数/标准总工时 =68 400/15 200=4.5(元/小时)
	维护费	11 400	
	管理费	26 000	
	保险费	10 000	
	合计	68 400	

表 10-13　M 公司 2007 年度制造费用现金支出预算

项目	一季度	二季度	三季度	四季度	全年
预计直接人工工时/小时	2 400	5 700	3 100	4 000	15 200
变动制造费用分配率/元/小时	4	4	4	4	4
预计变动制造费用/元	9 600	22 800	12 400	16 000	60 800
预计固定制造费用/元	17 100	17 100	17 100	17 100	68 400
预计制造费用/元	26 700	39 900	29 500	33 100	129 200

续表

项目	一季度	二季度	三季度	四季度	全年
减：折旧费用/元	5 250	5 250	5 250	5 250	21 000
现金支出的制造费用/元	21 450	34 650	24 250	27 850	108 200

(七)产品成本预算

产品成本预算是指为规划一定预算期内每种产品的单位产品成本、生产成本、销售成本等项内容而编制的一种日常业务预算。

本预算需要在生产预算、直接材料预算、直接人工预算和制造费用预算的基础上编制；同时，也为编制预计利润表和预计资产负债表提供数据。制定产品成本预算一方面可以为预计利润表提供销售成本数据，另一方面可以为预计资产负债表提供期末产成品存货的价值资料。

该预算必须按照各种产品进行编制，其程序与存货的计价方法密切相关；不同的存货计价方法，需要采取不同的预算编制方法。此外，不同的成本计算模式也会产生不同的影响。

【例10-10】承例10-9，M公司期初产成品存货为200件，期初单位产品成本为24.5元(其中单位材料10元，单位人工6元，单位变动制造费用4元，单位固定制造费用4.5元)，试编制该公司的产品成本预算。

期初产品成本为24.5×200=4 900元

销货成本=期初产品存货成本+本期产品生产成本-期末产品存货成本

M公司产品成本预算如表10-14所示。

表10-14 M公司2007年度产品成本预算 单位：元

项目	单位成本			生产成本 (15 200件)	期末存货成本 (400件)	销货成本 (15 000件)
	单价	单位耗用量	成本			
直接材料	1	10	10	152 000	4 000	150 000
直接人工	5.7*	1	5.7	86 640	2 280	85 560
变动制造费用	4	1	4	60 800	1 600	60 000
固定制造费用	4.5	1	4.5	68 400	1 800	67 500
合计	—	—	24.2	367 840	9 680	363 060

注：根据直接人工预算表(表10-11)计算求得：(76 000+10 640)/15 200=5.7元/小时。

(八)销售费用及管理费用预算

销售费用及管理费用预算是指为规划一定预算期内为组织产品销售预计发生的费用及因管理企业预计发生的各项费用水平而编制的一种日常业务预算。

销售费用预算的编制方法与制造费用预算的编制方法非常相近，也可将其分为变动性和固定性两部分费用。对随销售量成正比例变动的那部分变动性销售费用，只需要反映各个项目的单位产品费用分配额即可。对于固定性销售费用，只需要按项目反映全年预计水平。

管理费用预算可采取以下两种方法：一是按项目反映全年预计水平，这是因为管理费用大多为固定成本；二是类似于制造费用或销售费用预算的编制方法，将管理费用也划分为变动性和固定性两部分。

在编制该预算时还需要分季度编制现金支出预算，要把未付现费用如折旧费用、无形资产摊销费用等予以剔除。

【例 10-11】 承例 10-10，M 公司销售费用及管理费用预算表如 10-15 所示。

表 10-15　M 公司 2007 年度销售及管理费用预算　　　　　　　单位：元

项　目	一季度	二季度	三季度	四季度	全　年
预计销售量/件	2 000	6 000	3 000	4 000	15 000
单位变动销售及管理费用	4	4	4	4	4
预计变动销售及管理费用	8 000	24 000	12 000	16 000	60 000
固定销售及管理费用					
广告费	15 000	15 000	15 000	15 000	60 000
管理人员工资	15 000	15 000	15 000	15 000	60 000
保险费	10 000		10 000		20 000
折旧费	5 000	5 000	5 000	5 000	20 000
其他	2 500	5 000	2 500	10 000	20 000
预计固定销售及管理费用合计	47 500	40 000	47 500	45 000	180 000
减：折旧费	5 000	5 000	5 000	5 000	20 000
现金支付数	50 500	59 000	54 500	56 000	220 000

(九)财务费用预算

财务费用预算是指反映预算期内因筹措使用资金而发生财务费用水平的一种预算。就其本质而言，该预算属于日常业务预算，但由于该项预算必须根据现金预算中的资金筹措及运用的相关数据来编制，因此本书不单独编制财务费用预算，而是将其反映在现金预算中。

(十)一次性业务预算

一次性业务预算是为企业缴纳所得税、发放股利等特种业务而编制的预算。

【例 10-12】承例 10-11，M 公司根据税法的规定，预算期预计缴纳所得税 48 000 元，又根据董事会决议，预计于预算期第一、三季度各向投资者分配股利 20 000 元。根据以上资料编制一次性专门业务预算，如表 10-16 所示。

表 10-16 M 公司 2007 年度一次性专门业务预算   单位：元

项　目	一季度	二季度	三季度	四季度	全　年
缴纳所得税	12 000	12 000	12 000	12 000	48 000
发放股利	20 000	—	20 000	—	40 000

(十一)资本支出预算

资本支出预算是规划未来期间选择和评价长期资本投资活动如固定资产的购建、改扩建支出等的投资决策预算。这种预算是企业不经常发生的一次性业务预算。

【例 10-13】承例 10-12，M 公司预计在预算期内第一季度购置车床一台，价值 50 000 元，第二季度购置铣床一台，价值 40 000 元，其资本支出预算如表 10-17 所示。

表 10-17 M 公司年度资本支出预算   单位：元

项　目	一季度	二季度	三季度	四季度	全　年
车床	50 000	—	—	—	50 000
铣床	—	40 000	—	—	40 000
现金支出	50 000	40 000			90 000

(十二)现金预算

现金预算是以日常业务预算和特种决策预算为基础编制的反映现金收支情况的预算。

现金预算是预算期现金收入与现金支出的安排平衡的预算，是全部经济活动有关现金收支方面的汇总反映。一般现金预算包括现金收入、现金支出、现金余缺及资金融通四部分。

1. 现金收入

现金收入是指一定时期内的现金收入额，主要包括现销的销售收入和赊销的应收账款的收回。此外,其他如租金收入、股利收入、营业外收入等也是现金收入。预算期的现金收入额和期初现金余额合在一起,构成本期可运用的现金总额。

2. 现金支出

现金支出是指一定时期内可发生的全部现金支出额,包括生产经营过程中的材料采购支出、工资支出及付现的制造费用、管理费用支出、销售费用支出等。其他如固定资产投资支出、偿还债务本息、解交税款、派发股利等也是现金支出。

3. 现金余缺

现金预期是指现金收入与现金支出之间的差额,也称为现金余额。当现金收入大于现金支出时,差额为正;当现金收入小于现金支出时,差额为负。考虑到销售收入的波动性以及各种不测因素的影响,也为了使现金预算具有一定的弹性,满足临时性现金需求,企业通常要求保持一定的期末现金余额,即最低现金余额。现金余缺揭示的是现金收支的不平衡性,也体现了公司的融资需要。

4. 现金融通

现金融通是指对现金结余的处置和对现金短缺的弥补。一般情况下,现金结余通常用于清偿债务本息,或者用于有价证券的投资;而现金短缺则主要通过举债来筹集,或者通过出售有价证券来加以弥补。

【例 10-14】承例 10-13,假定 M 公司预算期期初现金余额为 32 000 元,该公司最低现金余额为 30 000 元。当现金不足时,可申请银行借款;现金多余时则归还借款本息。假设借款应为 1 000 元的整数倍,另假设所以借款发生在期初,还款发生在期末,借款年利率为 6%,偿付的利息根据当期偿还的本金部分计算。编制 M 公司现金预算,如表 10-18 所示。

表 10-18　M 公司年度现金预算　　　　　　　　单位:元

项　目	一季度	二季度	三季度	四季度	全　年
期初现金余额	32 000.0	30 843.4	30 699.7	30 910.5	32 000.0
加:现金收入	108 500.0	234 000.0	263 250.0	204 750.0	810 500.0
可运用现金合计	140 500.0	264 843.4	293 949.7	235 660.5	842 500.0
减:现金支出					
直接材料	24 449.5	46 273.5	50 485.5	42 061.5	163 270.0
直接人工	13 176.0	31 293.0	17 019.0	21 960.0	83 448.0
制造费用	21 450.0	34 650.0	24 250.0	27 850.0	108 200.0

续表

项目	一季度	二季度	三季度	四季度	全年
销售与管理费用	50 500.0	59 000.0	54 500.0	56 000.0	220 000.0
增值税、销售税金及附加	14 081.1	45 927.2	22 084.7	29 920.0	112 013.0
所得税	12 000.0	12 000.0	12 000.0	12 000.0	48 000.0
购置生产设备	50 000.0	40 000.0	—	—	90 000.0
发放股利	20 000.0	—	20 000.0	—	40 000.0
现金支出合计	205 656.6	269 143.7	200 339.2	189 791.5	864 931.0
资金融通前现金余额	(65 156.6)	(4 300.3)	93 610.5	45 869.0	(22 431.0)
资金融通:					
借款	96 000.0	35 000.0			131 000.0
还款	—	—	(60 000.0)	(14 000.0)	(74 000.0)
偿付利息(利率6%)	—	—	(2 700.0)	(840.0)	(3 540.0)
资金融通合计	96 000.0	35 000.0	(62 700.0)	(14 840.0)	53 460.0
期末现金余额	30 843.4	30 699.7	30 910.5	31 029.0	31 029.0

通过现金预算的编制，一方面表明了公司所需要的融资总额以及所需融资的时间，另一方面可表明在一定的销售收入和股利政策下，公司的资金有多少在内部生成，又有多少必须通过外部筹集。因此，现金预算有助于防止公司计划与融资能力之间出现失调，同时利用现金预算可对公司的现金寸头及现金流转进行有效的控制，以减少出现现金危机的可能。

二、预计财务报表

预计财务报表包括预计利润表、预计利润分配表和预计资产负债表。

(一)预计利润表的编制

预计利润表是指以货币形式综合反映预算期内企业经营活动成果(包括利润总额、净利润)计划水平的一种财务预算。

预计利润表是在销售预算、产品成本预算、应缴税金及附加预算、销售与管理费用预算等日常业务预算的基础上编制的。

【例10-15】承例10-14，M公司2007年度的预计利润表如表10-19所示。

表 10-19　M 公司 2007 年度预计利润表　　　　　　　　单位：元

项　目	金　额
营业收入	750 000
减：营业成本	363 060
营业税金及附加	10 183
销售及管理费用	240 000
利息费用	3 540
利润总额	133 217
减：所得税费用	48 000
净利润	85 217

(二)预计资产负债表

预计资产负债表是指用于反映企业预算期末财务状况的一种财务预算。

预计资产负债表是利用期初资产负债表的数据，并根据生产、销售等经营预算和现金预算的有关数据加以调整分析编制的。表中除了上年期末数已知外，其余项目均应在前述各项日常业务预算和专门决策预算的基础上分析填列。

【例 10-16】承例 10-15，假设 M 公司预算期末按税后利润 15%的比例提取盈余公积金，其他资料如前所述。M 公司 2007 年度的预计资产负债表如表 10-20 所示。

表 10-20　M 公司 2007 年度预计资产负债表　　　　　　　　单位：元

资　产	期初余额	期末余额	负债和所有者权益	期初余额	期末余额
流动资产：			流动负债：		
现金	32 000	31 029	应付账款	10 000	23 400
应收账款	50 000	117 000	应付职工薪酬	1 000	4 192
材料	5 000	4 000	流动负债总额	11 000	27 592
库存商品	4 900	9 680	长期负债：		
流动资产总额	91 900	161 709	长期借款	90 000	147 000
固定资产：			长期负债总额	90 000	147 000
土地	90 000	90 000	负债总额	101 000	174 592
房屋及设备	240 000	330 000	所有者权益：		
减：累计折旧	79 000	120 000	股本	200 000	200 000
固定资产总额	251 000	300 000	盈余公积	30 000	42 783

续表

资产	期初余额	期末余额	负债和所有者权益	期初余额	期末余额
			未分配利润	11 900	44 334
			所有者权益总额	241 900	287 117
资产总额	342 900	461 709	负债与所有者权益总额	342 900	461 709

通过预计资产负债表的编制，可以反映财务活动的薄弱环节，判断预期财务状况的稳定性和流动性。如果预计资产负债表反映财务状况的比率不佳，就有必要修改有关的预算，采取措施矫正有关因素，以改善公司的财务状况。

总之，通过财务计划的编制，可以调整企业经营活动的规模和水平，使其资金、可能取得的收益、未来发生的成本费用、现金收支等相互协调，从而保证财务管理目标的实现。

第三节 财务控制体系

一、财务控制的意义与特征

(一)财务控制的意义

财务控制，是指利用财务反馈信息，按照一定的程序和方式，影响与调节企业的财务活动，使之按照预定目标运行的过程。

图10-1是财务控制原理的示意图。由图可知，在财务预算的执行过程中，要随时进行监控。

如果实际情况与财务预算有较大出入(有显著差异)，那么就必须进行调查研究，找出产生显著差异的原因，从而采取有效措施进行纠正，或对财务计划作出修订，使其切实可行。

如果实际情况与财务预算没有较大出入(没有显著差异)，那么就要保证财务预算的持续执行，并且还要对财务预算执行情况进行评估、考核与奖惩，以实现既定的财务预算目标。

(二)财务控制的特征

财务控制是财务管理的重要环节，具有以下特征。

1. **财务控制是一种价值控制**

这是财务控制区别于其他管理控制的本质特征。财务控制的主要依据是财务管理目标、财务预算等，这些都可以或必须以价值形式表达。从财务控制的对象看，无论是资金、成本、还是利润，均以价值形式体现。这就决定了财务控制是利用财务信息、依据价值标准、运用价值手段、针对价值对象的一种重要的管理控制。

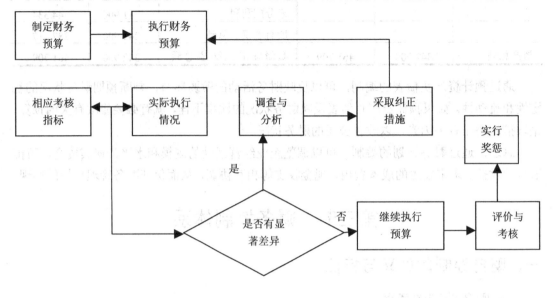

图 10-1　财务控制原理

2. 财务控制是一种综合控制

作为一种实现财务目标、财务预算和贯彻企业总体经营意图的有利手段，财务控制所关注的重点，并非是某项具体的业务活动，也不是某项实物的具体流动，而是整个企业财务成果的扩大和总体财务状况优化目标的实现，以及对各种责任中心的经营活动及互相关系调控。

3. 财务控制以日常现金流量控制为主要内容

企业的日常财务活动通常表现为营业现金的流动，日常财务控制关注的重点自然是现金的流入和流出。现金流转的方向、数量、速度、结构等是日常财务管理和控制的实质性内容，作为财务预算中心的现金预算，是日常财务控制的主要依据。

财务控制与财务预测、决策、预算和分析等环节共同构成财务管理的循环。其中，财务控制是财务管理循环的关键环节，对实现财务管理目标具有保证作用。财务控制，是借助货币手段对生产经营活动所实施的控制，具有连续性和全面性，它在企业经营控制系统中处于一种特殊地位，起着保证、促进、监督和协调等重要作用。

二、财务控制的基本原则

财务控制具有以下十项基本原则。

1. 目的性原则

财务控制作为一种财务管理职能,必须具有明确的目的性,为企业理财目标服务。

2. 充分性原则

财务控制的手段对于目标而言,应当是充分的,应当足以保证目标的实现。

3. 经济性原则

财务控制的手段应当是必要的,没有多余,财务控制所获得的价值应大于所需费用。

4. 及时性原则

财务控制的及时性要求及时发现偏差,并能及时采取措施加以纠正。

5. 认同性原则

财务控制的目标、标准和措施必须为相关人士所认同。

6. 客观性原则

管理者对绩效的评价应当客观公正,防止主观片面。

7. 灵活性原则

财务控制应当含有足够灵活的要素,以便在出现任何失常情况下,都能保持对运行过程的控制,不受环境变化、计划疏忽、计划变更的影响。

8. 适应性原则

财务控制的目标、内容和方法应与组织结构中的职位相适应。

9. 协调性原则

财务控制的各种手段在功能、作用、方法和范围方面不能相互制约,而应相互配合,在单位内部形成合力,产生协同效应。

10. 简明性原则

控制目标应当明确,控制措施与规章制度应当简明易懂,易为执行者所理解和接收。

三、财务控制的种类

财务控制可以按不同的标志分类。

(一)按财务控制的内容分类

财务控制按照控制的内容分为：一般控制和应用控制。

一般控制，是指对企业的各项财务活动所依赖的内部环境进行的总体控制。因此，一般控制又可称之为基础控制或环境控制。其主要控制的内容包括：组织机构控制、人事调配控制、财务预算控制、业绩考核评价控制、会计核算控制等。这种控制的显著特点是，不直接控制企业的财务活动，只是对企业的财务活动间接地产生影响。

应用控制，是对企业的财务活动的直接调控，也可称其为业务控制。比如，筹资决策中，对筹资数量、筹资方式的评审与授权；对应收账款信用政策的分析与调整等。这种控制构成了企业财务活动的一个组成部分，对企业的财务行为将产生直接的影响。

(二)按财务控制的功能分类

按财务控制的功能可以划分为：预防性控制、侦查性控制、纠正性控制、指导性控制和补偿性控制。

预防性控制，是指为防范风险、错弊和非法行为的发生或减少其发生的概率，所进行的调控。对企业的财务活动进行预防性控制，可以做到防患于未然，将各种差错消灭在萌芽状态。这是一种值得提倡的控制类型。

侦查性控制，是指为了及时识别已经存在的风险、已经发生的错弊和非法行为，或增强对差错、风险的识别能力所进行的控制。这种控制具有探寻的性质。在缺乏完善可行的预防性控制措施的状态下，侦查性控制是一种很有效的监督工具。例如，通过账账核对，可以发现账簿记录的差错；通过对存货的实地盘点，可以了解资产管理过程中存在的疏漏。

纠正性控制，是对那些由侦查性控制暴露出来的问题进行纠正性偏差、更正错误、完善管理等而采取的一系列控制行为的统称。借助纠正性控制，及时纠正错误，可谓亡羊补牢，为时未晚。

指导性控制，是为了实现对企业有利的结果而采取的控制。此种控制与上述几种控制的主要区别在于：上述控制类型的主要作用是纠正不利的结果，而指导性控制是为了实现有利的结果，在指导性控制之下，既可实现有利的结果，又可避免不利的结果，实乃一举两得。

补偿性控制，是针对某些环节的不足或缺陷，而采取的补救性控制措施。这种控制的主要功能是为了把企业风险尽可能地限制在一定的范围内，以降低企业的风险代价。

(三)按控制主体分类

按控制主体分类，财务控制可分为：出资者财务控制、经营者财务控制和财务部门的财务控制、责任中心的财务控制。

出资者财务控制，是为了实现其资本保全和资本增值目标而对企业的重大财务决策及重要财务活动进行的控制。

经营者财务控制，是为了实现财务预算目标而对企业及各责任中心的财务收支活动所进行的控制，主要是制定并实施财务决策、制定财务预算、建立内部财务控制体系等。

财务部门的财务控制，是财务部门为了有效地组织现金流动，通过编制现金预算、执行现金预算，对企业日常活动所进行的控制。例如对货币资金用途的审查等。

责任中心的财务控制，是指企业内部各责任中心以责任预算为依据，对本中心的财务活动所实施的控制，如责任资金控制、责任成本控制、责任利润控制等。

(四)按控制的时间分类

按控制的时间分类，财务控制可分为事前财务控制、事中财务控制和事后财务控制。

事前财务控制，又称为防护性控制，即在财务活动发生之前就制定一系列的制度、规定、标准，把可能产生的差异予以排除。如事先制定财务管理制度、内部牵制制度、财务预算、各种定额及标准。

事中财务控制，是在财务活动发生过程中进行的财务控制。如按财务预算要求，监督预算的执行过程，对各项收入的去向和支出的用途进行监督，对产品生产过程中发生的成本进行约束等。

事后财务控制，是指对财务活动的结果进行分析、评价、考核、奖惩。例如按财务预算的要求对各责任中心的财务收支结果进行评价，并以此实施奖罚标准，在产品成本形成之后进行综合分析与考核，以确定各责任中心和企业的成本责任。

(五)按控制的依据分类

按控制的依据分类，财务控制可分为财务预算控制和财务制度控制。

财务预算控制，是指以财务预算为依据，对预算执行主体的财务收支活动进行监督、调控，使之符合预算目标的控制形式。

财务制度控制，是通过制定企业内部规章制度，并以此为依据约束企业和各责任中心财务收支活动的一种控制形式。

财务预算控制，主要具有激励性的特征；而财务制度控制，具有防护性的特征。

(六)按控制的对象分类

按控制的对象分类,财务控制可分为收支控制和现金控制。

收支控制,是按照财务预算,对企业及各责任中心的财务收入活动和财务支出活动所进行的控制。其主要目的是实现财务收支的平衡。

现金控制,是以现金预算为依据,对企业及各责任中心的现金流入和现金流出活动所进行的控制。由于企业财务会计采用权责发生制核算原则,导致利润不等于现金净流入,所以对现金有必要单独控制。其目的是完成现金预算目标,防止现金的短缺和闲置,力求实现现金流入和流出的基本平衡。

(七)按控制的手段分类

按控制的手段分类,财务控制可分为绝对控制(定额控制)和相对控制(定率控制)。

绝对控制,是对企业和各责任中心的财务指标采用绝对额进行控制。一般来说,对激励性指标确定最低控制标准,对约束性指标确定最高控制标准。

相对控制,是指对企业和各责任中心的财务指标采用相对比率进行控制。

第四节　财务控制的要素与方式

一、财务控制的要素

财务控制是企业内部控制和风险管理的一个重要方面,依据内部控制和风险管理的基本原理,将财务控制的基本要素划分为:控制环境、目标设定、事件识别、风险评估、风险应对、控制活动、信息与沟通、监控。

(一)控制环境

控制环境是指对企业财务控制的建立和实施有重大影响的各种环境因素的统称,包括企业风险管理观念、风险文化、诚信与价值观、员工的胜任能力、董事会或审计委员会的组成、管理哲学和经营方式、企业组织结构、企业授予权利和责任的方式以及人力资源政策和实务等。

(二)目标设定

财务控制的目标主要包括:合理配置和使用财务资源,提高财务资源的产出比率,实现企业价值最大化;保护资产的安全与完整;遵循有关财务会计法规和企业已制定的财务会计政策；保证财务信息的可靠性。

(三)事件识别

事件是指可以影响企业财务战略执行或目标实现的事项，如银行信贷、利率、汇率等政策的调整，新竞争对手的出现，市场价格水平的变化，企业组织结构和高层管理人员的变化等。实施财务控制需要对影响企业财务战略执行或目标实现的事项进行识别。

(四)风险评估

风险评估指管理层分析、评价和估计对企业目标有影响的内部或外部风险的过程。管理者应当从可能性和影响程度这两个角度评估事项，并采用定性与定量相结合的方法。

(五)风险应对

风险应对包括规避风险、减少风险、转移风险和接受风险。

(六)控制活动

控制活动是指为确保管理阶层的指令得以执行的政策及程序，如核准、授权、验证、调节、复核营业绩效、保障资产安全及职务分工等。

(七)信息与沟通

信息主要是指会计系统所提供的内部与外部信息，它是公司为汇总、分析、分类、记录、报告业务处理的各种方法和记录，包括文件预先编号、业务复核、定期调节等。沟通是指信息系统提供有效信息给适当的人员，通过沟通，使各级管理人员和员工能够知悉其在财务控制中的责任。

(八)监控

监控是由适当的人员，在适当及时的基础下，评估控制的设计和运作情况的过程，包括持续的监督活动、个别评估和报告缺陷。

二、财务控制的方式

财务控制的方式，是指对企业财务活动进行制约、调节的基本形式，主要包括：授权批准控制、职务分离控制、全面预算控制、财产保全控制、独立检查控制和业绩评价控制等。

(一)授权批准控制

授权是指授予对某类交易或事项作出决策的权利,批准是指检查已确立的授权条件得到满足的实际步骤。授权批准控制是在某项财务活动发生之前,按照既定的程序对其正确性、合理性、合法性加以审核,并确定是否让其发生所进行的控制。

授权的方式通常有一般授权和特别授权两种。一般授权,主要是对日常的交易或事项的授权,这类授权的权限一般比较明确,处理方法也比较规范。比如,各职能部门权限范围内的职责就属于一般授权。特别授权,是指对个别交易或事项的授权。这类交易或事项不经常发生,具有一定的偶发性,故授权尺度不易把握。比如,收购兼并、债务重组、关联方交易的授权便属于此类。

无论哪种形式的授权,在授权批准控制时,都应把握如下原则:企业所有人员不经合法授权,不能行使相应权力;不经合法授权,任何人不能审批;有权授权的人则应在规定的权限范围内行事,不得超越授权。

(二)职务分离控制

职务分离控制,是指对处理某种经济业务所涉及的职责,应分派给不同的人员,使每个人的工作都是对其他有关人员的工作的一种自动的检查。

职务分离的主要目的是预防和及时发现职工在履行职责过程中产生错误和舞弊行为。因为,如果一个人身兼数职,且这些职务都属于处理某项业务所必须经过的环节,则掌权者就会凭借自己手中的权力进行舞弊,为自己或他人牟取利益。因此,这类职务应该相互分离,这种必须相互分离的职务又称之为不相容职务。

常见的不相容职务包括:业务授权与执行职务相分离;业务执行与记录职务相分离;业务授权与财产保管职务相分离;财产保管与记录职务相分离;记录总账与明细账职务相分离;经营责任与记账责任相分离;财产保管与财产核对职务相分离。对一项经济业务处理全过程的各个步骤也要分派给不同的部门和人员负责。

(三)全面预算控制

全面预算控制,是以全面预算为手段,对企业财务收支和现金流量所进行的控制。

全面预算控制主要包括以下几个环节。

(1) 建立预算体系,包括确定预算目标、标准和程序;

(2) 预算的编制和审定;

(3) 预算指标的下达及相关责任人或部门的落实;

(4) 预算执行的授权;

(5) 预算执行过程的监督；

(6) 预算差异的分析与调整；

(7) 预算业绩的考核。

(四)财产保全控制

财产保全控制，是最传统的财务控制方法，它是为确保财产的安全完整，防止财产流失、浪费而采取的一系列控制手段。财产保全控制的措施主要包括以下几个方面。

(1) 限制接触财产。限制非授权人接触某项资产，建立必要的防护措施，确保资产的安全完整。建立资产的归口分级管理责任制度，谁使用、谁管理、谁养护，非授权人一般不得接触某项资产，特别是对一些流动性强的资产，更应严格管理制度，预防各种差错的发生，例如现金、有价证券、存货等。

(2) 定期盘点清查。通过定期盘点可以及时发现账簿记录的差错，以及资产管理中存在的漏洞，以便及时纠正、解决。在进行盘点时，可根据实际需要全面清查或局部清查。要注意，定期盘点和账实核对不应由担任保管或担任记录事务的人员单独进行。

(3) 记录保护。即严格限制接近会计记录与业务记录的人员，对重要的数据资料应当备份。要注重业务记录与会计记录的真实性，确保原是记录与会计核算的准确无误。企业的账证表，以及会计电算化使用的微机和相关的存储媒介，须由专人保管，他人不得随意接触。

(4) 财产保险。企业应当树立保险意识，通过对资产投保(如火灾险、盗窃险、责任险等)，增加实物受损补偿的机会。

(5) 财产记录监控。对企业的各项资产应尽可能进行明细核算，建立资产个体档案，对资产增减变动及时全面予以记录，为资产管理提供翔实的会计信息。

(五)独立检查控制

独立检查控制是指由业务执行者以外的人员对已执行的业务的正确性所进行的验证，又称内部稽核。

内部稽核主要包括：凭证与凭证、凭证与账簿、账簿与账簿、账簿与报表、书面记录与实物之间的核对，也包括对一些计算表、汇总表、调节表、分析表的复核。

一个有效的独立检查控制应当满足三个条件：检查工作由一个和原业务活动、记录、保管相独立的人员来执行；不管采用全部复核还是抽样复核，复核工作须经常进行；错误和例外应当迅速地传达给有关人员以便更正。

(六)业绩评价控制

业绩评价,是指将实际业绩与其他标准,如前期业绩、预算或外部基准尺度,进行比较;以及将不同系列的数据相联系,如经营数据和财务数据,对营运业绩等所进行的评价。通过业绩评价,可以借鉴成功的经验,总结失败的教训,有助于今后更上一层楼,除此之外,还可以为公平、合理地执行奖罚制度提供依据。

财务控制的最终效率取决于是否有切实可行的奖罚制度,以及是否严格执行这一制度。奖罚制度及其执行主要包括以下内容:奖罚制度必须结合各责任中心的预算责任目标制定,体现公平、合理、有效的原则;要形成严格的考评机制;要把过程考核与结果考核结合起来,把即时奖罚与期间奖罚结合起来。

三、责任中心财务控制

在对财务控制的分类中,按照控制的主体分类,其中有一类是责任中心的财务控制,是指企业内部各责任中心以责任预算为依据,对本中心的财务活动所实施的控制。

(一)责任中心的概念与特征

在分权管理的条件下,企业为了实现有效的内部协调与控制,通常都要按照统一领分级管理的原则,将企业内部合理地划分责任单位,明确各责任单位相应承担的经济责任,并赋予相应的权限,给予相应的利益,促使各责任单位尽其职责并协同配合。

责任中心,就是指具有一定的管理权限,并承担相应经济责任的企业内部单位。

责任中心通常具有以下特征。

(1) 责任中心是一个责权利相统一的实体。每个责任中心要承担完成一定财务指标的责任,并赋予各责任中心与其所承担责任的范围和大小相适应的权力,明确相应的业绩考核标准和利益分配标准。

(2) 责任中心具有承担经济责任的条件。各责任中心须具有履行经济责任中各条款规定的行为能力,如果各责任中心一旦不能履行经济责任,就应对其后果承担责任。

(3) 责任中心所承担的责任和行使的权力都应是可控的。每个责任中心只能对其责权范围内可控的成本、收入、利润和投资负责,在责任预算和业绩考核中也只应包括他们能控制的项目。一般而言,责任层次越高,其控制范围越大,但不论什么层次的责任中心,它一定都具备考核其责任实施的条件。

(4) 责任中心具有相对独立的经营业务和财务收支活动。它是确定经济责任的客观对象,是责任中心得以存在的前提条件。

(5) 责任中心便于进行责任会计核算或单独核算。责任中心不仅要划清责任,而且要单独核算。划清责任是前提，单独核算是保证。只有既分清责任又能进行单独核算的企业内部单位，才是真正意义上的责任中心。

根据企业内部责任单位的权限范围及业务活动的特点不同，责任中心一般分为成本中心、利润中心和投资中心三大类。

(二)成本中心

1. 成本中心的含义

成本中心，是指对成本或费用负责的责任中心。由于成本中心通常不会形成可以用货币计量的收入，因而不需要对收入、利润或投资负责。成本中心一般包括负责产品生产的生产部门、劳务提供部门，以及给予一定费用指标的管理部门。

成本中心的应用范围最为广泛。原则上讲，凡是有成本发生、需要对成本负责，并能对成本实施控制的内部单位，都可以成为成本中心。例如，企业的分厂、车间、部门、工段、班组、个人等都有条件成为成本中心。各个较小的成本中心可以汇集组成较大的成本中心，层次较高的成本中心则可以统驭层次较低的成本中心。大小不同、层次不一的成本中心，其控制和考核的内容是不同的。

2. 成本中心的类型

成本中心分为技术性成本中心和酌量性成本中心。

技术性成本是指发生的数额通过技术分析可以相对可靠地估算出来的成本，如产品生产过程中发生的直接材料、直接人工、间接制造费用等。其特点是这种成本的发生可以为企业提供一定的物质成果。在技术上，投入量与产出量之间有着密切的联系。技术性成本可以通过弹性预算予以控制。

酌量性成本是否发生及发生数额的多少是由管理人员的决策所决定的，主要包括各种管理费用和某些间接成本项目，如研究开发费用、广告宣传费用、职工培训费用等。这种费用的发生主要是为企业提供一定的专业服务，一般不能直接产生可以用货币计量的成本。在技术上，投入量与产出量之间没有直接关系。酌量性成本的控制应着重于预算总额的审批上。

3. 成本中心的特征

成本中心相对于利润中心和投资中心而言，有如下的特征。

(1) 成本中心只考核成本费用而不考核收益。一般而言，成本中心没有经营权和销售权，其工作成果不会形成可以用货币计量的收入。例如，一个生产车间，由于其所生产的产品仅为企业生产过程的一个组成部分，不能单独出售，因而不可能计量货币收入。有的成本中心可能有少量的收入，但不是主要的考核内容，因而没有必要计量货币收入。

(2) 成本中心只对可控成本负责。可控成本是相对于不可控成本而言的。凡是责任中心能够控制的成本，称为可控成本；凡是责任中心不能控制的成本，则称为不可控成本。具体说，可控成本应同时具备以下四个条件。

① 可以预计，即成本中心能够事先知道将发生哪些成本，以及在何时发生；

② 可以计量，即成本中心能够对发生的成本进行计量；

③ 可以施加影响，即成本中心能够通过自身的行为来调节成本；

④ 可以落实责任，即成本中心能够将有关成本的控制责任分解落实，并进行考核评价。

凡不能同时具备上述四个条件的成本，通常为不可控成本，一般不在成本中心的责任范围之内。

成本的可控与不可控是以特定的责任中心和特定的时期作为出发点的，这与责任中心所处管理层次的高低、管理权限及控制范围的大小和经营期间的长短有直接关系。首先，成本的可控与否，与责任中心的权力层次有关。某些成本对于较高层次的责任中心或高级领导来说是可控的，对于其下属的较低层次的责任中心或基层领导而言，就可能是不可控的。反之，较低层次责任中心或基层领导的不可控成本，则可能是其所属的较高层次责任中心或高级领导的可控成本。对企业来说，几乎所有的成本都是可控的，而对于企业下属各层次、各部门乃至个人来说，则既有各自的可控成本，又有各自的不可控成本。其次，成本的可控与否，与责任中心的管辖范围有关。某项成本对某一责任中心是不可控的，而对另一个责任中心可能是可控的，这不仅取决于该责任中心的业务内容，也取决于该责任中心所管辖的业务内容的范围。例如产品试制费，对产品生产部门是不可控的，而对新产品试制部门来说，就是可控的；但如果新产品试制也归口由生产部门进行，则试制费又成为生产部门可控成本。最后，某些从短期看属于不可控的成本，从较长的期间看，又成为可控成本。现有生产设备的折旧，在设备原价和折旧方法既定的条件下，该设备继续使用时，就具体使用它的部门来说，折旧是不可控的；但现有设备不能继续使用，要用新的设备来代替它时，新设备的折旧则取决于设备更新所选用设备的价格及正常使用寿命，从这时看，新设备的折旧又成为可控成本。

(3) 成本中心控制和考核的是责任成本。责任中心当期所发生的各项可控成本之和，即是该中心的责任成本。对成本中心的工作业绩进行控制和考核，主要是通过将责任中心发生的实际责任成本与其预算责任成本进行比较而实现的。对成本费用进行控制，应以各成本中心的预算责任成本为依据，确保实际责任成本不会超过预算责任成本；对成本中心进行考核，应通过各成本中心的实际责任成本与预算责任成本进行比较，确定其成本控制的绩效，并采取相应的奖惩措施。

责任成本与产品成本是既有区别又有联系的两个成本概念。两者的区别主要是：①从成本计算对象看，责任成本以责任中心作为成本计算对象，而产品成本则以产品作为成本计算对象；②从成本计算原则看，责任成本的计算原则是谁负责谁承担，而产品成本的计算原则是谁受益谁承担；③从成本计算的目的来看，计算责任成本的目的侧重于控制，而计算产品成本的目的侧重于核算。责任成本与产品成本虽有区别，但两者在性质上是相同的，都是企业生产经营过程中的资金耗费。

4. 成本中心的考核指标

因成本中心只对责任成本负责，所以对成本中心只考核责任成本的完成情况，即通过对各成本中心的实际责任成本与预算责任成本的比较，评价成本中心控制工作绩效。所采用的考核指标，主要包括成本(费用)变动额和变动率。其计算公式为：

成本(费用)变动额=实际责任成本(费用)-预算责任成本(费用)

成本(费用)变动率=成本(费用)变动额/预算责任成本(费用)×100%

在对成本中心进行考核时，如果实际产量与预算产量不一致，应先按弹性预算的方法先行调整预算指标，然后再按上述指标计算。

【例10-17】M公司的一个生产车间生产A产品，预算产量为5 000件，单位成本为60元；实际产量为5 600件，单位成本为58元。计算该成本中心的成本变动额和成本变动率。

成本变动额=5 600×58-5 600×60 =-11 200(元)

成本(费用)变动率=[-11 200/(60×5 600)] ×100%= -3.33 %

计算结果表明，该成本中心的成本降低额为11 200元，降低率为3.33%。

(三)利润中心

1. 利润中心的含义

利润中心，是指既对成本负责又对收入和利润负责的区域，它有独立或相对独立的收入和生产经营决策权。利润中心不仅要考核成本，还要考核收入，并进一步将收入与成本进行对比，考核利润，因此，利润中心往往处于企业内部的较高层次，如分厂、分店、分公司，一般具有独立的收入来源或视同为一个有独立收入的部门，一般还具有独立的经营权。利润中心与成本中心相比，其权力和责任都相对较大，它不仅要绝对地降低成本，而且更要寻求收入的增长，并使之超过成本的增长。换言之，利润中心对成本的控制是联系着收入进行的，它强调相对成本的节约。

2. 利润中心的类型

利润中心按其收入特征，可分为自然利润中心与人为利润中心两种。

1) 自然利润中心

它是指可以直接对外销售产品并取得收入的利润中心。这种利润中心本身直接面向市场，具有产品销售权、价格制定权、材料采购权和生产决策权。它虽然是企业内的一个部门，但其功能同独立企业相近；最典型的形式就是公司内的事业部，每个事业部均有销售、生产、采购的机能，有很大的独立性，能独立地控制成本、取得收入。

2) 人为利润中心

它是指只对内部责任单位提供产品或劳务而取得"内部销售收入"的利润中心。这种利润中心一般不直接对外销售产品。

成为人为利润中心应具备两个条件。

① 该中心可以向其他责任中心提供产品(含劳务)；

② 能为该中心的产品确定合理的内部转移价格，以实现公平交易、等价交换。

工业企业的大多数成本中心都可以转化为人为利润中心。人为利润中心一般也应具备相对独立的经营权，即能自主决定本利润中心的产品品种(含劳务)、产品质量、作业方法、人员调配、资金使用等。

3. 利润中心的成本计算

利润中心必须进行成本计算，以便正确地计算利润，作为对利润中心业绩评价与考核的依据。利润中心的成本计算通常有如下两种方式可供选择。

(1) 利润中心只计算可控成本，不分担不可控成本，即不分摊共同成本。

这种方式主要适应于共同成本难以合理分摊或无须进行共同成本分摊的场合，按这种方式计算出的赢利不是通常意义上的利润，而是相当于"边际贡献(或称贡献毛益)总额"。企业各个利润中心的"边际贡献总额"之和，减去未分配的共同成本，经过调整后才是企业的利润总额。采用这种成本计算方式的"利润中心"，实质上已不是完整和原来意义上的利润中心，而是边际贡献中心。人为利润中心适合采取这种计算方式。

(2) 利润中心不仅计算可控成本，也计算不可控成本。

这种方式适合于共同成本易于合理分摊或不存在共同成本分摊的场合。这种利润中心在计算时，如果采用变动成本法，应先计算出边际贡献，再减去固定成本，才是税前利润；如果采用完全成本法，利润中心可以直接计算出税前利润。各个利润中心的税前利润之和，就是全企业的利润总额。自然利润中心适合采取这种计算方式。

4. 利润中心的考核指标

利润中心的考核指标为利润，通过比较一定期间实际实现的利润与责任预算所确定的利润，可以评价其责任中心的业绩。但由于成本计算方式不同，各利润中心的利润指标的表现形式也不相同。

(1) 当利润中心不计算共同成本或不可控成本时，其考核指标是利润中心边际贡献总额。

利润中心边际贡献总额=利润中心销售收入总额-该利润中心可控成本总额
(或变动成本总额)

值得说明的是，如果可控成本中包含可控固定成本，就不完全等于变动成本总额。但一般而言，利润中心的可控成本是变动成本。

(2) 当利润中心计算共同成本或不可控成本，并采取变动成本法计算成本时，其考核指标主要是以下几种。

利润中心边际贡献总额=该利润中心销售收入总额-该利润中心变动成本总额
利润中心负责人可控利润总额=该利润中心边际贡献总额-
该利润中心负责人可控固定成本
利润中心可控利润总额=该利润中心负责人可控利润总额-
该利润中心负责人不可控固定成本
公司利润总额=各利润中心可控利润总额之和-
公司不可分摊的各种管理费用、财务费用等

为了考核利润中心负责人的经营业绩，应对经理人员的可控成本费用进行评价和考核。这就需要将各利润中心的固定成本进一步区分为可控成本和不可控成本。这主要考核有些成本费用可以划分、分摊到有关利润中心，却不能为利润负责人所控制，如广告费、保险费等。在考核利润中心负责人业绩时，应将其不可控固定成本从中剔除。

【例 10-18】某企业的甲车间是一个人为利润中心。本期实现内部销售收入 160 000 元，销售变动成本 120 000 元，该中心负责人可控固定成本 12 000 元，中心负责人不可控的而应由该中心负担的固定成本为 11 000 元，试计算该利润中心各项指标。

该中心实际考核指标分别为：

利润中心边际贡献总额=160 000-120 000=40 000(元)

利润中心负责人可控利润总额=40 000-12 000=28 000(元)

利润中心可控利润总额=28 000-11 000=17 000(元)

(四)投资中心

1. 投资中心的含义

投资中心是指既对成本、收入和利润负责,又对投资效果负责的责任中心。投资中心是企业内部最高层次的责任中心,它在企业内部具有最大的决策权,也承担最大的责任。投资中心的管理特征是较高程度的分权管理。一般而言,大型集团所属的子公司、分公司、事业部往往都是投资中心。在组织形式上,成本中心一般不是独立法人,利润中心可以是也可以不是独立法人,而投资中心一般是独立法人。

由于投资中心独立性较高,它一般应向公司的总经理或董事会直接负责。对投资中心不应干预过多,应使其享有投资权和较为充分的经营权;投资中心在资产和权益方面应与其他责任中心划分清楚。如果对投资中心干预过多,或者其资产和权益与其他责任中心划分不清,出现互相扯皮的现象,也无法对其进行准确的考核。

2. 投资中心的考核指标

为正确计算和衡量投资中心的业绩,应将各投资中心共同使用的资产划分清楚,对共同发生的成本,应按适当的标准进行分配,对各投资中心之间相互调剂使用的资产,如现金、存货、固定资产等,均应计息,实行有偿使用。

由于投资中心不仅需对成本、收入、利润负责,而且还要对所占用的全部投资承担责任,因而对投资中心的考核与评价,除成本、收入和利润等指标外,重点应放在投资利润率和剩余收益这两个指标上。

1) 投资利润率

投资利润率也称投资收益率,是指投资中心所获得的利润与投资额之间的比率。其计算公式为:

投资利润率=利润/投资额×100%

投资利润率这一指标,还可进一步展开为:

投资利润率=(销售收入/投资额)×(利润/销售收入)
　　　　　=资本周转率×销售利润率

或

投资利润率=(销售收入/投资额)×(成本费用/销售收入)×(利润/成本费用)
　　　　　=资本周转率×销售成本率×成本费用利润率

其中,投资额是指投资中心的总资产扣除负债后的余额,即投资中心的净资产。所以,该指标也可以称为净资产利润率,它主要说明投资中心运用公司的每一元资产对整体利润贡献的大小,或投资中心对所有者权益的贡献程度。

为了考核投资中心的总资产运用状况，也可以计算投资中心的总资产息税前利润率。它是投资中心的息税前利润除以总资产占用额。用公式表示为：

总资产息税前利润率=息税前利润×总资产/100%

总资产是指生产经营中占用的全部资产。因资金来源中包含了负债，相应分子也要采用息税前利润，它是利息加利润总额。投资利润率按总资产占用额计算，主要用于评价和考核由投资中心掌握、使用的全部资产的赢利能力。值得说明的是，由于利润或息税前利润是期间性指标，故上述投资额或总资占用额应按平均投资额或平均占用额计算。

投资利润率是广泛采用的评价投资中心业绩的指标，优点如下所述。

（1）投资利润率能反映投资中心的综合赢利能力。从投资利润率的分解公式可以看出，投资利润率的高低与收入、成本、投资额和周转能力有关，提高投资利润率应通过增收节支、加速周转、减少投入来实现。

（2）投资利润率具有横向可比性。投资利润率将各投资中心的投入与产出进行比较，剔除了因投资额不同而导致的利润差异的不可比因素，有利于进行各投资中心经营业绩比较。

（3）投资利润率可以作为选择投资机会的依据，有利于调整资产的存量，优化资源配置。

（4）以投资利润率作为评价投资中心经营业绩的尺度，可以正确引导投资中心的经营管理行为，使其行为长期化。由于该指标反映了投资中心运用资产并使资产增值的能力，如果投资中心资产运作不当，会增加资产或投资占用规模，也降低利润。因此，以投资利润率作为评价与考核的尺度，将促进各投资中心盘活闲置资产，减少不合理资产占用，及时处理过时、变质、毁损资产等。

总的来说，投资利润率的主要优点是能促使管理者像控制费用一样控制资产占用或投资倾的多少，综合反映一个投资中心全部经营成果。但是该指标有其局限性，具体有以下几个方面。

（1）世界性通货膨胀会使企业资产账面价值失真、失实，导致相应的折旧少计、利润多计，使计算的投资利润无法揭示投资中心的实际经营能力。

（2）使用投资利润率往往会使投资中心只顾本身利益，而放弃对整个企业有利的投资项目，造成投资中心近期目标与整个企业长远目标的背离。各投资中心为了达到投资利润率，可能会采取减少投资的行为。

（3）投资利润率的计算与资本支出预算所使用的现金流量分析方法不一致，不便于投资项目建成投产后与原定目标的比较。

（4）从控制角度看，由于一些共同费用无法为投资中心所控制，投资利润率的计算不全是投资中心所能控制的。

为了克服投资利润率的某些缺陷,应采用剩余收益作为评价指标。

2) 剩余收益

剩余收益是一个绝对数指标,是指投资中心获得的利润扣减其最低投资收益后的余额。最低投资收益是投资中心占用的营业资产或投资额按规定或预期的最低报酬率计算的收益。其计算公式为:

剩余收益=利润-(投资额×预期的最低投资收益率)

如果考核指标是总资产息税前利润率时,则剩余收益计算公式应作相应调整,其计算公式如下:

剩余收益=息税前利润-总资产占用额×规定或预期的总资产息税前利润率

这里所说的规定或预期的最低报酬率和总资产息税前利润率,通常是指企业为保证其生产经营正常、持续进行,所必须达到的最低报酬水平。

以剩余收益作为投资中心经营业绩评价指标的评价标准是,各投资中心只要投资利润率大于规定或预期的最低投资报酬率(或总资产息税前利润率大于规定或预期的最低总资产息税前利润率),该项投资(或资产占用)便是可行的。

剩余收益指标具有以下两个特点。

(1) 体现投入产出关系。由于减少投资(或降低资产占用)同样可以达到增加剩余收益的目的,与投资利润率一样,该指标也可以用于全面评价与考核投资中心的业绩。

(2) 避免本位主义。剩余收益指标避免了投资中心的狭隘本位倾向,即单纯追求投资利润而放弃一些对企业整体有利的投资项目。这是因为以剩余收益作为衡量投资中心工作成果的尺度,投资中心将尽量提高剩余收益,即只要有利于增加剩余收益绝对额,投资行为就是可取的,而不只是尽量提高投资利润率。

【例 10-19】某公司下设投资中心 A 和投资中心 B,该公司加权平均最低投资利润率为 10%,现准备追加投资。有关资料如表 10-21 所示。根据表 10-21 中资料评价 A、B 两个投资中心的经营业绩。

表 10-21 投资中心指标计算表 单位:万元

项 目		投 资 额	利 润	投资利润率/%	剩余收益
追加投资前	A	20	1	5	1-20×10%=-1
	B	30	4.5	15	4.5-30×10%=+1.5
	Σ	50	5.5	11	5.5-50×10%=+0.5
向投资中心A追加投资10万元	A	30	1.8	6	1.8-30×10%=-1.2
	B	30	4.5	15	4.5-30×10%=+1.5
	Σ	60	6.3	10.5	6.3-60×10%=+0.3

续表

项　　目		投资额	利　润	投资利润率/%	剩余收益
向投资中心B追加投资20万元	A	20	1	5	1−20×10%=−1
	B	50	7.4	14.8	7.4−50×10%=+2.4
	∑	70	8.4	12	8.4−70×10%=+1.4

由题设条件知，如以投资利润率作为考核指标，追加投资后A中心的利润率由5%提高到了6%，B中心的利润率由15%下降到了14.8%，按此指标，向A中心投资比向B中心投资好。

但如果以剩余收益作为考核指标，A中心的剩余收益由原来的−1万元变成了−1.2万元，B中心的剩余收益由原来的1.5万元增加到了2.4万元，由此应当向B中心投资。

如果从整个公司角度进行评价，就会发现，向A中心追加投资时，全公司总体投资利润率由11%下降到10.5%，剩余收益由0.5万元下降到0.3万元；而向B中心追加投资，全公司总体投资利润率由11%上升到12%，剩余收益由0.5万元上升到1.4万元，这和以剩余收益指标评价各投资中心的业绩的结果一致。所以，以剩余收益作为评价指标可以保持各投资中心获利目标与公司总的获利目标一致。

在以剩余收益作为考核指标时，所采用的预期最低投资报酬率的高低对剩余收益的影响很大，通常可用公司的平均利润率(或加权平均利润率)作为基准收益率。

第五节　责任预算、责任报告与业绩考核

一、责任预算

(一)责任预算的含义

责任预算，是指以责任中心为对象，以其可控的成本、收入和利润等为内容编制的预算。

责任预算由各种责任指标组成，这些指标包含主要责任指标和其他责任指标。在上述责任中心中所提及的各责任中心的考核指标都是主要指标，也是必须保证实现的指标，这些指标反映了各种不同类型的责任中心之间的责任和相应的权利区别。其他责任指标是根据企业其他总奋斗目标分解而得到的，或为保证主要责任指标完成而确定的责任指标，包括劳动生产率、设备完好率、出勤率、材料消耗率和职工培训等。

编制责任预算，必须符合企业总体目标和要求，与企业的总预算保持一致。从一定意义上讲，责任预算就是企业总预算按责任中心进行分解的产物。责任预算编制的目的，在

于将责任中心的经济责任数量化、具体化。

(二)责任预算的编制

责任预算的编制程序有两种基本类型，且与企业组织结构有着密切关系。

1. 责任预算的编制程序

第一种类型，以责任中心为主体，将企业总预算在各责任中心之间层层分解而形成各责任中心的预算。它实质是由上而下实现企业总预算目标。这种自上而下、层层分解指标的方式是一种常用的预算编制程序。其优点是使整个企业浑然一体，便于统一指挥和调度；不足之处是可能会遏制责任中心的积极性和创造性。

第二种类型，各责任中心自行列示各自的预算指标、由下而上、层层汇总，最后由企业专门机构或人员进行汇总和调整，确定企业总预算。这是一种由下而上，层层汇总、协调的预算编制程序，其优点是有利于发挥各责任中心的积极性，但往往各责任中心只注意本中心的具体情况或多从自身利益角度考虑，容易造成彼此协调困难、互相支持少的情况，以致冲击企业的总体目标。而且，层层汇总、协调，工作量大，协调难度大，影响预算质量和编制时效。

2. 责任预算的编制程序与企业组织结构的关系

(1) 集权组织结构形式下责任预算的编制程序。

在集权组织结构形式下，公司最高管理机构对企业的所有成本、收入、利润和投资负责，既是利润中心，也是投资中心。而公司下属各部门、各工厂、各车间、各工段、各地区都是成本中心，它们只对其权责范围内控制的成本负责。因此，首先要按照责任中心的层次，从上至下把公司总预算(或全面预算)逐层向下分解，形成各责任中心的责任预算；然后建立责任预算执行情况的跟踪系统，记录预算执行的实际情况，并定期由下至上把责任预算的实际执行数据逐层汇总，直到最高层的利润中心或投资中心。

(2) 分权组织结构形式下责任预算的编制程序。

在分权组织结构形式下，经营管理权分散在各责任中心，公司下属各部门、各工厂、各地区等与公司自身一样，可以都是利润中心、投资中心，它们既要控制成本、收入、利润，也要对所占用的全部资产负责。而在它们之下还有许多成本中心，只对它们所控制的成本负责。因此，首先也应按责任中心的层次，将公司总预算(或全面预算)从最高层向最底层逐级分解，形成各责任单位的责任预算；然后建立责任预算的跟踪系统，记录预算实际执行情况，并定期从最基层责任中心把责任成本的实际数，以及销售收入的实际数，通过编制业绩报告逐层向上汇总，一直到最高投资中心。

二、责任报告

责任报告也称业绩报告、绩效报告,它是根据责任会计记录编制的反映责任预算实际执行情况,揭示责任预算与实际执行差异的内部会计报告。责任会计以责任预算为基础,对责任预算的执行情况进行系统的反映,以实际完成情况同预算目标对比,可以评价和考核各个责任中心的工作成果。责任中心的业绩评价和考核应通过编制责任报告来完成。

责任报告的形式主要有报表、数据分析和文字说明等。将责任预算、实际执行结果及其差异用报表以列示是责任报告的基本形式。在揭示差异时,还必须对重大差异以定量分析和定性分析。定量分析旨在确定差异的发生程度,定性分析旨在分析差异产生的原因,并根据这些原因提出改进建议。

在企业不同管理层次上,责任报告的侧重点应有所不同。最低层次的责任中心的责任报告应当最详细,随着层次的升高,责任报告的内容应以更为概括的形式来表现。

责任报告应能突出产生差异的重要影响因素。为此,应遵循"例外管理"原则。突出重点,使报告的使用者能把注意力集中到少数严重脱离预算的因素或项目上来。根据责任报告,可进一步对责任预算执行差异的原因和责任进行具体分析,以充分发挥反馈作用,以使上层责任中心和本责任中心对有关生产经营活动实行有效控制和调节,促使各个责任中心根据自身特点,卓有成效地开展有关活动以实现责任预算。

(一)成本中心的责任报告

成本中心编制的责任报告,通常只需按该中心可控成本的各明细项目,分别列出其预算数、实际数和差异数。具体指标可采用货币、实物、劳动量反映。对于各成本中心发生的不可控成本,一般不在其责任报告中列示。成本中心责任报告的格式,如表10-22所示。

表10-22 某公司成本中心责任报告表

20××年××月　　　　　　　　　　　　　　　　　　　　　单位:元

项　目	实　际　数	预　算　数	差　异　数
下属单位转来的责任成本:			
一工段	16 200	16 000	200
二工段	41 200	41 600	(400)
三工段	38 000	36 600	1 400
小计	95 400	94 200	1 200
本中心的可控成本:			
间接人工	1 280	1 200	80

续表

项 目	实际数	预算数	差异数
管理人员工资	7 500	7 300	200
折旧费	22 800	22 800	0
修理费	1 380	1 400	(20)
保险费	1 000	800	200
其他	2 220	1 800	420
小计	36 180	35 300	880
合计	131 580	129 500	2 080

表 10-22 中，下属单位转来的责任成本，按所属责任单位汇总填列。成本中心的可控成本，按责任预算和实际发生数分项填列，并计算出实际数与预算数之间的差额，用括号表示的差异数为有利差异。

企业应组织一个专门的业绩考评委员会，根据各责任中心编制的业绩报告，定期对各责任中心的工作实绩作出评价，并根据业绩的优劣进行奖惩。

(二)利润中心的责任报告

由于利润中心既要对成本负责，又要对收入、利润负责，所以对利润中心的考核，应以销售收入、边际贡献和税前利润为主。

通过利润中心的责任报告与责任预算的分析比较，确定其销售收入、销售成本、边际贡献和税前利润的完成情况，分析实际脱离预算的差异及产生的原因，以此作为对利润中心进行考评和奖惩的主要依据。

利润中心的责任报告，应分别列示利润中心的收入、成本、边际贡献和利润的预算数、实际数和差异数。利润中心责任报告的一般格式，如表 10-23 所示，表中用括号标注的差异数为有利差异。

表 10-23 某公司利润中心责任报告表

20××年××月　　　　　　　　　　　　　　　　　　单位：元

项 目	实际数	预算数	差异数
销售收入	188 000	180 000	(8 000)
变动成本：			
直接材料	35 000	32 000	3 000
直接人工	32 000	32 000	0
变动制造费用	16 000	15 000	1 000

续表

项目	实际数	预算数	差异数
变动销售及管理费用	25 000	23 000	2 000
边际贡献	80 000	78 000	(2 000)
直接发生的固定成本	24 000	23 000	1 000
边际贡献净额	56 000	55 000	(1 000)
上级分配来的固定成本	5 000	5 000	0
税前净利	51 000	50 000	(1 000)

(三)投资中心的责任报告

投资中心的责任报告,除了列示销售收入、销售成本和利润预算数、实际数和差异数以外,还要列示投资报酬率和剩余收益的预算数、实际数和差异数。因投资中心是企业最高层次的责任中心,故其责任报告较为概括。

需要指出的是:利润指标应为息税前利润,可直接计算,也可由下属各利润中心汇集而来;投资报酬率指标可分解为资本周转率、销售利润率等指标,以便揭示其变动原因;计算剩余收益所采用的最低投资报酬率,是由企业规定的,该指标的绝对额即为最低投资报酬。

投资中心责任报告的基本格式和内容,如表 10-24 所示,表中用括号标注的差异数为有利差异(假定企业规定的最低投资报酬率为 15 %)。

表 10-24 某公司投资中心责任报告表

20××年××月 单位:元

项目	实际数	预算数	差异数
销售收入	1 375 000	1 250 000	(125 000)
销售成本	1 210 000	1 125 000	85 000
利润	165 000	125 000	(40 000)
营业资产占用额	750 000	625 000	125 000
销售利润率/%	12	10	(2)
资本周转率/次	1.83	2	0.17
投资利润率/%	22	20	(2)
最低投资报酬额	112 500	93 750	—
剩余收益	52 500	31 250	(21 250)

从表 10-24 可看出,该投资中心的投资报酬率比预算提高了 2 %,其中资产周转率减

少了 0.17 次，而销售利润率提高了 2%，所以企业应从减少营业资产占用、扩大销售收入方面进一步努力。剩余收益比预算增加了 21 250 元。因此，从总的情况来看，该投资中心的工作成绩是应该给予肯定的。

三、业绩考核

业绩考核是以责任报告为依据，分析、评价各责任中心责任预算的实际执行情况，查明原因，找出差距，借以考核各责任中心的工作成果，并根据业绩考核结果进行经济和其他方式的奖惩，促使各责任中心及时纠正行为偏差，完成自己责任预算的过程。

责任中心的业绩考核内容有狭义和广义之分。狭义上的业绩考核，只是对各责任中心的价值指标(如成本、收入、利润等)的预算完成情况进行考评；广义上的业绩考核，还应包括对各责任中心的非价值责任指标的完成情况进行考核。

责任中心的业绩考核，按其实施时间，还可分为年终考核与日常考核。年终考核，是指一个年度终了(或预算期终了)时，对责任中心责任预算执行情况的考核，目的在于进行奖惩激励，并为后期责任预算工作提供依据；日常考核，通常是在年度内(或预算期内)对责任预算执行过程的考评，旨在通过信息反馈、控制和调节责任预算的执行偏差，确保责任预算的最终实现。

业绩考核的具体内容和侧重点，在不同的责任中心有所不同。

(一)对成本中心的业绩考核

由于成本中心没有收入来源，只对成本负责，故对成本中心的业绩考核应以责任成本为重点对象。成本中心的业绩考核，以责任报告为依据，将其责任成本的实际数与预算数进行对比，看是否存在差异，进而分析差异的性质、金额及产生的原因，并根据差异分析的结果，或对成本差异进行调节、控制，或修订、调整责任预算，到年终时则通常据以实施奖惩，以督促成本中心努力降低成本。

(二)对利润中心的业绩考核

利润中心，既对成本负责，又对收入及利润负责，在对其进行业绩考核时，应以销售收入、边际贡献与息税前利润为重点进行分析评价。利润中心的业绩考核，以业绩报告为依据，将考核指标的实际数与预算数进行比较，揭示差异成因，明确经济责任，正确评价利润中心的经营得失和有关人员的是非功过，做到责任明确、奖罚分明。在考核利润中心业绩时，应注意权责范围的界定，只宜将利润中心权责范围内(或可控范围内)的收入和成本的差额(责任利润)作为考核对象。凡不属于本利润中心权责范围内的收入和成本，尽管已由该利润中心实际收进或支付，仍予以剔除，不能作为该利润中心的考核依据。

(三)对投资中心的业绩考核

由于投资中心不仅要对成本、收入和利润负责,而且还应对投资效果或资产使用效果承担责任。因此,对投资中心的业绩考核,除考核收入、成本、利润等指标外,考核的重点应放在投资报酬率和剩余收益这两项指标上。

投资中心是最高一级的责任中心,业绩考核的内容或指标涉及各个方面,是一种较为全面的考核。考核时通过将实际数与预算数进行比较,揭示差异的原因和性质,并据以进行奖惩。由于投资中心层次高、涉及的管理控制范围广,内容复杂,考核时应力求深入分析原因、依据确凿、责任落实具体,这样才可以达到考核的效果。

第六节 责任结算与核算

建立责任中心的企业,都需要对各责任中心的经济业务进行责任核算。责任中心之间发生的产品互相调剂、劳务供应,需要按照内部转移价格进行结算。这是搞好企业内部责任核算的一个重要前提。

一、内部转移价格

企业内部各责任中心之间相互提供产品或劳务时,需要制定一个内部转移价格。该转移价格对于提供产品或劳务的生产部门来说表示收入,对于使用这些产品或劳务的购买部门来说则表示成本。因此,转移价格会影响到这两个部门的获利水平。制定内部转移价格有助于明确划分责任中心的经济责任,使责任中心的业绩考核建立在客观、可比的基础之上,为企业及各责任中心的预测和决策提供可靠的依据。

(一)内部转移价格的含义

内部转移价格是指企业内部各责任中心之间相互提供产品或劳务而发生的内部结算,以及进行责任转账时所采用的计价标准。

与外部市场价格不同,内部转移价格所涉及的交易双方是处于同一个企业中的生产部门或责任中心。在其他条件不变的情况下,内部转移价格的变化,会使买卖双方的收入和内部利润发生相反方向的变化。如果提高内部转移价格,销售方所增加的利润正好等于购买方所减少的利润;反之,如果降低内部转移价格,销售方所减少的利润正好等于购买方所增加的利润。因此,制定内部转移价格要能够防止成本转移带来的部门间责任转嫁。

(二)制定内部转移价格的原则

制定内部转移价格应遵循以下原则。

1. 全局性原则

全局性原则强调企业整体利益高于各责任中心利益,当各责任中心利益冲突时,企业和各责任中心应该本着企业利润最大化或企业价值最大化的要求,制定内部转移价格。

2. 公平性原则

内部转移价格的制定应公平合理,应充分体现各责任中心的经营努力或经营业绩,防止某些责任中心因价格优势而获得额外的利益,某些责任中心因价格劣势而遭受额外损失。

3. 自主性原则

自主性原则指在确保企业整体利益的前提下,只要可能,就应通过各责任中心的自主竞争或讨价还价来确定内部转移价格,真正在企业内部实现市场模拟,使内部转移价格能为各责任中心所接受。

4. 重要性原则

重要性原则即内部转移价格的制定应当充分体现"大宗细、零星简"的要求,对原材料、半成品、产成品等重要物资的内部转移价格制定从细,而对劳保用品、修理用备件等数量繁多、价格低廉的物资,其内部转移价格的制定从简。

(三)内部转移价格的类型

1. 市场价格

市场价格,简称市价,是以产品或劳务的市场价格为基价的内部转移价格。

一般而言,采用市场价格应具备两个基本前提:一是,假定责任中心处于独立自主状态,可自主决定从外界或向企业内部进行销售或购进;二是,产品或劳务有客观市价可供参考。

在上述前提下,市场价格被认为是内部转移价格的最佳形式。因为市价对买卖双方来说是客观公平的,它在企业内部引入了竞争机制,各责任中心可以相互竞争,讨价还价,这就促使各责任中心努力降低成本,获取最大利润。其结果是,相互竞价所决定的价格,能反映市场的真实情况,且可以用利润指标衡量各责任中心的经营业绩。

以市场价格为基价制定内部转移价格时,应在外部市价的基础上做一些必要的调整。例如,产品或劳务在企业内部进行出售时,其销售、运输等费用都是比较低的,应在外部市价的基础上作相应扣减。又如，各责任中心不是独立核算实体，无单独纳税义务，则销售税金也不应作为内部转移价格的组成部分。如果不加以扣减，上述好处都会为销售方获得，同时也加重了购买方的不合理负担，有损于利益分配的公平性。

采用以市价为基价的内部转移价格，应尽可能地促使各责任中心进行内部转让，以维护企业的整体利益。但同时要注意发挥竞价机制的作用，不保护落后，不损伤先进，为此应遵循如下原则。

(1) 当销售方愿意对内供应，且售价不高于市价，购买方应履行内部购买之义务；

(2) 当销售方的售价高于市价，购买方有向外界市场购买的自由；

(3) 当销售方宁愿对外销售，则应有不对内销售的权利。

以市价为基价的内部转移价格也有其局限性，有些内部转移的中间产品往往没有相应的市价作为依据，从而对其适用范围构成限制。

2. 协商价格

协商价格，简称"议价"，是企业内部各责任中心以正常的市场价格为基础，通过定期共同协商而被双方所接受的价格。

采用协商价格的前提是，责任中心转移的产品应有在非竞争性市场买卖的可能性，在这种市场内买卖双方有权决定是否买卖这种中间产品。如果买卖双方不能自行决定，或当价格协商的双方发生矛盾而又不能自行解决，或双方协商订价不能导致企业最优决策时，企业高一级的管理层要进行必要的干预。

一般而言，协商价格的上限是市场价格，下限是单位变动成本，具体价格则由买卖双方在其上下限范围内协商议定。在协商时除非发生上述需要干预的事项，否则，企业高一级领导一般不介入其中，以避免干预过多。

协商价格也存在一定的缺陷：一是协商定价要花费大量的人力、物力和时间；二是转移价格可能会受到双方讨价还价能力的影响而有失公允；三是当协商双方相持不下时，需企业高层领导裁定，这样就弱化了分权管理的作用。

3. 双重价格

双重价格就是针对责任中心各方面分别采用不同的内部转移价格所制定的价格。如对产品(半成品)的供应方，可按协商的市场价格计价；对使用方则按照供应方产品(半成品)的单位变动成本计价，其差额由会计最终调整。

之所以采用双重价格是因为内部转移价格主要是为了对企业内部各责任中心的业绩进行评价、考核，故各相关责任中心所采用的价格并不需要完全一致，可分别选用对责任中心最有利的价格为计价依据。

采用双重价格的前提条件是：内部转移的产品或劳务有外部市场，供应方有剩余生产能力,而且其单位变动成本要低于市价。特别当采用单一的内部转移价格不能达到激励各责任中心的有效经营和保证责任中心与整个企业的经营目标达成一致时,应采用双重价格。

双重价格有以下两种形式。

(1) 双重市场价格。就是当某种产品或劳务在市场上出现几种不同价格时,供应方采用最高市价,使用方采用最低市价。

(2) 双重转移价格。就是供应方按市场价格或议价作为基础,而使用方按照供应方的单位变动成本作为计价的基础。

双重价格的好处是既可以较好满足供应方和使用方的不同需要,也能激励双方在经营上充分发挥其主动性和积极性。

4. 成本转移价格

成本转移价格就是以产品或劳务的成本为基础而制定的内部转移价格。由于成本的概念不同,成本转移价格也有多种不同形式,其中用途较为广泛的成本转移价格有以下三种。

(1) 标准成本,即以产品(半成品)或劳务的标准成本作为内部转移价格。它适应于成本中心产品(半成品)的转移。其优点是将管理和核算工作结合起来,可以避免供应方成本高低对使用方的影响,有利于调动供需双方降低成本的积极性。

(2) 标准成本加成,即按产品(半成品)或劳务的标准成本加计一定的合理利润作为计价的基础。它的优点是能分清相关责任中心的责任,但确定加成利润率时,也难免带有主观随意性。

(3) 标准变动成本,是以产品(半成品)或劳务的标准变动成本作为内部转移价格。它符合成本习性,能够明确揭示成本与产量的关系,便于考核各责任中心的业绩,也利于经营决策。不足之处是产品(半成品)或劳务中不包含固定成本,不能反映劳动生产率变化对固定成本的影响,不利于调动各责任中心提高产量的积极性。

二、内部结算

企业内部各责任中心之间发生经济往来,必然要按照一定的方式进行内部结算。内部结算就是指企业各责任中心清偿因相互提供产品或劳务所发生的、按内部转移价格计算的债权、债务。

按照内部结算的手段不同,通常采取以下结算方式。

(一)内部支票结算方式

内部支票结算方式,是指由付款方根据有关原始凭证签发内部支票给收款方,收款方审核无误后将支票送交内部银行(内部结算机构),由内部银行将相应额度的款项由付款方账户划转到收款方账户的结算方式。

这种方式分为签发、收受和银行转账三个环节。签发就是由付款一方根据有关原始凭证或业务活动证明签发内部支票交付收款一方；收受是收款一方经过审核无误后接受付款一方的支票；银行转账就是收款一方将支票送存内部银行办理收款转账。

内部支票结算方式主要适用于收付款双方直接见面进行经济往来业务的结算。例如车间到仓库领回材料、车间将完工产品交库等。该方式可以使收、付双方一手交"钱"一手交"货"，双方责任明确。

(二)转账通知单方式

转账通知单方式(或称内部委托收款方式)，是一种收款方通过内部银行主动向付款方收取款项的结算方式，由收款一方根据有关原始凭证或业务活动证明签发转账通知单，通知内部银行将转账通知单转给付款一方，让其付款。

转账通知单一式三联，第一联为收款一方的收款凭证，第二联为付款一方的付款凭证，第三联为内部银行的记账凭证。

采用该方式办理结算时，收款方根据有关原始凭证，填制收款结算凭证递交内部银行，内部银行受理后，将有关结算凭证转给付款一方，通知其付款、记账。同时，将款项从付款方账户划入收款方账户。

该结算方式一般适用于收付款双方不直接见面进行的各项固定往来业务的结算。为提高结算效率，一般不需要付款方承付而直接划转款项，付款方若有异议则需进一步交涉。

(三)内部货币结算方式

内部货币结算方式，是指使用内部银行发行的限于企业内部流通的货币(包括内部货币、流通券、资金本票等)进行内部往来结算的一种方式。

这种方式由付款方向收款方直接支付内部货币，不需填制结算凭证通过内部银行进行结算。这一结算方式简单、直观，可强化各责任中心以及职工的价值观念，缺点是容易丢失，不便保管。

该结算方式，一般只能适用于零星小额款项的结算。

三、责任成本的内部结转

责任成本的内部结转又称责任转账，是指在生产经营过程中，对于因不同原因造成的各种经济损失，由承担损失的责任中心向发生或发现损失的责任中心进行损失赔偿的账务处理过程。

企业内部各责任中心在生产经营过程中，难免会发生由于一个责任中心的过失给另一个责任中心造成损失的情况，为分清经济责任，正确反映各责任中心的工作成绩与失误，就需要找出产生损失的源头，将相关损失划转给其负担。例如，企业内的生产车间与供应部门都是成本中心，如果生产车间所耗用的原材料是由于供应部门购入不合格的材料所致，则多耗材料的成本或相应发生的损失，应由生产车间成本中心转给供应中心承担。

责任转账的实质是，应该承担损失的责任中心向受损失的责任中心提供价值赔偿的一种价值量的单方面转移，不同于以交易为基础的内部结算转账。

责任转账实施以前，应首先对损失进行正确计价。计价的基本依据是，准确而全面的原始记录以及合理的费用定额。计价完毕后，应编制责任转账表，以作为责任转账的直接依据。

责任转账的方式，可采用内部货币结算方式，也可采用内部支票、转账通知单等结算方式。

各责任中心在采用内部转移价格进行内部结算或责任转账结算时，有时会因意见不一致而产生一些责、权、利不协调的纠纷。对此，企业应建立内部仲裁机构，对这些纠纷予以公正裁定，妥善处理，以保证各责任中心之间能够责任清楚、关系协调，共同为实现企业整体目标而努力。

本 章 小 结

财务预算和控制，是财务管理工作的两个重要环节。

在现代企业财务管理实践中，财务预算是财务预测、财务决策结果的具体化、系统化、数量化的表现形式。财务预算，是以价值量度表现的，专门反映企业未来一定预算期内预计现金收支、财务状况和经营成果的一系列预算的总称。其具体内容包括现金预算、预计利润表、预计资产负债表等。财务预算的编制方法，包括固定预算与弹性预算、增量预算与零基预算、定期预算与滚动预算。编制过程中，一般应以弹性预算、零基预算与滚动预算为主，固定预算、增量预算和定期预算为辅，以充分发挥各种方法的长处。现金预算是对企业一定期间的现金流量所作的预计和规划，是财务预算的核心内容。

财务控制是利用财务反馈信息，按照一定的程序和方式，影响与调节企业的财务活动，使之按照预定目标运行的过程。财务控制可以按不同的标志进行分类。进行财务控制应首先做好一些基础工作。

划分责任中心是实施责任控制的首要工作。企业的责任中心通常包括成本中心、利润中心和投资中心三种类型。各责任中心的层次、特点及可控对象范围不同，考核的指标也不相同。责任预算是以责任中心为主体，以其可控成本、收入、利润、投资等为对象编制的预算，它是责任控制的手段，也是考核责任中心工作业绩的依据。业绩考核，是企业以责任核算资料和责任报告为依据，对各责任中心责任预算的实际执行情况进行考核、奖惩。

内部转移价格是企业内部各责任中心之间相互提供产品或劳务而发生内部结算以及进行责任转账所采用的计价标准。内部转移价格的类型主要包括市场价格、协商价格、双重价格、成本转移价格等。内部结算方式按其内容和对象的不同，可分别采用内部支票结算方式、转账通知单结算方式以及内部货币结算方式。

复习思考题

一、简答题

1. 什么是财务预算？财务预算的基本功能有哪些？
2. 什么是现金预算？描述现金预算编制的流程。
3. 预计财务报表包括哪些内容？如何编制预计财务报表？
4. 什么是财务控制？财务控制的要素与方式有哪些？
5. 责任中心主要有哪几种？它们的考核指标分别是什么？怎样计算？
6. 内部转移价格的制定方法有哪些？评价这些方法的优劣。
7. 内部结算的方式有哪些？

二、单项选择题

1. 关于预算的编制方法，下列各项中正确的是(　　)。
    A. 零基预算编制方法适用于非营利组织编制预算时采用
    B. 固定预算编制方法适用于产出较难辨认的服务性部门费用预算的编制
    C. 固定预算编制方法适用于业务量水平较为稳定的企业预算的编制
    D. 零基预算编制方法适用于业务量水平较为稳定的企业预算的编制
2. 定期预算的优点是(　　)。
    A. 远期指导性强　　　　　　　B. 连续性好
    C. 便于考核预算执行结果　　　D. 灵活性强
3. 销售预算中"某期经营现金收入"的计算公式正确的是(　　)。
    A. 某期经营现金收入=该期期初应收账款余额+该期含税销售收入-该期期末应收账款余额
    B. 某期经营现金收入=该期含税销售收入×该期预计现销率
    C. 某期经营现金收入=该期预计销售收入+该期销项税款
    D. 某期经营现金收入=该期期末应收账款余额+该期含税销售收入-该期期初应收账款余额

4. (　　)是只使用实物量计量单位的预算。
   A. 产品成本预算　　　　　　　B. 生产预算
   C. 管理费用预算　　　　　　　D. 直接材料预算

5. 某企业编制"直接材料预算",预计第4季度期初存量600千克,该季度生产需用量2 400千克,预计期末存量400千克,材料单价(不含税)10元,若材料采购货款有60%在本季度内付清,另外40%在下季度付清,增值税税率17%,若应付账款期初无余额,则该企业预计资产负债表年末"应付账款"项目为(　　)元。
   A. 8 800　　　B. 10 269　　　C. 10 296　　　D. 13 000

6. 具有最大决策权,承担最大责任,处于最高层次的责任中心是(　　)。
   A. 成本中心　　B. 利润中心　　C. 投资中心　　D. 生产中心

7. 成本中心的责任成本是(　　)。
   A. 产品成本　　B. 固定成本　　C. 可控成本　　D. 不可控成本

8. 能够直接对外销售产品的利润中心是(　　)。
   A. 自然利润中心　　　　　　　B. 人为利润中心
   C. 投资利润中心　　　　　　　D. 企业利润中心

9. 协商价格的下限是(　　)。
   A. 生产成本　　　　　　　　　B. 市价
   C. 单位固定成本　　　　　　　D. 单位变动成本

10. 在投资中心的主要考核指标中,(　　)指标能使个别投资中心的局部利益与企业整体利益相一致。
    A. 投资报酬率　　　　　　　　B. 利润总额
    C. 剩余收益　　　　　　　　　D. 责任成本

三、多项选择题

1. 弹性预算编制方法的优点是(　　)。
   A. 预算范围宽　　　　　　　　B. 可比性强
   C. 及时性强　　　　　　　　　D. 透明度高

2. 增量预算编制方法的缺点包括(　　)。
   A. 可能导致保护落后　　　　　B. 滋长预算中的"平均主义"
   C. 工作量大　　　　　　　　　D. 不利于企业的发展

3. 滚动预算按照预算编制和滚动的时间单位不同分为(　　)。
   A. 逐月滚动　　　　　　　　　B. 逐季滚动
   C. 逐年滚动　　　　　　　　　D. 混合滚动

4. 现金预算的编制基础包括( )。
   A. 销售预算　　　　　　　　　B. 投资决策预算
   C. 销售费用预算　　　　　　　D. 预计利润表
5. 应交税金及附加预算中的应交税金不包括( )。
   A. 应交增值税　　　　　　　　B. 应交资源税
   C. 预交所得税　　　　　　　　D. 直接计入管理费用的印花税
6. 内部转移价格的主要类型有( )。
   A. 市场价格　　　　　　　　　B. 协商价格
   C. 双重价格　　　　　　　　　D. 成本转移价格
7. 甲利润中心常年向乙利润中心提供劳务，在其他条件不变的情况下，如提高劳务的内部转移价格，可能出现的结果是( )。
   A. 甲利润中心内部利润增加　　B. 乙利润中心内部利润减少
   C. 企业利润总额增加　　　　　D. 企业利润总额不变

四、综合计算题

1. B企业生产销售乙产品，2006年4个季度的预计销售量分别为200件、240件、300件和320件；乙产品预计销售单价为200元。假设每季度销售收入中，本季度收到现金70%，另外30%要下季度才收回，上年年末应收账款余额为18 000元。

   要求：
   (1) 编制2006年度销售预算表；
   (2) 编制2006年度预计现金收入表；
   (3) 确定2006年年末应收账款余额。

2. 某公司下设A、B两个分公司，其中A分公司2006年营业利润60万元，平均经营资产为200万元，总公司决定2007年追加投资100万元扩大A分公司经营规模，预计当年可增加营业利润24万元，总公司规定的最低投资报酬率为20%。

   要求：
   (1) 计算A分公司2006年投资报酬率和剩余收益；
   (2) 计算A分公司2007年追加投资后的投资报酬率和剩余收益；
   (3) 根据以上计算结果，分别以投资报酬率和剩余收益指标评价A分公司的经营业绩，并说明A分公司接受该追加投资是否有利。

第十一章

资本经营

【本章导读】

资本经营(capital management)是指围绕资本保值增值进行经营管理，把资本收益作为管理的核心，实现资本赢利能力最大化。资本经营对于企业本身而言，是一个永恒的课题。通过资本重组、实现资本资源优化组合、从而达到企业效益最大化，这是我国市场经济发展的必然趋势。资本运营的关键是实现价值的保值和增值，其出发点和归宿是资本价值的增值。企业可以采取收购或兼并其他企业的办法，也可以通过收购部分产业，控股或参股某一企业以期进入该行业，还可以通过出卖自己的部分产权或盘活存量资产，调整产业结构。

【知识要点】

(1) 资本经营的含义、特征及资本经营的主要方式。
(2) 公司并购及类型、企业兼并的动机及价值评估。
(3) 公司重组及其分类、企业破产。

【引入案例】

中国铝业购并案例

2007年12月7日，经中国证券监督管理委员会重组委员会审核，中国铝业股份有限公司吸收合并包头铝业股份有限公司的方案已获得有条件通过。中国铝业以新增A股股份换股吸收合并包头铝业，以中国铝业为合并完成后存续公司，包头铝业全部资产、负债和权益将进入中国铝业，包头铝业法人地位将被注销。中国铝业的换股价格为20.49元/股，包头铝业的换股价格为21.67元/股。作为对参加换股的包头铝业股东的风险补偿，在实施换股时给予其40%的溢价。换股吸收合并的换股比例为1∶1.48。

由于涉及方面较广，本次合并方案是在中国铝业提出并经过了多次审议和审核才一路过关的。首先是被吸收合并方的董事会的审议，其后是并购双方中国铝业和包头铝业的股东大会审议。其中，中国铝业经过了A、H类别股东会议审议；此后，相关主管部门国资委、证监会也对此分别进行了批复、核准。

中国铝业股份有限公司及其母公司在收购重组方面屡有惊人手笔。2004年4月，中铝成功收购陕西有色金属集团，进入钼冶炼行业。2007年4月24日，中国铝业完成与山东铝业股份有限公司(山东铝业)、兰州铝业股份有限公司(兰州铝业)的换股吸收合并，并于4月30日发行A股上市；2007年10月30日，我国规模最大的有色金属工业企业、世界上第二大氧化铝企业和第三大电解铝企业中国铝业公司(中国铝业股份有限公司的母公司)，与云南省最大的企业、中国第三大铜企业云南铜业 (集团)公司签订战略合作暨增资扩股协议，这也是截至目前我国最大的有色并购案。按照协议，云铜集团以增资扩股的方式引进中铝公司，中铝公司以75亿多元现金参股，中铝增资扩股控制云铜集团49%的股份，成为其第一大股东，标志着中铝公司在国内铜行业布局中迈出关键性一步。

请思考相关公司并购的类型及动机是什么。

第一节 资本经营概述

随着社会主义市场经济体制的逐步建立，企业的经营方式正在发生深刻的变化。资本经营作为市场经济条件下最基本的经营方式，已现实地融入我国企业的经营活动中，并日益显现出其重要性。资本经营与经济体制的转轨和经济增长方式的转变密切相关。企业成为独立的法人、产权清晰、权责明确，并受到市场经济规律的支配，这是资本经营的前提。集约经营，规模经济，不断提高经济增长的质量和效益，这是资本经营的基础。没有两个根本性转变，资本经营无从谈起；而资本经营的发展，又反过来推进经济体制改革的深化，并从根本上改变过去那种粗放型、消耗型、效益低下的经营状态，对经济增长方式的转变起到重要的催化作用。

一、资本经营的含义

资本经营是指围绕资本保值增值进行经营管理，把资本收益作为管理的核心，以实现资本赢利能力最大化。资本经营的含义有广义和狭义之分。广义的资本经营是指以资本增值最大化为根本目的，以价值管理为特征，通过企业全部资本与生产要素的优化配置和产业结构的动态调整，对企业的全部资本进行有效运营的一种经营方式。内容涵盖所有以资本增值最大化为目的的所有企业经营活动，包括产品经营和商品经营。狭义的资本经营是指独立于商品经营而存在的，以价值化、证券化了的资本或可以按价值化、证券化操作的物化资本为基础，通过流动、收购、兼并、战略联盟、股份回购、企业分立、资产剥离、资产重组、破产重组、债转股、租赁经营、托管经营、参股、控股、交易、转让等各种途径优化配置，提高资本运营效率和效益，以实现最大限度增值目标的一种经营方式。这里所要分析的就是后一种，即狭义的资本经营。

资本经营和商品经营是一个相互联系又相互区别的两个概念。

(一)资本经营和商品经营的联系

1. 资本经营和商品经营相互依存

资本经营并不排斥商品经营，资本经营和商品经营是密不可分的通过商品经营实现利润最大化，是资本保值与增值的基本途径，商品经营是资本经营的基础，而资本经营的成功运作，又会有力地推动商品经营的发展。

2. 资本经营和商品经营的目的一致

资本经营和商品经营都是以资本增值为目的的经营活动。资本经营和商品经营最初是合一的，随着企业制度的变迁、所有权与经营权的分离以及资本市场和产权市场的发展，两者逐渐分离。

3. 资本经营和商品经营相互渗透

企业进行商品经营的过程，就是资本循环周转的过程。如果企业商品经营过程供产销各环节脱节，资本循环周转就会中断。如果企业的设备闲置，应收账款与存货等流动资产质量不高，商品销售不畅，必然使资本效率和效益低下。企业通过直接的资本运作，盘活存量资产，提高资源利用效率，使资本经营和商品经营又在更高的层次上联系在一起。

(二)资本经营和商品经营的区别

1. 经营对象不同

资本经营的对象是企业的资本以及运动，侧重的是企业经营过程的价值方面，追求价值的增值。而商品经营的对象则是产品以及生产销售过程，经营的基础是厂房、机器设备、产品设计等，侧重的是企业经营过程的使用价值方面。

2. 经营领域不同

资本经营主要在资本市场上运作(资本市场包括证券市场和非证券的产权交易市场等)。而企业的商品经营涉及的领域主要是产品的生产技术、原材料的采购和产品的销售，主要是在生产资料市场、劳动力市场、技术市场和商品市场上运作。

3. 经营方式和目的不同

商品经营的方式和目的是通过商品销售或提供劳务，实现利润的最大化。资本经营的方式和目的是通过产权的流动和重组，提高资本运营效率和效益。

4. 经营导向不同

商品经营较多地受价格信号的控制。资本经营主要受资本市场的制约和资本回报率的限制。

5. 经营风险不同

商品经营的企业生存和发展维系在一个或多个产品上，如市场需求发生变化，则会直接影响企业的生存和发展。资本经营的企业则把生存和发展建立在一个或多个产业上，并不断发现新的经济增长点，及时退出风险大的产业，规避风险。

6. 企业的发展方式不同

商品经营的企业主要依赖企业自身的积累，通过创造更多的利润并使之转化为资本，增加生产要素和生产能力而获得发展。而资本经营不但注重企业自身的内部积累，更重要的是通过资本外部扩张的方式，使企业快速扩张，发展壮大。

综上所述，资本经营和商品经营是企业经营相辅相成的两个方面，应当有机地结合起来。商品经营始终是企业运作的基本形式，也是资本经营的基础；资本经营并不能取代商品经营，它通过对生产要素的有效配置，能够扩大企业市场份额，产生规模效益，拓宽经营领域，降低经营风险。

二、资本经营的特征

诺贝尔经济奖获得者美国经济学家史蒂格勒曾说过："纵观世界上著名的大企业，大公司，没有一家不是在某个时候以某种方式通过资本经营发展起来的，也没有哪一家是单纯依靠企业自身利润的积累发展起来的。"资本经营和商品经营、资产经营在本质上存在着紧密的联系，但它们之间存在着区别，不能将资产经营、商品经营与资本经营相等同。资本经营具有如下三大特征。

(一)资本经营的流动性

资本是能够带来价值增值的价值，资本的闲置就是资本的损失，资本经营的生命在于运动，资本是有时间价值的，一定量的资本在不同时间具有不同价值，今天的一定量资本，比未来的同量资本具有更高的价值。

(二)资本经营的增值性

实现资本增值，这是资本经营的本质要求，是资本的内在特征。资本的流动与重组的目的是为了实现资本增值的最大化。企业的资本运动，是资本参与企业再生产过程并不断变换其形式，参与产品价值形成运动，在这种运动中使劳动者的活劳动与生产资料物化劳动相结合，资本作为活劳动的吸收器，实现资本的增值。

(三)资本经营的不确定性

资本经营活动，风险的不确定性与利益并存。任何投资活动都是某种风险的资本投入，不存在无风险的投资和收益。这就要求经营者要力争在进行资本经营决策时，必须同时考虑资本的增值和存在的风险。应该从企业的长远发展着想，企业经营者要尽量分散资本的经营风险，把的资本分散出去，同时吸收其他资本参股，实现股权多元化，优化资本结构来增强资本的抗风险的能力，保证风险一定的情况下收益最大。

资本经营除了上述的三个主要的特征，还具有资本经营的价值性、市场性和相对性的特征。

三、资本经营的主要方式

资本经营的方式，主要体现在以下六个方面。

(一)资本扩张方式

资本扩张是资本自身生存发展的需要，也是资本具有的本质属性。企业资本扩张经营的方式是多种多样的。目前我国企业资本扩张中采用的基本方式有兼并、收购、战略联盟等。

企业资本扩张经营的根本目的是实现股东价值的最大化，并且使现有管理者的收益更大。这既是现代经营管理目标所决定的，也是企业代理理论所决定的。企业资本扩张的价值来源主要体现在：获取战略机会、产生协同效应、提高管理效率、从目标企业的价值低估中获益、降低交易成本、在联盟中实现共赢等方面。

(二)资本收缩方式

企业在经营中，随着经营战略和条件的变化，会出现一些不适合企业长期战略、没有成长潜力或影响企业整体业务发展的子公司、部门或产品生产线。为了使资源配置更加合理，更好地规避风险，使企业更具有竞争力，企业可以采取资本收缩经营方式。资本收缩方式主要有股份回购、资产剥离、企业分立、股权出售、企业清算等。资本收缩经营并非一定是企业经营失败的标志，经常与资本扩张方式相配合，通过资本扩张方式进入有发展前途的经营领域，同时从前景不佳的原有经营领域中撤退出来。面对激烈的市场竞争，企业有时采取资本收缩方式，在产业衰退初期就把经营不善的经营单位或业务，通过资本收缩方式进行战略撤退，最大限度地收回投资，降低企业风险，将过剩的资本转移到其他经营领域，使资本获得更有效的配置，提高企业资本利用效率和效益。

(三)资产重组方式

资产重组的方式主要有股份制改造、资产置换、债务重组、债转股、破产重组等。资产重组是指对一定企业重组范围内的资产进行分拆、整合或优化组合的活动，是优化资本结构、达到资源合理配置的资本经营方式，资产重组的实质是对企业资源的重新配置。企业在经营过程中，由于市场竞争日益激烈，各种经济因素变动导致企业经营收益不确定，风险也明显增加，很多企业的现金流入与高负债的资本结构所要求的法定现金流出要求严重不匹配，陷入严重的债务支付危机状态。尽管有些企业通过贷款、高负债进行高风险的资本扩张获得成功，但资产负债率过高引发的财务危机，有可能使企业因资产无法变现，不能及时清偿债务，导致失败甚至破产。为了控制企业财务风险，在资本经营过程中，企业必需根据市场环境的不断变化，经常运用资产重组方式，对企业的各种资源进行重新配置，优化资本结构，提高资源利用效率，保证企业持续发展。

(四)租赁经营和托管经营方式

租赁经营和托管经营都是通过存量资本的流动和重组来实现资本经营的。租赁经营是企业所有者将企业资产的所有权在一定时期内出租给承租方，承租方按合同规定定期交纳租金的一种经营方式。托管经营是将经营不善、管理混乱的企业委托给实力较强的优势企业经营管理的一种经营方式。租赁经营和托管经营的实质是在企业所有权与经营权彻底分离的情况下，通过市场对各种生产要素进行优化配置，提高社会资源的利用效率，实现资本经营的目标。用企业租赁、托管方式取得其他企业的资产经营权，拓宽了企业的筹资方式，可避免一次性大规模投入的困扰和企业产权关系转让中出现的一系列矛盾，达到迅速扩大经营权的效果，是增强企业经济实力的有效手段。放弃资产经营权的企业既可以盘活存量资产，优化资本结构，又可以取得一定的收入，同时又不丧失资本的所有权。

(五)无形资本经营

无形资本经营是指企业对所拥有的各种无形资本进行运筹和策划，用无形资本的价值实现企业的整体价值增值目的的资本经营方式。无形资本经营的方式主要有以下几种。①通过无形资本实施资本扩张战略。资本经营能够快速做大企业这艘船，船的航行则需要品牌这样的风帆牵引和推动。企业在采用兼并、收购、参股、合资、特许经营等方式实施资本扩张战略时，可将品牌等无形资本作为重要的投入资本，实施名牌发展战略，借助于目标企业的有形资产，以名牌为龙头，迅速扩大生产能力和市场占有率，既可以大大减少增量资本的投入，又可以充分利用对方企业的资本潜力。②无形资本所有权或使用权转让。

通过对无形资本的所有权或使用权进行转让,盘活企业的无形资本,充分发挥无形资本的作用。③保护和整合无形资本。在经济全球化和网络化市场的情况下,无形资本在企业资本经营中的作用变得越来越重要,成功地运营无形资本,能够有效地提高资本经营的效果。在资本经营过程中,企业必须对品牌资本进行价值评估,采取有效措施防止知识产权等无形资本受到侵权,避免品牌等无形资本的流失,整合本企业与关联方企业的相关品牌,延伸名牌系列产品和服务,提高品牌资本的知名度。

(六)知识资本经营

狭义的知识资本经营概念,是指在企业资本经营过程中,利用市场机制,转让和引进知识、智力,整合企业内部与外部的知识资本,借助于企业外部的知识资源创造出具有自身竞争优势的经营模式。知识资本经营的主要方式有:在资本经营过程中充分发挥知识资本的作用,建立产学研相结合的学习型组织,吸引国内外高素质技术和经营管理人才加盟,借用"外脑"使企业组织虚拟化,创造知识资本的自由流动机制,建立以顾客为中心的顾客资本经营体制等。在知识经济时代,知识资本对企业的发展具有举足轻重的作用。知识资本的出现使企业的价值不只体现在企业规模的大小,而是越来越体现在拥有知识资本的数量上,它也成为一种商品,其价值在交易中体现出来。随着工业经济时代向知识经济时代的发展,各企业将主要是通过知识而不是金融资本或自然资源等来获取新的竞争优势。企业拥有的内、外知识是无限的,搞好知识资本经营所产生的效益也必将是巨大的。此外,知识资本经营围绕市场组织智力资本和企业其他资本,灵敏度高,适应性强,相对减弱了企业经营的风险性。

第二节 公司并购

公司并购是兼并与收购的统称,是资本经营的主要方式之一,也是公司扩张的重要形式。优胜劣汰的竞争机制迫使经营困难的企业将其闲置生产要素转移给那些发展迅速、急需扩大生产经营规模的企业,而完成这一转移的最有效途径就是兼并、收购。

一、兼并与收购的概念及分类

(一)兼并与收购的概念

《大美百科全书》(Encyclopedia American)对兼并一词进行了界定:"兼并在法律上,是指两个或两个以上的公司组织组合为一个公司组织,一个厂商继续存在,其他厂商丧失其独立身份。唯有剩下的厂商保留其原有名称和章程,并取得其他厂商的资产。这种公司融合的方法与合并不同,后者是组成一个全新的组织,此时所有参与合并的厂商皆丧失其原来的身份。"该定义强调了两个或两个以上的公司通过法定方式合并重组为一个公司,重组后只有一个公司继续保留其合法地位的这一特性,这一特性也构成了兼并最基本的内涵。此外,兼并的定义还涉及另外两个重要方面:相关公司在合并过程中各自所处的地位和合并所采取的方式。就前者而言,公司兼并表现为有一个公司会处在主导地位,根据有关规定和程序选择其所要兼并的目标公司,而被兼并公司会处在被动和防御的地位。具体来说,兼并方法人地位存续,而被兼并方的法人地位通过资产负债的合并而消失。例如,A公司兼并B公司,其后A公司依然合法存在,B公司法定地位则消失,用公式来表示就是"A+B=A",因此,从这个意义上讲,兼并等同于我国《公司法》中的吸收合并。就后者而言,不同的支付方式也会导致兼并行为的差异性,这也是公司兼并最具技术性的地方。

收购指的是一个公司经由收买股票或股份等方式,取得另一公司的控制权或管理权,另一公司仍然存续而不必消失。这里取得另一公司控股权或管理权的公司就叫做收购方或收购公司,另一公司则叫做目标公司或被收购公司。收购是一个重要的法律概念,对股份有限公司尤其是对上市公司的收购在《证券法》中有严格、详细的规定。以公司收购所采用的形式划分,收购可分为协议收购和公开要约收购两大类;根据目标公司经营者与收购者的合作态度,公司收购可分为友好收购和敌意收购两大类。

兼并与收购的相同点:企业兼并和收购,本质上都是企业产权的有偿转让,即企业的所有权或产权按照市场规则实现让渡和转移;其产生的动因及在经济运行中产生的作用基本上是一致的。因此,通常将兼并和收购统称为并购。

兼并与收购之间有一定的差别,主要表现在以下几点。

(1) 在兼并中,被兼并企业作为法人实体不复存在;而在收购中,被收购企业仍可以法人实体存在,其产权可以是部分转让。

(2) 兼并后,兼并企业成为被兼并企业新的所有者和债权、债务的承担者;而在收购中,收购企业是被收购企业的新股东,以收购出资的股东为限承担被收购企业的风险。

(3) 兼并多发生在被兼并企业财务状况不佳,生产经营停滞或半停滞之时,兼并后一般需调整其生产经营,重新组合其资产;而收购一般发生在企业正常生产经营状况,收购后企业变化形式比较平和。

(4) 兼并范围较广,任何企业都可以自愿进入兼并交易市场;而收购一般只发生在股票市场中,被收购企业的目标一般是上市公司。

(二)公司兼并的类型

1. 按当事企业的行业关系分类

按当事企业的行业关系分类的兼并类型有:横向兼并、纵向兼并和混合兼并。

(1) 横向兼并(horizontal M&A)指同一行业的公司之间的兼并。这种竞争对手之间的合并将导致资本在同一领域或部门集中。横向兼并的目的是：一方面在于扩大企业生产经营规模，实现最佳经济规模；另一方面在于扩大市场占有率，减少同业竞争。也正因为如此，这种兼并可能招致反垄断诉讼。横向兼并的条件是：收购公司有能力扩大经营规模，双方的产品及服务具有同质性。

> **案例：美孚石油公司的横向并购**
>
> 美国的美孚石油公司就是通过一系列横向并购发展壮大起来的。该公司成立于1882年，早在20世纪20年代，它就通过一系列横向并购，大大扩充了自己的实力。其规模较大的并购包括对马格诺利亚石油公司，通用石油公司和白鹰石油公司的兼并。到了20世纪30年代，在美国实业界并购浪潮的推动下，美孚公司又相继兼并了真空石油公司，润滑油冶炼公司，南美海湾石油公司和哥伦比亚石油公司等，成为美国最大的五家工业公司之一。到了20世纪90年代，美孚石油公司是美国仅次于埃克森公司的第二大石油公司和第三大工业公司。1998年12月，由于国际石油市场供大于求，特别是亚洲市场需求不旺，国际油价一跌再跌，迫使石油巨头纷纷走上追求规模效益的并购之路，美孚石油公司与埃克森石油公司宣布合并，并购交易额涉及863.55亿美元，合并后新公司的规模大大超过原世界第一大石油公司——英荷壳牌公司，成为世界石油工业的新霸主。

(2) 纵向兼并(vertical M&A)指与企业的供应商或客户的合并，即优势企业将同本企业生产紧密相关的生产、营销企业兼并过来，以形成纵向生产一体化。纵向兼并实质上处于生产同一种产品、不同生产阶段的企业间的兼并，兼并双方往往是原材料供应者或产品购买者，所以对彼此的生产状况比较熟悉，有利于兼并后的相互融合。纵向兼并根据方向不同，又可分为向前兼并与向后兼并。前向兼并是指兼并生产流程前一阶段的企业，目的是保证原材料能够及时供应和降低采购成本；后向兼并是指兼并生产流程后一阶段的企业，目的是延长产品的加工链条，或者能得到稳定的产品销售市场。

(3) 混合兼并(conglomerate M&A)指既非竞争对手又非现实中或潜在的客户或供应商的企业之间的兼并，一般包括产品扩张型、地域扩张型、纯粹混合型三种类型。产品扩张型兼并指相关产品市场上企业间的兼并。地域扩张型兼并指一个企业为扩大竞争地盘而对尚未渗透的地区生产同类产品企业进行兼并。纯粹的混合兼并指生产与经营彼此间毫无相关产品或服务的企业间的兼并。通常所说的混合兼并指第三类纯粹的混合兼并。其主要目的是为了减少长期经营一个行业所带来的风险，与其密切相关的是多元化经营战略。由于这种兼并形态因收购企业与目标企业无直接业务关系，其兼并目的不易被人察觉，收购成本较低。

2. 按兼并的实现形式分类

按兼并的实现形式分类的兼并类型有：出资购买资产式、出资购买股票式、以股票换取资产式、以股票换取股票式。

(1) 出资购买资产式，指收购公司使用现金购买目标公司全部或绝大部分资产以实现兼并。以现金购买资产式的兼并，被收购公司按购买法或权益合并法计算资产价值并入收购公司，原有法人地位及纳税户头取消。对于产权关系、债权债务关系清楚的企业，出资购买资产式的兼并能做到等价交换，交割清楚，没有遗留纠纷。

(2) 出资购买股票式，指收购公司使用现金、债券等形式购买目标公司一部分股票，以实现控制后者资产及经营权的目标。出资购买股票可以通过一级市场进行，也可以通过二级市场进行。

(3) 以股票换取资产式，指收购公司向目标公司发行自己的股票以交换目标公司的大部分资产。一般情况下，收购公司同意承担目标公司的债务责任，但双方亦可以作出特殊约定，如收购公司有选择的承担目标公司的部分责任。在此类购并中，目标公司应承担两项任务，即同意解散目标公司，并把所持有的收购公司的股票分配给目标公司股东。

(4) 股权交换式，指收购公司直接向目标公司股东发行收购公司的股票，以交换目标公司的股票，一般而言，交换的股票数量应至少达到收购公司能控制目标公司的足够表决权数。

3. 按兼并企业对目标企业进行兼并的态度分类

按兼并企业对目标企业进行兼并的态度进行分类，兼并有善意兼并和敌意兼并两种形式。

(1) 善意兼并是指目标公司同意兼并公司提出的条件并承诺给与协助，使双方可以通过协商来决定兼并具体安排，如收购方式、价格、人事安排、资产处理等的兼并方式。在这种方式下，若目标公司对收购条件不完全满意，双方还可以就此进行进一步的讨价还价，最终达成双方都可以接受的兼并协议。一般而言，在善意兼并下，目标企业的经营者通常会提供必要的资料给兼并企业，双方在认可、满意的基础上制订出并购协议。

(2) 敌意兼并，又称强迫接管兼并，是指兼并公司在目标公司管理层对其收购意图尚不知晓或持反对态度的情况下，对目标公司强行进行兼并的行为。在此种兼并中，兼并公司往往采取突然的手段，提出苛刻的条件而使目标公司不能接受，后者在得知公司的意图后可能采取反兼并措施，如诉诸反托拉斯法、发行新股以分散股权、回购本公司已发行在外的股份等。同样，兼并公司在得知目标公司的激烈反应后也会采取一些措施，如发行垃圾债券筹资收购、发出公开收购股份邀约、征集目标公司股东的投票委托书等。双方之间的这种激烈的互动使兼并演变为一场你死我活的商战。

二、企业兼并的动机

(一)规模效益

该假说认为,兼并可以对资产进行补充和调整,使各生产过程有机配合,减少环节问题,降低生产成本,达到企业生产的规模效益。通过兼并把那些在技术上紧密关联的生产阶段组织在一个企业中,可以实现企业技术的规模效益。通过兼并精简机构,节省单位产品的管理费用,用同一销售网络为更多的顾客提供服务,降低单位产品的销售费用,从而在企业经营上实现规模效益。

(二)协同效应

如果某公司拥有一支高效管理队伍,其能力超过了公司的日常需求,企业兼并可使其过剩的管理资源得以充分利用,实现"管理的溢出",产生管理协同效应。企业合并可提高举债能力,降低资金成本,进行合理避税,还可能使股票价格发生波动,形成股票投机机会,增加股东的资本利得,这些都能产生企业财务协同效应。混合兼并可降低和分散市场不确定所带来的风险,产生风险协同。

(三)节约交易费用

市场运作的复杂性导致交易要付出高昂的交易成本,通过兼并使这些交易内部化,而企业内部交换是双方利益的根本一致,可节省这些交易成本。例如为保证知识产权、关键设备和技术及相关管理人员等关键要素的获得,在信息不对称和外部性的情况下,通过谈判往往要支付高昂的谈判和监督成本,还可能由于他人的竞争或垄断而最终难以实现,而通过兼并,可使之成为内部问题,节约交易费用。再如当企业商标为外人所用时,如果该使用者降低商品质量,可得到成本降低的好处,而商誉的损失则由商标所有者承担,企业可通过加强监督减少因商品质量降低而造成的商誉损失,但又须增加监督成本,而兼并可将商标使用者变成内部成员,就可解决这个问题。企业兼并还可以减少或消除因资产专用性而带来的不确定性。

(四)增强市场能力

通过兼并活动,将关键性的投入产出关系纳入到企业的控制范围,减少竞争对手,提高行业集中度,加强了对采购市场和销售市场的控制力,并且由于其较强的市场能力而不易受市场环境变化的影响。当企业兼并获得的市场控制力达到一定程度时,就可能形成市场垄断,获取垄断利润。企业兼并还可突破进入壁垒,迅速进入新的生产领域。

(五)管理层个人动机

与股东关心企业利润相比,管理者更关心自身的权利、收入、社会声望和职位的稳定性,他们通过兼并来扩大企业规模,借此来增加自己的收入并提高职位的保障程度。甚至一些管理者通过兼并满足他们的自负需要,以便显示他们不经常使用的管理天才和技能。

(六)信息信号传递

由于资本市场并不是有效率的,信息的不对称导致投资者很难全面了解公司的财务信息和经营状况,股票市价不能及时反映未公开的"内幕信息"而被低估,通货膨胀也可能造成目标公司的股票市价低于重置成本。因此,企业通过资本市场购买股票实施兼并战略,可获得更多利益。收购要约本身会传递给市场这样的信息:该公司拥有迄今为止尚未被认识到的额外价值,或者企业未来的现金流量将会增长。因此,可激励管理者依靠自身的力量贯彻更有效的战略。

以上从不同的角度对企业兼并动机的探讨,但都无法对所有的兼并活动给出合理的解释,也没有形成一个权威的、统一的结论。实际上,企业兼并的动机是多元的、复杂的,企业兼并过程是一个在多因素作用下的互动过程,很难用一种理论解释清楚。

三、公司兼并的价值评估

价值评估指兼并方与被兼并方对标的(股权或资产)作出的价值判断。兼并活动的核心问题之一是对目标公司进行估价,通过一定的方法评估标的对自己的价值,可以为兼并是否可行提供价格基础。兼并过程中,对被兼并企业的估价是兼并要约的重要组成部分。

价值评估在并购中的意义体现在以下三方面。

(1) 价值评估是对目标企业估价的核心。并购程序一般分为三个阶段:目标选择与评估阶段、准备计划阶段、公开或协议并购实施阶段。其中目标选择与评估是并购活动的基本环节,而目标评估的核心内容就是价值评估,它是决定并购是否可行的先决条件。

(2) 价值评估是成交的基础。从并购动机看,并购方的目的一般是谋求管理、经营和财务上的协同效应,实现战略重组,开展多元化经营等。从理论上讲,只要价格合理,就有达成交易的可能性。因此双方对标的价值评估是决定交易是否成交的基础,也是谈判的焦点。

(3) 中介机构介入评估过程可以使交易价格相对公正。由于双方投资者信息掌握不充分,或者主观认识上存在偏差,双方的价格预期很可能有较大差异。通常,聘请专业的中介机构从经济技术的角度作出价值评估,可以使交易价格相对公正合理,提高并购交易成功的几率。

对被兼并企业估价取决于兼并企业对其未来收益的大小和时间的预期。对被兼并企业的估价可能因预测不当而不准确。这反映了兼并企业的估价风险,其大小取决于兼并企业所用信息的质量,而信息质量又取决于被兼并企业是上市公司还是非上市公司。对被兼并企业价值评估一般可以使用以下方法。

(一)资产价值基础法

资产价值基础法指通过对被兼并企业的资产进行估价来评估其价值的方法。该法适用于目标企业清算时的价值评估。确定被兼并企业资产的价值,关键是选择合适的资产评估价值标准。目前国际上通行的资产评估价值标准主要有以下几种。

1. 账面价值

账面价值是指会计核算中账面记载的资产价值。这种方法主要以历史成本为计价依据,不考虑现时资产市场价格的波动,也不考虑资产的收益状况,因而是一种静态的估价标准。例如,对于股份有限公司来说,资产负债表所揭示的企业某时点所拥有的资产总额减去负债总额即为净资产价值,再减去优先股价值,即为普通股价值。账面价值能够通过被兼并企业公开的财务信息获取,取得成本低,因此在我国企业的并购实践中,许多并购方以账面价值作为收购价格。但这种估价标准只考虑了各种资产在入账的历史成本,而脱离了现实的市场价值。

2. 市场价值

市场价值与账面价值不同,这种估价方法是把该资产视为一种商品在市场上公开竞争,在供求关系平衡状态下确定的价值。这种方法能够真实反映企业的实际价值,但需要有对应的市场价格作为参考,有一定的局限性,且取得成本较高。

3. 清算价值

清算价值是指在企业出现财务危机而破产或歇业清算时,把企业中的实物资产逐个分离而单独出售的资产价值。清算价值是在企业作为一个整体已经丧失增值能力情况下的资产估价方法。对于股东来说,公司的清算价值是清算资产偿还债务以后的剩余价值。

(二)收益法

收益法就是根据目标企业的收益和市盈率确定其价值的方法,也可称为市盈率模型。收益法确定企业价值包括以下四个步骤。

(1) 核对、调整被兼并企业近年的经营业绩。在核对目标企业会计政策连续性的基础上,调整目标企业已公布的盈余数据,使其与并购企业的会计政策相一致。

(2) 选择用于估价目标企业收益的计算时段。一般来说，最简单的估价收益指标可采用被兼并企业最近一年的税后利润，因为其最近被兼并企业的当前状况。但是，考虑到企业经营中的波动性，尤其是经营活动具有明显周期性的企业，采用其最近三年税后利润的平均值作为估价收益的指标将更为适当。

(3) 选择市盈率。通常可选择的标准市盈率有：并购时目标企业的市盈率、与目标企业具有可比性的企业的市盈率、目标企业所处行业的平均市盈率。

(4) 计算被兼并企业的价值。

目标企业的价值＝估价收益×市盈率

【例 11-1】 A 公司意欲收购在业务市场方面与其有一定协同性的 B 公司。相关财务资料：B 公司有 5 000 万股普通股，2004 年、2005 年、2006 年税前利润分别为 1 100 万元、1 300 万元、1 700 万元，所得税税率 33%；另经调查得知，B 公司在了解到 A 公司的收购意向后，处置了一座长期闲置的厂房，税前净收益为 500 万元，已计入 2006 年损益。A 公司决定按 B 公司三年平均赢利水平对其作出价值评估。评估方法选用市盈率法，并以 B 公司所处行业的平均市盈率 16 为参数。根据以上资料，计算 B 公司价值。

由于 B 公司在 2006 年处置长期闲置的固定资产，主要是为了提高该年利润，并进而提高公司出售价格而采取的行为。这种利润今后不会重复发生，在估价时应当将其从利润中扣除，以真实反映 B 公司的赢利能力。

B 公司处置固定资产所得税前收益为 500 万元，调整后 2006 年 B 公司的税前利润为：

1 700-500=1 200(万元)

调整后计算估计净收益：

(1 100+ 1 300+ 1 200)×(1-33%)/3 = 804(万元)

计算 B 公司价值：

804 × 16 = 12 864(万元)

(三)贴现现金流量法

贴现现金流量法是由美国西北大学阿尔弗雷德·拉巴波特于 1986 年提出，也被称作拉巴波特模型(Rappaport model)，是用贴现现金流量方法确定最高可接受的并购价值的方法，这就需要估计由并购引起的期望的增量现金流量和贴现率(或资本成本)，即企业进行新投资，市场所要求的最低可接受的报酬率。

该模型所用的现金流量是指自由现金流量(free cash flow，FCF)即扣除税收、必要的资本性支出和营运资本增加后，能够支付给所有的清偿者的现金流量。

用贴现现金流量法评估目标企业价值的总体思路是：估计兼并后增加的现金流量和用于计算这些现金流量现值的折现率，然后计算出这些增加的现金流量的现值，这就是兼并方所愿意支付的最高价格。

贴现现金流量必须考虑以下几个影响因素。

1. **预测自由现金流量**

自由现金流量应是目标公司在被收购后对收购公司现金流量的贡献，该估计结果显然不同于目标公司作为一家独立公司时的现金流量。一方面是因为收购公司可能获得目标公司独自所不可能获得的经济效益，另一方面是由于收购一般会带来新的投资机会。其基本公式为：

自由现金流量=(息税前利润-所得税+折旧及摊销)-(资本支出+营运资本增加)

其中，息税前利润减去所得税加折旧及摊销是经营性现金流量，它是企业持续发展具有核心竞争力产品或服务所提供的现金，由此产生的营业利润才是保证企业不断发展的源泉；而非经常性收益不能反映企业持久的赢利能力和可持续发展能力；折旧与摊销不是本期的现金支出，却是本期的费用，因此，折旧摊销是现金的另一种来源；资本性支出是企业为了维护或扩展其经营活动必须安排的固定资产投资，以此保证未来企业价值的增长；营运资本是流动资产与流动负债的差，其变化反映了库存、应收应付项目的增减。

美国西北大学拉巴波特给出了估计自由现金流量的另一种方法：

$$CF_t = S_{t-1}(1+G_t)P_t(1-T_t) - (S_t - S_{t-1})(f_t + w_t)$$

式中：CF 为现金流量；S 为销售额；G 为销售额年增长率；P 为销售利润率；T 为所得税率；f 为销售每增长 1 元所需追加的固定资本投资(即全部固定资本投资扣除折旧)；w 为销售额每增长 1 元所需追加的流动资本投资。

只要得出 G、P、T、f 和 w 五个变量的估计值，就可以对现金流量进行规划。

2. **预测期**

一般是逐期预测现金流量，直到其不确定的程度使管理部门难以做更进一步的预测。虽然这种做法随着行业背景、管理部门政策和收购的具体环境不同而不同，在很多情况下容易武断地将预测期定为 5 年或 10 年。

3. **加权平均资金成本**

如果未来目标公司的风险被认为与收购公司总的风险相同，那么目标公司现金流量的贴现率即为收购公司的资金成本。否则，应以目标公司历史的资金成本为依据。对于上市公司，可以采用资本资产定价模型来估计目标公司的资金成本。

目标企业并购现值的计算公式为：

$$TV = \sum_{t=1}^{n} \frac{ICF_t}{(1+k)^t} + \frac{V}{(1+k)^t}$$

式中：TV 为并购后目标企业的价值；ICF 为增量现金流量；V 为预期转让价格；K 为资本成本；n 为并购评价期。

贴现现金流量法以现金流量预测为基础，充分考虑了目标公司未来创造现金流量能力对其价值的影响，对企业并购决策具有现实的指导意义。但是，这一方法的运用对决策条件与能力的要求较高，且易受预测人员主观意识(乐观或悲观)的影响。所以，合理预测未来现金流量以及选择贴现率(加权平均资本成本)的困难与不确定性可能影响贴现现金流法的准确性。

第三节 公 司 重 组

一、公司重组概述

公司重组是出资者或授权经营者以企业战略目标为导向，针对公司产权关系和其他债务、资产、管理结构所展开的企业的改组、整顿与整合的过程，以此从整体上和战略上改善企业经营管理状况，强化企业在市场上的竞争能力，推进企业创新。

企业重组的价值来源主要体现在以下几方面。

(一)获取战略机会

兼并者的动机之一是要购买未来的发展机会。当一个企业决定扩大其在某一特定行业的经营时，一个重要战略是兼并在那个行业中的现有企业，而不是依靠自身内部发展。原因在于：①直接获得正在经营的发展研究部门；②获得时间优势，避免了工厂建设延误的时间；③减少一个竞争者并直接获得其在行业中的位置。

企业重组的另一战略机会是市场力的运用。两个企业采用同一价格政策，可使它们得到的收益高于竞争时收益。大量信息资源可能用于披露战略机会。财会信息可能起到关键作用。例如会计收益数据可被用于评价行业内各个企业的赢利能力、行业赢利能力的变化等。这对企业重组是十分有意义的。

(二)发挥协同效应

企业重组的协同效应是指重组可产生"1+1>2"或"5-2>3"的效果。产生这种效果的原因主要来自以下几个领域。

(1) 在生产领域，通过重组可以扩大生产规模，产生规模效应；通过重组可低成本获取公司所需的技术；通过重组可减少原材料供给短缺的可能性；通过重组可充分利用未使用生产能力。

(2) 在市场及分配领域，通过重组可扩展现存营销分布网，使公司迅速进入新兴市场扩大公司市场规模，同时增加产品的市场控制力。

(3) 在财务领域，通过重组可以充分利用未使用的税收利益，同时可以开发未利用的举债能力。

(4) 在人事领域，通过重组可以吸收关键的管理技能，使多种研究与开发部门融合，提高效率、降低成本。

(三) 提高管理效率

企业重组的另一价值来源是增加管理效率。一种情况是，现在的管理者以非标准方式经营，因此，当其被更有效率的企业收购后，现在的管理者将被替换，从而使管理效率提高。企业重组增加管理效率的另一情况是，当管理者的自身利益与现有股东的利益更好地协调时，则可增加管理效率。例如采用杠杆购买后，现有管理者的财富构成取决于企业的财务成功，这时管理者可能高度集中其注意力于使公司市场价值最大化。

(四) 发现资本市场错误定价

如果一个个体能发现资本市场证券的错误定价，他将可从中获益。企业重组影响还涉及许多方面，如所有者、债权人、工人和消费者。在所有企业重组中，各方面的谈判能力强弱将影响公司价值增加的分配，即使企业重组不增加价值，也会产生价值分配问题。重新分配财富可能是企业重组的明显动机。

二、公司重组的分类

(一) 按重组的方式划分

1. **资本扩张**

资本扩张表现为：合并、收购、上市扩股、合资等。

1) 合并

合并是兼并和联合的统称。兼并也称吸收合并，通常是指一家企业以现金、证券或其他形式(如承担债务、利润返还等)投资购买取得其他企业的产权，使其他企业丧失法人资格或改变法人实体，并取得对这些企业决策控制权的投资行为；联合也称新设合并，是指两个或两个以上公司合并设立一个新的公司，合并各方的法人实体地位消失。

2) 收购

收购是指一个公司经由收买股票或股份等方式，取得另一公司的控制权或管理权，另一公司仍然存续而不必消失。根据《公司法》的规定，企业收购可以分为协议收购和要约收购。

3) 上市扩股

上市扩股是指通过股份制改组的企业，在符合一定条件，并履行一定程序后成为上市公司的行为。

4) 合资

合资是指两个或两个以上独立的企业或实体合并成一个新的独立决策实体的过程。除此之外，还有许多企业合作的形式，如技术的许可证，对某一合同的联合投标，特许权经营或其他短期或长期的合同等。

2. 资本收缩

资本收缩的方式有：资产剥离或出售、公司分立、分拆上市、股票回购。

1) 资产剥离或出售

资产剥离是指公司将其现有的某些子公司、部门、产品生产线、固定资产等出售给其他公司，并取得现金或有价证券的回报。

2) 公司分立

公司分立是指一个母公司将其在某子公司中所拥有的股份，按母公司股东在母公司中的持股比例分配给现有母公司的股东，从而在法律上和组织上将子公司的经营从母公司的经营中分离出去。这会形成一个与母公司有着相同股东和持股结构的新公司。

3) 分拆上市

分拆上市是指母公司把一家子公司的部分股权拿出来向社会出售。随着子公司部分股权的出售，母公司在产生现金收益的同时，重新建立起控股子公司的资产管理运作系统。

4) 股票回购

股票回购是指股份有限公司通过一定的途径买回本公司发行在外的股份的行为，这是一种大规模改变公司资本结构的方式。

3. 资本重整

资本重整方式包括：改组改制、股权置换或资产置换、国有股减持、管理层收购(MBO)、职工持股计划(ESOP)。

1) 企业改制

企业改制就是改革企业制度，建立市场经济体制下的现代企业制度。现代企业制度主要包括：现代企业产权制度、现代企业组织制度和现代企业管理制度，其中现代企业产权制度是基础。改制企业采取的形式主要有：有限责任公司、股份有限公司、股份合作制企业、合伙企业、个人独资企业。通常把企业改制重组分为整体改制和部分改制。

整体改制是指以企业全部资产为基础，通过资产重组，整体改建为符合现代企业制度要求的、规范的企业。目前，大部分企业采取整体改制的方式，经过改制，原企业经营业绩得到存续，其字号、商誉、商标等无形资产得以承继，企业原有的架构得以完整保存，有利于企业的稳定。新股东的加入和机制的转变，又增强了企业的活力，有利于促进企业的发展。部分改制是企业以部分资产进行重组，通过吸收其他股东的投资或转让部分股权设立新的企业，原企业继续保留。部分改制比较适合于大型企业的改制，尤其是设立股份有限公司时多采用部分改制的方式。严格来讲，部分改制登记不是变更登记，而是设立登记。

2) 股权置换或资产置换

股权置换是指控股公司将其持有的股份的一部分与另一公司的部分股份按一定比例对换，使本来没有任何联系的两个公司成为一个以资本为纽带的紧密联系的企业集团。

3) 国有股减持

国有股减持是指依据国有经济进行有进有退的战略调整方针，根据各上市公司在国民经济中的地位有选择、有计划地减少国有股的份额，逐步完成国有股的上市流通。

4) 管理层收购

管理层收购是指目标公司的管理层利用借贷所融资本购买本公司的股份，从而改变本公司所有者结构、控制权结构和资产结构，进而达到重组本公司目的并获得预期收益的一种收购行为。管理层收购属于杠杆收购的一种。

5) 职工持股计划

职工持股计划是一种由企业职工拥有本企业产权的股份制形式。企业职工通过购买企业部分股票而拥有企业的部分产权，并获得相应的管理权。推行职工持股计划的目的不在于筹集资金，从本源上讲，职工持股计划是蕴含于企业内部的利益调整机制，即在企业资本所有者和劳动者之间建立起的一种新型的利益关系。在共同利益的基础上，激励职工共同关注企业的经营发展。从企业内部经营管理讲，职工持股计划属于人力资源管理体系，职工持股是一种报酬机制。

4. 表外资本经营

所谓表外资本经营是指不在报表上反映的，但将导致控制权变化的行为。其具体形式包括以下几种。

1) 托管

托管是指企业的所有者通过契约形式，将企业法人的财产交由具有较强经营管理能力，并能够承担相应经营风险的法人去有偿经营。明晰企业所有者、经营者、生产者责权利关系，保证企业财产保值增值并创造可观的社会效益和经济效益的一种经营活动。

2) 战略联盟

战略联盟(合作)是指两个或两个以上的企业为了达到共同的战略目标、实现相似的策略方针而采取的相互合作、共担风险、共享利益的联合行动。战略联盟的形式多种多样，包括股权安排、合资企业、研究开发伙伴关系、许可证转让等。

(二)按重组的内容划分

1. 产权重组

产权重组是指以企业财产所有权为基础的一切权利的变动与重组。它既可以是出资者所有权的转让，也可以是经营使用权的让渡；产权转让的对象既可以是整体产权，也可以是部分产权。

2. 产业重组

宏观层面的产业重组是通过现有资产存量在不同产业部门之间的流动、重组或相同部门间集中、重组，使产业结构得以调整优化，提高资本增值能力。微观层面的产业重组则主要涉及生产经营目标及战略的调整。

3. 组织结构重组

组织结构重组是指在公司产权重组、资本重组后如何设置组织结构和组织形式的重组方式，旨在解决设立哪些组织机构，机构应具备哪些职能，机构间的相互关系如何处理、协调，管理层人选如何调整等问题。

4. 管理重组

管理重组是指公司重组活动相应涉及企业管理组织、管理责任及管理目标的变化，由此而产生的重新确立企业管理架构的一种重组形式。其目的是创造一个能长远发展的管理模式或方式，帮助企业在激烈的市场环境中更好地生存与发展。

5. 债务重组

债务重组是指对企业的债权债务进行处理，并且涉及债权债务关系调整的重组方式。债务重组是一个为了提高企业运行效率，解决企业财务困境，对企业债务进行整合优化的过程。

三、公司破产

(一)破产的含义

破产，是指在债务人不能清偿到期债务，并且资产不足以清偿全部债务或者明显缺乏清偿能力的情况下，由法院主持强制执行其全部财产，公平清偿全体债权人的法律制度。

破产有法律上的破产和事实上的破产两种情况。

法律上的破产是事实上的破产的对称，是指债务人因对到期债务不能清偿而发生的破产。在立法规定不能清偿到期债务为破产原因时发生的破产即为法律上的破产。因不能清偿仅考虑债务关系是否维系，而不考虑资债比例问题，所以便可能出现在债务人资产数额尚高于负债时，因无金钱手段偿还到期债务而不得不以破产方式还债的情况。由于此时债务人破产清算后对全部债务可能偿清，是因法律上的原因，而非资产不足还债这一事实上的原因而被宣告破产，所以称之为法律上的破产。事实上的破产又称"真正的破产"，是指债务人因负债超过资产、无法清偿债务而发生的破产。债务人因没有足够的财产作为债务偿还物质保证，而被宣告破产时，对债务实际上已不可能全部偿清，据以区别于债务人资产尚超过负债，因法律以不能清偿到期债务为破产原因而被宣告破产时，清算后尚可能还清全部债务的情况。在立法规定破产原因为债务超过时所发生的破产，即为事实上的破产。

(二)公司破产的程序

1986年，中国推出了第一部破产法——《中华人民共和国企业破产法(试行)》，但这部法律只适用于全民所有制企业。中华人民共和国第十届全国人民代表大会常务委员会第二十三次会议于2006年8月27日通过了《中华人民共和国企业破产法》，自2007年6月1日起施行。其适用范围扩大到所有的企业法人，包括国有企业与法人型私营企业、三资企业、上市公司与非上市公司、有限责任公司与股份有限公司。

1. **破产的申请**

破产申请，是指当事人向法院提出的宣告公司破产的请示。破产申请人有以下四类。

(1) 债务人。债务人不能清偿到期债务，并且资产不足以清偿全部债务或者明显缺乏清偿能力的时候，债务人可以申请破产(还可以申请和解或者重整)。

(2) 债权人。债务人不能清偿到期债务时，债权人可以申请破产清算。这里注意不包括债务人资产不足以清偿全部债务或者明显缺乏清偿能力，这是因为债务人的资产情况，债权人作为外人无法知晓，所以只要债务人不能清偿到期债务，债权人就可以向法院申请债务人破产(还可以申请重整)。

(3) 依法负有清算责任的人。企业法人已解散但未清算或者未清算完毕，资产不足以清偿债务的时候，依法负有清算责任的人应当向人民法院申请破产清算。

(4) 国务院金融监督管理机构。商业银行、证券公司、保险公司等金融机构不能清偿到期债务，并且资产不足以清偿全部债务或者明显缺乏清偿能力的，国务院金融监督管理机构可以向人民法院提出对该金融机构进行破产清算或重整的申请。

申请人向人民法院提出破产申请，应当提交破产申请书和有关证据。破产申请书应当载明下列事项。

(1) 申请人、被申请人的基本情况；
(2) 申请目的；
(3) 申请的事实和理由；
(4) 人民法院认为应当载明的其他事项。

债务人提出破产申请的，还应当向人民法院提交财产状况说明、债务清册、债权清册、有关财务会计报告、职工安置预案以及职工工资的支付和社会保险费用的缴纳情况。

人民法院受理破产申请前，申请人可以请求撤回申请。

2. 受理

债权人提出破产申请的，人民法院应当自收到申请之日起五日内通知债务人。债务人对申请有异议的，应当自收到人民法院的通知之日起七日内向人民法院提出。人民法院应当自异议期满之日起十日内裁定是否受理。除前款规定的情形外，人民法院应当自收到破产申请之日起十五日内裁定是否受理。有特殊情况需要延长前两款规定的裁定受理期限的，经上一级人民法院批准，可以延长十五日。人民法院受理破产申请的，应当自裁定作出之日起五日内送达申请人。人民法院受理破产申请后，债务人对个别债权人的债务清偿无效，债务人的债务人或者财产持有人应当向管理人清偿债务或者交付财产。

债权人提出申请的，人民法院应当自裁定作出之日起五日内送达债务人。债务人应当自裁定送达之日起十五日内，向人民法院提交财产状况说明、债务清册、债权清册、有关财务会计报告以及职工工资的支付和社会保险费用的缴纳情况。

人民法院裁定不受理破产申请的，应当自裁定作出之日起五日内送达申请人并说明理由。申请人对裁定不服的，可以自裁定送达之日起十日内向上一级人民法院提起上诉。

3. 管理人的指定

人民法院裁定受理破产申请的，应当同时指定管理人。人民法院应当自裁定受理破产申请之日起二十五日内通知已知债权人，并予以公告。

通知和公告应当载明下列事项。

(1) 申请人、被申请人的名称或者姓名；

(2) 人民法院受理破产申请的时间；
(3) 申报债权的期限、地点和注意事项；
(4) 管理人的名称或者姓名及其处理事务的地址；
(5) 债务人的债务人或者财产持有人应当向管理人清偿债务或者交付财产的要求；
(6) 第一次债权人会议召开的时间和地点；
(7) 人民法院认为应当通知和公告的其他事项。

4. 申报

人民法院受理破产申请后，应当确定债权人申报债权的期限。债权申报期限自人民法院发布受理破产申请公告之日起计算，最短不得少于三十日，最长不得超过三个月。在人民法院确定的债权申报期限内，债权人未申报债权的，可以在破产财产最后分配前补充申报；债权人未按规定申报债权的，不得依照《中华人民共和国企业破产法》规定的程序行使权利，即逾期申报债权的，视为自动放弃债权。

债务人所欠职工的工资和医疗、伤残补助、抚恤费用，所欠的应当划入职工个人账户的基本养老保险、基本医疗保险费用，以及法律、行政法规规定应当支付给职工的补偿金，不必申报，由管理人调查后列出清单并予以公示。

5. 债权人会议

依法申报债权的债权人为债权人会议的成员，有权参加债权人会议，享有表决权。

债权人会议行使的职权包括：核查债权；申请人民法院更换管理人，审查管理人的费用和报酬；监督管理人；选任和更换债权人委员会成员；决定继续或者停止债务人的营业；通过重整计划；通过和解协议；通过债务人财产的管理方案；通过破产财产的变价方案；通过破产财产的分配方案；人民法院认为应当由债权人会议行使的其他职权。

第一次债权人会议由人民法院召集，自债权申报期限届满之日起十五日内召开。以后的债权人会议，在人民法院认为必要时，或者管理人、债权人委员会、占债权总额四分之一以上的债权人向债权人会议主席提议时召开。

债权人会议的决议，由出席会议的有表决权的债权人过半数通过，并且其所代表的债权额占无财产担保债权总额的二分之一以上。债权人会议的决议，对于全体债权人均有约束力。债权人认为债权人会议的决议违反法律规定，损害其利益的，可以自债权人会议作出决议之日起十五日内，请求人民法院裁定撤销该决议，责令债权人会议依法重新作出决议。

6. 重整及和解

重整是指不对无偿付能力债务人的财产立即进行清算，而是在法院的主持下由债务人与债权人达成协议，制订重整计划，规定在一定的期限内，债务人按一定的方式全部或部分地清偿债务，同时债务人可以继续经营其业务的制度。作为一种再建型的债务清偿程序，在"促进债务人复兴"的立法目的指导下构建的重整制度，是一个国际化的潮流。在提出破产申请后，陷入困境的企业依然有可能通过有效的重整避免破产，平衡了债权人与债务人之间的利益关系。

在重整期间，经债务人申请，人民法院批准，债务人可以在管理人的监督下自行管理财产和营业事务。债务人不能执行或者不执行重整计划的，人民法院经管理人或者利害关系人请求，应当裁定终止重整计划的执行，并宣告债务人破产。

债务人可以直接向人民法院申请和解；也可以在人民法院受理破产申请后、宣告债务人破产前，向人民法院申请和解。债务人申请和解，应当提出和解协议草案。经人民法院裁定和解，予以公告，并召集债权人会议讨论和解协议草案。债权人会议通过和解协议的决议，由出席会议的有表决权的债权人过半数同意，并且其所代表的债权额占无财产担保债权总额的三分之二以上。由人民法院裁定认可，终止和解程序，并予以公告。债务人应当按照和解协议规定的条件清偿债务。按照和解协议减免的债务，自和解协议执行完毕时起，债务人不再承担清偿责任。

和解协议草案经债权人会议表决未获得通过，或者已经债权人会议通过的和解协议未获得人民法院认可的，人民法院应当裁定终止和解程序，并宣告债务人破产。

7. 破产宣告

破产宣告，就是法院对债权人具备破产原因的事实作出有法律效力的认定，是破产案件无可逆转地进入清算程序，债务人无可挽回地陷入破产倒闭的标志。破产宣告裁定，是法院对债权人具备破产原因的事实作出认定的法定方式。人民法院依照本法规定宣告债务人破产的，应当自裁定作出之日起五日内送达债务人和管理人，自裁定作出之日起十日内通知已知债权人，并予以公告。

债务人被宣告破产后，债务人称为破产人，债务人财产称为破产财产，人民法院受理破产申请时对债务人享有的债权称为破产债权。

破产宣告前，有下列情形之一的，人民法院应当裁定终结破产程序，并予以公告。

(1) 第三人为债务人提供足额担保或者为债务人清偿全部到期债务的；
(2) 债务人已清偿全部到期债务的。

8. 破产的清算

管理人应当及时拟订破产财产变价方案，提交债权人会议讨论。管理人应当按照债权人会议通过的或者人民法院裁定的破产财产变价方案，适时变价出售破产财产。变价出售破产财产应当通过拍卖进行。但是，债权人会议另有决议的除外。按照国家规定不能拍卖或者限制转让的财产，应当按照国家规定的方式处理。

破产财产应优先清偿破产费用和共益债务。破产费用是指法院受理破产申请后发生费用，破产费用包括：诉讼费用，管理、处理和分配债务人财产的费用，管理人的费用，报酬和聘用工作人员的费用等。共益债务是指在人民法院受理破产案件后为了保护债权人的共同利益的行为产生的债务。共益债务包括：因管理人或者债务人请求对方当事人履行双方均未履行完毕的合同所产生的债务；债务人财产受无因管理所产生的债务；因债务人不当得利所产生的债务；为债务人继续营业而应支付的劳动报酬和社会保险费用以及由此产生的其他债务；管理人或者相关人员执行职务致人损害所产生的债务；债务人财产致人损害所产生的债务。

《中华人民共和国企业破产法》第四十三条规定，破产费用和共益债务由债务人财产随时清偿。债务人财产不足以清偿所有破产费用和共益债务的，先行清偿破产费用。债务人财产不足以清偿所有破产费用或者共益债务的，按照比例清偿。债务人财产不足以清偿破产费用的，管理人应当提请人民法院终结破产程序。人民法院应当自收到请求之日起十五日内裁定终结破产程序，并予以公告。

破产财产在优先清偿破产费用和共益债务后，依照下列顺序清偿。

(1) 破产人所欠职工的工资和医疗、伤残补助、抚恤费用，所欠的应当划入职工个人账户的基本养老保险、基本医疗保险费用，以及法律、行政法规规定应当支付给职工的补偿金；

(2) 破产人欠缴的除前项规定以外的社会保险费用和破产人所欠税款；

(3) 普通破产债权。

破产财产不足以清偿同一顺序的清偿要求的，按照比例分配。

破产财产的分配应当以货币分配方式进行。但是，债权人会议另有决议的除外。管理人应当及时拟订破产财产分配方案，提交债权人会议讨论。债权人会议通过破产财产分配方案后，由管理人将该方案提请人民法院裁定认可，由管理人执行。破产财产分配方案应当载明：参加破产财产分配的债权人名称或者姓名、住所；参加破产财产分配的债权额；可供分配的破产财产数额；破产财产分配的顺序、比例及数额；实施破产财产分配的方法。

本 章 小 结

资本经营(capital management)是指围绕资本保值增值进行经营管理，把资本收益作为管理的核心，实现资本赢利能力最大化。资本经营的含义有广义和狭义之分。狭义的资本经营是指独立于商品经营而存在的，以价值化、证券化了的资本或可以按价值化、证券化操作的物化资本为基础，通过流动、收购、兼并、战略联盟、股份回购、企业分立、资产剥离、资产重组、破产重组、债转股、租赁经营、托管经营、参股、控股、交易、转让等各种途径优化配置，提高资本运营效率和效益，以实现最大限度增值目标的一种经营方式。资本经营具有三个特征：资本经营的流动性、资本经营的增值性和资本经营的不确定性。

公司并购是资本经营的主要方式之一，也是公司扩张的重要形式。公司购并是兼并与收购的统称。兼并等同于我国《公司法》中的吸收合并。吸收合并指一个公司吸收其他公司而存续，被吸收公司解散。购并指的是一个公司经由收买股票或股份等方式，取得另一公司的控制权或管理权，另一公司仍然存续而不必消失。企业兼并的动机是多元的、复杂的，企业兼并过程是一个在多因素作用下的互动过程，企业兼并的动机有规模效益、协同效应、节约交易费用、增强市场能力、管理层个人动机和信息信号传递。兼并活动的核心问题之一是对目标公司进行估价，通过一定的方法评估标的自己的价值，可以为兼并是否可行提供价格基础。

公司重组是出资者或授权经营者以企业战略目标为导向，针对公司产权关系和其他债务、资产、管理结构所展开的企业的改组、整顿与整合的过程，以此从整体上和战略上改善企业经营管理状况，强化企业在市场上的竞争能力，推进企业创新。破产是指在债务人不能清偿到期债务，并且资产不足以清偿全部债务或者明显缺乏清偿能力的情况下，由法院主持强制执行其全部财产，公平清偿全体债权人的法律制度。破产有法律上的破产和事实上的破产两种情况。《中华人民共和国企业破产法》规范了企业破产程序。

复习思考题

一、简答题

1. 广义的资本经营和狭义的资本经营含义是什么？
2. 资本经营和商品经营的区别和联系是什么？
3. 资本经营有哪些特征？
4. 什么是兼并？什么是收购？兼并和收购的异同点是什么？

5. 简述企业兼并的动机。
6. 简要说明破产的含义。
7. 简要说明破产财产的清偿顺序。

二、单项选择题

1. 企业通过资本市场购买股票实施兼并战略的动因可能是(　　)。
   A. 规模效益　　B. 协同效应　　C. 节约交易费用　　D. 信息信号传递
2. 以下选项中不是企业资本扩张的有(　　)。
   A. 兼并　　B. 收购　　C. 股份回购　　D. 战略联盟
3. (　　)可以帮助企业纠正错误的并购。
   A. 股份回购　　B. 资产剥离　　C. 企业分立　　D. 资产重组
4. ABC公司欲收购DEF公司，已知DEF公司总资产500万元，资产报酬率为20%，所得税率为40%，行业平均市盈率为15，权益资本为200万元，负债利率为10%。若用收益法估计，DEF公司的目标价值为(　　)。
   A. 3 000万元　　B. 1 050万元　　C. 630万元　　D. 600万元
5. 某钢铁集团并购某石油企业，这种并购方式属于(　　)。
   A. 横向并购　　B. 纵向并购　　C. 混合并购　　D. 向前并购
6. 债权人提出破产申请的，人民法院应当自收到申请之日起(　　)日内通知债务人。
   A. 30天　　B. 15天　　C. 10天　　D. 5天
7. 某企业破产，有下列债权需清偿：①破产企业所欠税款；②破产企业所欠职工的工资和劳动保险费用；③破产费用；④破产债权。对上述债权、破产财产清偿顺序是(　　)。
   A. ④②③①　　B. ③①②④　　C. ③②①④　　D. ①③②④

三、多项选择题

1. 以下(　　)属于资本经营的主要方式。
   A. 资本扩张方式　　B. 资本收缩方式　　C. 资产重组方式
   D. 租赁经营和托管经营方式　　E. 无形资本经营
2. 在运用现金流量贴现模式对目标公司进行评估时，必须解决的基本问题包括(　　)。
   A. 未来现金流量预测
   B. 折现率的选择
   C. 预测期的确定
   D. 明确的预测期内的现金流量预测
   E. 明确的预测期后的现金流量预测

3. 关于收购和兼并之间的关系，下列说法正确的是( )。
   A. 它们的基本动因相似
   B. 它们都以企业产权为交易对象
   C. 它们的被兼并企业都属于财务状况不佳或面临破产的企业
   D. 合并以后，被合并企业的负债都须由合并后的企业承担
   E. 都是以资产所有权为交易对象

4. 铝冶炼公司 A 欲兼并铝型材加工公司 B，因此与 B 公司股东商定 A 公司以每 1 股交换 B 公司 2 股股票，则该并购属于( )。
   A. 纵向兼并　　　B. 混合兼并　　　C. 股权交易式兼并
   D. 善意兼并　　　E. 敌意兼并

5. 共益债务是指在人民法院受理破产案件后为了保护债权人的共同利益的行为产生的债务。共益债务包括( )。
   A. 因管理人或者债务人请求对方当事人履行双方均未履行完毕的合同所产生的债务
   B. 诉讼费用
   C. 债务人财产受无因管理所产生的债务
   D. 因债务人不当得利所产生的债务
   E. 为债务人继续营业而应支付的劳动报酬和社会保险费用以及由此产生的其他债务

6. 下列项目不属于剥离的有( )。
   A. 甲公司出售固定资产给乙公司
   B. 丙公司出售生产线给丁公司
   C. 戊公司出售某部门给己公司
   D. 庚公司出售子公司给辛公司
   E. 壬公司出售原材料给癸公司

7. 关于剥离，下列说法正确的是( )。
   A. 剥离并非总是公司经营失败的标记
   B. 剥离可提高公司资产的质量和资本的市场价值
   C. 剥离并不仅仅是并购的相反过程，它有自身的动因和目的
   D. 分立是一种特殊形式的剥离
   E. 被剥离出的资产或部门可用货币资金或有价证券偿还

四、综合计算题

1. 甲公司准备收购乙公司的全部股权。甲公司的估计价值为 10 亿元,甲公司收购乙公司后,两家公司经过整合,价值将达到 15 亿元。乙公司要求的股权转让出价为 3.2 亿元。甲公司预计在收购价款外,还要为评估费、律师费、财务顾问费、职工安置、解决债务纠纷等收购交易费用支出 0.9 亿元。乙公司的赢利能力和市盈率指标:2004 年至 2006 年税后利润分别为 1 500 万元、1 800 万元和 2 300 万元;其中 2006 年 11 月 30 日,乙公司在得知甲公司的收购意向,处置了一处长期闲置的办公用房,税后净收益为 500 万元,已计入 2006 年损益。乙公司的市盈率指标为 15。

要求:甲公司运用市盈率法分析计算乙公司的价值以及并购净收益。

2. 假定甲公司拟在 2008 年初收购乙公司。经测算,收购后有 6 年的自由现金流量。2008 年乙公司的销售额为 2 000 万元,收购后预计销售额每年增长 10%,销售利润率(含税)8%,所得税率 25%,固定资本增长率和营运资本增长率分别为 18%和 9%。加权资金成本为 12%。用贴现现金流量法计算乙公司的价值。

年 份	2008	2009	2010	2011	2012	2013
销售额						
销售利润						
所得税						
增加固定资本						
增加营运资本						
自由现金流量						

第十二章

跨国公司财务管理

【本章导读】

大多数企业注重在海外投资的固有风险并对海外投资产生恐惧,而忽略了跨国公司实际上比纯国内公司拥有更多的机会。随着我国经济与世界经济的不断接轨,企业的国际化越来越在我国的经济发展中处于一种重要的地位,与国际资本交流,公司企业间相互往来越来越多,在跨国公司财务管理过程中必然涉及国际的筹资、投资、国际的外汇结算和跨国公司财务风险管理。因此,本章就跨国公司财务管理的相关知识做一个简单的介绍。

【知识要点】

(1) 跨国公司财务管理特点和研究内容。
(2) 跨国公司财务管理环境分析。
(3) 国际筹资管理方式。
(4) 国际投资管理环境分析和风险分析。
(5) 国际纳税管理。
(6) 外汇交易和风险分析。
(7) 国际避税和反避税。

【导入案例】

人民币升值对跨国公司经营的影响

自 2005 年 7 月 21 日,我国宣布人民币对美元一次性升值 2%。改革汇率生成机制以来,人民币兑美元的汇率基本步入了不断升值的通道,1 美元兑人民币的汇率由 2005 年 7 月 22 日的 8.276 5 元升值到 2008 年 9 月 22 日 6.824 3 元。

人民币升值对跨国企业经营现金流量的影响主要通过两种途径。

(1) 竞争效应,即人民币升值会影响海外子公司在海外市场的竞争地位从而影响以外币表示的经营现金流量。

(2) 转换效应,即给定的以外币表示的现金流量转换成人民币时现金流量会减少。为了更好地理解这个问题,现举一个例子来加以说明。

假定国内某家电企业在美国开设了一家冰箱生产企业,关键部件从国内进口,其他零部件从美国当地采购,而制成品全部在美国销售。现假定人民币升值、美元贬值,1 美元兑人民币的汇率由 7.8 下跌为 6.8,人民币升值幅度为 12.8%,则子公司的经营现金流量将如何变动呢?随着美元的贬值,从国内进口的零部件的成本将会上升,每台冰箱中零部件进口成本变为:150 美元×7.8/6.8=172 美元,增加 22 美元,则将提高每台冰箱的生产成本,从而影响该子公司在美国的竞争地位。如果在美国采购的原材料及零部件价格和制成品价格保持不变,虽然该子公司可以保持冰箱的美国市场份额,但以美元表示的经营现金流量必然下降,下降了的经营现金流量在兑换成人民币以后因美元贬值而继续下降。面对人民币升值而造成的经营现金流量的大幅度下降,子公司会根据美国冰箱的竞争格局和该子公司在市场中的竞争地位,及时调整销售价格,策略有二:一是如果该子公司生产的冰箱在美国市场处于垄断地位,子公司完全可以提高冰箱的销售价格而销售量保持不变,则可以提高以美元表示的经营现金流量和以人民币表示的经营现金流量;二是如果该子公司在美国市场处于完全竞争地位,子公司提高冰箱的销售价格则销售量必然会下降,则可能也会导致以本外币表示的经营现金流量同时下降。

从以上分析得知,在人民币升值的情况下,海外子公司除非在海外市场处于垄断地位,很多处于竞争中的企业必将面临经营现金流量下降的风险。

第一节 跨国公司财务管理概述

一、跨国公司财务管理的概念

跨国公司财务管理(multinational corporations financial)是指企业在社会经济活动中跨国经济业务活动较多,由此而产生的处理相关涉外财务活动及其经济关系的一项经济管理活动。与国内财务管理相对应,跨国公司财务管理是财务管理的一个分支,它是以国际惯例和国际经济法为准绳,处理跨国公司业务和国际经济活动及其关系的一项管理工作。随着国际经济的发展,各国经济活动的国际化,各国之间产品劳务交流的日益增加,国际金融的不断发展,作为跨国公司也必然涉及国际资金的运动,这种国际的财务筹资活动、投资活动、分配活动及其相互关系如何正确认识和处理,就是跨国公司财务管理的基本内容。

财务管理的历史实际上就是一部国际化的历史。通常认为,现代财务管理于 19 世纪末产生于美国,并迅速传入欧洲,英国将财务管理的原理传入了印度及其他英联邦国家。二次大战后,亚洲的日本、韩国、台湾和香港由于吸收了欧美财务管理的方法,极大地促进了上述国家和地区的财务管理的发展。

20 世纪 80 年代以后，资本市场不断发展，财务管理进入以资本运作重心的阶段。通过价值管理，财务管理将企业管理和各项工作有机地协调起来，全面地反映企业生产、经营各环节的全面情况。财务管理广泛关注以资本运作为重心的资本筹集、资本运用和资本收益分配，追求资本收益的最大化。

20 世纪 80 年代中后期至今，企业跨国经营发展很快，国际企业财务管理越来越重要。由于国际企业涉及多个国家，要在不同制度、不同环境下作出决策，就会有一些特殊问题需要解决，如外汇风险问题、多国融资问题、跨国资本预算问题、跨国税收问题、国际投资环境的评价问题、内部转移价格问题等。从理论形态上，这阶段财务理论研究集中在有效市场理论、资本结构与融资决策、股利理论、风险管理理论、重组财务理论、国际纳税管理理论、市场结构中的财务理论等应用性问题上。

二、跨国公司财务管理的特点

跨国公司财务管理与国内财务管理的基本原理和方法基本上是一致的，但由于国际经济活动涉及的环境有较大差异，各国的政治经济体制、金融市场的管理办法、文化环境各异，必然在跨国公司财务管理中有其一定的特殊性。

1. 所处的理财环境更为复杂

因为国际企业从事的国际性经济业务，从筹资、投资、营销、管理和分配都往往涉及不同的国家和地区，理财空间的扩展将使企业财务管理面临不同制度、经济、法律、文化、市场竞争的影响，由于对象的多样性使得跨国公司财务管理比国内财务管理更为复杂。这就要求跨国公司财务管理人员需要对世界各国的有关信息注意收集，尤其是国际财务决策时，认真对相关国际理财环境进行调查研究，熟悉相关国家的政治是否稳定，货币政策及汇率的变化趋势，文化风俗特色，避免因不懂"规矩"而造成不必要的损失。

2. 国际投资和财务活动的风险较大

在国际经济环境中，除了与国内理财的相同风险外，还面临以下五种风险。

(1) 国际政治风险。在国际经济交往活动中，由于所在国的政治不稳定，或者面临战争，就会给国际企业带来不利的影响，使国际企业出现重大损失，甚至导致破产。这是投资活动中存在的，与项目所在国国家主权行为相关而无法为公司行为所左右的风险，一般表现为歧视性风险。这种风险有明确的针对性。比如两国处于战争状态或关系恶化时，双方政府互相冻结堆放在本国的一切资产，或债务国单方面宣布停止还债，没收债权国资产。海湾战争期间，美国、伊拉克都已冻结对方在本国的一切财产。

(2) 汇率风险。对国际企业而言，由于涉及国际结算，必然面临所涉国的货币政策和汇率的影响。如果汇率变动，就会影响国际企业应收应付账款和资金价值的起伏；利率和通货膨胀对国际企业来说，既是遭受损失的原因，又是获取收益的条件。虽然跨国公司财务管理的汇率风险主要是由国际资本市场利率运动决定的，而且就公司国内投资活动也存在利率风险，利率风险可看作国际理财的一般性风险。例如，2005年7月21日起，我国开始实行以市场供求为基础、参考一篮子货币进行调节、有管理的浮动汇率制度。自此，人民币汇率告别了自亚洲金融危机以来事实上的与美元保持固定汇率的做法，人民币汇率开始波动起来。有汇率波动就有汇率风险，本轮人民币汇率改革初期人民币升值2%，对于进口商来说，已经签订的进口合同，尽管支出的美元数量没有变化，但是若该进口商是通过人民币购汇后再支出，此次人民币升值2%就使得进口商节约了2%的人民币成本，相反，若是出口，出口商得到的美元不会减少，但是结汇后的人民币却比人民币升值2%前减少了2%，造成了损失。

(3) 法律风险。随着国际经济在不断发展，国际的贸易交流，既是各国利益互补，也是各国利益竞争的过程。出于一些国家和地方保护的需要，诸如反倾销调查、歧视管制、提高关税、查封等法律手段也是影响国际企业经营的因素。

(4) 文化价值差异风险。财务管理使处理各种财务活动所涉及的各种关系，其中，人的因素就受到不同文化、价值观念的影响。众所周知，文化是一个民族建立在自己的信仰、价值和规范体系之上的一种生活方式和观念。它不仅影响我们的言行举止，也影响到我们的评价体系。因此，在跨国公司财务管理活动中，就需要协调好各方面关系，进行必要沟通，相互了解，避免因文化、观念的不同而发生的各种冲突。

(5) 自然风险。自然风险是指自然灾害、自然环境恶化等不可控制因素引起的导致公司投资损失的可能性。尽管现代的气象预报、地震预测、环境监控技术日新月异，有了很大发展，但毕竟还没能充分揭示自然界活动的规律，因而，起因于大自然变化莫测的这种自然风险，是任何投资者难以完全避免的。

三、跨国公司财务管理的内容

1. 外汇风险管理

外汇风险是指汇率变动对国际企业商务活动潜在利润、净现金流量和市场价值变动的影响。外汇风险是汇率变动对公司债务价值变动的影响，其典型的表现为是以外币表示的应收、应付款造成的。外汇风险可能会企业带来收益，也可能政策重大损失，国际企业的财务管理人员只有掌握了外汇风险管理的程序和方法，才能趋利避害。作为跨国公司财务管理，外汇风险管理是最根本的内容。

2. 国际筹资管理

国际筹资是指在国际金融市场上，运用各种金融手段，通过各种相应的金融机构而进行的资金融通。随着国际资本的流动速度的加快，对资金需求的增加，国际融资越来越成为一国融资的重要手段之一。国际经济全球化其中很重要的就是国际资本的流动全球化，作为跨国公司财务管理的一个主要内容就是对筹集资金的管理，国际企业的资金来源主要有以下几个方面。①国际信贷筹资。②国际证券筹资。③国际补偿贸易和国际租赁筹资，这两种方式不是直接获取外汇资金，而是从国外企业获得设备、技术，将其作价为货款，以后以产品实物或劳务抵偿应付的设备技术的价款。④新型融资工具。近二十年来，随着国际金融市场全球化，证券化以及自由化程度的进一步加深，金融领域的创新业务日新月异，国际筹资这一业务也不例外，筹资中的融资方式和融资工具发生了新变化，出现了一些新型融资工具，例如项目融资中的 BOT、ABS，国际股权融资中的存托凭证，债券融资中的可转换债券、中期债券、"龙债券"、欧洲票据，以及风险基金、战略结盟式融资、结构融资等。采用不同方式筹集资金，其效益和风险各异，在国际资金的有无及其比较成本变化较快的情况下，跨国公司财务管理人员必须随时掌握国际金融市场的变化，以便于正确进行筹资决策。

3. 国际投资管理

国际投资是为获取更多资本收益，将筹集到的资金用于国际企业的生产经营活动。通常，国际企业投资有直接投资和间接投资之分。与国内企业的投资方式和决策方法基本相同，但国际投资所涉及的领域更为广阔，影响因素较多，风险较大。因此，在国际投资时，需要认真分析研究投资对象的方方面面情况，对投资对象所处的政治环境、经济环境、社会环境、自然环境以及国际竞争环境深入调查分析，确保国际投资的安全性和效益性。

4. 国际纳税管理

随着国际化和跨国公司的迅猛发展，跨国纳税人因各国纳税法规客观差异的不同，如何合法避税而不重复纳税也是跨国公司财务管理的一个重要内容。

第二节　跨国公司筹资决策

随着现代市场经济的发展，企业的发展越来越离不开资本，作为现代企业如何筹集到更多的资金直接关系到企业的发展规模、企业法人资产保值增值和股东财富最大化。与国内企业一样，国际企业在发展过程中如何筹集到合适的资金，是现代资本运营的一个重要方面。

一、国际筹资渠道

国际企业的筹资渠道主要有四个方面：国际商业银行、国际性或区域性经济组织、外国政府和国际资本市场。

随着中国加入 WTO 之后，我国将逐步放松外资金融机构准入的范围和区域限制。越来越多的外资金融机构进入我国，必将使我国金融市场发生全面而深远的变化，呈现出一些新的特征，从而对国际企业筹资产生极大的影响，这些影响主要体现在：①金融市场规模的扩大、资金供给的增加和金融工具的不断创新，为我国企业筹资提供了多种可供选择的组合方式；②国内外金融市场竞争的加剧，促使我国加强金融市场机制的完善及对金融市场监管的规范，使金融市场配置资源的功能得以更加有效地发挥，使无论什么性质的企业在金融市场中享有均等的竞争机会；③外商直接投资大量涌入我国的制造业、电信业、金融业和其他相关业，为这些行业的企业获取国际筹资提供了大量较低成本的资金。因此，面对多元化的筹资渠道，如何正确选择判断需要现代财务管理人员深入细致的分析研究，在理性的分析判断下确定企业最优资本结构，成功筹措各种国际资金。

二、国际筹资方式

国际企业凭借各自的国际联系和经济实力，可以从国内融资，也可以国外或国际金融市场融资。国际企业的资金通常来自内部资金和外部资金两方面。来自于外部的资金主要是母国的资金、东道国的资金、第三国的资金、国际金融市场的资金等。

国际筹资方式主要有国际信贷筹资、股票筹资、国际债券筹资、引进外资、国际租赁筹资等方式。

(一)国际信贷筹资

1. 国际商业银行信贷

国际信贷是指借款人为支持某一项目，在国际金融市场上向外国银行或国际金融机构借入资金的信贷行为。目前，国内筹措国际银行贷款主要通过中国银行、交通银行、投资银行、建设银行、工商银行、农业银行、中信银行以及经国家批准的省市级国际信托投资公司等金融机构对外筹措。

国外商业银行贷款的方式主要有期限贷款和短期循环贷款。前者是按贷款期限长短可分为短期信贷、中期信贷和长期信贷三种；后者是国际商业银行同意在未来一段时期内，连续向借款人提供一系列短期贷款。在国际金融市场上，借款人筹措中、长期资金，除支付利息外，还要支付各种费用。费用的多少视信贷资金状况、信贷金额和信贷期限的不同而异，主要有管理费、代理费、承诺费和杂费几种。

2. 国际财团贷款

国际银团贷款也称为辛迪加贷款，是指由一家或几家银行牵头由不同国家银行参加，联合向借款者共同提供巨额资金的一种贷款。贷款金额从几亿美元到数十亿美元不等。国际财团贷款的贷款期限一般为5~10年，有时甚至更长。国际财团贷款的优点在于贷款资金使用比较自由，一般不受贷款银行限制，借款人可以将贷款用在任何国家的任何用途上，并且贷款资金供应充足，融资量大，贷款的风险也比较小。但是，国际财团贷款也存在一定的缺点，比如，贷款利率以及筹资费用比较高，其贷款期限较短等等。

3. 外国政府贷款与出口信贷

外国政府贷款是一国政府向另一国政府提供的，具有一定赠与性质的优惠贷款。根据经济合作与发展组织(OECD)的有关规定，政府贷款主要用于城市基础设施、环境保护等非赢利项目，若用于工业等赢利性项目，则贷款总额不行超过200万特别提款权。贷款额在200万特别提款权以上或赠与成分在80%以下的项目，须由贷款国提交OECD审核。

出口信贷是指一国政府为促进本国产品设备出口，向进口国提供低于市场利率的贷款，其前提条件是购买贷款国的生产设备。很多情况下出口信贷都与政府贷款或商业银行贷款共同混合使用。

我国利用外国政府贷款始于1979年。目前我国同日本、德国、法国、西班牙、意大利、加拿大、英国、奥地利、澳大利亚、瑞典、科威特、荷兰、芬兰、丹麦、挪威、瑞士、比利时、韩国、以色列、俄罗斯、卢森堡、波兰及北欧投资银行、北欧发展基金共24个国家及机构建立了政府(双边)贷款关系。除英国、澳大利亚、俄罗斯三国以外，其余上述国家及金融机构目前均有贷款余额。

(二)股票筹资

股票筹资是现代企业通过证券市场获取资金的有效途径，虽然影响企业融资选择的因素非常复杂。外部因素包括企业的产品市场竞争条件、资本市场融资条件以及监管政策条件等，内部因素包括企业的治理状况、公司财务政策、公司发展状况与战略等。但由于我国制度建设上存在的原因，加之我国的绝大多数企业起步较晚发展水平较低，而这种方式由于发行成本较低。有资料显示，我国目前境内上市公司单位资本的融资成本为2.42%，而目前三年期、五年期企业债券利率的最高限分别是3.78%和4.032%，银行贷款利率更高。现在很多上市公司根本不分红，股东及其董事会对企业的控制权也很弱，一般小股东更没有动力去监督企业，这些都跟股利政策的不合理以及会计制度的不严格有着深刻的关系。因此，股票筹资是我国大多数企业喜好的一种筹资方式。目前，国际筹资中的股权筹资有以下三种。

1. 人民币特种股票

发行人民币特种股票,是我国企业筹措外资的一个新渠道,有利与缓解企业外汇短缺问题,同时,外资的介入,也会带来一些先进的企业管理经验,有利于提高我国国际企业的经营管理水平。

2. 通过 H 股境外上市

发行境外上市股票是指国内的股份公司向境外证券交易所提出上市申请,经允许在该地区公开发行股票,并在该地区股票交易所挂牌交易的筹资活动。目前,我国股份公司发行境外上市股票主要是在香港证券市场,如中国交通银行就是于 2005 年 6 月在香港联合交易所成功上市。

3. 证券存托凭证

证券存托凭证(depositary receipts, DR),是指可以流通转让的、代表投资者对非本国证券所有权的证书。它是一种推动国际股票市场全球化,广泛吸引投资者,进一步消除国际资本流动障碍的新的股权筹资工具。它是由本国银行开出的外国公司证券保管凭证。投资者通过购买存托凭证,拥有外国公司的股权。这种方式是为便于证券跨国交易和结算而设立的原传统证券的替代形式。目前发行和销售的存托凭证有美国存托凭证 ADR、全球存托凭证 GDR、国际证券存托凭证 IDR 以及欧洲证券存托凭证 EDR 和香港证券存托凭证 HKDR。其中,美国存托凭证 ADR 出现最早,运作规范,流通量最大,最具有代表性。

我国的青岛啤酒集团、上海石化公司、仪征化纤和马鞍山钢铁公司等八家公司就是以中国公司的名义,于 1993 年先后通过发行 H 股的 ADR 直接在美国上市,开创了我国企业在美国股市发行股票的先例。投资者们也受益于中国经济的高速发展,在华尔街证券市场掀起的红筹股狂潮。随后的华能电力国际、中国东航、南方航空、大唐发电、航天科技、招商局、中国华润、上海实业、北京控股、广东粤海、中国电信等一批批"中国概念"股,不仅为中国企业为了树立品牌形象、引进资金和先进的管理,也走出了一条进入国际资本市场的道路。

合理使用 ADR 融资可以避开美国法律对在美直接发行股票、债券的公司在注册、信息批露、会计准则等方面的严格要求,可享有某些豁免,从而以较低成本进入美国市场筹集大量资本,同时可以扩充产品在国际市场的知名度,为日后在美国市场直接发行债券奠定基础,此外,ADR 和原始股跨国界相互流通,还具有一定的调整和均衡作用,如此等等使 ADR 融资方式目前在国际融资市场上备受欢迎。

(三)国际债券筹资

国际债券筹资是发行国外债券,是指一国政府及其所属机构、企业、私人公司、银行或国际金融机构等在国际债券市场上以外国货币面值发行的债券。国际债券主要分为外国债券和欧洲债券两种。在国际债券市场上发行债券是利用外资的重要形式。我国发行国际债券始于 20 世纪 80 年代初期。1982 年 1 月,中国国际信托投资公司在日本东京资本市场上发行了 100 亿日元的债券,期限 12 年,利率 8.7%,采用私募方式发行。随后,在 80 年代中后期,福建投资信托公司、中国银行、上海国际信托投资公司、广东国际信托投资公司、天津国际信托投资公司、财政部、交通银行等,也先后在东京、法兰克福、香港地区、新加坡、伦敦发行国际债券,发行币种包括日元、港元、德国马克、美元等,期限均为中长期,最短的 5 年,最长的 12 年,绝大多数采用公募方式发行。20 世纪 90 年代以后,随着我国综合国力的不断提高,我国的国际债券信用等级在不断上升,1996 年,我国政府成功地在美国市场发行 100 年期扬基债券。近年中国外汇储备不断增加,主权评级也较高,前景评级上调至正面,这将有利于降低中国政府的借贷成本。

(四)引进外资

1. 三来一补

"三来一补"是指来料加工、来样加工、来件装配和补偿贸易的统称。

所谓来料加工、来样加工、来件装配是指由外商提供原料、技术、设备,由中国内地企业按照外商要求的规格、质量和款式进行加工、装配成产品,交给外商销售,并收取加工劳务费的合作方式。

补偿贸易,主要是指先由外商提供技术、设备、专利权以及各种劳务,我方进行生产,待有关项目竣工投产后,进口方用该项目的产品或双方商定的其他办法进行偿还。补偿贸易原则上要用所产产品偿还,即直接清偿;若用双方商定的其他商品或办法偿还的,就属于间接清偿。

2. 中外合资

中外合资经营是指由中国投资者和外国投资者共同出资、共同经营、共负盈亏、共担风险的企业。企业的组织形式是有限责任公司。

这种方式是我国利用外资的较高级形式。既可长期而又稳定地利用外资,又无须动用外汇,还可以引进先进的生产技术,产品外销有保障,有利于提高我国企业生产经营的企业管理水平。

3. 中外合作经营

中外合作经营企业一般是由中方合作者提供场地、厂房和现有可利用的设备、设施、劳动力、和劳动服务等为合作条件；而国外合作者则提供资本、技术和先进设备等为合作条件。合作各方的投资者提供的合作条件，一般不以货币折算为股份，不以合作各方的投资额计股。合作各方对收益分配或风险、债务的分担，合作各方应享有的权利、义务，企业管理方式以及合作期满的清算办法，都应在合作经营企业的合作合同中明确确定。

(五)融资租赁筹资

融资租赁筹资分对生产设备的租赁筹资与对企业的租赁筹资两类。对生产设备的租赁筹资又分为融资租赁方式与服务性租赁方式两种。

融资租赁是一种世界性的现代融资手段，在国外已十分普遍。融资租赁以专业性的租赁公司为出租人，租赁公司按承租企业的要求，由租赁公司向银行贷款，再从国外或国内购入承租企业选定的新设备,并租赁给承租企业使用。租赁公司一般先收设备价款的 15%～20%作定金，其余租金则在设备投产后按月分期收取，承租企业所交的租金内容则包括设备的价款，租赁公司应取的利润及租赁公司贷款所付的利息三部分。一般设备在 3～5 年内交清，大型设备可 10 年交清。在租金交清之前，所租设备的所有权属租赁公司，而所租设备的使用权归承租公司；在租金全部付清后，才将设备的所有权让渡给承租企业。这种将"融资"与"融物"结合起来的租赁方式，其形象化的表述就是"借鸡下蛋，以蛋还钱，最终得鸡"。融资租赁方式使承租企业不必依靠贷款筹资，依托具有直接进口能力与经验的租赁公司便能很方便地获得所需的设备，并减少风险损失。对企业来说，无疑是开拓了一条"小钱办大事、零钱办整事、暂时没钱也能办好事"的融资融物的途径。例如我国在近 15 年来，仅民航系统企业就以融资租赁方式获得了价值 120 多亿美元的大型民航客机，使我国的民航事业得到了长足的发展。

国际企业的筹资管理涉及如何有效利用全球范围的各种资金渠道，选择资金成本较低的筹资方式，母公司向子公司供应资金的方式，资金供应过程中的风险管理等。在筹资环节，还得注意对账户的集中管理，各项目及子公司的资金使用预算管理，以提高资金使用效率。重要的是对资金成本做比较判断，这里需要比较各国不同的利息、股息预提税规定。

三、要注意的问题

企业在进行筹资决策时，面对选择，应遵循一定的依据，这是企业进行高效筹资的保证，主要包括以下三个方面。

1. 融资总收益大于融资总成本

企业进行融资，首先应该考虑的是，融资后的投资收益如何？因为融资则意味着需要成本，融资成本既有资金的利息成本，还有可能是昂贵的融资费用和不确定的风险成本。因此，只有确信利用筹集的资金所预期的总收益要大于融资的总成本时，才有必要考虑。这是企业进行融资决策的首要前提。

2. 利益最大化，成本最小化

企业融资成本是决定企业融资效率的决定性因素。一般情况下，按照融资来源划分的各种主要融资方式融资成本的排列顺序依次为：财政融资、商业融资、内部融资、银行融资、债券融资、股票融资。企业应该根据自己的实际经营情况，以及经济环境来确定使得利益最大、成本最低的筹资方式及筹资组合。

3. 筹投结合，以投定筹，提高筹资效益

企业在筹集资金时，应根据投资项目确定企业的融资规模。筹资过多，或者可能造成资金闲置浪费，增加融资成本；或者可能导致企业负债过多，而无法承受，偿还困难，从而增加经营风险。而筹资不足，又会影响企业投融资计划及其他业务的正常发展。因此，企业在进行融资决策之初，要充分结合当前项目投资的需要，量力而行来确定企业合理的融资规模，以提高筹资效益。

4. 合理确定最优资本结构

面对多种可利用的筹资渠道，企业如何选择，使得在最优筹资中达到最优资本结构，需要一定的资本结构理论做指导。一般采用每股盈余的高低作为衡量标准对筹资方式进行选择。事实上，这种方式没有考虑风险因素。从根本上讲，财务管理的目标在于追求公司价值最大化，或股价最大化。然后只有在风险不变的情况下，每股收益的增长才会直接导致股价的上升，实际上经常是随着每股收益的增长风险加大。如果每股收益的增长不足以补偿风险增加所需的报酬，尽管每股收益增加，股价仍然会下降。所以说到底公司的最佳资本结构应当是可使公司的总价值最高，股东价值最大化，而不一定是每股收益最大的资本结构。同时，公司总价值最大的资金结构下，公司的资金成本也是最低的。

资本结构理论为企业融资决策提供了有价值的参考，可以指导决策行为。但是应该指出的是，由于融资活动本身和外部环境的复杂多变，最优资本结构是无法被准确预算出来的，所以在一定程度上最优筹资中的最优资本结构还要依靠经理人丰富的经验和相关的主观判断。

第三节　跨国公司投资管理

国际投资是一种游离于本国经济，以赢利为目的对他国的证券商品、金融、衍生商品及其产业等进行投资的一种资本组合。国际投资在当今世界经济全球化、市场统一化的条件下，在一个国家的社会经济生活中将显得更加重要和经常化。目前，我国已初步确立符合国情的促进"走出去"的政策体系，对外投资领域取得较大发展，从 20 世纪 80 年代集中于美欧日等少数发达国家和中国港澳地区，发展到周边国家和亚洲、非洲、拉丁美洲以及东欧等广大发展中国家和地区，投资领域不断拓宽，由初期的进出口贸易、航运和餐饮等少数领域拓展到加工制造、资源利用、工程承包、农业合作和研究开发等国家鼓励的领域。

一、国际投资环境

投资环境，是指在投资过程中影响企业生产经营活动的综合条件。具体来说，就是一个国家或地区接受和吸引外商前来直接投资所具备的条件。从不同的角度，可以对投资环境作不同的分类。

1. 从地域范围上划分，可分为宏观投资环境和微观投资环境

宏观投资环境是指整个国家范围内影响投资的各种因素的总和。微观投资环境是指一个地区范围内影响投资的各种因素的总和。各个地区的投资环境是国家宏观投资环境的构成部分，因此，各地区投资环境的改善也能促进国家宏观投资环境的改善。

2. 从投资环境所包含因素的多少来划分，可分为狭义的投资环境和广义的投资环境

狭义的投资环境主要指投资的经济环境，包括一国经济发展水平、经济发展战略、经济体制、基础设施、外汇管制、市场的完善程度、物价和经济的稳定状况等；广义的投资环境除包括狭义的即经济的投资环境外，还包括政治、法律、社会文化等对投资可能发生直接间接影响的各种因素。通常所说的投资环境主要指广义的投资环境，具体可以从以下几个方面来看。

(1) 行政环境。行政环境是指投资地区执政者的能力、政府部门的效率、政府的对外形象、政策连续性、政府及公众对外资的态度等方面基本情况。它直接关系到国际投资的安全性，是投资者首当考虑的重要因素之一。

(2) 经济环境。经济环境是指投资地区的经济发展状况及趋势，经济体制与其运行，市场规模的大小、增长潜力及开放程度，产业结构、就业结构、消费结构及其水平、增长

潜力及开放程度，政府经济政策及措施，资源和原材料的供应情况。在投资地区投资环境系统中，经济因素是一个涵盖面最广、内容最丰富而且是在行政环境健康的一般情况下最为重要的要素，对国际投资起直接调节和支配作用。

(3) 公共服务环境。公共服务环境是指投资地区为投资者提供的基本生存和发展条件，是任何投资活动不可缺少的因素。公共服务环境包括硬环境和软环境。基础设施对外商投资活动的约束是刚性的，即通称的硬环境。基础设施作为"劳动过程的资料"为外商投资提供着须臾不可分离的一般条件，离开了它们，生产经营就不能进行。"它们不直接加入劳动过程，但是没有它们，劳动过程就不能进行，或者只能不完全地进行。"基础设施既包括生产基础设施，如交通、通信、供电、给排水、煤气、仓库、厂房等；也包括生活基础设施，如住宅、宾馆、购物场所、党校、医院、文化和娱乐设施等。与基础设施相比，一些社会性服务领域，如金融服务、信息服务、投资服务、咨询服务、生活服务等。无论基础设施条件还是社会性服务条件，都对国际投资活动有较大影响。

(4) 法制环境。法制环境是指投资地区法律体系的完备性、法律仲裁的公正性和法制的稳定性等方面所具有的基本条件。法制环境在投资地区投资环境中占有重要地位。在投资地区投资环境系统中，法制环境起着调整投资关系，保障投资者利益和安全，调节投资行为的作用。

(5) 社会文化环境。社会文化环境是指投资地区在社会与文化方面所具备的基本条件。它包括语言、民族、宗教、风俗、文化传统、价值观念、道德准则、教育水平和人口素质等。这些因素虽然无形，但对投资环境的影响却是有形的。

(6) 自然地理环境。自然地理环境是指投资地区在自然状况和自然资源等方面所具备的基本条件，主要包括投资地区的地理位置、区域面积、人口规模、地形、地质、水文、气候、自然风光、矿产资源及家农林牧渔资源等方面的状况。这些因素属于自然生成，但对企业进行国际投资就具有不可忽视的影响。

3. 从投资环境的属性划分，可分为自然投资环境和人为投资环境

自然投资环境主要指自然地理条件，如有观赏和游玩价值的自然奇观、有开采价值的矿产资源等；人为投资环境主要指生产性、生活性及社会性基础设施等。对东道国来说，既要重视对自然投资环境的利用，更要重视人为投资环境的改善，如人为环境"迪斯尼乐园"对旅游者影响还是很大的。

二、国际投资方式

国际投资可分为国际直接投资和国际间接投资，前者又可分为国际政府直接投资、国际私人直接投资和国际组织直接投资，后者可再分为国际政府间接投资、国际私人间接投

资和国际组织间接投资。在国际间的经济贸易活动中最常见和广泛的一种方式是国际私人直接投资,即国外有关个人和经济组织将自己直接拥有所有权的财产(包括资金、技术、设备、知识产权等)通过法律途径投向非本国进行生产、经营并由投资者对其进行直接管理的一种投资方式。在我国大陆的外商投资企业大多就属于私人直接投资的方式,如中外合资经营企业、中外合作经营企业和外资企业。

(一)国际直接投资

国际直接投资是指投资者以控制企业部分产权、直接参与经营管理为特征,以获取利润为主要目的的资本对外输出。在境外直接投资一般形式有:①采取独资企业、合资企业和合作企业等方式在国外建立一个新企业;②通过并购获取对方企业的所有权;③通过证券市场收购外国公司的股份,控制或影响该企业。在国际上究竟控股率达到多少比例才算是直接投资,目前尚无统一的标准。按国际货币基金组织的定义,只要拥有25%的股权,即可视为直接投资。按美国规定,凡拥有外国企业股权达10%以上者均属直接投资。

随着世界经济一体化进程的加快,国际经济活动日益频繁。据统计,1998年全球货物贸易总额达55 620亿美元,为1950年的90倍。1998年全球国际直接投资流出流入再创新高,分别达6 490亿美元和6 440亿美元,投资存量则超过40 000亿美元。国际贸易和国际直接投资的发展,对世界各国的经济和政治关系产生了重要而深远的影响。针对这一国际领域的高速发展和对世界经济的影响,西方经济学界从理论上对这一领域进行了的大量探讨研究,形成了许多观点各异的理论。这些理论一般统称为国际直接投资理论或对外直接投资理论,概括来说有以下几个。

1. 垄断优势理论

垄断优势理论(monpolistic advantage theory)是最早研究对外直接投资的独立理论,它产生于20世纪60年代初。1960年美国学者海默(Stephen Hymer)在他的博士论文中提出了以垄断优势来解释对外直接投资的理论。

海默研究了美国企业对外直接投资的工业部门构成,发现直接投资和垄断的工业部门结构有关,美国从事对外直接投资的企业主要集中在具有独特优势的少数部门。美国企业走向国际化的主要动机是为了充分利用自己独占性的生产要素优势,以谋取高额利润。海默认为,其他国家的对外直接投资也与部门的垄断程度较高有关。另一方面海默还分析了产品和生产要素市场的不完全性对对外直接投资的影响。在市场完全的情况下,国际贸易是企业参与国际市场或对外扩张的唯一方式,企业将根据比较利益原则从事进出口活动。但在现实生活中,市场是不完全的,这种产品和生产要素市场的不完全性为对外直接投资打开大门。正是由于上述障碍和干扰的存在严重阻碍了国际贸易的顺利进行,减少了贸易带来的益处，从而导致企业利用自己所拥有的垄断优势通过对外直接投资参与国际市场。

2. 产品生命周期理论

产品生命周期理论是美国哈佛大学教授费农(Raymond Vernon)提出的，这一理论既可以用来解释产品的国际贸易问题，也可以用来解释对外直接投资。

费农认为，产品生命周期的第一阶段是创新阶段或称为新产品阶段。在这个阶段，由于创新国垄断着新产品的生产技术，因此，尽管价格偏高也有需求，产品的需求价格弹性很低，生产成本的差异对公司生产区位的选择影响不大，这时最有利的安排就是在国内生产，并通过出口满足国外市场的需要。第二阶段是产品成熟阶段。这时产品的生产技术基本稳定，市场上出现了仿制者和竞争者，产品的需求价格弹性增大，降低成本成了竞争的关键。这时由于国外劳动成本低于创新国，同时也为了避开关税壁垒，创新国企业开始进行对外直接投资，在国外建立子公司进行生产。投资地区一般是那些收入水平和技术水平与创新国相似，但劳动力成本低于创新国的地区，如美国公司对欧洲的直接投资。第三阶段是产品的标准化生产阶段。在这一阶段，价格竞争显得更为重要，因为产品的生产技术已经普及，而且创新国的优势也已丧失，此时只能将生产进行转移。一般情况下，企业都将生产向低收入低成本国家和地区转移，产品返销到跨国公司母国或其他国外市场。

根据产品生命周期理论，企业从事对外直接投资是遵循产品生命周期即产生、成熟、下降的一个必然步骤。假定世界上有三类国家：一是新产品的发明国，通常为发达国家；二是发达程度略低的国家，通常为较发达国家；三是落后国家，通常为发展中国家。费农认为，新产品随其产生、成熟到下降，将在这三类国家间进行转移。

3. 内部化理论

内部化理论(the theory of internalization)也称市场内部化理论，它是20世纪70年代以来西方跨国公司研究者为了建立所谓跨国公司一般理论时所提出和形成的理论，是当前解释对外直接投资的一种比较流行的理论，有时也称其为对外直接投资的一般理论。这一理论主要是由英国学者巴克莱(Peter Bukley)、卡森(Mark Casson)和加拿大学者拉格曼(Alian M.Rugman)共同提出来的。

内部化是指企业内部建立市场的过程，以企业的内部市场代替外部市场，从而解决由于市场不完整而带来的不能保证供需交换正常进行的问题。内部化理论认为，由于市场存在不完整性和交易成本上升，因此企业通过内部市场的买卖关系不能保证企业获利，并导致许多附加成本。因此，建立企业内部市场即通过跨国公司内部形成的公司内市场，就能克服外部市场和市场不完整所造成的风险和损失。

4. 比较优势理论

比较优势理论(The Theory of Comparative Advantage)是20世纪70年代日本学者小岛清(Kiyoshi Kojima)教授提出的。小岛清认为，由于各国的经济状况不同，因此，根据美国对外直接投资状况而推断出来的理论无法解释日本的对外直接投资。比较优势理论的基本内容是：对外直接投资应该以本国已经处于或即将处于比较优势的产业(边际产业)依次进行。这些产业是指已处于比较劣势的劳动力密集部门以及某些行业中装配或生产特定部件的劳动力密集的生产过程或部门。凡是本国已趋于比较劣势的生产活动都应通过直接投资依次向国外转移。国际贸易是按既定的比较成本进行的，根据从比较劣势行业开始投资的原则所进行的对外投资也可以扩大两国的比较成本差距，创造出新的比较成本格局。据此小岛清认为，日本的传统工业部门很容易在海外找到立足点，传统工业部门到国外生产要素和技术水平相适应的地区进行投资，其优势远比在国内新行业投资要大。

5. 国际生产综合理论

国际生产综合理论(the eclectic theory of international production)又称国际生产折中理论，是20世纪70年代由英国著名跨国公司专家、里丁大学国际投资和国际企业教授邓宁(John H.Dunning)提出的。

国际生产综合理论认为，一个企业要从事对外直接投资必须同时具有三个优势，即所有权优势、内部化优势和区位优势。

(1) 所有权优势主要是指企业所拥有的大于外国企业的优势。它主要包括技术优势、企业规模优势、组织管理优势、金融和货币优势以及市场销售优势等。

(2) 内部化优势是指企业在通过对外直接投资将其资产或所有权内部化过程中所拥有的优势。也就是说，企业将拥有的资产通过内部化转移给国外子公司，可以比通过市场交易转移获得更多的利益。企业到底是选择资产内部化还是资产外部化取决于理论的比较。

(3) 区位优势是指企业在具有上述两个优势以后，在进行投资区位要素选择上是否具有优势，也就是说可供投资地区是否在某些方面较国内优势。区位优势包括：劳动成本、市场需求、自然资源、运输成本、关税和非关税壁垒、政府对外国投资的政策等方面的优势。

如果一家企业同时具有上述三个优势，那么它就可以进行对外直接投资。这三种优势的不同组合，还决定了对外直接投资的部门结构和国际生产类型。

以上我们分析和介绍了西方学者在研究国际直接投资时提出的五种主要的理论，除此之外还有其他一些理论，如资本化率理论等。理论的发展源于实践的发展和丰富。可以相信，随着各国对外直接投资活动的不断发展，有关这方面的理论研究也必将会不断有所创新。

(二)国际间接投资

国际间接投资也称为国际证券投资,是指在国际证券市场上发行和买卖外国企业或政府发行的中长期有价证券所形成的国际资本流动,其目的是获取利息或红利的投资行为。通常所讲的国际间接投资也就指股票投资和债券投资两类。

国际间接投资和国际直接投资相比,二者有很明显的区别。国际直接投资是一种经营性投资,无论投资者在哪一行进行投资,都以取得企业的经营控制权为前提条件。而国际间接投资是以取得一定的收益为目的持有国外有价证券的行为,一般不存在对企业经营管理权的取得问题,即使是在取得股权证券进行投资的情况下,也不构成对企业经营管理的有效控制。除此之外,国际间接投资和国际直接投资的区别即国际间接投资的特征主要有以下几个。

1. 货币形式的资本转移

在资本移动的形式上,国际直接投资不是单纯货币形式的资本转移,它是货币资本、技术设备、经营管理理念和经验等经营资源在国际间的一揽子转移,而且这些转移不一定要通过金融市场来完成。与国际直接投资不同,国际间接投资是以证券(股票和债券)为媒介的投资,是通过货币形式的资本转移来获取利息或股息的,并且这些转移是通过金融市场来实现。

2. 投资风险小,周期短

国际直接投资一般都要参与一国企业的生产,投资周期长,资金一旦投入某一项目,要抽出就比较困难,流动性较小,因而风险大。与国际直接投资不同,国际间接投资回收期较短,流动性大,风险也就较小。尤其是随着证券二级市场的日益发达和完善,证券的流通更为方便,进一步增强了国际间接投资的流动性,减小了投资者所承担的风险。

3. 流动性强

国际直接投资的投资回收期较长,流动性小,而国际间接投资以获取最多的投机利益或寻找安全的场所为目的,特别是大量的短期国际游资,其流动速度更快,一天之内甚至可以流动几个国家,兑换成几种货币。

4. 政策性强

国际直接投资往往是一个企业追求经济利益而进行投资的,而国际间接投资通常是与一国的国际收支状况和国家政策调整有关的。比如一个国家为调整本国国际收支的逆差,可能会发行债券筹集外资或动用外汇储备,这些都会引起资本流动。因国家政策调节而引起国际资本流动的情况更是多种多样,如美国从 2001 年 5 月到 2003 年 6 月,为了刺激经济增长,美联储连续 13 次降息,将联邦基金利率(美国中央银行基准利率)从 6%下调到 1%,这对使消费者获得较为优惠的贷款利率,并由此带动消费,从而刺激经济循环健康发展产生了很大的影响,而且对国际资本的流动产生了很大的刺激。

5. 灵活性大

在国际间接投资中,各种有价证券可以在国际上相当便捷地转换和变现收回。例如,因国际间利率的不同而引起的国际资本流动,可以迅速地从低利率国家转移到高利率国家。另外,投资者还可利用汇率的变动及其差价,进行套利套汇投机活动,也可以利用国际证券投资的这种灵活性通过对有价证券的价格变动进行预测,进行期权、期货交易以取得投机利润。

三、国际投资风险

国际投资风险是指某一特定时间内国际投资所产生的实际收益偏离期望收益值的程度,偏离程度越大,投资的风险程度越大;偏离程度越小,投资的风险程度越小。国际投资与一般的国内投资相比,由于受各国不同经济、政治、法律等因素的影响,使得国际投资决策更为复杂。国际贸易投资与经济增长具有密切相关,经济波动是未来国际贸易投资面临的首要风险。

(一)国际投资风险的识别

国际投资风险识别方法多种多样,一般需视国际投资项目的特殊性和公司运用识别方法运用的便利性而具体的选择。下面介绍几种常见的风险识别方法。

1. 风险调查法

风险调查是通过一定形式调查公司内、外部人员对某具体的国际项目面临的风险种类以及每种风险对投资项目影响程度的认识,以此识别国际投资风险。头脑风暴法和德尔菲法是调查法的典型运用。

2. 风险模拟法

国际投资风险的影响因素较多,需要一种能够识别关键因素及其影响的方法,风险模拟法正是适合这种需要而产生的。风险模拟法通过建立一定形式的模型来说明风险的影响因素及其同风险变化的关系,在此基础上再说明各种形式的风险对投资项目的影响程度。幕景论证法是风险模拟法的一种具体化运用,它通过绘制图表、曲线等手段对国际商务项目的未来状态予以描述,重点说明当某些因素变化时整个项目的情况会出现哪些变化,会有什么样的风险。

3. 风险情报法

这是利用国际研究机构,如一些大银行、大公司公开发表的报告来进行国际投资风险的识别工作,但风险情报法主要限于国家风险的识别。美国纽约的国际报告集团、国际金融界权威杂志《欧洲货币》、《机构投资家》、国际商业公司、日本公司债研究所等都定期公布它们对国家风险论证与预测的结果。

(二)国际投资风险估计

风险估计是国际投资风险管理的第二阶段,其主要内容是对风险事故发生概率的估计,并在概率估计的基础上进行风险损失估计。

概率估计具有不同的形式,或者是客观估计,或者是主观估计。这是因为投资风险事故的发生概率可能是客观概率,也可能是主观概率,客观概率的概率值是客观存在的,不以公司投资者的主观意志为转移。一般说来,根据大量实验用统计方法计算的或根据概率的古典定义计算的概率值都是客观概率;而主观概率只是决策者对风险事故发生的概率作出主观估计,其概率值因为决策者不同而不同。用客观概率对投资风险加以估计是客观估计,用主观概率对投资风险加以估计就是主观估计。在国际商务风险估计的论证中,有时既不是完全用客观概率,也不是完全用主观概率,而是用主客观概率综合论证的结果,即用合成概率来进行风险估计,因而表现出合成估计的特性。

只要投资风险事故发生的概率能估算出来,风险损失估计的问题就会迎刃而解。可见,风险估计的核心问题在于公司通过什么方法确定风险事故发生的概率值。

(三)国际投资风险控制

风险识别和风险估计的最终目的在于风险控制。国际投资风险控制就是公司通过各种经济、技术手段回避、分散或转移国际投资风险,将风险控制在本公司所能够承担的一定范围之内的行为。

1. 风险回避

某些国际投资项目面临的风险形势及风险事故发生的可能性程度或概率值事先是可以预料的,公司只要改变投资的国别、时间等因素,或干脆取消该商务项目,就可以避免这些事故的发生以及随之而来的风险损失。不过,公司不进行国际投资活动,就不能获得国际投资的利益,以不进行国际投资的方式来回避国际商务风险并非明智之举。一般说来,公司是通过变更投资地点和投资时间的方式,对某投资项目所面临的无法转移的特定的国家风险、政治风险采取风险回避的措施。

2. 风险分散

跨国公司一般通过两种措施来分散其国际投资风险。其一，投资分散化，就是不把全部鸡蛋放在一个篮子里，即不把国际商务项目集中于某一特定国家(或地区)或某一特定部门上，而是实现国际商务地域、行业、产品的多元化，四面出击，从而提高企业抵御风险的能力；其二，联合投资，共担风险，如与项目所在国政府或大中型公司合营等。

3. 风险转移

风险转移分为保险转移和非保险转移。保险转移是指公司支付保险费，向保险公司投保，将国际商务的部分风险转移给保险公司，如在公司向项目所在国保险公司投保以后，发生火灾、地震等自然风险的损失就有相当一部分由保险公司承担；非保险转移是指公司不向保险公司投保而利用其他途径把国际商务的部分风险转移出去，从而达到风险控制的目的，公司进入期货市场套期保值等，都可以将风险转移。

总的来说，国际投资来源于 20 世纪 80 年代，是以直接投资的方式进行，亦与跨国并购相结合。到 20 世纪 90 年代末已经初具规模。目前，风险投资的国际化已经成为现代世界经济一体化的一个重要的组成部分，是高科技产业跨国发展的直接推动力。近几年国际风险投资大规模投入中国内地。国际风险投资的进入对于我国国际投资事业是一个促进，也是一种压力。国际风险投资机构利用国外优越的融资条件，成熟的资本市场以及良好的风险资本运作经验，结合我国高科技企业成本相对低的优势，创造了良好的投资业绩。这对我国的"走出去"战略有很大的启发意义，至 2006 年，我国经济持续向好。企业实力增强，能够到海外拓展市场的企业不断增多，此外，随着近年来我国部分行业产能过剩和市场饱和，也在客观上促使行业的一些领先企业到国外拓展生存空间。企业通过"走出去"战略，实现产品原产地多元化，客观上也缓解了日趋严峻的贸易摩擦，同时成为我国企业获取境外资源的有效渠道。如何防范风险，提高投资收益已越来越为广大的企业经营管理者所认识。

第四节 国际企业纳税管理

随着我国经济的不断发展和加入世贸组织，我国对外经济活动日益扩大，不仅各种类型的外商投资企业在我国纷纷建立，国内企业也开始走出国门，积极从事国际贸易和国际投资，参与国际竞争。在跨国投资经营中，国际企业纳税管理显得十分必要和迫切。

一、国际纳税概述

国际税收关系是国际经济关系中一个重要的组成部分,随着国际经济交往的不断发展,资本的国际性流动、劳务的提供及科学技术和交流等,都会引起各种投资所得和营业所得的实现越来越多地超越国家的范围。国际税收基于有关国家对跨国纳税人征税的重叠而产生,它体现的是涉及主权国家之间的税收分配关系。例如国家之间税收政策的影响、征税的多寡和税收分配的协调等。

(一)国际纳税的研究对象

国际纳税的研究对象为:各国政府为协调对跨国纳税人的稽征管理,跨国纳税人的重叠交叉课征和各自涉外税收负担政策等方面所采取的单边、双边和多边措施,以及由此产生的各国政府处理与其他国家政府之间税收分配关系的准则和规范。

(二)国际纳税的研究范围

国际纳税是由于对跨国纳税人征税而引起的,那么,对跨国纳税人的什么进行征税、征什么税才会引起国家之间税收权益变化,才构成国际税收活动,这些就构成了国际税收的研究范围。关于各国课税的税种,包括所得税、财产税、增值税、消费税、关税等。

国际纳税的研究范围,不仅涉及跨国所得课税和跨国财产课税,而且应包括跨国商品课税,即所得税、一般财产税,对商品和劳务的征税以及关税,都在国际税收的研究范围之内。

(三)国际纳税的研究内容

了解研究范围是认识研究的广度,而明确研究内容反映的是认识问题的深度。国际纳税的研究内容主要包括:税收管辖权的确立、国际重复课税的免除、国际避税与反避税、国际税收协定、国际收入和费用的分配等。

1. 税收管辖权问题

税收管辖权是一国政府在税收领域的主权,即一国政府在行使主权课税方面所拥有的管理权力。它是国际税收中一个带根本性的问题,国际税收中双重纳税的发生,国家之间税收分配关系的协调和其他许多问题,都同税收管辖权有密切关系。所以,研究国际税收首先要了解税收管辖权。

2. 避免国际双重课税问题

国际双重课税是指两个或两个以上国家,对同一跨国纳税人或不同跨国纳税人所发生的同一征税对象课征同样的税收，即发生了重叠征税。国际双重课税产生的主要原因，是由于各国税收管辖权存在着重叠与交叉的结果，它给国际经济的发展增设了障碍，后果严重，影响很大：一方面由于国际双重征税加重了跨国纳税人的税收负担，使其难以从事跨国经营活动，不利于资金的国际流动和运用；另一方面国际双重征税影响商品、劳动、资本和技术等经济要素的国际流动，对国际资源配置产生阻碍。所以，避免国际双重征税是国际税收研究中一个最为实际的问题，也是国际税收研究所要达到的目的之一。

3. 国际避税与反避税问题

国际避税是指跨国纳税人利用各国在税法规定上的缺陷，通过人和资金、财产的国际流动，以达到其减轻税收负担的不违法行为。国际避税是国际税收中的一种普遍现象，其结果将导致纳税人税负不公。在税收的征管活动中，对税务当局而言，国际避税是一个十分棘手的问题。

由于国际避税影响各国政府的财政收入，因此，各国都采取积极的措施，对国际避税加以防范和制止，这被称为反避税。针对各种避税的手法，研究和制定有效的防范措施，堵塞国际税收活动中的漏洞，也是国际税收研究的重要内容。

4. 国际税收协定问题

国际税收协定，是指两个或两个以上的主权国家，为了协调相互之间在处理跨国纳税人征税方面的税收关系，依据国际关系准则，通过谈判所签订的一种协议或条约。国际税收协定属于国际法的范畴，它对有关国家具有国际法的约束力，是国际税收的法律制度。

世界上最早的税收协定是 1843 年比利时和法国政府签订的税收协定。该协定主要是为了解决两国政府在税务问题上的相互合作和情报交换等问题。100 多年以来，为适应国际税收关系不断发展的需要，国际税收协定从单项向综合、从双边向多边迅速发展。特别是 20 世纪中叶以来，国家与国家之间签订税收协定十分活跃，并且不断扩大。据统计，目前国际上已经生效的税收协定有 2000 多个，并且形成了具有世界性意义的两个国际性税收协定范本：由联合国专家小组提出的《发达国家与发展中国家避免双重征税的协定范本》(简称联合国范本)和由经济合作与发展组织提出的《关于对所得和财产避免双重征税的协定范本》(简称经合组织范本)。两个范本的内容、结构大体相同，用以指导各国税收协定的签订。通过研究国际税收协定，确定解决国际税收问题的措施和方法，以消除由于税收问题而引起的矛盾和冲突。

5. 国际收入和费用的分配

国际收入和费用的分配，是指跨国纳税人(关联企业)里收入和费用的分配原则和方法。通常而言，一个跨国公司的总机构同其分支机构之间，母公司同子公司之间，以及同一跨国公司内一个分支机构或子公司同其他分支机构或子公司之间,都是互相有关联的,这些都被称之为关联企业。跨国纳税人的国际收入与费用应该怎样在相关的国家之间进行分配,是一个十分复杂和重要的问题。

对国际关联企业来说,通常利用各国税制存在的差异,以本身利益最大化为目标,对其国际收入和费用的分配进行全盘考虑,使其收入在最有利的地点和最有利的时间获得,使其费用在最有利的地点和时间发生,借以逃避一部分应纳税款,获取更大的经济利益。其手段通常是利用各关联企业所在国所得税税率高低差异,采取转让定价的方式来实现。由于关联企业的转让定价涉及相关国家的税收收入,所以关联企业之间转让定价的调整和规范也是国际纳税研究的重要内容。

以上几个方面的内容只是国际纳税关系中的一些基本问题,国际纳税还涉及其他内容,如关税、关税壁垒和对外关系中的税收优惠等。

二、避免双重纳税

世界上各个国家当不同的税收管辖权,相互交错,对同一跨国纳税人的同一所得征税时,这个纳税人的所得就可能被两个以上或两个以上的国家同时进行两次或两次以上的课征,出现双重纳税的现象。国际双重课税是各国税收管辖权交叉的结果,国际双重征税的根源就在于跨国经济活动。从现实层面上考察,目前居民税收管辖权和来源地税收管辖权是两种基本的国际税收管辖权。任何一个主权国家都有权从维护本国利益的角度出发,对税收管辖权作出自主的选择。而从各国管辖权的实施现状来看,兼采两种税收管辖权的较为普遍。于是,不同国家的税收管辖权就会发生冲突,导致对同一纳税人的同一笔所得出现双重纳税的结果。

(一)双重纳税的分类

双重征税按其不同的性质,可划分税制性双重纳税,法律性双重纳税和经济性双重纳税。

(1) 税制性双重纳税,是指由于实行复合税制而引起的重复征税。所谓复合税制,是针对于单一税制而言的,在一个国家,如果其税制由一个税种组成,则称为单一税制;如果由多个税种组成,则称为复合税制。目前,世界各国基本上都在实行复合税制,因此税制性双重纳税是普遍存在的。例如,对同一企业的商品销售行为,既要征收销售税,又要征收所得税,就构成税制性双重课税。

(2) 法律性双重纳税,是指由于法律上对同一纳税人和征税对象行使不同税收管辖权所造成的。典型的情况,就是两个不同的国家,采取不同的税收管辖权,其中 A 国采取居民管辖权,B 国采取地域管辖权,那么对在 A 国居住的 B 国居民而言,将承担向两国纳税的义务；而对在B国居住的A国居民而言，同样也须承担向两国纳税的义务。

(3) 经济性双重纳税，指由于经济制度形成的对同一税源的重复征税。例如，股份公司是比较普遍的经济组织形成，在对股份公司和股东个人的征税中，一方面，对公司的所得征收公司所得税；另一方面，又对从股东公司分得的股息征收个人所得税，而这部分股息是从公司已纳税的利润中分配来的，于是出现了双重纳税。

可见，具有国际性质的双重征税只是双重纳税的一部分，并不是所有的双重纳税都是国际双重纳税。由此，我们可以定义：国际双重征税是指两个或两个以上多个国家，在同一时期对同一跨国纳税人的同一征税对象或对不同跨国纳税人的同一税源征收同类税收所造成的双重纳税。

(二) 双重纳税的产生原因

1. 不同税收管辖权产生的国际双重征税

目前，世界各国行使的税收管辖权有地域税收管辖权，居民税收管辖权和公民税收管辖权，这三种税收管辖权中的任何两种，若同时对同一跨国纳税人的同一所得征税，都会发生国际双重课税。由于两种税收管辖权相互重叠而产生国际双重征税的情形有三种。

(1) 第一种是地域税收管辖权与居民税收管辖权的重叠。某人作为A国的居民到B国从事经营活动，在B国获得了所得100万美元，B国行使地域税收管辖权，对来源于本国的所得课征所得税，所得税率为40%，应征所得税40万美元；而A国则行使居民税收管辖权，对本国的居民征税，所得税率为30%，应征所得税30万元。这样，这个跨国纳税人在B国的所得受到两国的双重课征。即两国同时对该居民的同一所得征收所得税70万美元。

(2) 第二种是地域管辖权与公民税收管辖权的相互重叠。由于现在行使公民税收管辖权的国家很少，所以出现地域税收管辖权与公民税收管辖权重叠的现象很少。如果出现，也同地域税收管辖权与居民税收管辖权一样，会出现国际双重纳税。

(3) 第三种是居民税收管辖权与公民税收管辖权的重叠。公民与居民的概念是不同的，公民一般是指具有本国国籍，并享有法定权利和承担义务的个人；而居民则指居住在本国境内并受本国法律管辖的一切人，包括本国公民和外国人。由于公民与居民的概念不同，在行使居民税收管辖权的国家与行使公民税收管辖权的国家同时对同一跨国纳税人征税时，就可能出现国际双重纳税。比如，某人是A国的公民，但因其长期居住在B国而被B国认定为B国的居民，全年总所得100万美元，A国行使公民税收管辖权，税率为40%，对该人来自全世界范围的所得课征所得税40万美元；而B国则行使居民税收管辖权，税率为33%，对该纳税人来源于全世界的所得征所得税33万元。A国的公民税收管辖与B国的居民税收管辖权在这个跨国纳税人身上重叠，出现双重征税，共计73万美元。

2. 同种税收管辖权重叠产生的国际双重征税

从理论上讲，两个或多个国家都实行同一种税收管辖权征税，是不会产生双重征税的。假如 A 国和 B 国全行使地域税收管辖权，各自对本领土内的所得征税，不会造成国际双重征税。再如，C 国和 D 国同样行使居民税收管辖权，各自对本国居民征税，也不会造成国际双重征税。

但在国际税收实践中，由于许多国家对一些概念的理解和判定标准不同，因而在行使同一税收管辖权时，也会发生国际双重征税。

(1) 双重居民税收管辖权产生的国际双重纳税。各个行使居民税收管辖权的国家，在其税法中规定的居民判定标准是不尽相同的，有的国家按是否拥有永久性住所来判定是否居民，有的国家则用纳税人在该国停留时间的长短作判定标准。于是，虽然有关国家都是行使居民税收管辖权，但由于对居民的判定标准有差异，还是有可能出现两种居民税收管辖权相互重叠的现象。

(2) 双重地域税收管辖权产生的国际双重纳税。一般说来，一个国家所管辖的地域界线是清楚的，不大可能出现两个或多个国家同时行使地域税收管辖权征税而产生国际双重课税问题。但也的确存在着由于各国对纳税人的来源地确定标准不同而产生的国际双重课征。

(三)避免国际双重纳税的方法

要避免国际双重课税，在采用以下方法：①可以采取单边免除方法，即一国政府单方面采取措施，免除本国纳税人的双重负担，而不需要取得对方国家的同意；②可以采取双边免除方式，即两个国家之间通过签订双边税收协定不协调双方各自的跨国纳税人的税收负担，免除国际双重征税。前者具体方法主要有免税法和抵免法，后者具体方法主要是订立国际税收协定。

1. 免税法

免税法是居住国政府对本国居民来源于非居住国政府的跨国收益、所得或一般财产价值，在一定的条件下，放弃行使居民管辖权，免予征税。免税法以承认非居住国地域管辖权的唯一性为前提。

免税法包括两种具体形式。①全额免税法。它是指居住国政府对本国居民纳税义务人征税时，允许其从应纳税所得中扣除其来源于国外并已向来源国纳税的那部分所得。这种方法在国际税收实际中极少被采用，主要在行使收入来源地管辖权的国家和地区，如巴哈马、百慕大、委内瑞拉、多米尼加、海地、巴拿马、哥斯达黎加等，其中大部分国家和地区是国际上通称的"避税港"。②累进免税法。它是指采取累进税制的国家，虽然从居民纳税人的应税所得中扣除其来源于国外并已经纳税了的那部分所得,但对其他所得同样确定适用税率时仍将这部分免税所得考虑在内,即对纳税人其他所得的征税,仍适用依据全部所得确定的税率。虽然行使两种税收管辖权,但对来源于国外的所得,也是实行有限定条件的免税。例如法国规定,纳税人来源于国外的所得可以免税,但纳税人必须将其缴纳非居住国税款以后的全部所得汇回法国,并在股东之间作为股息分配。

2. 抵免法

抵免法是指居住国政府,允许本国居民在本国税法规定的限度内,用已缴非居住国政府的所得税和一般财产税税额,抵免应汇总缴本国政府税额的一部分。该方法的指导思想是承认收入来源地管辖权的优先地位,但不放弃居民管辖权。即"别国先征,本国补征"。一国政府对本国居民的国外所得征税时,允许其用国外已纳税款抵扣在本国应缴纳的税额。但抵扣法的实行通常都附有"抵扣限额"规定。

抵免法分为两种类型。①全额抵免,即本国居民在境外缴纳的税款,可以按照本国税法规定计算出的应缴税款,予以全部免除。②普通抵免。本国居民在汇总境内、境外所得计算缴纳所得税或一般财产税时,允许扣除其来源于境外的所得或一般财产收益按照本国税法规定计算的应纳税额,即通常所说的抵免限额,超过抵免限额的部分不予扣除。

全额抵免和普通抵免的区别在于普通抵免要受抵免限额的限制。当国外税率高于本国税率时,只能按照国内税法计算的抵免额,来抵免在国外已缴纳的税款,而全额抵免则不受此限制。

在国际税收关系的实践中,抵免法是一种普遍运用的方法。

3. 国际税收协定

国际税收协定是各国政府间通过签订税收协定,主动在一定范围内限制各自的税收管辖权,是避免国际重复征税较为通行的一种做法。国家间的税收协定属于国际经济法范畴,是以国家为主体,以国家间税收权益关系为调整对象的法律规范,是经缔约国双方或多方按照国际法有关主权和平等的原则,通过谈判,以书面形式签订的协定或条约。国际税收协定按其签订的主体可分为双边税收协定和多边税收协定,按其调整对象可分为综合性税收协定和单项税收协定。

(1) 综合性税收协定是以协调国家间税收管辖关系为调整对象,通常是指国家间签订的关于对所得和财产避免双重征税和防止偷漏税的协定或条约(以下简称避免双重征税协定)。避免双重征税协定在适用的税种上仅限于直接税性质的税种,包括所得税和财产税,它是在承认所得来源国与纳税人居住国双方均享有征税权的基础上全面协调国家间的税收管辖关系。

(2) 单项税收协定是对国际经济交往有关事务中涉及的税收问题,仅就其中的某个方面，以特定的目的所达成的税收协议，例如为发展国际运输，在互利互惠的基础上所签订的空运企业税收协定和海运企业税收协定。单项税收协定在适用税种上没有特别限定，可以适用于一种税，也可以是多种税的相互免除或削减。单项税收协定大多是缔约国之间互免税收，所谋求的是由纳税人居住国独占征税权。

国际税收协定的意义和必要性主要表现在：弥补国内税法单边解决国际重复征税问题上存在的缺陷；兼顾居住国和来源国的税收利益；在防止国际避税和国际偷逃税问题上加强国际合作。

税收协定与国内税法有相同之处，都是国家意志的体现，都具有法律约束力，但税收协定属国际法的范畴，在处理税收协定与国内税法的关系时，应把握以下两个方面。①税收协定不能代替国内税法，税收协定与国内税法是彼此联系，相互补充的。②当税收协定与国内税法发生冲突时，遵循"国际法优于国内法"和"孰优原则"，凡是国内税法规定的征税条件、待遇或负担严于或高于税收协定的规定，即应按协定执行；反之，如果国内税法的规定优于或低于税收协定的规定，则仍按国内税法的规定处理。截至2005年11月底，我国总共对外谈签了87个税收协定(不含与香港和澳门的安排)，目前已生效执行的税收协定已有78个。这些税收协定的执行，消除了国家间双重征税壁垒，促进了我国"走出去"战略的实施，为我国与这些国家的经济技术合作奠定法律基础。例如，2005年，国家税务总局通过与税收协定缔约对方主管当局的协商，为我国某航空公司挽回了约2千万人民币的境外损失，为某金融企业避免了约6亿人民币的境外损失，帮助我某国有大企业减轻了在某亚洲国家的不合理税收负担，解决了部分国有金融机构在境外获得利息的免税问题。

三、国际避税与反避税

国际避税是指跨国应纳税人以合法的方式，利用各国税收法规的漏洞和差异或利用国际税收协定中的缺陷，通过变更其经营地点、经营方式以及人和财产跨越税境的流动、非流动等方法来谋求最大限度地减轻或规避税收负担的行为。这里"税境"的含义是指税收管辖权的界限，它不像国境那样，在地理位置上能找到一个明显的界线或标志，如果一国坚持属地主义原则，税境就等于国境。

(一)国际避税方式

由于避税的不违法性，避税在国际投资和贸易中成为一种广泛存在的现象，一般有以下几种方式。

1. 通过人的流动回避税收管辖权

国际税收管辖权以居所为通常的管辖判断标准，通过居所地的变化，特别是利用居所时间的标准,通过人的流动躲避一国的税收管辖权,则实现了避税的目的。比如一家在法国注册的公司可以是中国的居民公司,而在中国注册的法国公司可以是法国居民公司。由此可见,公司在别国税收管辖权范围内可以作为居民公司对待,同时也不应妨碍该公司母国也将其作为居民公司看待。因此,利用居所变化躲避纳税义务的一个核心就是消除使其母国或行为发生国成为控制和管理地点的所有实际特征,实现公司居所"虚无化"。

例如,法国斯弗尔钢铁股份有限公司以下列手段和方式避免在英国具有居所和成为英国纳税义务人。

(1) 该公司中的英国股东不允许参加管理活动,英国股东的股份与影响和控制公司管理权力的股份分开。他们只享有收取股息、参与分红等权力。

(2) 选择非英国居民做管理工作,如经理、董事会的成员等。

(3) 不在英国召开董事会或股东大会,所有与公司有关的会议、材料、报告等均在英国领土外进行,档案也不放在英国国内。

(4) 以英国电报、电讯等有关方式发布指标、命令。

(5) 为应付紧急情况附带发生的交易行为等特殊需要,该公司在英国境内设立一个单独的服务性公司,并按照核定的利润率缴纳公司税,以免引起英国政府的极端仇恨。

事实表明,法国斯弗尔钢铁股份有限公司的这些做法十分正确有效。据报道,从1973年到1985年这几年期间,该公司成功地回避了英国应纳税款8 137万美元。

2. 转让定价避税方式

各国税率存在高低,跨国公司内部贸易通常按照企业内部的转让价格进行,将利润从子公司转移到低税率的母公司或其他子公司以躲避东道国的外汇管制和达到避税的目的,一般有以下几种方式。

(1) 收入分配,利用不同国家之间的税收水平差异,尽量降低由高税率国家向低税率国家销售货物,转让技术或者资金流动的价格,同时提高由低税率国家向高税率国家输出货物、技术和资金的价格。例如一家总部设在国外分部设在国内的加工制造企业,总部有意提高原材料成本价格,增加负债,在售价不变的情况下,使收益减低,甚至出现亏损,在亏损后,还会增加投资,常年如此。相关数据显示,截止到2004年5月份,我国批准的外商投资企业已经达到了48万家。根据2003年的年度所得税汇算清缴情况,这些外商投资企业的平均亏损面达到51%到55%,而这些外资企业却越亏越投资,这是一种背离经济规律的现象。

(2) 成本不合理分摊,将与某特定的分支机构实际上无关的销售、管理、运输等事项的费用全部计算在分支机构中,从而降低分支机构的赢利水平,以实现避税的目的。例如利用专有技术等无形资产作价高于国际市场价格或隐藏在设备价款中的一种手法。外商利用人们不了解设备和技术的真实价格,从中抬高设备价格和技术转让价格,将企业利润向境外转移。它们在抬高设备价款的同时,把技术转让价款隐藏在设备价款中,以躲避特许权使用费收入应纳的预提税。

(3) 通过常设机构以上述方式避税。

(4) 税收协定的滥用,跨国纳税人在与其投资收入来源有互惠税收协定的国家组建一个公司,作为中介投资者获得直接投资无法享有的税收优惠。

(5) 利用避税港避税在国际避税地建立公司,然后通过避税地的公司与其他地方的公司进行商业、财务运作,把利润转移到避税地,靠避税地的免税收或低税收减少税负。例如新西兰 L 公司为躲避本国的所得税,将其年度利润的 70%转移到巴哈马群岛的某一子公司,由于巴哈马群岛是世界著名的自由港和避税港,税率比新西兰低 35%~50%,因此,新西兰 L 公司每年可以有效地躲避 300 万美元至 470 万美元的税款。

3. 利用关联交易,高进低出

进口材料作价高于国际市场价格。出口产品外销定价低于国际市场价格,即所谓"高进低出"的避税方式。通过这种方式,将企业的利润两头向境外转移。这种手段占到避税金额的 60%以上。

4. 利用国际贷款,贷款利率大大高于国际市场利率,从而加大利息成本

目前外商投资中国的资金中,60%以上是借贷资金,即便是一些实力雄厚的国际公司也向境内外银行借大量资金,利用税前列支利息,达到少交或免交企业所得税的目的。

5. 利用一些创新金融工具,也就是避税产品,从而达到避税目的

如全球"四大"会计师事务所之一的毕马威会计师事务所惹上官司,罪名就是滥用避税产品。毕马威提供的一项引人注目的避税产品是针对银行客户,手法是通过让银行设立基金公司以逃避税收。据美国税务部门的检查,至少 9 家美国银行依据毕马威的避税产品创立投资基金,涉及金额数百亿美元。具体手法是,这些银行将它们的部分贷款组合及其他资产转入新设立的基金,并将被转入的贷款组合及资产产生的利息和其他收入当作股息支付给自己。然而这些基金虽是筹集投资资本的合法工具,但显然只存有避税目的,因为除了避税外基本没有实质业务。这些基金将银行的贷款组合利息收入转化成了免税的股息。这些银行以此策略避税达数十亿美元,其中,仅美国银行就通过这种手段避税近 8 亿美元。通过这种避税方法,银行逃避了 60%的所得税。

(二)国际反避税措施

国际避税的存在,对国际经济交往和有关国家的财权利益以及纳税人的心理都产生了不可忽视的影响。因此,有关国家针对跨国纳税人进行国际避税所采用的各种方法,采取

相应的措施加以限制。国际反避税的措施主要有以下几个方面。

1. 防止通过纳税主体国际转移进行国际避税的一般措施

(1) 对自然人利用移居国外的形式规避税收,有的国家规定,必须属于"真正的"和"全部的"移居才予以承认,方可脱离与本国的税收征纳关系,而对"部分的"和"虚假的"移居则不予承认。例如德国规定,纳税自然人虽已失去本国居民身份,但仍有经济联系的,应连续对其征收有关的所得税,视其为特殊的"非居民"。

(2) 对法人利用变更居民或公民身份的形式规避税收负担,有的国家对法人的国际转移给予有条件的允许。荷兰曾规定,准许本国企业在战时或其他类似祸害发生时迁移到荷属领地,而不作避税处理,但对于其他理由的迁移,一般认为是以避税为目的,而不予承认,仍连续负有纳税义务。

2. 防止通过征税对象国际转移进行国际避税的一般措施

国际关联企业之间的财务收支活动、利润分配形式体现着"集团利益"的特征,对这种避税活动给予限制,关键是应坚持"独立竞争"标准,即按照有关联的公司任何一方与无关联的第三方公司,各自以独立经济利益和相互竞争的身份出现,在相同或类似的情况下,从事相同或类似的活动所应承担或归属的成本、费用或利润来考查、衡量某个公司的利润是否正常,是否在公司之间发生了不合理的安排。凡是符合"独立竞争"标准的,在征税时就可以承认,否则,要按照这一标准进行调整,这样就可以达到防止避税的目的。

3. 转让定价调整

对关联企业之间销售货物或财产的定价问题,一直是防止国际避税的一个焦点。其中关键环节是确定一公平的价格,以此作为衡量纳税人是否通过转让定价方式,压低或抬高价格,规避税收。

4. 防止利用避税地避税的措施

针对国际避税地的特殊税收优惠办法,一些国家从维护自身的税收权益出发,分别在本国的税法中相应作出规定,以防止国际避税发生。其中美国的防范措施规定最复杂,也最典型。美国《国内收入法典》规定,只要在国外某一公司的"综合选举权"股份总额中,有50%以上分属于一些美国股东,而这些股东每人所持有的综合选举权股份又在10%以上时,这个公司就被视为被美国纳税人控制的外国公司,即外国基地公司。而且这个股权标准只要外国一家公司在一个纳税年度中的任何一天发生过,该公司当年就被视为外国基地公司。在上述条件下,凡按股息比例应归到各美国股东名下的所得,即使当年外国基地公司未分配,也均应计入各美国股东本人当年所得额中合并计税,这部分所得称为外国基地公司所得，共应缴外国税款可以获得抵免，以后这部分所得实际作为股息分配给美国股东时，则不再征税。

5. 加强征收管理

近几十年来，许多国家从以下几个方面加强了征收管理，制定了比较严密的税收管理制度。

(1) 纳税申报制度，严格要求一切从事跨国经济活动的纳税人及时、准确、真实地向国家税务机关申报自己的所有经营收入、利润、成本或费用列支等情况。

(2) 会计审计制度，与纳税申报制度密切相关的是如何对跨国纳税人的会计核算过程及结果进行必要的审核，以检查其业务或账目有无不实、不妥以及多摊成本费用和虚列支出等问题。

(3) 所得核定制度，许多国家采用假设或估计的方法确定国际税纳人的应税所得。征税可以基于一种假设或估计之上，这不是对税法的背弃，而是在一些特殊的情况下采取的有效办法。例如在纳税人不能提供准确的成本或费用凭证，不能正确计算应税所得额时，可以由税务机关参照一定标准，估计或核定一个相应的所得额，然后据以征税。

第五节 外汇风险管理

一、外汇与外汇交易

外汇，就是外国货币或以外国货币表示的能用于国际结算的支付手段。我国1996年颁布的《外汇管理条例》第三条对外汇的具体内容作出了相应规定。外汇是指：①外国货币，包括纸币、铸币；②外币支付凭证，包括票据、银行的付款凭证、邮政储蓄凭证等；③外币有价证券，包括政府债券、公司债券、股票等；④特别提款权、欧洲货币单位；⑤其他外币计值的资产。

外汇交易，就是同时买入一对货币组合中的一种货币而卖出另外一种货币。外汇是以货币对形式交易，例如欧元/美元(EUR/USD)或美元/日元(USD/JPY)。

外汇交易主要原因有两个：大约每日的交易周转的 5% 是由于公司和政府部门在国外买入或销售他们的产品和服务，或者必须将他们在国外赚取的利润转换成本国货币；而另外95%的交易是为了赚取赢利或者投机。

外汇交易市场，也称为 Forex 市场或 FX 市场，是世界上最大的金融市场，平均每天超过1兆美元的资金在当中周转。目前世界主要的外汇交易市场包括欧洲的伦敦、法兰克福、巴黎、苏黎世外汇市场，北美的纽约、亚洲的东京、香港地区、新加坡外汇市场，澳洲的悉尼、惠灵顿市场，这些市场时间上相互延续，共同构成了全球不间断的外汇市场，其中以伦敦外汇市场的交易量为最大，因此欧洲市场也是流动性较强的一个市场，而纽约外汇市场波动幅度经常较大，主要是由于美国众多的投资基金的运作以及纽约市场上经常会发生一些对外汇影响较大的事件，例如美联储利率决定，公布美国重要经济数据等。

在外汇交易中，一般存在着以下几种交易方式。

(一)即期外汇交易

即期外汇交易又称为现货交易或现期交易，是指外汇买卖成交后，交易双方于当天或两个交易日内办理交割手续的一种交易行为。即期外汇交易是外汇市场上最常用的一种交易方式，即期外汇交易占外汇交易总额的大部分，主要是因为即期外汇买卖不但可以满足买方临时性的付款需要，也可以帮助买卖双方调整外汇头寸的货币比例，以避免外汇汇率风险。

(二)远期外汇交易

远期外汇交易跟即期外汇交易相区别的是指市场交易主体在成交后，按照远期合同规定，在未来(一般在成交日后的 3 个营业日之后)按规定的日期交易的外汇交易。远期外汇交易是有效的外汇市场中必不可少的组成部分。20 世纪 70 年代初期，国际范围内的汇率体制从固定汇率为主导转向以浮动汇率为主，汇率波动加剧，金融市场蓬勃发展，从而推动了远期外汇市场的发展。

(三)外汇期货交易

随着期货交易市场的发展，原来作为商品交易媒体的货币(外汇)也成为期货交易的对象。外汇期货交易就是指外汇买卖双方于将来时间(未来某日)，以在有组织的交易所内公开叫价(类似于拍卖)确定的价格，买入或卖出某一标准数量的特定货币的交易活动。在这里，有几个概念读者可能有些模糊，解释如下：①标准数量指特定货币(如英镑)的每份期货交易合同的数量是相同的，如英镑期货交易合同每份金额为 25 000 英镑；②特定货币指在合同条款中规定的交易货币的具体类型，如 3 个月的日元，6 个月的美元等。

(四)外汇期权交易

外汇期权常被视作一种有效的避险工具，因为它可以消除贬值风险以保留潜在的获利可能。在上面我们介绍远期交易，其外汇的交割可以是特定的日期(如 5 月 1 日)，也可以是特定期间(如 5 月 1 日至 5 月 31 日)。但是，这两种方式双方都有义务进行全额的交割。外汇期权是指交易的一方(期权的持有者)拥有合约的权利，并可以决定是否执行(交割)合约。如果愿意的话，合约的买方(持有者)可以听任期权到期而不进行交割。卖方毫无权利决定合同是否交割。

二、外汇风险的种类

外汇风险(Exchange Risk),又称汇率风险,是指由于汇率的变化,对公司的以外币表示的现金流的本币价值产生的影响。按照汇率变化所影响的对象分类,外汇风险分为交易风险、经济风险和会计风险三种类型。

(一)交易风险

交易风险(Transaction Risk)是指汇率变化对公司特定的外汇交易的收益的影响。通常在以下不同的情况下出现。

(1) 在商品劳务的进出口交易中,合同日与实际付款时,由于汇率变动对收付款双方利益产生影响。例如我国某企业与外方某公司签订合同,规定以美元计价,货款为200 000美元,支付期为2个月后。合同签订时,美元的卖出价为 US＄1：￥7.10;两个月后,美元的卖出价为 US＄1：￥6.90,此时,该企业只需支付人民币1 380 000元,少付40 000元。

(2) 在国际结算中,债权债务的清偿,由于汇率变动对收付款双方利益产生影响。例如我国某公司在美国发行五年期债券,总额500万美元,用于支持国内某大型生产项目的开发。发行日汇率为 US＄1：￥7.00;到期时,汇率为 US＄1：￥6.80,实际只需人民币34 000 000元,这就是人民币升值给集团带来了1 000 000元的收益。

(二)经济风险

经济风险(Economic Risk),又称经营风险,是指汇率变化影响企业的生产经营的销售、价格和成本,从而对企业未来外币现金流的净现值的影响。应该注意,经济风险中的汇率变化仅指意料之外的汇率变化,而不包括意料到的汇率变化。因为企业在经营决策时,在评价未来的获利情况时,已经将汇率变化的状况考虑在内,这种意料到的影响并不构成风险。对于企业来说,经济风险比较重要,因为其影响是长期性的,对企业的不利影响较为长久。

例如,美国汽车公司是一家生产和销售均在美国本土进行的国内企业,它所使用的原料和劳工也全部来自美国。因此,它不存在任何的会计风险和交易风险。但是,该公司的主要产品是经济型的小汽车,这一市场存在来自德国、韩国和日本进口小汽车的激烈竞争。由于美元的贬值,该公司可以提高其产品在市场上的竞争;反之,若美元升值,则将对其销售产生不利影响。

(三)会计风险

会计风险(Accounting Risk)，又称折算风险，是指汇率变化对由公司财务报表的各个项目所决定的收益的影响。与经营风险、交易风险不同，折算风险是一种存量风险。当跨国公司的子公司的资产和负债不以历史汇率折算时，合并会计报表的资产负债表和利润表就会受这一期间汇率波动的影响。

折算风险根据财务报表的类别，一般分为利润表风险和资产负债表风险。企业的现金流量表由于是在以上两表的基础上编制而成，而不需单独考虑其折算风险。

(1) 利润表风险。跨国企业在境外产生的损益几乎全部存在着折算风险。对于收入项目来说，如果现行汇率与历史汇率相比下跌，则折算出的以基准货币计值的金额将少于按历史汇率的预计数，从而出现收入减少的账面损失；对于费用项目来说，如果现行汇率与历史汇率相比上涨，则折算出的以基准货币计值的金额将多于按历史汇率的预计数，从而出现费用增加的账面损失。

(2) 资产负债表风险。企业的股本项目由于一般是按历史汇率折算，因而没有折算风险；留存收益项目虽为折算平衡数，但由于含有本期损益留存的部分，因而实际上也称折算风险；其他外币资产负债项目则适用不同的会审。但只要是按现行汇率进行折算就存在折算风险。

汇率变化对未来现金流的净现值的影响，充分地表明了外汇风险对公司的价值增值所产生的实际影响的程度和范围。汇率变化对公司特定的外汇交易的收益的影响，只表明了在短期内外汇风险对公司收益的影响，没有反映外汇风险的中长期效应。会计风险仅仅表明外汇风险对账面价值的影响，并不一定与实际影响相一致。

三、外汇风险的控制

外汇风险是指由于各国货币的国际汇价的变动而引起的企业以外币表示的资产、负债、收入、费用的增加或减少，产生收益或损失，从而影响当期的利润和未来的现金流量的风险。

避免外汇风险的方法很多，通常企业可以从以下几方面来防止和避免外汇风险。

(1) 跨国公司在进行交易时首先要选择好计价的货币，何时可采用提前收付、拖延收付，多种货币组合等方法来防止风险。

(2) 公司在双方签订合同时，可以采取保值措施，以此来防止外汇风险。

(3) 在进行交易时选择好结算的方法。

(4) 利用外汇与借贷投资业务，来防止外汇风险。

外汇风险控制的具体方法有如下几种。

(一)外汇买卖合同法

外汇买卖合同是指具有外汇债权或债务的公司与外汇银行签订购买或出卖外汇的合同，以此来消除外汇风险的方法。外汇买卖合同法又可分为即期外汇买卖合同法和远期外汇买卖合同法。

1. 即期外汇买卖合同法

即期外汇买卖合同指购买或出卖的外汇是即期外汇交易日内进行交割的外汇。

例如，英国 A 公司在两天内要向某美商支付一笔货款，货款金额为 100 万美元，英国公司可直接与其开户银行签订以英镑购买 100 万美元的即期外汇买卖合同，两天后，英国公司的开户银行交给英商 100 万美元的款项，英商则用这 100 万美元来支付美商货款，即期汇率为 1 英镑=1.5 美元，交割日汇率为 1 英镑=1.48 美元，则英商通过签订外汇买卖合同少支出 0.9 万英镑(100/1.48 100/1.5=0.9 英镑)避免了因外汇汇率下降的不利因素，消除了英镑贬值的风险。

2. 远期外汇买卖合同法

远期外汇买卖合同法是指公司与银行签订购买或出售远期外汇合同的方法以此来避免因汇率变动而造成的损失，消除风险。

续上例，假设英商与银行签订的是 3 个月的远期外汇买卖合同，银行卖出 100 万美元，最初即期汇率为 1 英镑=1.5 美元，远期汇率为 1 英镑=1.55 美元，到时英商只需支付以 64.52 万英镑便能获得 100 万美元，而不管交割日时的汇率大小。如交割日汇率为 1 英镑=1.54 美元，则该公司因签订了远期合同，而减少了 0.42 万英镑的损失，从而避免了部分风险。

(二)外汇期货合同法

外汇期货合同法是指拥有外汇债权或债务的公司在期货交易所以公开喊价方式成交后，承诺在未来某一持定日期，以当前所约定的汇率交付(或收取)一定数量外币的方法。期货合同最主要的特点是期货交易是集中在交易所里进行，期货交易必须交纳保证金，期货交易人员不限，只要投资者按规定缴入保证金，便可委托经纪人进行交易等。期货交易本身就存在风险。

例如，一中国公司 6 月 1 日向美商进口一批货物，付款日期是 9 月 1 日，货款金额为 100 万美元，6 月 1 日即期汇率为 1 美元=8.5 人民币元，3 个月交割的远期汇率为 1 美元=8.57 人民币元，专家们预测在 6 月份后美元会升值，中国公司为避免美元升值的风险，从外汇期货市场中买进远期美元 100 万元。

9 月 1 日公司在支付货款时，汇率为 1 美元=8.57 人民币元，如果公司不购买外汇期货那么为支付 100 万美元的货款,需支出人民币 860 万元,比 6 月 1 日时的远期汇率多支出 3 万元,即由于汇率变动,公司损失了 3 万元人民币。但是,公司在外汇交易所买进美元期货,保证以 1 美元=8.57 人民币元的汇率将人民币兑换成美元。这时兑换成 100 万美元,只需支付人民币 857 万元,公司立刻再将 100 万美元按 1 美元=8.6 人民币元的汇率换成人民币,这时可得人民币 860 万元,这一笔外币期货合同使公司又赚回 3 万元,从而消除了汇率变动带来的风险。

同样,当公司有外币收入时,为避免外汇风险,可在外汇期货市场中签订卖出外币的合同。

(三)外汇期权合同法

期权又称选择权,是一种可以选择的权力。外汇期权又称外币期权,是一种选择契约。

签订外汇期权合同也是防止外汇风险的方法之一。当汇率发生变化,买卖外汇对期权持有人有利时,则使用该种权力;如果汇率发生变化后买卖外汇对期权持有人无利或不利时,则该期权持有人便会放弃买卖外汇的权力。期权持有人通过是否对行使权力进行选择来减少和避免因汇率变动带来的风险。这种方法灵活性较强,期权持有人到期自己决定行使或不行使权力,其损失的最大额是购买期权所支付的成本。

期权是通过支付一定的购买成本才获得的,这些成本称为期权费。期权交易价是指期权持有人有权购买和出售某种货币的汇率,若买权交易价低于即期汇率或卖权交易价高于即期汇率,对期权持有人有利;若相反,则对于期权持有人不利;若期权交易价等于即期汇率,则表现为平价。

(四)外汇调期合同法

外汇调期合同法是指在签订买进或卖出一笔外汇的同时,再卖出或买进一笔相同货币的外汇合同,由此来防止和避免外汇风险的方法。这种方法的特点是买入的货币与卖出的货币在数量上相等、不改变交易的外汇持有额,但是在交割期限上有所不同,从而导致交易者持有的货币的期限发生变化,因此称为"调期"。

外汇调期可分为"即期对远期"的调期和"远期对远期"的调期。例如,某公司向外汇指定银行卖出 100 万美元,即期汇率为 1 美元=8.5 人民币元,这时获得人民币 850 万元,同时该公司又买进 3 个月的远期外汇 100 万美元。远期汇率为 1 美元=8.45 人民币元,到期只需支付 845 万元人民币就可得到 100 万美元,赚取不同时期外汇汇率的差价人民币 5 万元并,避免了因汇率变动而带来的风险。

例如,某跨国公司,其总部设在美国,并在英国、法国、中国分设 A、B、C 三家子公司。假设英国的 A 公司为在法国的 B 公司提供一批产品,按 A 公司所在国的正常市场价格,成本为260万元,这批旅游产品以300万元出售给B公司;再由法国的B公司加工后转售给中国的C公司,B公司利润率20%;各国税率水平分别为英国50%,法国60%,中国30%。该集团为逃避一定税收,采取了由A公司以280万元的价格卖给中国的C公司,由C公司以340万元的价格转售给法国的B公司,再由法国B公司按价格360万元在该国市场出售。

该公司在正常交易情况下的税负：

英国的A公司应纳所得税=(3 000 000－2 600 000)×50%=200 000(元)

法国的B公司应纳所得税=3 000 000×20%×60%=360 000(元)

跨国公司应纳所得税额合计=200 000＋360 000＝560 000(元)

该公司在非正常交易情况下的税负：

英国的A公司应纳所得税=(2 800 000－2 600 000)×50%=100 000(元)

法国的B公司应纳所得税=(3 600 000-3 400 000)×60%=120 000(元)

中国的C公司应纳所得税=(3 400 000－2 800 000)×30%=180 000(元)

跨国公司应纳所得税额合计=100 000＋120 000＋180 000=400 000(元)

比正常交易节约税收支付：560 000－400 000＝160 000(元)

这种避税行为的发生,主要是由于英、法、中三国税负差异的存在,给纳税人利用转让定价转移税负提供了前提。

本 章 小 结

跨国公司财务管理是指企业在社会经济活动中跨国经济业务活动较多,由此而产生的处理相关涉外财务活动及其经济关系的一项经济管理活动。

经济是社会的基础,全球一体化的进程就是从经济领域的一体化起步的。随着全球经济一体化,各国之间在经济上越来越多地相互依存。跨国公司财务将是今后公司财务管理的一个基本组成部分,因此,有必要对跨国公司的营运资本管理、筹资管理、投资管理、转移价格、国际避税等相关知识有一定的了解。

复习思考题

一、简答题

1. 跨国公司财务管理的特点是什么?

2. 跨国公司财务管理有哪些内容?

3. 跨国公司财务管理投资环境分析目的是什么?有何特点?

4. 什么是国际直接投资？为什么在国际投资中大多是直接投资方式？
5. 国际筹资的方式有哪些？
6. 国际纳税管理的目的是什么？应贯彻什么原则？
7. 国际税收研究内容包括那些？
8. 什么是外汇和外汇交易？如何认识外汇交易的风险？
9. 如何避免双重纳税？国际企业应如何进行税务策划合理避税？
10. 我国国际企业在"走出去"的战略发展中，有哪些优势和不足？

二、单项选择题

1. 国际理财环境具有以下( )特点。
    A. 涉及地域范围广，内容庞杂
    B. 环境稳定性差，更易受到自然因素和人为因素的影响
    B. 其风险比国内财务管理的风险大
    D. 是一个庞杂的不规则系统，涉及范围广，内容多

2. 国际企业通常面临下列风险( )。
    A. 通货膨胀风险   B. 外汇风险
    C. 政治风险   D. 经营管理风险

3. 国际筹资与国内筹资的相同点是( )。
    A. 国际市场的资金来源渠道更为广泛
    B. 这两种筹资方式均需考虑资金成本
    C. 这两种筹资方式均存在风险
    D. 国际筹资方式较国内筹资方式更为灵活

4. 国际投资按投资形式和性质划分( )。
    A. 货币投资   B. 直接投资   C. 资产投资   D. 间接投资

5. 国家之间的税收分配关系是国际税收的( )。
    A. 实质   B. 本质属性   C. 内容   D. 核心

6. 国际税收研究的内容包括( )。
    A. 税收管辖权的确立   B. 国际重复征税及减除
    C. 国际避税与反避税   D. 国际税收协定

7. 交易风险主要包括( )。
    A. 商品交易的外汇风险   B. 外汇借款的风险
    C. 社会风险   D. 财务风险

8. 关于外汇风险的表述中，错误的是( )。

A. 外汇风险是事前的不确定性
B. 外汇风险是由外汇汇率变动所引起的
C. 外汇风险包括交易风险、折算风险、经济风险
D. 外汇风险管理的目的是降低风险，将风险降到零
E. 外汇风险是本币和外币这两个因素共同影响的结果

9. 国际投资风险控制方法中风险转移的办法是(　　)。
A. 索赔　　　　　　　　　　B. 保险
C. 在期货交易中操作　　　　D. 政府补贴

10. 关于免税法下述表达正确的是(　　)。
A. 免税法包括全额免税法和累进免税法
B. 实际累进免税法通常会比全额免税法课税要少
C. 全额免税法在根据应税所得选用税率时不计入免税所得和财产价值
D. 累进免税法在确定适用税率时要将免税所得和财产价值并入计算

11. 下列方式中(　　)是利用国际转移价格避税的。
A. 高价转让商品给高税率国家的子公司
B. 低价转让商品给高税率国家的子公司
C. 高价转让商品给低税率国家的子公司
D. 低价转让商品给低税率国家的子公司

12. 国际税收协定的受益人是(　　)。
A. 缔约国政府　　　　　　　B. 缔约国居民
C. 非缔约国居民　　　　　　D. 缔约国税务当局

13. 国际税收涉及的课税对象是(　　)。
A. 跨国投资　　　　　　　　B. 跨国收益
C. 跨国所得　　　　　　　　D. 跨国一般财产价值
E. 跨国资本利得

14. 规避外汇风险的方法有(　　)。
A. 外汇掉期合同法　　　　　B. 外汇期权合同法
C. 外汇交换合同法　　　　　D. 外汇买卖合同法

15. 根据商业信用销售商品，当这些商品以外币计价时，可能产生的风险为(　　)。
A. 会计风险　　　　　　　　B. 经济风险
C. 交易风险　　　　　　　　D. 折算风险

16. 国际货币基金组织规定，拥有外国企业股票超过多少的为直接投资(　　)。
A. 10%　　　B. 25%　　　C. 35%　　　D. 50%

三、多项选择题

1. 根据企业国际化经营的特点，国际财务管理的主要特点有(　　)。
   A. 理财环境具有复杂性　　　　B. 资金筹集更多可选择性
   C. 理财主体具有多变性　　　　D. 资金投放具更高风险性
   E. 管理组织具有随意性

2. 国际企业财务分析的目的主要有(　　)。
   A. 评价企业的环境效益　　　　B. 评价企业的偿债能力
   C. 评价企业的发展趋势　　　　D. 评价企业的赢利能力
   E. 评价企业的资产管理水平

3. 国际股票筹资的形式有(　　)。
   A. 发行普通股票　　　　　　　B. 发行B股股票
   C. 买壳上市　　　　　　　　　D. 发行证券存托凭证
   E. 发行可转换债券与附认股权证债券

4. 国际转移价格定价的基本方法是(　　)。
   A. 以市场为基础的定价法　　　B. 以成本为基础的定价法
   C. 交易自主定价法　　　　　　D. 双重定价法
   E. 趋势分析定价法

5. 避免国际双重征税的方法主要有(　　)。
   A. 免税法　　　B. 成本法　　　C. 余额法
   D. 抵免法　　　E. 税收协定法

四、综合计算题

1. 我国某大型企业从中国银行贷款500万美元，年利率6%，期限一年。借款时汇率为1∶6.90，在还贷时有以下三种情况：①汇率不变；②汇率上升为1∶7.10；③汇率降为1∶6.80。

   试就三种不同情况，确定汇率变动对企业的影响。

2. 某企业计划从美国进口一批商品，价款计10万美元，一个月后交货付款。签约日汇率为US＄1=RMB 6.85，若预计一个月后的汇率为US＄1=RMB 6.97。目前一个月美元的远期汇率为US＄1=RMB 6.93。

   试问应如何操作才能达到套期保值的目的。

3. 云华机械制造集团要发行优先股总面值1 000万元，总价为1 250万元，筹资费用为3%，计划年股利率为8%。试问优先股的股本是多少？

4. 某跨国公司集团总公司设在美国，并有一分公司设在中国。在2006年度，总公司的经营所得为200万元，分公司取得经营所得80万元。如果我国的所得税税率是：100万元以下，按20%计征；100万~250万元，按25%计征；250万元以上，按30%计征。中国的所得税率为30%。分公司已向中国缴纳所得税24万元。

试就以下三种情况计算母公司应缴纳的所得税。

(1) 全额免税法下，母公司应缴纳的所得税；

(2) 累进免税法下，母公司应缴纳的所得税。

(3) 抵免法下，母公司应缴纳的所得税。

5. 假设庄云华持有合约金额为ECU500 000的看涨期权，协定价格为＄1.31/ECU，期权费用为＄10 000，六个月后到期。试计算以下两项内容(即期价格为＄1.35/ECU)。

(1) 该期权合约的内在价值；

(2) 庄云华在该期权的损益。

附 录

附表1　复利终值系数(F/P,i,n)表

n	1%	2%	3%	4%	5%	6%	7%	8%	9%	10%
1	1.0100	1.0200	1.0300	1.0400	1.0500	1.0600	1.0700	1.0800	1.0900	1.1000
2	1.0201	1.0404	1.0609	1.0816	1.1025	1.1236	1.1449	1.1664	1.1881	1.2100
3	1.0303	1.0612	1.0927	1.1249	1.1576	1.1910	1.2250	1.2597	1.2950	1.3310
4	1.0406	1.0824	1.1255	1.1699	1.2155	1.2625	1.3108	1.3605	1.4116	1.4641
5	1.0510	1.1041	1.1593	1.2167	1.2763	1.3382	1.4026	1.4693	1.5386	1.6105
6	1.0615	1.1262	1.1941	1.2653	1.3401	1.4185	1.5007	1.5809	1.6771	1.7716
7	1.0721	1.1487	1.2299	1.3159	1.4071	1.5036	1.6058	1.7138	1.8280	1.9487
8	1.8029	1.1717	1.2668	1.3686	1.4775	1.5938	1.7182	1.8509	1.9926	2.1436
9	1.0937	1.1951	1.3048	1.4223	1.5513	1.6895	1.8385	1.9990	2.1719	2.3579
10	1.1046	1.2190	1.3439	1.4802	1.6289	1.7908	1.9672	2.1589	2.3674	2.5937
11	1.1157	1.2434	1.3842	1.5395	1.7103	1.8983	2.1049	2.3316	2.5804	2.8531
12	1.1268	1.2682	1.4258	1.6010	1.7959	2.0122	2.2522	2.5182	2.8127	3.1384
13	1.1381	1.2936	1.4685	1.6651	1.8856	2.1329	2.4098	2.7196	3.0658	3.4523
14	1.1495	1.3195	1.5126	1.7317	1.9799	2.2609	2.5785	2.9372	3.3417	3.7975
15	1.1610	1.3459	1.5580	1.8009	2.0789	2.3966	2.7590	3.1722	3.6425	4.1772
16	1.1726	1.3728	1.6047	1.8730	2.1829	2.5404	2.9522	3.4259	3.9703	4.5950
17	1.1843	1.4002	1.6825	1.9479	2.2920	2.6928	3.1588	3.7000	4.3276	5.0545
18	1.1961	1.4282	1.7024	2.0258	2.4066	2.8543	3.3799	3.9960	4.7171	5.5599
19	1.2081	1.4568	1.7535	2.1068	2.5270	3.0256	3.6165	4.3157	5.1417	6.1159
20	1.2202	1.4859	1.8061	2.1911	2.6533	3.2071	3.8697	4.6610	5.6044	6.7275
21	1.2324	1.5157	1.8603	2.2788	2.7860	3.3996	4.1406	5.0338	6.1088	7.4002
22	1.2447	1.5460	1.9161	2.3699	2.9253	3.6035	4.4304	5.4365	6.6586	8.1403
23	1.2572	1.5769	1.9736	2.4647	3.0715	3.8197	4.7405	5.8715	7.2579	8.2543
24	1.2697	1.6084	2.0328	2.5633	3.2251	4.0489	5.0724	6.3412	7.9111	9.8497
25	1.2824	1.6406	2.0938	2.6658	3.3864	4.2919	5.4274	6.8485	8.6231	10.835
26	1.2953	1.6734	2.1566	2.7725	3.5557	4.5494	5.8074	7.3964	9.3992	11.918
27	1.3082	1.7069	2.2213	2.8834	3.7335	4.8223	6.2139	7.9881	10.245	13.110
28	1.3213	1.7410	2.2879	2.9987	3.9201	5.1117	6.6488	8.6271	11.167	14.421
29	1.3345	1.7758	2.3566	3.1187	4.1161	5.4184	7.1143	9.3173	12.172	15.863
30	1.3478	1.8114	2.4273	3.2434	4.3219	5.7435	7.6123	10.063	13.268	17.449
40	1.4889	2.2080	3.2620	4.8010	7.0400	10.286	14.794	21.725	31.408	45.259
50	1.6446	2.6916	4.3839	7.1067	11.467	18.420	29.457	46.902	74.358	117.39
60	1.8167	3.2810	5.8916	10.520	18.679	32.988	57.946	101.26	173.03	304.48

续表

n	12%	14%	15%	16%	18%	20%	24%	28%	32%	36%
1	1.1200	1.1400	1.1500	1.1600	1.1800	1.2000	1.2400	1.2800	1.3200	1.3600
2	1.2544	1.2996	1.3225	1.3456	1.3924	1.4400	1.5376	1.6384	1.7424	1.8496
3	1.4049	1.4815	1.5209	1.5609	1.6430	1.7280	1.9066	2.0872	2.3000	2.5155
4	1.5735	1.6890	1.7490	1.8106	1.9388	2.0736	2.3642	2.6844	3.0360	3.4210
5	1.7623	1.9254	2.0114	2.1003	2.2878	2.4883	2.9316	3.4360	4.0075	4.6526
6	1.9738	2.1950	2.3131	2.4364	2.6996	2.9860	3.6352	4.3980	5.2899	6.3275
7	2.2107	2.5023	2.6600	2.8262	3.1855	3.5832	4.5077	5.6295	6.9826	8.6054
8	2.4760	2.8526	3.0590	3.2784	3.7589	4.2998	5.5895	7.2058	9.2170	11.703
9	2.7731	3.2519	3.5179	3.8030	4.4355	5.1598	6.9310	9.2234	12.166	15.917
10	3.1058	3.7072	4.0456	4.4114	5.2338	6.1917	8.5944	11.806	16.060	21.647
11	3.4785	4.2262	4.6524	5.1173	6.1759	7.4301	10.657	15.112	21.199	29.439
12	3.8960	4.8179	5.3503	5.9360	7.2876	8.9161	13.215	19.343	27.983	40.037
13	4.3635	5.4924	6.1528	6.8858	8.5994	10.699	16.386	24.759	36.937	54.451
14	4.8871	6.2613	7.0757	7.9875	10.147	12.839	20.319	31.691	48.757	74.053
15	5.4736	7.1379	8.1371	9.2655	11.974	15.407	25.196	40.565	64.359	100.71
16	6.1304	8.1372	9.3576	10.748	14.129	18.488	31.243	51.923	84.954	136.97
17	6.8660	9.2765	10.761	12.468	16.672	22.186	38.741	66.461	112.14	186.28
18	7.6900	10.575	12.375	14.463	19.673	26.623	48.039	86.071	148.02	253.34
19	8.6128	12.056	14.232	16.777	23.214	31.948	59.568	108.89	195.39	344.54
20	9.6463	13.743	16.367	19.461	27.393	38.338	73.864	139.38	257.92	468.57
21	10.804	15.668	18.822	22.574	32.324	46.005	91.592	178.41	340.45	637.26
22	12.100	17.861	21.645	26.186	38.142	55.206	113.57	228.36	449.39	866.67
23	13.552	20.262	24.871	30.376	45.008	66.247	140.83	292.30	593.20	1178.7
23	13.552	20.362	24.891	30.376	45.008	66.247	140.83	292.30	593.20	1178.7
24	15.179	23.212	28.625	35.236	53.109	79.497	174.63	374.14	783.02	1603.0
25	17.000	26.462	32.919	40.874	62.669	95.396	216.54	478.90	1033.6	2180.1
26	19.040	30.167	37.857	47.414	73.949	114.48	268.51	613.00	1364.3	2964.9
27	21.325	34.390	43.535	55.000	87.260	137.37	332.95	784.64	1800.9	4032.3
28	23.884	39.204	50.066	63.800	102.97	164.84	412.86	1004.3	2377.2	5483.9
29	26.750	44.693	57.575	74.009	121.50	197.81	511.95	1285.6	3137.9	7458.1
30	29.960	50.950	66.212	85.850	143.37	237.38	634.82	1645.5	4142.1	10143.
40	93.051	188.83	267.86	378.72	750.38	1469.8	5455.9	19427.	66521.	*
50	289.00	700.23	1083.7	1670.7	3927.4	9100.4	46890.	*	*	*
60	897.60	2595.9	4384.0	7370.2	20555.	56348.	*	*	*	*

*>99999

附表2 复利现值系数(P/F,i,n)表

n	1%	2%	3%	4%	5%	6%	7%	8%	9%	10%
1	0.9901	0.9804	0.9709	0.9615	0.9524	0.9434	0.9346	0.9259	0.9174	0.9091
2	0.9803	0.9712	0.9426	0.9246	0.9070	0.8900	0.8734	0.8573	0.8417	0.8264
3	0.9706	0.9423	0.9151	0.8890	0.8638	0.8396	0.8163	0.7938	0.7722	0.7513
4	0.9610	0.9238	0.8885	0.8548	0.8227	0.7921	0.7629	0.7350	0.7084	0.6830
5	0.9515	0.9057	0.8626	0.8219	0.7835	0.7473	0.7130	0.6806	0.6499	0.6209
6	0.9420	0.8880	0.8375	0.7903	0.7462	0.7050	0.6663	0.6302	0.5963	0.5645
7	0.9327	0.8606	0.8131	0.7599	0.7107	0.6651	0.6227	0.5835	0.5470	0.5132
8	0.9235	0.8535	0.7874	0.7307	0.6768	0.6274	0.5820	0.5403	0.5019	0.4665
9	0.9143	0.8368	0.7664	0.7026	0.6446	0.5919	0.5439	0.5002	0.4606	0.4241
10	0.9053	0.8203	0.7441	0.6756	0.6139	0.5584	0.5083	0.4632	0.4224	0.3855
11	0.8963	0.8043	0.7224	0.6496	0.5847	0.5268	0.4751	0.4289	0.3875	0.3505
12	0.8874	0.7885	0.7014	0.6246	0.5568	0.4970	0.4440	0.3971	0.3555	0.3186
13	0.8787	0.7730	0.6810	0.6006	0.5303	0.4688	0.4150	0.3677	0.3262	0.2897
14	0.8700	0.7579	0.6611	0.5775	0.5051	0.4423	0.3878	0.3405	0.2992	0.2633
15	0.8613	0.7430	0.6419	0.5553	0.4810	0.4173	0.3624	0.3152	0.2745	0.2394
16	0.8528	0.7284	0.6232	0.5339	0.4581	0.3936	0.3387	0.2919	0.2519	0.2176
17	0.8444	0.7142	0.6050	0.5134	0.4363	0.3714	0.3166	0.2703	0.2311	0.1978
18	0.8360	0.7002	0.5874	0.4936	0.4155	0.3503	0.2959	0.2502	0.2120	0.1799
19	0.8277	0.6864	0.5703	0.4746	0.3957	0.3305	0.2765	0.2317	0.1945	0.1635
20	0.8195	0.6730	0.5537	0.4564	0.3769	0.3118	0.2584	0.2145	0.1784	0.1486
21	0.8114	0.6598	0.5375	0.4388	0.3589	0.2942	0.2415	0.1987	0.1637	0.1351
22	0.8034	0.6468	0.5219	0.4220	0.3418	0.2775	0.2257	0.1839	0.1502	0.1228
23	0.7954	0.6342	0.5067	0.4057	0.3256	0.2618	0.2109	0.1703	0.1378	0.1117
24	0.7876	0.6217	0.4919	0.3901	0.3101	0.2470	0.1971	0.1577	0.1264	0.1015
25	0.7798	0.6095	0.4776	0.3751	0.2953	0.2330	0.1842	0.1460	0.1160	0.0923
26	0.7720	0.5976	0.4637	0.3604	0.2812	0.2198	0.1722	0.1352	0.1064	0.0839
27	0.7644	0.5859	0.4502	0.3468	0.2678	0.2074	0.1609	0.1252	0.0976	0.0763
28	0.7568	0.5744	0.4371	0.3335	0.2551	0.1956	0.1504	0.1159	0.0895	0.0693
29	0.7493	0.5631	0.4243	0.3207	0.2429	0.1846	0.1406	0.1073	0.0822	0.0630
30	0.7419	0.5521	0.4120	0.3083	0.2314	0.1741	0.1314	0.0994	0.0754	0.0573
35	0.7059	0.5000	0.3554	0.2534	0.1813	0.1301	0.0937	0.0676	0.0490	0.0356
40	0.6717	0.4529	0.3066	0.2083	0.1420	0.0972	0.0668	0.0460	0.0318	0.0221
45	0.6391	0.4102	0.2644	0.1712	0.1113	0.0727	0.0476	0.0313	0.02070	0.0137
50	0.6080	0.3715	0.2281	0.1407	0.0872	0.0543	0.0339	0.0213	0.0134	0.0085
55	0.5785	0.3365	0.1968	0.1157	0.0683	0.0406	0.0242	0.0145	0.0087	0.0053

续表

n	12%	14%	15%	16%	18%	20%	24%	28%	32%	36%
1	0.8929	0.8772	0.8696	0.8621	0.8475	0.8333	0.8065	0.7813	0.7576	0.7353
2	0.7972	0.7695	0.7561	0.7432	0.7182	0.6944	0.6504	0.6104	0.5739	0.5407
3	0.7118	0.6750	0.6575	0.6407	0.6086	0.5787	0.5245	0.4768	0.4348	0.3975
4	0.6355	0.5921	0.5718	0.5523	0.5158	0.4823	0.4230	0.3725	0.3294	0.2923
5	0.5674	0.5194	0.4972	0.4762	0.4371	0.4019	0.3411	0.2910	0.2495	0.2149
6	0.5066	0.4556	0.4323	0.4104	0.3704	0.3349	0.2751	0.2274	0.1890	0.1580
7	0.4523	0.3996	0.3759	0.3538	0.3139	0.2791	0.2218	0.1776	0.1432	0.1162
8	0.4039	0.3506	0.3269	0.3050	0.2660	0.2326	0.1789	0.1388	0.1085	0.0854
9	0.3606	0.3075	0.2843	0.2630	0.2255	0.1938	0.1443	0.1084	0.0822	0.0628
10	0.3220	0.2697	0.2472	0.2267	0.1911	0.1615	0.1164	0.0847	0.0623	0.0462
11	0.2875	0.2366	0.2149	0.1954	0.1619	0.1346	0.0938	0.0662	0.0472	0.0340
12	0.2567	0.2076	0.1869	0.1685	0.1373	0.1122	0.0757	0.0517	0.0357	0.0250
13	0.2292	0.1821	0.1625	0.1452	0.1163	0.0935	0.0610	0.0404	0.0271	0.0184
14	0.2046	0.1597	0.1413	0.1252	0.0985	0.0779	0.0492	0.0316	0.0205	0.0135
15	0.1827	0.1401	0.1229	0.1079	0.0835	0.0649	0.0397	0.0247	0.0155	0.0099
16	0.1631	0.1229	0.1069	0.0980	0.0709	0.0541	0.0320	0.0793	0.0118	0.0073
17	0.1456	0.1078	0.0929	0.0802	0.0600	0.0451	0.0259	0.0150	0.0089	0.0054
18	0.1300	0.0946	0.0808	0.0691	0.0508	0.0376	0.0208	0.0118	0.0068	0.0039
19	0.1161	0.0829	0.0703	0.0596	0.0431	0.0313	0.0168	0.0092	0.0051	0.0029
20	0.1037	0.0728	0.0611	0.0514	0.0365	0.0261	0.0135	0.0072	0.0039	0.0021
21	0.0926	0.0638	0.0531	0.0443	0.0309	0.0217	0.0109	0.0056	0.0029	0.0016
22	0.0826	0.0560	0.0462	0.0382	0.0262	0.0181	0.0088	0.0044	0.0022	0.0012
23	0.0738	0.0491	0.0402	0.0329	0.0222	0.0151	0.0071	0.0034	0.0017	0.0008
24	0.0659	0.0431	0.0349	0.0284	0.0188	0.0126	0.0057	0.0027	0.0013	0.0006
25	0.0588	0.0378	0.0304	0.0245	0.0160	0.0105	0.0046	0.0021	0.0010	0.0005
26	0.0525	0.0331	0.0264	0.0211	0.0135	0.0087	0.0037	0.0016	0.0007	0.0003
27	0.0469	0.0291	0.0230	0.0182	0.0115	0.0073	0.0030	0.0013	0.0006	0.0002
28	0.0419	0.0255	0.0200	0.0157	0.0097	0.0061	0.0024	0.0010	0.0004	0.0002
29	0.0374	0.0224	0.0174	0.0135	0.0082	0.0051	0.0020	0.0008	0.0003	0.0001
30	0.0334	0.0196	0.0151	0.0116	0.0070	0.0042	0.0016	0.0006	0.0002	0.0001
35	0.0189	0.0102	0.0075	0.0055	0.0030	0.0017	0.0005	0.0002	0.0001	*
40	0.0107	0.0053	0.0037	0.0026	0.0013	0.0007	0.0002	0.0001	*	*
45	0.0061	0.0027	0.0019	0.0013	0.0006	0.0003	0.0001	*	*	*
50	0.0035	0.0014	0.0009	0.0006	0.0003	0.0001	*	*	*	*
55	0.0020	0.0007	0.01005	0.0003	0.0001	*	*	*	*	*

*<0.0001

附表3 年金终值系数(F/A, i, n)表

n	1%	2%	3%	4%	5%	6%	7%	8%	9%	10%
1	1.0000	1.0000	1.0000	1.0000	1.0000	1.0000	1.0000	1.0000	1.0000	1.0000
2	2.0100	2.0200	2.0300	2.0400	2.0500	2.0600	2.0700	2.0800	2.0900	2.1000
3	3.0301	3.0604	3.0909	3.1216	3.1525	3.1836	2.2149	3.2464	3.2781	3.3100
4	4.0604	4.1216	4.1836	4.2465	4.3101	4.3746	4.4399	4.5061	4.5731	4.6410
5	5.1010	5.2040	5.3091	5.4163	5.5256	5.6371	5.7507	5.8666	5.9847	6.1051
6	6.1520	6.3081	6.4684	6.6330	6.8019	6.9753	7.1533	7.3359	7.5233	7.7156
7	7.2135	7.4343	7.6625	7.8993	8.1420	8.3938	8.6540	8.9228	9.2004	9.4872
8	8.2857	8.5830	8.8923	9.2142	9.5491	9.8975	10.260	10.637	11.028	11.436
9	9.368	9.7546	10.159	10.583	11.027	11.491	11.978	12.488	13.021	13.579
10	10.462	10.950	11.464	12.006	12.578	13.181	13.816	14.487	15.193	15.937
11	11.567	12.169	12.80	13.48	14.207	14.97	15.78	16.64	17.560	18.531
12	12.683	13.412	14.192	15.026	15.917	16.870	17.888	18.977	20.141	21.384
13	13.809	14.680	15.618	16.627	17.713	18.882	20.141	21.495	22.953	24.523
14	14.947	15.974	17.086	18.292	19.599	21.015	22.550	24.21	26.019	27.975
15	16.097	17.293	18.599	20.024	21.579	23.276	25.129	27.152	29.361	31.772
16	17.258	18.639	20.157	21.825	23.657	25.673	27.888	30.324	33.003	35.950
17	18.430	20.012	21.762	23.695	25.840	28.213	30.840	33.750	36.974	40.545
18	19.615	21.412	23.414	25.645	28.132	30.906	33.999	37.450	41.301	45.599
19	20.811	22.841	25.117	27.671	30.539	33.760	37.379	41.446	46.018	51.159
20	22.019	24.297	26.870	29.778	33.066	36.786	40.995	45.752	51.160	57.275
21	23.239	25.783	28.676	31.969	35.719	39.993	44.865	50.423	56.765	64.002
22	24.472	27.299	30.537	34.248	38.505	43.392	49.006	55.457	62.873	71.403
23	25.716	28.845	32.453	36.618	41.430	46.996	53.436	60.883	69.532	79.543
24	26.973	30.422	34.426	39.083	44.502	50.816	58.177	66.765	76.790	88.497
25	28.243	32.030	36.459	41.646	47.727	54.863	63.249	73.106	84.701	98.347
26	29.526	33.671	38.553	44.312	51.113	59.156	68.676	79.954	93.324	109.18
27	30.821	35.344	40.710	47.084	54.669	63.706	74.484	87.351	102.72	121.10
28	32.129	37.051	42.931	49.968	58.403	68.528	80.698	95.339	112.97	134.21
29	33.450	38.792	45.219	52.966	69.323	73.640	87.347	103.97	124.14	148.63
30	34.785	40.568	47.575	56.085	66.439	79.058	94.461	113.28	136.31	164.49
40	48.886	60.402	75.401	95.026	120.80	154.76	199.64	259.06	337.88	442.59
50	64.463	84.579	112.80	152.67	209.35	290.34	406.53	573.77	815.08	1163.9
60	81.670	114.05	163.05	237.99	353.58	533.13	813.52	1253.2	1944.8	3034.8

续表

n	12%	14%	15%	16%	18%	20%	24%	28%	32%	36%
1	1.0000	1.0000	1.0000	1.0000	1.0000	1.0000	1.0000	1.0000	1.0000	1.0000
2	2.1200	2.1400	2.1500	2.1600	2.1800	2.2000	2.2400	2.2800	2.3200	2.3600
3	3.3744	3.4396	3.4725	3.5056	3.5724	3.6400	3.7776	3.9184	3.0624	3.2096
4	4.7793	4.9211	4.9934	5.0665	5.2154	5.3680	5.6842	6.0156	6.3624	6.7251
5	6.3528	6.6101	6.7424	6.8771	7.1542	7.4416	8.0484	8.6999	9.3983	10.146
6	8.1152	8.5355	8.7537	8.9775	9.4420	9.9299	10.980	12.136	13.406	14.799
7	10.089	10.730	11.067	11.414	12.142	12.916	14.615	16.534	18.696	21.126
8	12.300	13.233	13.727	14.240	15.327	16.499	19.123	22.163	25.678	29.732
9	14.776	16.085	16.786	17.519	19.086	20.799	24.712	29.369	34.895	41.435
10	17.549	19.337	20.304	21.321	23.521	25.959	31.643	38.593	47.062	57.352
11	20.655	23.045	24.349	25.733	28.755	32.150	40.238	50.398	63.122	78.998
12	24.133	27.271	29.002	30.850	34.931	39.581	50.895	65.510	84.320	108.44
13	28.029	32.089	34.352	36.786	42.219	48.497	64.110	84.853	112.30	148.47
14	32.393	37.581	40.505	43.672	50.818	59.196	80.496	109.61	149.24	202.93
15	37.280	43.842	47.580	51.660	60.965	72.035	100.82	141.30	198.00	276.98
16	42.753	50.980	55.717	60.925	72.939	87.44	126.01	181.87	262.36	377.69
17	48.884	59.118	65.075	71.673	87.068	105.93	157.25	233.79	347.31	514.66
18	55.750	68.394	75.836	84.141	103.74	128.12	195.99	300.25	459.45	770.94
19	63.440	78.969	88.212	98.603	123.41	154.74	244.03	385.32	607.47	954.28
20	75.052	91.025	102.44	115.38	146.63	186.69	303.60	494.21	802.86	1298.8
21	81.699	104.77	118.81	134.84	174.02	225.03	377.46	633.59	1060.8	1767.4
22	92.503	120.44	137.63	157.41	206.34	271.03	469.06	812.00	1401.2	2404.7
23	104.60	138.30	159.28	83.60	2444.49	326.24	582.63	1040.4	1850.6	3271.3
24	118.16	158.66	184.17	213.98	289.49	392.48	723.46	1332.7	2443.8	4450.0
25	133.33	181.87	212.79	249.21	342.60	471.98	898.09	1706.8	3226.8	6053.0
26	150.33	208.33	245.71	290.09	405.27	567.38	1114.6	2185.7	4260.4	8233.1
27	169.37	238.50	283.57	337.50	479.22	681.85	1383.1	2798.7	5624.8	11198.0
28	190.70	272.89	327.10	393.50	566.48	819.22	1716.1	3583.3	7425.7	15230.3
29	214.58	312.09	377.17	456.30	669.45	984.07	2129.0	4587.7	9802.9	20714.2
30	241.33	356.79	434.75	530.31	790.95	1181.9	2640.9	5873.2	12941.	28172.3
40	767.09	1342.0	1779.1	2360.8	4163.2	7343.2	22729.	69377.	*	*
50	2400.0	4994.5	7217.7	10436.	21813.	45497.	*	*	*	*
60	7471.6	18535.	29220.	46058.	*	*	*	*	*	*

*>99999

附表4 年金现值系数(P/A,i,n)表

n	1%	2%	3%	4%	5%	6%	7%	8%	9%
1	0.9901	0.9804	0.9709	0.9615	0.9524	0.9434	0.9346	0.9259	0.9174
2	1.9704	1.9416	1.9135	1.8861	1.8594	1.8334	1.8080	1.7833	1.7591
3	2.9410	2.8839	2.8286	2.7751	2.7232	2.6730	2.6243	2.5771	2.5313
4	3.9020	3.8077	3.7171	3.6299	3.5460	3.4651	3.3872	3.3121	3.2397
5	4.8534	4.7135	4.5797	4.4518	4.3295	4.2124	4.1002	3.9927	3.8897
6	5.7955	5.6014	5.4172	5.2421	5.0757	4.9173	4.7665	4.6229	4.4859
7	6.7282	6.4720	6.2303	6.0021	5.7864	5.5824	5.3893	5.2064	5.0330
8	7.6517	7.3255	7.0197	6.7327	6.4632	6.2098	5.9713	5.7466	5.5348
9	8.5660	8.1622	7.7861	7.4353	7.1078	6.8017	6.5152	6.2469	5.9952
10	9.4713	8.9826	8.5302	8.1109	7.7217	7.3601	7.0236	6.7101	6.4177
11	10.3676	9.7868	9.2526	8.7605	8.3064	7.8869	7.4987	7.1390	6.8052
12	11.2551	10.5753	9.9540	9.3851	8.8633	8.3838	7.9427	7.5361	7.1607
13	12.1337	11.3484	10.6350	9.9856	9.3936	8.8527	8.3577	7.9038	7.4869
14	13.0037	12.1062	11.2961	10.5631	9.8986	9.2950	8.7455	8.2442	7.7862
15	13.8651	12.8493	11.9379	11.1184	10.3797	9.7122	9.1097	8.5595	8.0607
16	14.7179	13.5777	12.5611	11.6523	10.8378	10.1059	9.4466	8.8514	8.3126
17	15.5623	14.2919	13.1661	12.1657	11.2741	10.4773	9.7632	9.1216	8.5436
18	16.3983	14.9920	13.7535	12.6896	11.6896	10.8276	10.0591	9.3719	8.7556
19	17.2260	15.6785	14.3238	13.1339	12.0853	11.1581	10.3356	9.6036	8.9601
20	18.0456	16.3514	14.8775	13.5903	12.4622	11.4699	10.5940	9.8181	9.1285
21	18.8570	17.0112	15.4150	14.0292	12.8212	11.7641	10.8355	10.0168	9.2922
22	19.6604	17.6580	15.9369	14.4511	13.4886	12.3034	11.0612	10.2007	9.4424
23	20.4558	18.2922	16.4436	14.8568	13.4886	12.3034	11.2722	10.3711	9.5802
24	2t.2434	18.9139	16.9355	15.2470	13.7986	12.5504	11.4693	10.5288	9.7066
25	22.0232	19.5235	17.4131	15.6221	14.0939	12.7834	11.6536	10.6748	9.8226
26	22.7952	20.1210	17.8768	15.9828	14.3752	13.0032	11.8258	10.8100	9.9290
27	23.5596	20.7059	18.3270	16.3296	14.6430	13.2105	11.9867	10.9352	10.0266
28	24.3164	21.2813	18.7641	16.6631	14.8981	13.4062	12.1371	11.0511	10.1161
29	25.0658	21.8444	19.1885	16.9837	15.1411	13.5907	12.2777	11.1584	10.1983
30	25.8077	22.3965	19.6004	17.2920	15.3725	13.7648	12.4090	11.2578	10.2737
35	29.4086	24.9986	21.4872	18.6646	16.3742	14.4982	12.9477	11.6546	10.5668
40	32.8347	27.3555	23.1148	19.7928	17.1591	15.0463	13.3317	11.9246	10.7574
45	36.0945	29.4902	24.5187	20.7200	17.7741	15.4558	13.6055	12.1084	10.8812
50	39.1961	31.4236	25.7298	21.4822	18.2559	15.7619	13.8007	12.2335	10.9617
55	42.1472	33.1748	26.7744	22.1086	18.6335	15.9905	13.9399	12.3186	11.0140

续表

n	10%	12%	14%	15%	16%	18%	20%	24%	28%	32%
1	0.9091	0.8929	0.8772	0.8696	0.8621	0.8475	0.8333	0.8065	0.7813	0.7576
2	1.7355	1.6901	1.6467	1.6257	1.6052	1.5656	1.5278	1.4568	1.3916	1.3315
3	2.4869	2.4018	2.3216	2.2872	2.2459	2.1743	2.1065	1.9813	1.8684	1.7663
4	3.1699	3.0373	2.9173	2.8550	2.7982	2.6901	2.5887	2.4043	2.2410	2.0957
5	3.7908	3.6048	3.4331	3.3552	3.2743	3.1272	2.9906	2.7454	2.5320	2.3452
6	4.3553	4.1114	3.8887	3.7845	3.6847	3.4976	3.3255	3.0205	2.7594	2.5342
7	4.8684	4.5638	4.2882	4.1604	4.0386	3.8115	3.6046	3.2423	2.9370	2.6775
8	5.3349	4.9676	4.6389	4.4873	4.3436	4.0776	3.8372	3.4212	3.0758	2.7860
9	5.7590	5.3282	4.9164	4.7716	4.6065	4.3030	4.0310	3.5655	3.1842	2.8681
10	6.1446	5.6502	5.2161	5.0188	4.8332	4.4941	4.1925	3.6819	3.2689	2.9304
11	6.4951	5.9377	5.4527	5.2337	5.0286	4.6560	4.3271	3.7757	3.3351	2.9776
12	6.8137	6.1944	5.6603	5.4206	5.1971	4.7932	4.4392	3.8514	3.3868	3.0133
13	7.1034	6.4235	5.8424	5.5831	5.3423	4.9095	4.5327	3.9124	3.4272	3.0404
14	7.3667	6.6282	6.0021	5.7245	5.4675	5.0081	4.6106	3.9616	3.4587	3.0609
15	7.6061	6.8109	6.1422	5.8474	5.5755	5.0916	4.6755	4.0013	3.4834	3.0764
16	7.8237	6.9740	6.2651	5.9542	5.6685	5.1624	4.7296	4.0333	3.5026	3.0882
17	8.0216	7.1196	6.3729	6.0472	5.7487	5.2223	4.7746	4.0591	3.5177	3.0971
18	8.2014	7.2497	6.4674	6.1280	5.8178	5.2732	4.8122	4.0799	3.5294	3.1039
19	8.3649	7.3658	6.5504	6.1982	5.8775	5.3162	4.8435	4.0967	3.5386	3.1090
20	8.5136	7.4694	6.6231	6.2593	5.9288	5.3527	4.8696	4.1103	3.5458	3.1129
21	8.6487	7.5620	6.6870	6.3125	5.9731	5.3837	4.8913	4.1212	3.5514	3.1158
22	8.7715	7.6446	6.7429	6.3587	6.0113	5.4099	4.9094	4.1300	3.5558	3.1180
23	8.8832	7.7184	6.7921	6.3988	6.0442	5.4321	4.9245	4.1371	3.5592	3.1197
24	8.9847	7.7843	6.8351	6.4338	6.0726	5.4509	4.9371	4.1428	3.5619	3.1210
25	9.0770	7.8431	6.8729	6.4641	6.0971	5.4669	4.9476	4.1474	3.5640	3.1220
26	9.1609	7.8957	6.9061	6.4906	6.1182	5.4804	4.9563	4.1511	3.5656	3.1227
27	9.2372	7.9426	6.9352	6.5135	6.1364	5.4919	4.9636	4.1542	3.5669	3.1233
28	9.3066	7.9844	6.9607	6.5335	6.1520	5.5016	4.9697	4.1566	3.5679	3.1237
29	9.3696	8.0218	6.9830	6.5509	6.16516	5.5098	4.9747	4.1585	3.5687	3.1240
30	9.4269	8.0552	7.0027	6.5660	6.1772	5.5168	4.9789	4.1601	3.5693	3.1242
35	9.6442	8.1755	7.0700	6.6166	6.2153	5.5386	4.9915	1.1644	3.5708	3.1248
40	9.7791	8.2438	7.1050	6.6418	6.2335	5.5482	4.9966	4.1659	3.5712	3.1250
45	9.8628	8.2825	7.1232	6.6543	6.2421	5.5523	4.9986	4.1664	3.5714	3.1250
50	9.9148	8.3045	7.1327	6.6605	6.2463	5.5541	4.9995	4.1666	3.5714	3.1250
55	9.9471	8.3170	7.1376	6.6636	6.2482	5.5549	4.9998	4.1666	3.5714	3.1250

参 考 文 献

[1] 田钊平. 财务管理. 第 1 版. 北京：中国人民大学出版社，2007 年 9 月
[2] 姚晓民. 财务管理学. 第 1 版. 上海：上海财经大学出版社，2007 年 8 月
[3] 中华会计网校. 中级财务管理应试指南. 第 3 版. 北京：人民出版社，2007 年 11 月
[4] 孙班军. 财务管理. 第 2 版. 北京：中国财政经济出版社，2004 年 8 月
[5] 迟艳琴. 财务管理. 上海：上海财经大学出版社，2007
[6] 陈昌龙. 财务管理. 北京：清华大学出版社，北京交通大学出版社，2007
[7] 李晓妮，祝建军. 财务管理. 北京：中国经济出版社，2007
[8] 王欣兰. 财务管理学. 北京：清华大学出版社，北京交通大学出版社，2005
[9] 严成根. 财务管理教程. 北京：清华大学出版社，北京交通大学出版社，2006
[10] 杨义群. 财务管理. 北京：清华大学出版社，2004
[11] 尤金·F. 布朗格姆. 财务管理基础. 第 9 版. 北京：中信出版社，2004
[12] 尤金·F. 布朗格姆. 财务管理理论与实践. 第 10 版. 北京：清华大学出版社，2005
[13] 陈雨露. 国际金融. 第 2 版. 北京：中国人民大学出版社，2006
[14] 斯图尔特 C. 迈尔斯，理查德 A. 布雷利编；方曙红，范龙振，陆宝群等译. 公司财务原理. 北京：机械工业出版社，2004
[15] 荆新，王化成，刘俊彦. 财务管理学. 北京：中国人民大学出版社，2002
[16] 赵德武. 财务管理. 北京：高等教育出版社，2000
[17] 陈国欣. 财务管理学. 天津：南开大学出版社，2004
[18] 曹冈. 财务报表分析. 北京：中央广播电视大学出版社，2004
[19] 财政部注册会计师考试委员会. 财务成本管理. 北京：经济科学出版社，2004
[20] 张先治. 财务分析. 大连：东北财经大学出版社，2001
[21] 李岚. 财务管理实务. 北京：清华大学出版社，2005
[22] 胡元木. 财务管理学基础. 北京：经济科学出版社，2006
[23] 李艳芳. 金融市场. 大连：东北财经大学出版社，2005
[24] 财政部会计资格评价中心. 财务管理. 北京：中国财政经济出版社，2007
[25] 杨敏. 旅游财务管理实务. 北京：清华大学出版社，2007
[26] 彭进军. 图解财务管理. 北京：中国人民大学出版社，2002